Die Montessori-Pädagogik
und das behinderte Kind

Die Montessori-Pädagogik und das behinderte Kind

Herausgegeben von
Theodor Hellbrügge
und Mario Montessori sen.

*Referate und Ergebnisse
des 18. Internationalen
Montessori-Kongresses
(München, 4.–8. Juli 1977)*

verlegt bei Kindler

© Copyright 1978 by Kindler Verlag GmbH, München
Alle Rechte vorbehalten, auch die des teilweisen Abdrucks, des öffentlichen Vortrags und der Übertragung in Rundfunk und Fernsehen
Redaktion: Hans-Horst Henschen
Korrekturen: Hans H. E. Scheidler
Umschlagentwurf: Hans Numberger
Gesamtherstellung: Welsermühl, Wels
ISBN 3-463-00716-9
Printed in Austria

Inhaltsverzeichnis

VORWORT

THEODOR HELLBRÜGGE (München)
Der 18. Internationale Montessori-Kongreß   9

I. ERÖFFNUNGSANSPRACHE

des Generaldirektors der »Association Montessori
Internationale«, Mario Montessori sen. (Amsterdam)   17

II. KONGRESS-REFERATE

HERMANN RÖHRS (Heidelberg)
    Der »Weltbund für Erneuerung der Erziehung« und
    die Montessori-Pädagogik   21
PETER RÖNISCH (Kopenhagen)
    Die Haltung der Weltgesundheitsbehörde (WHO)
    gegenüber Behinderten   25
THEODOR HELLBRÜGGE (München)
    Die Montessori-Pädagogik und das behinderte Kind   33
MARGARET E. STEPHENSON (Washington)
    Das hör- und sprachbehinderte Kind in der Montessori-
    Pädagogik   57
MARGOT R. WALTUCH (New York)
    Praktisches Leben und Selbstentfaltung   72
HILDEGARD SOLZBACHER (Milwaukee)
    Schreiben und Lesen   81
JOHANNES PECHSTEIN (Mainz)
    Sozial behinderte und verhaltensgestörte Kinder   86
NANCY JORDAN (Dublin)
    Emotional gestörte und schlechtangepaßte Kinder   98
MARIO MONTESSORI jr. (Amsterdam)
    Emotionale Entwicklung und die Montessori-Erziehung   108
MARSILIA PALOCCI (Rom) und CLARA SPELTEN (Düsseldorf)
    Übungen mit dem Sinnesmaterial   121

Jon R. Osterkorn (Milwaukee)
    Frühkindliche Störungen, der Erwachsene und die
    Gesellschaft   123
Augusta Grosso (Turin)
    Die Montessori-Methode und ihre Anwendung bei
    geistig behinderten Kindern   144
Karl Neise (Köln)
    Das lernbehinderte Kind und die Montessori-Pädagogik   156
Camillo Grazzini (Bergamo)
    Die Anwendung der Montessori-Methode in der
    Mathematik: vom Begriff des Stellenwerts zu dem
    der Kultur   181
Ans Heijenk (Amsterdam)
    Übungen in der Mathematik   189
Margarete Aurin (München), Maria Deschle (München),
Brigitte Schumann (München), Lore Anderlik (München)
und Rosemarie Frey (München)
    Anpassung einiger Montessori-Materialien an das
    behinderte Kind   193
Paul Oswald und Günther Schulz-Benesch (Münster)
    Einige Hinweise zur Montessori-Literatur   199

III. FRÜHDIAGNOSTIK, FRÜHTHERAPIE, FRÜHPÄDAGOGIK UND INTEGRIERTE ERZIEHUNG IM KINDERZENTRUM MÜNCHEN

Theodor Hellbrügge (München)
    Child Development als Grundlage eines Weges der
    Behindertenhilfe   219
Hartmut Bauer (München)
    Kinesiologische Diagnostik nach Vojta. *Zur Frühdiagnostik zentraler Koordinationsstörungen*   241
Reglindis Schamberger (München)
    Münchener Funktionelle Entwicklungsdiagnostik als
    Basis der Münchener Entwicklungstherapie   250
Sonja Coulin (München)
    Frühtherapie von Kleinkindern mit emotionalen
    Störungen. *Skizze einer Interaktionstherapie*   256
Eva Heiss-Begemann (München)
    Entwicklungstherapie bei geistig behinderten Kindern   261

ANNE WEIKERT (München)
    Sprachanbahnung bei geistig behinderten Kindern   267
UDO BRACK (München)
    Die Indikation stationärer Verhaltenstherapie beim
    behinderten Kind   275
ELFRIEDE SEUS-SEBERICH (München)
    Erziehungsberatung der Eltern behinderter Kinder
    bei ihrem Einsatz als Kotherapeuten   280
MARGARETE AURIN (München)
    Das erste Montessori-Kinderhaus mit integrierter
    Erziehung in München. *Erfahrungen bei den Kindern*   289
BRIGITTE SCHUMANN (München)
    Praktische Hinweise zur Montessori-Einzeltherapie   296
JOHANN HAUSER (München)
    Ergänzungen des Montessori-Materials aus der Sicht
    des Blindenlehrers   300
LORE ANDERLIK (München)
    Mehrfach und verschiedenartig behinderte Kinder in
    der Montessori-Kleingruppentherapie   304
MARIA DESCHLE (München)
    Soziale Integration bei mehrfach und verschiedenartig
    behinderten Kindern im Kindergarten   308
BRIGITTE OCKEL (München)
    Die soziale Integration mehrfach und verschiedenartig
    behinderter Kinder der Münchner Montessori-Schule   313
WOLFGANG GUFLER (München)
    Psychopädagogische Fragen zur integrierten Erziehung
    gesunder und behinderter Kinder in der Montessori-
    Pädagogik   321
HELGA VOSS-RAUTER (München)
    Montessori-Pädagogik bei mehrfach und verschieden-
    artig behinderten Kindern in der Montessori-Sonder-
    schule   330

IV. BERICHTE ÜBER AKTIVITÄTEN IN DER MONTESSORI-PÄDAGOGIK AUS VERSCHIEDENEN LÄNDERN

RICHARD R. SALZMANN (Pound Ridge, New York)
    Die Montessori-Pädagogik in den USA   339

Lena R. Gitter (Washington)
  Das Sonderschulkind ... 351
Albert M. Joosten (Bangalore, Indien)
  Die Ausbreitung der Montessori-Methode in Indien
  und in den Nachbarstaaten ... 357
Zelma Lazarus (Bombay)
  Die Anpassung des Montessori-Materials für Blinde ... 368
Sylvia G. Lazo (Quezon City, Philippinen)
  Die Montessori-Pädagogik auf den Philippinen ... 374
Klaus Luhmer, S. J. (Tokio)
  Die Montessori-Bewegung in Japan ... 377
Muriel I. Dwyer (London)
  Bericht über die Montessori-Pädagogik in Afrika
  (1968–1976) ... 384

Berichte der nationalen Montessori-Gesellschaften über
die Jahre 1975 und 1976
  Dänemark ... 387
  Deutschland ... 387
  England ... 390
  Frankreich ... 394
  Holland ... 395
  Irland ... 396
  Italien ... 397
  Schweden ... 398

Autorenverzeichnis ... 400
Personenregister ... 402

Vorwort zum 18. Internationalen Montessori-Kongreß

THEODOR HELLBRÜGGE (München)

Der 18. Internationale Montessori-Kongreß in München, dessen Referate und Vorträge im folgenden auf vielfachen Wunsch auch schriftlich vorgelegt werden, stellt in der Reihe der Kongresse der »Association Montessori Internationale« einen Meilenstein dar. Dieser Kongreß beschäftigte sich zum ersten Mal mit Problemen des behinderten Kindes.

Wer die Geschichte und die Grundlagen der »ärztlichen« Montessori-Pädagogik verfolgt – wie dies im Einleitungsreferat geschieht –, wird diese Tatsache mit Verwunderung registrieren, denn die Wurzeln der Montessori-Pädagogik liegen in den Bemühungen der französischen Ärzte Edouard SEGUIN und Jean ITARD um die Hilfe für geistig behinderte Menschen. Auch Maria MONTESSORI begann ihre pädagogische Laufbahn als Assistenzärztin in der Psychiatrischen Klinik in Rom, und ihre gesamte pädagogische Arbeit darf von der Konzeption her als ärztliche Heilpädagogik bezeichnet werden, die dann allerdings in den Dienst der Erziehung des gesunden Kindes gestellt wurde.

Die Neuentdeckung der Montessori-Pädagogik für die Behindertenhilfe in München

Es gehört zu den Merkwürdigkeiten, daß sich das von der italienischen Ärztin Maria MONTESSORI geschaffene pädagogische System weltweit beinahe ausschließlich mit der Erziehung des gesunden Kindes beschäftigt und daß die einzigartigen Möglichkeiten, die die Montessori-Pädagogik auch bei der Hilfe des behinderten Kindes, und zwar des mehrfach und verschiedenartig behinderten Kindes bietet, praktisch neu entdeckt werden mußten.

Wir sind stolz darauf, daß wir in dieser Hinsicht in München Pionierarbeit leisten konnten, und sehen es als Anerkennung unserer Arbeit im Kinderzentrum München an, daß die Internationale Montessori-Gesellschaft diesen Kongreß mit dem Thema »Die Montessori-Pädagogik und das behinderte Kind« nach München vergab.

Im Rahmen unserer Bemühungen um neue Wege der Frühdiagnostik, der Frühtherapie und der frühen sozialen Eingliederung für mehrfach und verschiedenartig behinderte Kinder stellt die Montessori-Pädagogik einen bedeutenden Schwerpunkt dar. Ihr Ansatz, der von SEGUIN stammt und darauf abzielt, die Sinne des Kindes in besonderer Weise für Lernprozesse heranzuziehen, hat in unserem System in verschiedener Weise seinen Niederschlag gefunden.

Wir benutzen das Montessori-Material und die Art seiner spezifischen Darbietung durch die Erzieherin zum einen im Rahmen der Montessori-Einzeltherapie, womit pädagogische Prozesse in die Therapie Eingang finden. Wir benutzen die Montessori-Pädagogik auf der nächsten Stufe, wenn im Rahmen einer Montessori-Kleingruppentherapie die frühe Sozialentwicklung des Kindes angeregt werden soll, und wir haben in der Montessori-Pädagogik schließlich ein einzigartiges Instrument gefunden, um mehrfach und verschiedenartig behinderte Kinder durch gemeinsame Erziehung mit gesunden Kindern in ihrer Sozialentwicklung zu fördern.

Durch unsere Arbeit im Kinderzentrum München haben wir erneut zeigen können, daß es keine spezielle Pädagogik für gesunde und behinderte Kinder gibt, sondern daß ein gutes pädagogisches System sowohl gesunden als auch behinderten Kindern hilft. Pädagogik muß – ebenso wie Pädiatrie – als Wissenschaft vom Kind und für das Kind immer das Kind in allen seinen Aspekten in alle Überlegungen und alle praktischen Hilfen einbeziehen.

Wo von diesem Prinzip abgewichen wird und wo der Spezialist glaubt, bessere Arbeit leisten zu können, wenn er sich in der Heilkunde nur einem bestimmten Organ zuwendet oder in der Pädagogik nur einer speziellen Behinderung, verkümmert die Hilfe für das Kind. Spezialisten können und dürfen deshalb niemals einen Anspruch erheben, für den Menschen bzw. für das Kind wirksame Hilfe zu leisten, weil notwendigerweise mit der Beschränkung auf das Detail menschliche Bezüge weitgehend verlorengehen.

Unter diesen Umständen stand auch dieser Kongreß – wie aus allen Referaten und Vorträgen hervorgeht – allein im Zeichen des Kindes, und die vielfältigen Erfahrungen und Schlußfolgerungen, die in den nachfolgenden Ausführungen dargelegt werden, lassen sich nicht nur auf das behinderte Kind, sondern in gleicher Weise und ohne jede Einschränkung auch auf das gesunde Kind anwenden.

Wenn sich dieser Kongreß trotzdem in besonderer Weise dem behinderten Kind gewidmet hat, dann aus der Notwendigkeit heraus, die einzigartigen Hilfen deutlich zu machen, die in der Montessori-Pädagogik auch für das behinderte Kind liegen. Dieser Kongreß soll auf einen Schatz hinweisen, den zu bergen es sich im Interesse unserer Kinder wirklich lohnt.

Die folgenden Referate werden naturgemäß nicht den vollen Wert dieses Schatzes aufdecken können, denn es besteht kein Zweifel, daß der sinnesphysiologische Ansatz, z. B. des Montessori-Materials, für spezielle Behinderungen in mancher Weise verbessert werden kann. Ohne das Prinzip, ja sogar ohne das Detail ändern zu müssen, wird es doch notwendig und zweckmäßig sein, das Montessori-Material und Programme der Montessori-Pädagogik für verschiedenartig behinderte Kinder zu ergänzen.

Interdisziplinäre Zusammenarbeit

Solche Ergänzungen können nur aus der gemeinsamen Arbeit verschiedener Disziplinen erwachsen. Aus diesem Grunde gehört es zu den Besonderheiten dieses pädagogischen Kongresses, daß sich Ärzte, Psychologen und Pädagogen aus aller Welt zur Diskussion und praktischen Arbeit zusammengefunden haben. Wie auf allen, insbesondere auf allen internationalen Kongressen, ermöglichte dieses Zusammentreffen einen Erfahrungsaustausch, Diskussionen und Gespräche, die lange nachwirken, ohne daß dies in Programmen oder Referaten niedergelegt werden kann.

Um diesen Erfahrungsaustausch zu vertiefen, bot dieser 18. Montessori-Kongreß die verschiedensten Elemente auf: Referate, Workshops, eine heilpädagogische Ausstellung, die Beobachtung der praktischen Arbeit am Kind durch die Verlagerung eines Montessori-Kindergartens in den Kongreßsaal und schließlich die Diskussion der Kongreßteilnehmer in den Einrichtungen des Kinderzentrums München und die Teilnahme an unseren Therapieformen in unseren Kindergärten und unseren Schulen.

Die besondere Note, um nicht zu sagen die heitere und fröhliche Grundstimmung, erhielt dieser 18. Montessori-Kongreß nicht zuletzt dadurch, daß das Kind in den wissenschaftlichen Kongreß integriert war. In besonderer Weise kam dies bei der Eröffnung des Kongresses zutage. Von den Montessori-Kindern, die von Frau Gertrud ORFF mit ihrem Spiel so vorbereitet waren, daß sie sich selbst darstellen konnten, sprang ein fröhlicher Funke auf die Versammlung über. Es entstand eine heitere, gelöste Stimmung, als die Kinder und ihre Eltern dies aufgriffen und ihr gemeinsamer Jubel auf die Wissenschaftler, ja sogar auf die anwesenden Politiker übergriff.

Der ganze Kongreß war eingerahmt durch die heilpädagogische Ausstellung, in der wiederum Kinder mit dem Material spielten, so daß die Strenge der Vorträge, Referate und Diskussionen von der Fröhlichkeit spielender Kinder umgeben war.

Den Veranstalter des Kongresses, die »Aktion Sonnenschein – Hilfe für das mehrfach behinderte Kind«, stellte das ungewöhnliche Interesse vor große organisatorische Probleme. Wir konnten nicht damit rechnen, daß fast 2500 Kongreßteilnehmer aus 42 Nationen nach München kommen würden. Wir konnten für diesen Kongreß keine erfahrenen Kongreß-Manager einsetzen, sondern mußten die Organisation mit eigenen Mitteln erledigen. Wir durften um der uns anvertrauten Kinder willen nur freie Zeit zur Vorbereitung opfern, denn auch wegen eines noch so großen Kongresses wäre es ärztlich nicht verantwortlich gewesen, weniger Kinder als üblicherweise zu untersuchen.

Ausstellung und Film zeigen die Reaktion der Kinder auf die Montessori-Pädagogik

Trotz dieser Probleme gelang es, eine Fotoausstellung zusammenzustellen, in der historische Bilder aus der Montessori-Pädagogik ebenso zusammengetragen waren wie Szenen aus der Arbeit des Kinderzentrums München. Für diese Fotoausstellung hat sich Frau SCHNEIDER-HENN besonders eingesetzt.

Trotz unserer Unerfahrenheit gelang es, einen einzigartigen Film uraufzuführen, der die gemeinsame Erziehung gesunder und behinderter Kinder zeigt. Der »Dialog Filmproduktion«, insbesondere Frau Christa LENZE-OEHLSCHLÄGER und Herrn Rainer OEHLSCHLÄGER, sei für ihre monatelange Tätigkeit, während der sie unsere Kinder in der Einzeltherapie, im Kindergarten und in unseren Schulen gefilmt haben, herzlich gedankt. Von diesem Film werden – dessen bin ich sicher – wichtige Impulse auf die Pädagogik, insbesondere auf die Sonderpädagogik ausstrahlen. Keine wissenschaftliche Publikation, keine noch so detaillierte Darstellung hat eine solche Aussagekraft wie das Kind selbst, dessen soziales Verhalten, dessen Betreuung und Sich-Helfen-Lassen durch die Kamera festgehalten wurde.

Auch für uns selbst überraschende Szenen gab die Kamera wieder, indem sie aufzeigte, welche liebevollen Interaktionen z. B. zwischen geistig behinderten oder blinden Kindern stattfinden, an welchen Kleinigkeiten die wechselseitige Hilfe von gesunden und behinderten Kindern abzulesen war. So haben wir nicht lange zu überlegen brauchen, um für diesen Film den richtigen Namen zu finden. Was dieser Film darstellte, war eine »Aktion Sonnenschein«, die in der gemeinsamen Erziehung mit mehrfach und verschiedenartig behinderten Kindern ermöglicht wird.

Mit der Vorbereitung dieses Kongresses haben sich unsere Kindergärtnerinnen und unsere Lehrer die größte Mühe gegeben. In die heilpädagogische Ausstellung war eine kleine Separatausstellung eingewoben, in der gezeigt wurde, was unsere Kinder unter Anleitung von Frau GLÜDER im Rahmen der Kunsterziehung leisteten.

Dies alles macht deutlich, daß eine Auffassung, die in der Montessori-Pädagogik ein starres System sieht, das der künstlerischen Fähigkeit des

Kindes keine Freiheit gibt, nur von denjenigen verbreitet werden kann, die nicht in dieser einzigartigen Pädagogik arbeiten.

In die Ausstellung waren aber auch Lernprogramme eingewoben, wie sie von unseren Lehrern erarbeitet wurden, um kognitive Lernprozesse zu verbessern und zu vertiefen. Ich denke hier an die Anregungen, die vom mathematischen Material für die Grundschule und den Sekundarbereich ausgehen. Viele Fachkräfte haben sich hier Anregungen geben können, die – wie es in der Montessori-Pädagogik notwendig ist – im direkten Kontakt mit dem Kind erarbeitet wurden.

Rückblickend darf – auch in der Reaktion der Teilnehmer aus allen Ländern der Erde – dieser 18. Montessori-Kongreß als ein ungewöhnliches pädagogisches und heilpädagogisches Ereignis angesehen werden, an dem sich Kinderärzte, Kinderpsychologen und Pädagogen in gleicher Weise beteiligt haben. Die schriftlichen Aufzeichnungen, wie sie hier vorliegen, werden nicht nur in deutscher, sondern auch in englischer Sprache diese Erinnerung und den Erfahrungsaustausch über lange Zeit bewahren und fortsetzen.

I. Eröffnungsansprache

MARIO M. MONTESSORI sen. (Amsterdam)

Begrüßung und Kongreßeröffnung

Herr Professor Dr. HELLBRÜGGE, meine Damen und Herren, die »Association Montessori Internationale« ist sehr erfreut über diesen neuen Kongreß, der gerade eröffnet wurde. Für uns bedeutet er ein historisches Ereignis. Ich gebrauche das Wort historisch, denn es ist der erste Kongreß von insgesamt achtzehn, der dazu bestimmt ist, die Hilfe aufzuzeigen, die den behinderten Kindern durch die Anwendung der Montessori-Pädagogik gegeben werden kann.

Obwohl dies die erste offizielle Darstellung des Behindertenproblems bedeutet, ist die Montessori-Pädagogik für behinderte Kinder nicht neu. In der Tat erwuchsen die ersten pädagogischen Erfahrungen Dr. Maria MONTESSORIS aus ihrer Arbeit mit behinderten Kindern, denen sie half, nachdem sie die Methoden von ITARD und SEGUIN aus dem vorigen Jahrhundert erforscht hatte. Wie bekannt ist, gelang es ihr, diese Kinder, die als schwer erziehbar galten, so gut auf die Prüfung zur Volksschule vorzubereiten (die Lesen, Schreiben und Rechnen beinhaltete), daß sie sie bestanden und die Prüfer keinen Unterschied zwischen gesunden und behinderten Kindern wahrnehmen konnten.

Während jeder sich über diesen Erfolg freute, war Dr. MONTESSORI betroffen und suchte herauszufinden, weshalb gesunde und widerstandsfähige Kinder im Vollbesitz ihrer Intelligenz geistig so labil sein konnten, daß sie mit geistig behinderten verwechselt wurden. Diese Überlegung führte sie zur Untersuchung der Bedingungen der Kinder in normalen Schulen und schließlich zur sorgfältigen Ausarbeitung ihrer Methode, die weltweit berühmt wurde. Aber die behinderten Kinder wurden nicht vergessen.

Einige ihrer Schüler waren so entsetzt über die hoffnungslose Lage der behinderten Kinder, daß sich einzelne in den verschiedensten Ländern der »Hilfe zum Leben« (wie Maria MONTESSORI ihre Methode nannte) verschrieben und eben diesen Kindern halfen, die zweifellos mehr Hilfe benötigten als andere. Die meisten dieser Erzieher hatten keine akademische Ausbildung in Psychologie oder Medizin. Trotzdem erzielten sie ausgezeichnete Resultate, wie Sie von einigen Vortragenden erfahren werden, die bei diesem Kongreß über ihre Arbeit berichten.

Unsere Vereinigung vergaß die behinderten Kinder nicht. Wir haben nicht nur die Anstrengungen dieser wenigen unterstützt, sondern sind nach wie vor der Meinung, daß – wenn Erziehung »Hilfe zum Leben« bedeutet, diese unglücklichen Kinder mehr Hilfe benötigen als andere.

In letzter Zeit konzentrieren sich die Bemühungen unserer »Association« darauf, Hilfsmöglichkeiten für Kinder der Dritten Welt und für behinderte Kinder aufzuzeigen. Bei unseren Bemühungen kamen wir letztlich in Kontakt mit einer sehr dynamischen, klugen und warmherzigen Persönlichkeit – dem Präsidenten dieses Kongresses, Professor Dr. Theodor HELLBRÜGGE. Unsere Kontakte und Gespräche führten schließlich zu diesem Kongreß, der gerade eröffnet wurde.

Sie mögen das Programm für zu gedrängt halten, und das mag bei manchen zu Voreingenommenheit Anlaß geben. Die Anzahl der Referenten und Teilnehmer zeigt mir jedoch das große Interesse, das auf internationaler Ebene für dieses Problem besteht. Die Erfahrung lehrt, daß man, auch wenn man behindert ist, die natürlichen geistigen Fähigkeiten, das Selbstwertgefühl und den Lebensimpuls zurückgewinnen kann, um trotz der Behinderung ein besseres Leben führen und – sehr oft – durch eigene Anstrengungen unabhängig sein zu können.

So unbedeutend es scheinen mag, ist es doch eine neue Chance, und die Eindrücke, die ich gewann, bestätigen mir, daß dieses historische Ereignis eine neue Phase der Arbeit unserer »Association« einleitet.

Ich darf Ihnen, Professor HELLBRÜGGE, danken und Ihnen allen für Ihren Besuch.

II. Kongreß-Referate

HERMANN RÖHRS (Heidelberg)

Der »Weltbund für Erneuerung der Erziehung« und die Montessori-Pädagogik

Im Namen des »Weltbundes für Erneuerung der Erziehung« (*World Education Fellowship*) möchte ich Sie sehr herzlich begrüßen und uns allen ein gutes Gelingen dieser wichtigen Tagung wünschen. Daß ich diese Grüße von seiten des Weltbundes ausspreche, hat mehrere Gründe, zumindest einen historischen und einen gegenwartsbezogenen. Der historisch orientierte Gesichtspunkt besteht darin, daß Maria MONTESSORI seit der Gründung des »Weltbundes« 1921 stets in einem engen Verhältnis zu dieser internationalen Vereinigung stand [1]. Es wäre jedoch einseitig und übertrieben, Maria MONTESSORI für den »Weltbund« maßgebend vereinnahmen zu wollen. Zutreffend ist es indessen, daß ihr der »Weltbund« mehr bedeutete als ein neutrales internationales Forum, dessen man sich zur Maximierung der internationalen Wirksamkeit bedient. Wahrscheinlich war es die geistige Verwandtschaft in der reformpädagogischen Grundeinstellung mit Adolphe FERRIÈRE, Edouard CHAPAREDE, Guiseppe LOMBARDO-RADICE oder Paul GEHEEB, die ihr Verhältnis zum »Weltbund« bestimmte. So hat sie mit vielen Mitgliedern des Weltbundes – insbesondere mit Helen PARKHURST und mit ihrem medizinischen Kollegen Ovide DECROLY – stets eine fruchtbare Zusammenarbeit gepflegt.

Wer diese Entwicklung überblickt, der weiß, wie viele entscheidende Anregungen einerseits Helen PARKHURST Maria MONTESSORI verdankt. Ihre *assignments* zur Ermöglichung selbsttätiger, individueller Arbeit im Rahmen der Schule sind im Grunde eine Übertragung des Montessori-Prinzips auf die Schulebene. Andererseits hat MONTESSORI durch die Art dieser didaktischen Transformation wiederum die Tragfähigkeit und -breite ihres Konzepts erfahren. Letztlich wurde sie dadurch – verstärkt durch die Schule DECROLYs und dessen Motto *L'école pour la vie par la vie* – zur eigenen Reflexion hinsichtlich der Übertragbarkeit ihrer Ideen in den Schulrahmen angeregt. [2]

Maria MONTESSORI hat wiederholt auf den Kongressen des »Weltbundes« Grundsatzreferate gehalten. So sprach sie auf den Internationalen Konferenzen von Helsingör 1929 im Rahmen der Thematik »The New Psychology and the Curriculum« zusammen mit Helen PARKHURST, Kurt LEWIN u. a., und auf dem Kongreß in Nizza 1932 im Rahmen des Konferenzthemas »Education in a Changing Society« zusammen mit Jean PIAGET, C. H. BECKER, Pierre BOVET u. a. Diese Vorträge wurden in den großen

Kongreßberichten und in der Zeitschrift des »Weltbundes« *The New Era* veröffentlicht, deren Redaktion in den zwanziger Jahren in den Händen von Alexander NEILL lag. Gerade das internationale Forum des »Weltbundes« verhalf den Ideen MONTESSORIS zu internationaler Verbreitung. Sie gewannen auch in den USA zunehmend an Bedeutung, nachdem diese Wirksamkeit lange durch das äußerst kritische Buch von William Heard KILPATRICK mit dem Titel *The Montessori System Examined* blockiert worden war. Durch diese Entwicklung wurden nicht nur die Ideen MONTESSORIS, sondern auch diejenigen ihrer Schülerin Helen PARKHURST in ihrem Einfluß in den USA begrenzt. Dagegen erfolgte eine intensive Ausbreitung beider in England, wozu nicht zuletzt die zahlreichen Publikationen in *The New Era* und die Weiterentwicklung der *assignments* durch A. J. LYNCH beitrugen. Wenn die Amerikaner seit Jahren bewundernd auf die englischen *Infant Schools* schauen, so kann dieser Prozeß als eine Wiederentdeckung[3] von Helen PARKHURST und Maria MONTESSORI beschrieben werden.

Soviel über die historischen Gründe. Die noch heute wirksamen Motive sind in dem Faktum beschlossen, daß die Montessori-Bewegung auch gegenwärtig zu den Mitgliedern des »Weltbundes« gehört. Neben den »Waldorf«-Schulen, den »Peter Petersen«-Schulen, der Odenwaldschule und der Werk-Schule Merz in Stuttgart ist somit der fruchtbare Kern der reformpädagogischen Bewegung der zwanziger Jahre – soweit er sich als lebenskräftig und zukunftsträchtig erwies – im »Weltbund« vereint. Daß dabei die Hauptsorge Maria MONTESSORIS für das behinderte und benachteiligte Kind vollauf gewahrt und geteilt wird, ist aus der Mitgliedschaft des »Pestalozzi-Fröbel«-Verbandes als einer der entscheidenden sozialpädagogischen Interessengemeinschaften im »Weltbund« ersichtlich.

Was Maria MONTESSORIS Verhältnis zum sozial und funktional benachteiligten Kind, dem Aufgabenbereich unseres Kongresses, betrifft, so ist es durch zwei besondere Deutungsweisen gekennzeichnet. Sie haben nicht nur den Blick geschärft für die Persönlichkeit dieser Kinder, sondern auch neue Voraussetzungen für die Hilfe geschaffen. Es handelt sich einmal um die Wiederentdeckung der Würde des benachteiligten und behinderten Kindes und – im Zusammenhang damit – um die tiefe anthropologische Einsicht, daß Not, Elend und Leid nicht nur personal stigmatisieren, sondern auch zu Mitteln der Selbstvervollkommnung werden können, wenn sie von Erzieher und Kind in ihrer personalen Wurzel gesehen, angenommen und überwunden werden. Diese nimmermüde Auseinandersetzung mit der menschlichen Gebrechlichkeit kann als Kampf um den Menschen im Menschen in der Gemeinsamkeit von Erzieher und Kind zu einer Form wechselseitiger Selbstläuterung werden.

Mit einem Wort Maria MONTESSORIS; möchte ich schließen. Es entstammt einem ihrer Aufsätze, der im September 1932, einem weltpolitisch schicksalsschweren Jahr, in *The New Era* erschienen ist. Er trägt den Titel »Disarmament in Education« (Abrüstung in der Erziehung) und ist für die Zeit, aber auch für den Denkansatz Maria MONTESSORIS kennzeichnend: das Kind in stetem Kampf mit einer Welt, in der es nicht sein eigenes Maß findet, weil alles nur auf die Erwachsenen eingerichtet ist. In diesem Aufsatz spricht sie in zugespitzter Übertragung dieses Gedankens vom Verhältnis zwischen dem Erwachsenen und dem Kind als von einem permanenten Kleinkrieg: *war between grown-up and child.* »To avoid war in international affairs we say we must enable the peoples to know one another. Hatred engenders precisely the incapacity to understand. Was in the human soul begins at birth, and this struggle is reflected in the relations between the child and the grown-up. This struggle is a prime begetter of error and evil[4].«

Dieser Kampf um und für das Kind bleibt mißverstanden, wenn er bloß emanzipatorisch und nicht in seiner religiösen Rückbindung gesehen wird, die für Maria MONTESSORI fundamental wichtig ist. Maria MONTESSORI hat wie ihr belgischer Kollege Ovide DECROLY einen Ansatz zu einer medizinisch orientierten Pädagogik entfaltet. Dieser Ansatz sollte im Blick auf die Pädagogik weder vorschnell als positivistisch-pragmatisch begrenzt noch als wissenschaftlich prädikatisiert werden. Er bildet vielmehr eine solide empirische Basis, die die Pädagogin MONTESSORI ohnehin erweitern muß. So räumt sie im Unterschied zu DECROLY und den gemeinsamen ärztlichen Lehrern ITARD und SEGUIN selbst der religiösen Meditation einen »festen Stellenwert ein«. Der Glaube als ein verbindliches Sich-Binden an letzte Werte ist im Kontext des empirisch Aufweisbaren ebenso wichtig wie das emotional bestimmte Kontakt-Stiften und -Beantworten als Mitte des erzieherischen Verhältnisses.

Erziehen, Heilen und Glauben sind in der Pädagogik Maria MONTESSORIS zu einer unverbrüchlichen Einheit geworden. Damit ist zugleich der Wurzelboden für eine Friedenserziehung[5] im Geiste MONTESSORIS aufgewiesen. Friedenserziehung bedeutet ihr in erster Linie ein anthropologisches und nicht nur ein politisches Problem der Abrüstung als Ergebnis internationaler Übereinkunft. Als anthropologische Zielsetzung hat die Friedenserziehung den permanenten zwischenmenschlichen Kampf aufzuheben und den Menschen zur Übereinkunft mit sich und mit dem Nächsten zu führen, was dann allerdings auch der politischen Sicherung bis in die internationalen Belange bedarf. In jener inneren Beziehung von Heilen, Erziehen und Glauben, deren Klammer das Hoffen auf den anthropologisch initiierten Frieden ist, liegt die Einmaligkeit dieses Lösungsansatzes in der abendländischen Bildungsgeschichte.

Das Spezifikum in der Historizität dieses Ansatzes besteht darin, daß er fortlebt in erneuter Traditionsstiftung. Der hier versammelte weltweite Kreis ist ein Zeugnis für die Zeugungskraft der Ideen und für die Lebendigkeit dieses Prozesses der Traditionsstiftung[6]. Daher darf ich abschließend die in der Logik der skizzierten Entwicklung begründete Erwartung aussprechen, daß der genannte Lösungsansatz während dieses Kongresses nicht nur an gedanklicher Klarheit gewinnen, sondern gerade im Zusammenhang mit der hier in München[7] eingeleiteten praktischen Arbeit eine entscheidende Förderung und Weiterentwicklung erfahren wird.

Anmerkungen

1 Zur Entwicklung des Weltbundes vgl. Hermann RÖHRS: *Die Reform des Erziehungswesens als internationale Aufgabe. Entwicklung und Zielstellung des Weltbundes für Erneuerung der Erziehung.* Rheinstetten (Schindele-Verlag) 1977.
2 Über die Montessori-Schulen vgl. Hermann RÖHRS: *Schule und Bildung im internationalen Gespräch.* Frankfurt/M. (Akademische Verlagsgesellschaft) 1966, S. 45.
3 Zur Deutung dieser Wiederentdeckung vgl. Hermann RÖHRS: *Die progressive Erziehungsbewegung. Verlauf und Auswirkung der Reformpädagogik in den USA.* Hannover (Schroedel-Verlag) 1977.
4 Maria MONTESSORI: »Disarmament in Education.« In: *The New Era,* September 1932, S. 258.
5 Zur Friedenserziehung MONTESSORIS vgl. Hermann RÖHRS (Hrsg.): *Friedenspädagogik.* Frankfurt/M. (Akademische Verlagsgesellschaft) 1970, S. 49 – Maria MONTESSORI: *Frieden und Erziehung.* Hrsg. und eingeleitet von Paul OSWALD und Günther SCHULZ-BENESCH; Freiburg i. B. (Herder-Verlag) 1973.
6 Zur Fruchtbarkeit dieses Prozesses hat sicherlich auch der Umstand beigetragen, daß das Werk MONTESSORIS immer wieder durch gute Darstellungen erschlossen wurde und daß das Œuvre in der Familie selbst – nach Sohn Mario nunmehr auch durch den Enkel Mario – eine fortlaufende Deutung erfuhr. Vgl. hierzu beispielhaft Mario MONTESSORI: *Erziehung zum Menschen.* München (Kindler-Verlag) 1977.
7 Vgl. Theodor HELLBRÜGGE: *Unser Montessori-Modell.* München (Kindler-Verlag) 1977.

PETER RÖNISCH (Kopenhagen)

Die Haltung der Weltgesundheitsbehörde (WHO) gegenüber Behinderten

Daß die »Association Montessori Internationale« diesem Kongreß das Thema »Die Montessori-Methode und das behinderte Kind« gegeben hat und daß sich damit seit dem Entstehen der Montessori-Methode zum ersten Mal ein internationaler Kongreß mit den Problemen der behinderten Kinder befaßt, bedeutet einen echten neuen Meilenstein. Wenn man Ihr wohlausgewogenes Programm betrachtet, wird Ihr Wunsch deutlich, Ihre Erfahrung weiterzugeben, daß dem behinderten Kind am besten geholfen ist, wenn Vertreter verschiedener wissenschaftlicher Disziplinen, besonders Ärzte, Pädagogen und Psychologen, in der Praxis eng zusammenarbeiten.

Die Bereitstellung von Sonderhilfen für behinderte Kinder ist keineswegs neu. Die Aufnahme von Sondererziehung für behinderte Kinder im schulpflichtigen Alter setzte in den meisten europäischen Ländern zu Anfang dieses Jahrhunderts ein. Aber neu ist die Ausweitung auf weitere Kategorien von Behinderten und die vermehrte Aufmerksamkeit auf Kinder im Vorschulalter. Die letzten zwanzig Jahre haben bedeutende Entwicklungen im Wissen und im Verständnis dieses Themas und einen Wechsel in der Problemstellung hervorgebracht.

Einige Körperbehinderungen – insbesondere solche, die durch Rachitis, Poliomyelitis und non-pulmonare Tuberkulose ausgelöst werden – kommen seltener vor. Andererseits wird durch bessere Geburtshilfe, bessere Kinderheilkunde und den Gebrauch von Antibiotika das Leben von Kindern gerettet, die noch vor zwanzig Jahren wahrscheinlich gestorben wären. Mehr als nur ein paar dieser Kinder überleben mit einer Körperbehinderung. Auf manchen Gebieten, besonders dem der Gehirnschäden, hat der Erkenntniszuwachs es möglich gemacht, daß Kindern geholfen werden kann, die früher als hoffnungslos betrachtet wurden. Am wichtigsten ist jedoch, daß es immer deutlicher wird, daß eine *frühzeitige* Erkennung und richtige Behandlung eine *langfristige* Besserung bei fast allen behinderten Kindern bedeuten. Die Weltgesundheitsorganisation hat seit ihrem Bestehen diesem Problem große Aufmerksamkeit gewidmet und verschiedene Aktivitäten auf diesem Gebiet entwickelt, besonders in ihrem Programm für Mütter- und Kindergesundheit.

Aufgaben und Aufbau der Weltgesundheitsorganisation

Mit Ihrer Erlaubnis möchte ich meinen Bericht über die derzeitige Tätigkeit mit ein paar Erläuterungen über Geschichte, Aufbau und Aufgabenstellung der Weltgesundheitsorganisation verbinden.

Wie Sie vielleicht wissen, postuliert die WHO-Verfassung ganz unzweideutig, daß »die gesunde Entwicklung des Kindes von grundlegender Bedeutung ist; die Möglichkeit, harmonisch in einer sich wandelnden Gesamtumgebung zu leben, ist für eine solche Entwicklung wichtig«.

Die Verfassung wurde durch die Internationale Gesundheitskonferenz in New York angenommen, und ihre Ratifizierung durch 26 Mitgliedstaaten im Jahre 1948 ermöglichte es WHO, seine Arbeit offiziell zu beginnen und die erste Weltgesundheitsversammlung einzuberufen, die im Mai 1948 zusammentrat.

Wie Sie wissen, befindet sich das WHO-Hauptquartier – wo ungefähr 2000 internationale (Zivil-)Angestellte arbeiten – in Genf, und der Generaldirektor ist Dr. H. MAHLER. Zusätzlich gibt es Regionalbüros in den sechs verschiedenen Regionen, die sich über die ganze Welt erstrecken:

Alexandria hat das Büro für die östliche Mittelmeer-Region;
Brazzaville für die afrikanische Region;
New Delhi für die südostasiatische Region;
Manila für die westpazifische Region und
Washington für den amerikanischen Kontinent.

Und – natürlich – Kopenhagen hat das Büro für die europäische Region, die Algerien, Marokko und die Türkei ebenso wie die europäischen Länder im eigentlichen Sinne einschließt.

Die Personalmitglieder des Hauptquartiers und der Regionalbüros sind weder Delegierte noch Vertreter ihrer Heimatländer; sie sind Fachleute, die, ebenso wie die internationalen Zivilangestellten der UNO, den Entscheidungen Folge leisten, die bei den Weltgesundheitsversammlungen und den Zusammenkünften der Regionalkomitees getroffen werden. Beide treffen sich jährlich, wobei unter anderem folgende Themen behandelt werden.

– der Jahresbericht des Generaldirektors und der Regionaldirektoren,
– das Budget für die nächste Finanzperiode und
– allgemeine Leitlinien und Hauptaktivitäten.

Seit der ersten Sitzung des Regionalkomitees für Europa im Jahre 1951 hat sich die Rolle der Weltgesundheitsorganisation in der Region wesentlich geändert, ebenso wie die gesundheitlichen Bedingungen der Völker der Mitgliedstaaten. In den Jahren unmittelbar nach dem Zweiten Weltkrieg mußten sich die verschiedenen auf dem Gesundheitssektor tätigen internationalen Behörden auf den Wiederaufbau der kriegsbeschädigten Dienststellen und Einrichtungen und auf die Beschaffung dringender Nothilfe für die vielen Völker konzentrieren, die durch die Ausbreitung des Krieges in Mitleidenschaft gezogen oder zerstört worden waren.

Besondere Aufgaben der europäischen Region

Das Europäische Büro hat *de facto* bewiesen, daß ein Bedürfnis nach ständiger Zusammenarbeit zwischen medizinisch entwickelten Ländern besteht. Obwohl Mittel zur Zusammenarbeit im Rahmen bilateraler und zwischenstaatlicher Abkommen verfügbar sind, haben sich wiederholt Situationen ergeben, in denen sich das Regionalbüro als unerläßliche Anlaufstelle für internationale Zusammenarbeit und als Brücke zwischen Gesundheitsbehörden und Staaten mit verschiedenen Sozial- und Wirtschaftssystemen erwiesen hat. Die Konferenz für Sicherheit und Zusammenarbeit in Europa in Helsinki von 1975 soll dieser Art von Zusammenarbeit unter den verschiedenen Völkern Europas erwartungsgemäß neuen Antrieb verleihen.

Die Europäische Region soll in Zukunft auf der Grundlage ihres 6. Allgemeinen Arbeitsprogramms geistig und finanziell noch mehr zur Verbesserung der Gesundheitsbedingungen in der Welt beisteuern, und es ist satzungsgemäß auch ihre Pflicht, dies zu tun. Doch ihre Länder werden sich gleichzeitig bewußt, daß sie selbst mit neuen Herausforderungen auf dem Gebiet der Gesundheit konfrontiert werden oder ungelösten Problemen gegenüberstehen, die die Verhinderung von Krankheiten oder die Abschaffung von gefährlichen menschlichen Gewohnheiten betreffen. Da gibt es sogar eine noch einfachere, aber zugleich auch größere Schwierigkeit: die Tatsache, daß Mangel an Geld und geschultem Personal es noch immer unmöglich machen, den Völkern überall die Lösungen anzubieten, die die medizinische Forschung schon gefunden hat. Die Grenzen, die der Ausübung des Gesundheitsdienstes gesetzt sind, werden paradoxerweise besonders fühlbar in den entwickelten Ländern, und zwar wegen des hohen Bildungsstandes und der hohen Erwartungen ihrer Bevölkerung. Leider führen diese Erwartungen oft eher zu einer unverhältnismäßigen Bevorzugung von aufsehenerregenden Verbesserungen bei Krankenhausbauten und deren Ausstattung als zu vorbeugenden Maßnahmen des öffentlichen Gesundheitsdienstes. Es müssen Prioritäten aufgestellt werden, die trotzdem für alle Betroffenen annehmbar sind, damit die Medizin nicht teurer wird als der mit ihr einhergehende Beitrag zum menschlichen Glück und Wohlbefinden. Internationale Zusammenarbeit im Gesundheitswesen ist daher nötig, nicht nur auf dem Gebiet der Forschung, sondern auch in bezug auf den Austausch von praktischer Erfahrung und in der Planung und Bewertung von Tätigkeiten auf dem Gebiet des Gesundheitswesens.

Die Terminologie der Weltgesundheitsorganisation für Behinderte

Innerhalb dieses allgemeinen Rahmens wollen wir nun einen Blick auf die verschiedenen Tätigkeiten von WHO im Hinblick auf Behinderte werfen.

Um eine internationale Zusammenarbeit möglich zu machen, bedarf es klarer Definitionen. Und so arbeitete WHO mit Hilfe von vielen Experten ein »Handbuch der Terminologie des Gesundheitswesens« aus.

Darin sind die folgenden Ausdrücke aufgeführt und die folgenden Definitionen standardisiert:

Der Ausdruck *disability* (und *disablement*) muß betrachtet werden im Zusammenhang mit *Schwäche, Handicap* und *Unfähigkeit*. Die verschiedenen Termini sind nicht immer klar voneinander zu unterscheiden. Im allgemeinen englischen Sprachgebrauch stehen *disability* (Behinderung) und *handicap* oft wechselweise füreinander ein, und es greift die Tendenz um sich, beide Ausdrücke mit den schwereren und augenfälligeren Konditionen gleichzusetzen und *impairment* (Schwäche) als den übergreifenden allgemeinen Ausdruck gelten zu lassen; *incapacity* ist eine Alternative zu *disability*. *Impairment* ist der grundlegende pathologische Zustand (z. B. Fehlen eines Teilgliedes oder eines ganzen Gliedes oder die allgemeine Defektuosität eines Gliedes oder des Organismus). Ein *impairment* kann so geringfügig sein, daß es die funktionelle Fähigkeit gar nicht wesentlich stört oder daß diese Funktion sogar korrigiert oder wiederhergestellt werden kann. Wenn ein *impairment* größer ist und eine Korrektur unmöglich macht, dann wird daraus

- *disability*, Verlust oder Verringerung der funktionellen Fähigkeit. Die Auswirkung wird abhängen von den persönlichen Umständen und Bedürfnissen des einzelnen Individuums: es kann sehr leicht führen zu
- *handicap*, einer Benachteiligung oder Beschränkung der Aktivität, verursacht durch *disability*. Wenn diese schwer ist, kann das führen zu
- *invalidity*, dem Zustand der Arbeitsunfähigkeit.

Die WHO-Definition einer *handicaped person* liest sich wie folgt: »Eine Person, deren körperliches oder geistiges Wohlbefinden vorübergehend oder dauernd geschädigt ist, sei es von Geburt an oder durch Alter, Krankheit oder Unfall, mit dem Resultat, daß Selbständigkeit, Schule oder Anstellung beeinträchtigt sind.«

Während Krankheiten, die durch Infektionen ausgelöst werden, noch immer ein großes Problem bleiben, sind es pathologische Zustände, die durch eine Kombination von genetischen, Umwelt- und Verhaltensfaktoren bestimmt werden, die allmählich geradezu überhandnehmen. Bei Kindern und Jugendlichen sind die wichtigsten Gesundheitsprobleme angeborene Schäden, Unfallverletzungen, bösartige Neoplasmen und geistige und soziale Nichtangepaßtheit.

Da wir es mit verschiedenen spezifischen Behinderungen – etwa geistigen Behinderungen, Seh- und Hörfehlern, geistigen und körperlichen Handicaps, neurologischen Schwächen – zu tun haben, kann das Problem nur gelöst werden, indem man ein umfassendes Rehabilitationssystem aufbaut, das mittels eines genauen Bewertungs- und Behandlungsprogramms und unter ärztlicher Leitung einen oder eine Kombination von mehreren medizinischen, paramedizinischen, psychologischen, sozialen und beruflichen Hilfsdiensten zur Verfügung stellt, die auf die Bedürfnisse des Patienten abgestellt sind.

Arten einer umfassenden Rehabilitation

Rehabilitation ist die kombinierte und koordinierte Anwendung von medizinischen, sozialen, erzieherischen und beruflichen Maßnahmen zum Zwecke der Ausbildung oder Wiederausbildung des einzelnen im Sinne des höchstmöglichen Standes seiner Funktionstüchtigkeit. Der Ausdruck »Nachbehandlung« (*after-care*), der oft als Synonym für Rehabilitation benützt wird, sollte eher reserviert bleiben für die begrenzte zeitliche Phase, in der Rehabilitationsmaßnahmen *zuerst* eingeführt werden. Medizinische Rehabilitation zielt darauf ab, die funktionellen und psychologischen Fähigkeiten des Individuums und, wenn nötig, seine Ersatzmechanismen zu entwickeln, um ihn zu befähigen, auf sich selbst gestellt zu leben und ein aktives Leben zu führen. Soziale Rehabilitation ist die Reintegration einer behinderten Person in die Gesellschaft, indem man ihr hilft, sich den Bedürfnissen von Familie, Gemeinschaft und Arbeitswelt anzupassen. Und schließlich ist die berufliche Rehabilitation darauf ausgerichtet, einen behinderten Menschen (krank oder verletzt) dazu zu befähigen, daß er sich eine angemessene Arbeit sichert und erhält. Rehabilitation berührt daher vielerlei Interessen und erfordert eine enge Zusammenarbeit zwischen Gesundheits-, Sozial- und Arbeitsbehörden, freiwilligen Verbänden, Berufsverbänden und nicht zuletzt den Eltern, wenn sie effektiv sein soll. Die Eltern spielen in der Fürsorge für das Kind eine unverzichtbare Rolle. Die Erziehung der Eltern ist einer der wichtigsten Aspekte der Ausbildung auf diesem Gebiet. Es gibt da einige besondere Schwierigkeiten. Sie können nicht darüber belehrt werden, wie sie die speziellen Probleme ihres behinderten Kindes angehen sollen, solange es nicht geboren oder bevor es tatsächlich behindert ist. Außerdem ist die Zeit, in der sie zum ersten Mal begreifen, daß sie ein Kind mit einem Handicap haben, eine Periode der Verzweiflung und Hilflosigkeit, in der sie Erziehungsbemühungen gegenüber nicht aufgeschlossen sind.

Die Rehabilitation, kann in Sonderbehandlungszentren durchgeführt werden. Dieser Begriff umfaßt eine Reihe von Einrichtungen, die unter verschiedenen Bezeichnungen laufen: Kinderheime, Vorschulen, Kindergärten, Krippen oder Spielzentren. Das können allgemeine Zentren sein, die einen hohen Prozentsatz an normalen Kindern aufnehmen, oder Spezialzentren, die sich um einfach oder mehrfach behinderte Kinder bemühen. Ich möchte das Montessori-Zentrum in diesem Zusammenhang als sehr positives Beispiel erwähnen. Sehr wichtig erscheint mir auch das Verständnis in der Öffentlichkeit. Ziel der Arbeit mit einem behinderten Kind ist es, ihm zu ermöglichen, daß es letztlich – innerhalb seiner bestimmten Begrenzungen – ein nützliches, stabiles, zufriedenes und glückliches Mitglied der Gesellschaft wird. Es genügt nicht, das Kind auf das Leben in der Gemeinschaft vorzubereiten; es ist ebenso nötig, die Gemeinschaft darauf vorzubereiten, daß sie das Kind versteht und akzeptiert.

Man muß hier auch erwähnen, daß Eltern von behinderten Kindern die Schädigung ihres Kindes vielleicht vermuten, es aber vorziehen, so zu tun, als ob alles in Ordnung sei. Sie mögen manchmal sogar absichtlich versuchen, das Kind und seinen Defekt vor den Behörden oder vor dem Hausarzt zu verbergen. Man kann von ihnen sicherlich nicht erwarten, daß sie spontan mit dem Kind ankommen, solange sie nicht sicher sind, daß nützliche Einrichtungen zur Pflege und Behandlung zur Verfügung stehen. Man kann daraus folgern, daß das Vorhandensein solcher Einrichtungen zur Entdeckung vieler behinderter Kinder führt, die bislang den Behörden verborgen blieben. Kurz gesagt, die offenkundige Prävalenz einer Schädigung kann direkt abhängen von der Verfügbarmachung von Pflege- und Behandlungseinrichtungen.

Aktivitäten und Forderungen der Weltgesundheitsorganisation für die Rehabilitation

Fraglos kann dieses sehr komplexe Problem der Behinderten und ihrer Rehabilitation nicht durch Einzelaktionen oder einzelne Organisation gelöst werden. Aus diesem Grund ist WHO dabei, die Zusammenarbeit mit anderen internationalen Regierungs- und Berufsorganisationen wie ILO

oder UNESCO zu fördern, und wir laden zu den von WHO organisierten Zusammenkünften Experten aus verschiedenen Berufssparten ein. Solche Zusammenkünfte waren z. B.:
– eine europäische Arbeitsgruppe über die Früherkennung und Behandlung von Behinderungsschäden bei Kleinkindern, Kopenhagen, 1966;
– eine WHO-Expertentagung über Medizinische Rehabilitation in unserem Hauptsitz, Genf, 1969;
– eine europäische Arbeitsgruppe über die Rolle des Psychologen im Gesundheitswesen, Krakau, Mai 1973;
– eine Reihe von Arbeitsgruppen über Probleme von Schulkindern im Alter von 5–10 Jahren, Kopenhagen, 1975; 10–13 Jahren, Moskau, 1976; 14–18 Jahren, Amsterdam, 1977.

Von unseren geplanten Aktivitäten möchte ich nennen die Konferenz über das Kind und den Jugendlichen in der Gesellschaft, 1978; eine Studie und eine Arbeitsgruppe über die Früherkennung von Schäden, 1978 und 1979; eine Arbeitsgruppe über die Epidemiologie von angeborenen Mißbildungen, 1979; eine Arbeitsgruppe über behinderte Kinder und Jugendliche in der Gesellschaft, 1982. Und ohne Zweifel wird es im Internationalen Jahr des Kindes, 1979, noch weitere Aktivitäten geben.

Was nun die Hauptprobleme betrifft, die in naher Zukunft gelöst werden müssen, so möchte ich folgende erwähnen: die Erfassung und Klassifikation von Daten über das Vorkommen, das signifikante Überwiegen und die Epidemiologie von behindernden Defekten; Entwicklungsländer könnten vielleicht eine einfache Durchführungsverordnung in kraft treten lassen, die alle gesetzlichen Maßnahmen bezüglich behinderter Personen und ihrer Rehabilitation umfaßt.

Mehr Informationsmaterial sollte gesammelt werden über die legislativen Aspekte und über Struktur und Funktion von medizinischen Rehabilitationsdiensten. Es ist auch vorgeschlagen worden, daß Informationsmaterial über die Rehabilitationsforschung zusammengetragen und in regelmäßigen Zeitabständen an Forschungsinstitute und andere interessierte Körperschaften verschickt wird.

Psychologische und psychiatrische Aspekte der körperlich Behinderten sollten immer zusammen betrachtet werden, und es sollte bei medizinischen Rehabilitationsprogrammen eine engere Zusammenarbeit zwischen physiologischen und psychologischen Beratungsstellen und Einrichtungen hergestellt werden.

Um die Ausbildung in Rehabilitationsarbeit zu fördern, sollten die medizinischen Fakultäten Lehrstühle für Rehabilitationsmedizin errichten und Schulen für das erforderliche Gesundheits- und Rehabilitationspersonal ins Leben rufen.

WHO ist davon überzeugt, daß das Bedürfnis nach Rehabilitationseinrichtungen in naher Zukunft sehr rasch steigen wird, und zwar als Folge der Entwicklung des allgemeinen Gesundheitsdienstes und der Integration von medizinischer Fürsorge in nationale Gesundheitsprogramme, in die Industrialisierung und Urbanisation. Aufgrund des ständigen Ansteigens von Unfallopfern in Industrie und Verkehr muß man erwarten, daß immer mehr behinderte Personen Rehabilitationshilfe suchen, sobald solche Dienste zur Verfügung stehen.

WHO spielt dabei eine bedeutsame Rolle, weil die erste Phase der Rehabilitation eine rein medizinische ist und weitere Schritte nicht unternommen werden können, bevor der medizinische Aspekt nicht geklärt ist. Trotzdem muß jede Aktion, die zur Unterstützung der Regierungen unternommen wird, den ganzen Bereich der Rehabilitation umfassen, von der medizinischen Fürsorge bis zur Wiedereingliederung des einzelnen in die Gesellschaft; jeder Mensch, der das Opfer einer behindernden Krankheit oder eines Unfalls wird, muß dringend behandelt, rehabilitiert und mit Hilfe der bestmöglichen medizinischen, sozialen, erzieherischen und beruflichen Maßnahmen wieder in die Gesellschaft eingegliedert werden.

Literaturhinweise:

JAMES WOGARTH: *Glossary of Health Care Terminology. Serial Public Health in Europe, Nr. 4;* WHO-Regional Office for Europe. Kopenhagen 1975.
WHO-Expert Committee on Medical Rehabilitation; Wld. Hlth. techn. Rep. Ser., 1969, Nr. 419.
Report on a Working Group on the Early Detection and Treatment of Handicapping Defects in Young Children. WHO-Reg. Off. for Europe, Euro 0332, 1967.
Report on a Working Group »The role of the psychologist in mental health services«; WHO-Reg. off. for Europe, Euro G 428 I, 1973.
Report on a Working Group »Problems of Children of School Age I« (5–9 Jahre). *WHO-Reg. Off. Europ., JCP-MCH 004,* 1976;
desgl. *School Age II* (10–13 Jahre), *JCP-MCH 005,* 1977;
desgl. *School Age III* (14–18 Jahre), *JCP-MCH 010,* 1977.

THEODOR HELLBRÜGGE (München)

Die Montessori-Pädagogik und das behinderte Kind

Es ist nicht üblich, daß der Präsident und Einladende eines Kongresses ein Referat hält. Aus diesem Grunde muß ich mich zunächst dafür entschuldigen, daß ich sogar das Einführungsreferat des wissenschaftlichen Programms dieses Kongresses halte. Aber der Auftrag zu diesem Referat wurde mir von dem Generaldirektor der »Association Montessori Internationale«, unserem verehrten Dr. Mario MONTESSORI sen., mit einem solchen Nachdruck erteilt, daß ich ihn nicht ablehnen konnte.

Der Auftrag zu diesem Einleitungsreferat – »Die Montessori-Pädagogik und das behinderte Kind« – darf als Zeichen der Anerkennung unserer Arbeit in München gewertet werden. Wir sind stolz darauf, daß der 18. Internationale Montessori-Kongreß in München sich erstmals seit Bestehen der weltweiten Montessori-Pädagogik mit den Problemen des behinderten Kindes beschäftigt. Dies ist eigentlich erstaunlich, denn Sie wissen alle, daß die Montessori-Pädagogik aus dem Erlebnis von Maria MONTESSORI bei den Kindern in der Psychiatrischen Klinik in Rom erwuchs.

Geistig behinderte Kinder als Schlüsselerlebnis für Maria MONTESSORI

Folgen wir der Beschreibung ihres Biographen und pädagogischen Wegbegleiters, E. Mortimer STANDING, dann darf folgende Begegnung als Schlüsselerlebnis für Maria MONTESSORI angesehen werden:

»In einem der Irrenhäuser fiel ihr eine Gruppe schwachsinniger Kinder auf, die in einem kerkerartigen Raum wie Gefangene zusammengepfercht waren. Die Aufseherin gab sich keine Mühe, ihre Abneigung gegen die Kinder zu verbergen, und als die junge Ärztin sie fragte, warum sie die Kinder nicht leiden möge, antwortete die Frau: ›Weil sie sich, kaum daß sie aufgegessen haben, auf den Boden stürzen und die Krümel aufklauben.‹
Maria MONTESSORI sah sich im Raum um: er enthielt nicht nur keinerlei Spielzeug, sondern überhaupt keinerlei Gegenstände, nichts, was die Kinder in die Hand nehmen, womit sie sich hätten beschäftigen können.«

Dieses Schlüsselerlebnis veranlaßte Maria MONTESSORI, sich neben der Medizin der Pädagogik zuzuwenden, und dabei war – wie STANDING

Jean Marc Gaspard ITARD (1774–1838)

Edouard SEGUIN (1812–1880)

schreibt – »ihre Überzeugung nicht mehr umzustoßen, daß man mit einer pädagogischen Spezialbehandlung den Zustand der Kinder bessern könnte«.

Wir dürfen feststellen, daß Maria MONTESSORI mit der gleichen Energie, mit der sie erreicht hatte, zum Medizinstudium zugelassen zu werden, sich nunmehr der Betreuung dieser Kinder zuwandte. Sie suchte nach Programmen und erfuhr von den Schriften der französischen Ärzte Jean ITARD und Edouard SEGUIN, die beide ihre Lebensarbeit der Erziehung zurückgebliebener Kinder gewidmet hatten.

ITARD und seine »Traitement morale«

Jean Marc Gaspard ITARD (1774–1838), einer der Väter der Hals-Nasen-Ohren-Heilkunde, stand im Banne jenes charakteristischen Interesses des 18. Jahrhunderts, durch das Studium von wilden Völkern etwas über die natürliche Entwicklung der Sprache des Menschen zu erfahren. Hierbei schien ihm das Studium eines Naturkindes von besonderer Bedeutung, und so unternahm er den langjährigen Versuch, einen etwa zwölfjährigen Knaben zu erziehen, der um 1800 in den Wäldern bei Aveyron als Wildkind aufgefunden und der Taubstummenanstalt in Paris zugeführt worden war.

Der Ansporn zu diesem Versuch schien ITARD um so reizvoller, als der berühmte Psychiater Philipp PINEL (1745–1826), dem wir die erste Klassifikation der Geisteskrankheiten in die vier Hauptformen Manie, Melancholie, Demenz und Idiotie verdanken, bei diesem Jungen festgestellt hatte, daß es sich um einen Menschen mit einer unheilbaren Krankheit handele, der zu keiner wie immer gearteten gesellschaftlichen Einordnung und Erziehung fähig sei.

ITARDs Vorstellungen einer Therapie für dieses Wildkind erfolgten – wie Dagmar HÄNSEL in ihrer Monographie feststellte – unter fünf Gesichtspunkten:

»1. Ihn mit dem Leben in der Gemeinschaft vertraut zu machen, indem man ihm dieses schöner gestaltet als in den bisherigen Monaten seit seiner Festnahme und vor allem ähnlicher dem Leben, das er früher geführt hatte.
2. Die Sensibilität seiner Nerven durch die stärksten Stimulantien und hie und da durch lebhafte seelische Affekte wecken.
3. Seinen Ideenkreis erweitern, indem man ihm neue Bedürfnisse schafft und seine Beziehungen zu den ihn umgebenden Menschen vervielfacht.
4. Ihn zum Gebrauch der Sprache anleiten, wobei die Übung der Nachahmung durch das zwingende Gebot der Notwendigkeit bestimmt wird.
5. Eine Zeitlang die einfachsten geistigen Tätigkeiten auf die Gegenstände seiner

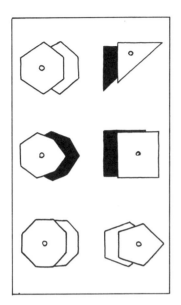
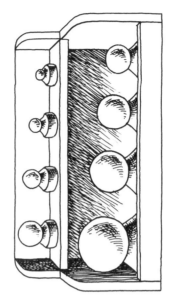
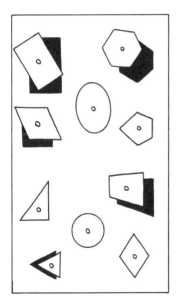
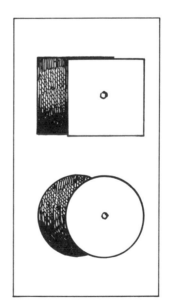

Sinnesphysiologisches Material von SEGUIN. Links oben: kleines Formenbrett; rechts oben: mittleres Formenbrett; links unten: größeres Formenbrett; rechts unten: Nagelbrett.

körperlichen Bedürfnisse anwenden und dann deren Anwendung auf den Lehrstoff bestimmen.«

Bei der Aufstellung dieser Thesen ging ITARD davon aus, daß es sich bei dem Wildkind um eine organische Hirnstörung handelte, die er mit den Mitteln der frühen Psychiatrie eines WILLIS, CHRICHTON und schließlich PINEL durch *traitement moral* behandeln wollte.

Die Ergebnisse seiner Bemühungen haben bis in unsere Zeit hinein Aufsehen erregt. 1974 erschien unter dem Titel *Die wilden Kinder* eine Zusammenfassung aller in der Literatur veröffentlichten Fälle von Wildkindern. Sie beginnt mit dem hessischen Wolfsjungen (veröffentlicht von CAMERARIUS) und endet mit dem Affenkind von Teheran (publiziert von der Agence France Press 1961). Dieses Buch enthält auch den Wortlaut von ITARDS klassischem Gutachten und seinen Bericht über Victor von Aveyron.

Aus der Sicht der modernen Kinderpsychiatrie, auch als Konsequenz langjähriger Erfahrungen im Kinderzentrum München darf man die Bemühungen von ITARD wohl in den Bereich der Verhaltenstherapie einordnen, denn hier wurde u. a. auch versucht, z. B. durch konsequentes Belohnen erwünschtes Verhalten zu verstärken und durch konsequentes Nichtbeachten unerwünschtes Verhalten zu löschen.

SEGUIN und die physiologische Erziehung der Schwachsinnigen

Neben ITARD stieß Maria MONTESSORI insbesondere auf die Schriften von Edouard SEGUIN. Als Schüler von ITARD fühlte er sich nach seinem Medizinstudium durch den Mißerfolg der Therapie des Wilden von Aveyron, insbesondere nach dem fehlgeschlagenen Versuch, diesem Wildkind doch noch eine Sprache zu entlocken, um so mehr herausgefordert. Deshalb erwirkte SEGUIN bei dem Psychiater Dominique ESQUIROL (1772–1840) die Genehmigung, Erziehungsexperimente bei geistig behinderten Kindern in der berühmten Irrenanstalt Bicêtre in Paris durchführen zu dürfen.

Beeinflußt wurde er dabei durch die Schriften des Spaniers Jacob Rodrigues PEREIRE (1715–1780), der schon im 18. Jahrhundert das fast Unmögliche versucht hatte, als er Taubstumme sprechen zu lehren begann. Diese Schriften hatte SEGUIN neu entdeckt. Damals wurde in Frankreich die Fürsorge für geistig Behinderte im Rahmen einer sich stark entwickelnden *medicine mentale* zu bessern gesucht. SEGUIN gründete seine Hoffnungen einerseits auf die Bemühungen von PEREIRE und andererseits auf die Lehren des berühmten französischen Physiologen Claude BERNARD. Daraus leitete er seine Konzeption einer »physiologischen Erziehung der Schwachsinnigen« ab, deren Vorstellung (zitiert nach HÄNSEL) wie folgt von ihm formuliert wurde:

»1. Die Sinne und jeder einzelne können besonderer physiologischer Schulung unterworfen werden, durch die ihr ursprüngliches Vermögen unbegrenzt intellektualisiert wird.
2. Ein Sinn kann als Mittel der Auffassung und intellektuellen Kultur an Stelle eines anderen gesetzt werden.
3. Die physiologische Übung eines Sinnes verstärkt das Funktionieren und bereitet das Erwerben eines anderen vor.
4. Unsere abstraktesten Ideen sind Vergleiche und Generalisierungen dessen, was unser Geist mittels unserer Sinne wahrgenommen hat.
5. Die Perzeptionsweise ausbilden heißt Nahrung für den Geist selbst vorbereiten.
6. Empfindungen sind intellektuelle Funktionen, die durch äußere Mittel umgeformt werden, ebenso wie Urteil, Einbildung etc. durch eigene Veranlassung.«

Es ist hier nicht der Ort, um auf die bedeutenden Publikationen von SEGUIN einzugehen. Sie sind teils in französischer, teils in englischer Sprache in der Mitte des vorigen Jahrhunderts erschienen.

MONTESSORIS Neuentdeckung von ITARD und SEGUIN

Es sei aber im Rahmen unserer Überlegungen festgehalten, daß Maria MONTESSORI bei ihrem Bemühen, den Kindern in der Psychiatrischen Klinik in Rom zu helfen, lange Zeit suchen mußte, bis sie schließlich die Schriften von SEGUIN, von ITARD und von PEREIRE entdeckte, die mit Recht – so STANDING – als die Wurzeln ihrer Pädagogik angesehen werden können.
Diese Autoren beeinflußten Maria MONTESSORI so stark, daß sie im Jahre 1899 als junge Ärztin auf einem pädagogischen Kongreß in Turin den berühmt gewordenen Vortrag über »Moralische Erziehung« hielt. Man achte auf die Beziehung zu *traitement moral* bei SEGUIN! STANDING schreibt hierzu in seiner Biographie:

»Sie sprach dabei die Überzeugung aus, zurückgebliebene Kinder seien keine außergesellschaftlichen Wesen, sie hätten vielmehr genau dasselbe, wo nicht mehr, Anrecht auf Erziehung wie normale Kinder.«

Dieser damals für Italien völlig neue Gedanke erregte solches Aufsehen, daß der Erziehungsminister Dr. Guido BACELLI Maria MONTESSORI aufforderte, in Rom eine Reihe von Vorlesungen über Schwachsinnigen-Erziehung zu halten. Das tat sie, und von dieser Vortragsreihe hat nicht nur eine neue wissenschaftliche Pädagogik in Italien ihren Ausgang genommen, sie führte auch zur Gründung einer staatlichen Schwachsinnigen-Schule, deren Leitung man Maria MONTESSORI übertrug. Sie bekleidete das Amt von 1899 bis 1901.

In diese Schule kamen nun alle Kinder, die in den verschiedenen römischen Schulen als hoffnungslos zurückgeblieben galten, und später auch die Schwachsinnigen aus den Irrenanstalten. Während dieser Jahre unterwies Maria MONTESSORI mit Hilfe einiger Kollegen eine Gruppe von Lehrern in einer »Spezialmethode zur Beobachtung und Erziehung schwachsinniger Kinder«; ferner unternahm sie Reisen nach London und Paris, um alle bis dahin bekannten Behandlungsmethoden auf diesem Gebiet zu studieren.

Und als sie zurück war, widmete sie sich selbst mit aller Hingabe dem Unterricht der Kinder. Von morgens acht bis abends sieben beschäftigte sie sich mit ihnen, und dann saß sie noch bis tief in die Nacht hinein über ihren Notizen, Tabellen, Vergleichen, Analysen und der Vorbereitung neuen Unterrichtsmaterials. »Diese beiden praktischen Jahre«, hat sie später einmal spaßhaft bemerkt, »waren tatsächlich meine erste und einzig echte Qualifikation in Pädagogik.«

Unter ihrer geschickten Anleitung holten die Kinder, die ja bisher als »Idioten« gegolten hatten, ihren Entwicklungsrückstand auf, und zwar in einem verblüffenden Ausmaß: zahlreiche der schwachsinnigen Anstaltskinder lernten so gut lesen und schreiben, daß sie sich mit normalen Kindern zusammen einer öffentlichen Prüfung unterziehen konnten.

Beifallsstürme – so STANDING – begrüßten diesen großen Erfolg; aber die, die ihn erzielt hatte, war schon einen Schritt weiter. Sie schrieb: »Während jedermann über meine Schwachsinnigen staunte, mußte ich über die Frage grübeln, was eigentlich die gesunden und glücklichen Kinder in den öffentlichen Schulen auf einem so niedrigen Niveau hielt, daß meine armen Kleinen mit ihnen konkurrieren konnten.«

Aus diesen Grundlagen entstand die ärztliche Pädagogik von Maria MONTESSORI für das gesunde Kind

Je eingehender sie sich mit diesem auffälligen Tatbestand beschäftigte, um so klarer glaubte sie die Ursache in den erzieherischen Grundsätzen zu erkennen. »Dies Gefühl von der Tiefe einer Intuition wurde zu meiner Hauptidee. Ich war ganz sicher, daß ähnliche Methoden, wie ich sie bei den Schwachsinnigen angewandt hatte, auch die Persönlichkeit normaler Kinder entwickeln und auf das wunderbarste und überraschendste befreien würde.«

Maria MONTESSORI *(1870–1952)*

Diese Überlegungen konnte sie ab 1907 in der »Casa dei bambini« in die Tat umsetzen. Sie gab das Amt in der Schwachsinnigen-Schule auf und arbeitete ihre Methode für gesunde Kinder aus. Wir dürfen also feststellen, daß Maria MONTESSORI die Anregungen für ihre Pädagogik aus der französichen Psychiatrie erhielt und daß der Anstoß zu der weltweit verbreiteten Montessori-Pädagogik vom behinderten Kind ausging.

Um die Not der schwachsinnigen Kinder zu lindern, studierte Maria MONTESSORI die Schriften von SEGUIN und ITARD. Sie kam dabei als Ärztin zu gänzlich anderen Schlußfolgerungen als die französischen Pädagogen – wir würden heute sagen Sonder-Pädagogen –, die SEGUINs Schriften studiert und in die Praxis der Behindertenhilfe zu übertragen versucht hatten. Die Tatsache, daß Maria MONTESSORI SEGUINs Schriften auch in Frankreich neu entdecken mußte, macht deutlich, daß die Pädagogik mit SEGUINs Anweisungen nur wenig anfangen konnte. Maria MONTESSORI übertrug die offenbar nur für sie als Ärztin verständliche physiologische Methode von SEGUIN unmittelbar auf die praktische Arbeit mit den Kindern.

Die Problematik wird vielleicht verständlich, wenn wir auch in unseren Tagen den Unterschied zwischen Pädiatrie und Pädagogik erleben. Im Mittelpunkt der wissenschaftlichen Pädagogik steht die Theorie, die durch empirische Untersuchungen an Kindern bestätigt wird oder nicht. Im Mittelpunkt der Pädiatrie aber steht das kranke (und gesunde) Kind, d. h. das unmittelbare Erleben des Patienten und seine Leiden, aus denen wir nur zögernd Schlußfolgerungen im Sinne von theoretischen Überlegungen anstellen.

Es erscheint bemerkenswert, daß SEGUINs Schriften auch im Rahmen der modernen Pädagogik weitgehend in Vergessenheit geraten sind. Das mehrbändige moderne Lexikon der Pädagogik enthält weder einen Hinweis auf ITARD noch auf SEGUIN. Für unser Thema »Die Montessori-Pädagogik und das behinderte Kind« ist aber jener fast historische Bruch in der Arbeit von Maria MONTESSORI und damit in der Montessori-Pädagogik festzuhalten, der in der Aufgabe der Schwachsinnigen-Schule und der Gründung der »Casa dei bambini« liegt. Sieben Jahre hat sich Maria MONTESSORI mit behinderten Kindern beschäftigt, dann hat sie sich nur noch mit gesunden befaßt.

Dies ist wohl der Grund, warum die Montessori-Pädagogik – das verdient an dieser Stelle und besonders in München festgehalten zu werden – sich weltweit fast ausschließlich mit dem gesunden Kind beschäftigt.

Mario MONTESSORI sen. hat mir als Unterlage für dieses Referat alle Publikationen zugehen lassen, die in den vergangenen Jahren und Jahrzehnten in der Montessori-Pädagogik sich mit behinderten Kindern beschäftigten. Als Ergebnis darf festgestellt werden, daß an einzelnen Orten, etwa in Dub-

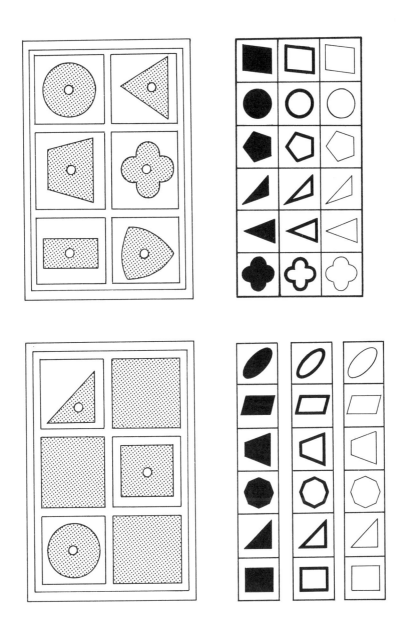

Formenbretter aus der geometrischen Kommode des Montessori-Materials. Aus Psico Geometria, *Barcelona 1934.*

lin, in Turin und in Milwaukee, sich einzelne Montessori-Pädagogen mit behinderten Kindern beschäftigt haben, daß an verschiedensten Orten auch behinderte Kinder im Rahmen dieser Pädagogik erzogen werden, daß aber eine systematische, auch wissenschaftliche Beschäftigung mit den Vorzügen der Montessori-Pädagogik in der Hilfe für das behinderte Kind seit 1907 kaum mehr stattfand.

Unser Münchner Weg der Behindertenhilfe

Während Maria MONTESSORI, was ihren pädagogischen Weg betrifft, beim behinderten Kind einsetzte und aus Erkenntnissen bei geistig behinderten Kindern Rückschlüsse für die Erziehung gesunder Kinder zog, ging unser Weg zur Montessori-Pädagogik gerade umgekehrt. Die am Institut für Soziale Pädiatrie und Jugendmedizin der Universität München erarbeiteten Programme zur Frühdiagnostik, Frühtherapie und frühen sozialen Eingliederung mehrfach und verschiedenartig behinderter Kinder haben ihren Ursprung in Erkenntnissen, die wir bei gesunden Kindern gewonnen hatten. Es handelte sich um gesunde Kinder, die außerhalb der Familie in Heimen groß wurden.

Immer schon hat die Kinderheilkunde die außerfamiliäre Pflege eines Kindes als ein hohes Risiko angesehen. In den europäischen Findelanstalten war die Sterblichkeit der Säuglinge vor 100 Jahren noch so groß, daß Sterbeziffern von 60 % bis 80 % als normal galten. PEIPER hat als Extrem die Prager Findelanstalt angeführt. Hier wurden im Jahre 1858 bei 2831 Zugängen sogar 109 % Todesfälle registriert, weil nicht nur sämtliche Neuaufnahmen, sondern noch einige vom Vorjahr hinzugerechnet wurden.

Die Gefährdung des Kindes außerhalb der Familie ist auch heute noch extrem hoch. Die Sterblichkeit der unehelichen Säuglinge z. B. ist in allen Kulturnationen noch doppelt so groß wie die der ehelichen. Wenngleich durch die Fortschritte der modernen Kinderheilkunde die Säuglinge in den Kliniken und Heimen nicht mehr sterben, so verblieb doch ein Unbehagen bezüglich ihrer Entwicklung. Insbesondere nachdem FREUD auf die Zusammenhänge zwischen Erlebnissen in der frühen Kindheit und späten Störungen im Erwachsenenalter hingewiesen hatte, haben sich viele Forscher mit den Problemen einer mangelnden personalen Bindung des Kindes in der ersten Lebenszeit und einer späteren Asozialität bzw. Dyssozialität, auch Homosexualität, Prostitution und Kriminalität beschäftigt. Dies wurde in BOWLBYS berühmter Schrift *Maternal Care and Mental Health* vielfältig dargestellt.

Die eben gegründete Weltgesundheitsorganisation, die dieses Buch als

Beispiel für das Ausfüllen des Formblattes

Entwicklungsdiagnostische Untersuchung

von *Th. Hellbrügge, J. Pechstein,*
D. Menara, R. Reiner-Schamberger und *S. Stünkel*

für das Säuglingsalter und das 2. Lebensjahr:
Entwicklung der Statomotorik, der Hand-, Perzeptions-, Sprach- und Sozialentwicklung

Name, Vorname: *Brigitte S.* *Reiner M.* (♂; ♀) Geburtsdatum: 3.2.74 / 2.8.73

Datum der Unter- suchung	Alter in Monaten	Entwicklungsdiagnostischer Befund von							Angaben über Gewicht, Größe, Kopfumfang, Reflexentwicklung, personale Zuwendung, Geburtsverlauf, u.a.m.
		Kriech- alter	Sitz- alter	Lauf- alter	Greif- alter	Per- zeptions- alter	Sprech- alter	Sprach- verständnis- alter	Sozial- alter	

Beurteilung: *Gesunde Säuglinge*

Arztstempel

Unterschrift

© 1971, Verlag FORTSCHRITTE DER MEDIZIN Dr. Schwappach & Co., 8035 Gauting, Postfach 220

Entwicklungsprofile gesunder Säuglinge in der Münchener Funktionellen Entwicklungsdiagnostik. In allen Funktionsbereichen liegen die Werte über denen des chronologischen Alters (90-%-Bereich).

eine ihrer ersten Veröffentlichungen in Auftrag gab, hat die Probleme der außerfamiliären Pflege junger Kinder in jeder Hinsicht hervorgehoben. Um die Störungen dieser Kinder frühzeitig diagnostizieren zu können, habe ich vor fünfzehn Jahren gemeinsam mit meinem Schüler PECHSTEIN eine neuartige Entwicklungsdiagnostik konzipiert. Aufgrund eigener Untersuchungen und einer Zusammenfassung der in der pädiatrischen und psychologischen Literatur, beispielsweise von GESELL, BÜHLER-HETZER, DAMBORSKÁ, BRUNET und LÉZINE, aber auch von russischen Autoren beschriebenen Daten, stellten wir eine Entwicklungsdiagnostik zusammen, die mit Hilfe von *Verhaltensmerkmalen* Rückstände in folgenden Funktionsbereichen im ersten Lebensjahr feststellt: Krabbeln, Sitzen, Laufen, Greifen, Perzeption, Sprechen, Sprachverständnis und Sozialentwicklung.

Im Rahmen dieser Diagnostik wurde zum ersten Mal in der kinderärztlichen und auch kinderpsychologischen Praxis systematisch die frühe präverbale Sprachentwicklung und die Sozialentwicklung des jungen Säuglings miteinbezogen. Einzelheiten über diese Diagnostik sind an verschiedenen Stellen veröffentlicht worden. In den vergangenen Jahren wurde sie so verbessert, daß neben den Anweisungen für den Fachmann auch eine Darstellung für Eltern und Laien in Buchform sowie in Form von wissenschaftlichen Filmen und Fernsehfilmen gegeben werden konnte.

Das Entscheidende an dieser ethologischen Diagnostik liegt darin, daß wir als Normwerte Verhaltensweisen herangezogen haben, die von 90 % der Säuglinge in einem bestimmten Lebensmonat beherrscht werden. Dies bedeutet, daß normalerweise die in den verschiedenen Funktionsbereichen diagnostizierten Verhaltensweisen weiter entwickelt sind als die festgehaltenen Mindestnormen. Entsprechend liegt das Entwicklungsprofil des gesunden Säuglings in der Familie in der Regel in allen Funktionsbereichen über der vorgesehenen Altersnorm.

Die Sozialentwicklung beansprucht die größte Aufmerksamkeit

Unsere Untersuchungen bei völlig gesunden Säuglingen in Heimen deckten an vielen Tausenden von Kindern auf, daß die Sozialentwicklung und die Sprachentwicklung diejenigen Funktionsbereiche sind, die bei einem Mangel an personaler Zuwendung und bei Wechselpflege im Säuglingsalter auf das Schwerste beeinträchtigt werden.

Die Ergebnisse lassen sich am besten an einer Querschnittsuntersuchung in einem damals neuerbauten heilpädagogischen Heim darstellen. Es sei ausdrücklich betont, daß es sich ausschließlich um organisch und neurologisch völlig gesunde Säuglinge und Kleinkinder handelte. Bei den 10 Säug-

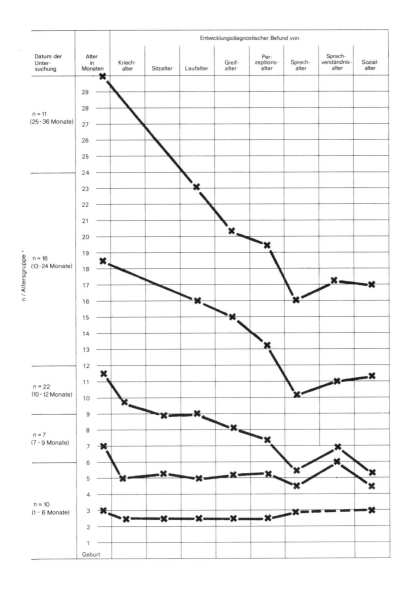

Entwicklungsdiagramme von nach rein medizinischen Gesichtspunkten völlig gesunden Säuglingen, die – statt in einer Familie – in einem Heim, gemeinsam mit anderen Säuglingen, großgezogen wurden. Beachte den extremen Rückstand der Sprach- und Sozialentwicklung mit zunehmender Dauer des Heimaufenthaltes.

lingen im Alter von 1 bis 6 Monaten bewegten sich alle Daten knapp an der unteren Grenze der Altersnorm. In der Altersgruppe der 7 bis 9 Monate alten Kleinkinder fand sich ein durchschnittlicher Entwicklungsrückstand von 2 bis 2½ Monaten. Bei den 10 bis 12 Monate alten Kindern läßt sich das charakteristische Entwicklungsprofil eines Deprivationssyndroms erkennen. Der Rückstand betrug in der Grobmotorik 2 bis 3 Monate, in der Feinmotorik 2½ bis 4 Monate, in der Sprachentwicklung 6 Monate, im Sprachverständnis 4½ Monate und in der Sozialentwicklung 6 Monate.

Die Rückstände in der Sprach- und Sozialentwicklung werden noch auffälliger bei den 13 bis 24 bzw. 25 bis 36 Monate alten Kleinkindern. Die Kinder waren in ihrer Motorik, d. h. im Laufen und Greifen, um ein Viertel, in ihrer Sprache und Sozialentwicklung aber etwa um die Hälfte ihres Lebensalters zurück. Diese Kinder ließen alle Merkmale der Selbständigkeitsentwicklung vermissen. Sie konnten sich nicht an- und ausziehen, nicht spielen und sich nicht längere Zeit auf irgendwelche Gegenstände konzentrieren. Sie waren kaum durch neue Spielsachen zu fesseln. Ihre sozialen Störungen zeigten sich insbesondere bei dem Versuch einer Kontaktaufnahme. Sie verhielten sich meist weinerlich und ängstlich.

Die schwerwiegenden Störungen im Sozialverhalten ließen zwei Gruppen unterscheiden:

1. Am häufigsten fanden sich die distanzlosen Kinder. Sie gingen wahllos auf alle Fremden zu, hängten sich an sie, wollten hochgenommen und liebkost werden.
2. Die kontaktgestörten Kinder fielen auf durch Ängstlichkeit, Schüchternheit und Zurückhaltung. Zum Teil hatten sie autistische Züge.

Die mangelnde Sozialentwicklung dieser Kinder wurde auch im Spiel mit anderen Kindern sichtbar. Sie nahmen die anderen nur am Rande wahr und beschäftigten sich nur mit sich selbst. Sie waren bestrebt, ihre eigenen Interessen durchzusetzen, was unweigerlich in der Gruppe zu Aggressionen führte. Daneben war die Passivität und Antriebsarmut der Kinder auffällig. Häufig fielen sie auch durch Konzentrationsschwäche und motorische Unruhe auf.

Die Erkenntnis, daß die Sozialentwicklung des Menschenkindes eine Sonderstellung einnimmt, führte letztlich zur Gründung des Kinderzentrums München als einer sozialpädiatrischen Institution der Behindertenhilfe. Im Rahmen unserer Überlegungen über die Montessori-Pädagogik und das behinderte Kind sei überdies festgehalten, daß die Erkenntnisse über schwere Störungen in der Sprach- und Sozialentwicklung der Grund waren, warum wir die Montessori-Pädagogik in unsere Programme der Frühdiagnostik und Frühtherapie für die frühe Sozialisation, d. h. die möglichst frühe Eingliederung mehrfach und verschiedenartig behinderter Kinder, hineingenommen haben. Dies scheint mir nämlich bei der Diskussion um die Montessori-Pädagogik ein neuer Ansatz: vor allem im Hinblick auf die Hilfe für das behinderte Kind. Ein Zufall kam zu Hilfe.

Sozialisation und Sozialentwicklung als neuer Ansatz der Montessori-Pädagogik

Als Mitglied des Ausschusses »Vorschulerziehung« des Deutschen Bildungsrates hatte ich in Frankfurt ein Schlüsselerlebnis. Erstmalig sah ich einen Montessori-Kindergarten, und zufällig befanden sich darin zwei Kinder mit Morbus-Down-Syndrom. Meine erstaunte Frage, ob diese geistig behinderten Kinder denn nicht störten, wurde von Frau SPELTEN mit einer fast ebenso erstaunten Gegenfrage beantwortet: warum diese Kinder in der Montessori-Pädagogik denn stören sollten.

So prägte sich mir der Eindruck auf, daß es in der Montessori-Pädagogik möglich sein müßte, behinderte Kinder in die Gemeinschaft gesunder Kinder zu integrieren. Dies war der Grund, warum unserem Kinderzentrum München von vorneherein ein Montessori-Kinderhaus eingegliedert wurde.

Es ist das Verdienst von Frau AURIN, diesen Gedanken nicht nur aufgegriffen, sondern in der Parxis eines Montessori-Kinderhauses verwirklicht zu haben. Sie wird über ihre Erfahrungen später berichten. Hier sei lediglich festgestellt, daß unsere Vermutung, in der Montessori-Pädagogik ein ausgezeichnetes Instrument der Hilfe für das behinderte Kind und darüber hinaus die Möglichkeit einer frühen sozialen Integration behinderter Kinder entdeckt zu haben, in den vergangenen Jahren in jeder Hinsicht bestätigt wurde.

In den Montessori-Kindergärten der »Aktion Sonnenschein« ist die gemeinsame Erziehung gesunder und behinderter Kinder zur Selbstverständlichkeit geworden.

Aus diesen unseren Erfahrungen erwuchs auch unsere Montessori-Schule, in der seit nunmehr sieben Jahren systematisch gesunde und mehrfach und verschiedenartig behinderte Kinder gemeinsam unterrichtet werden. Es ist das Verdienst von Frau OCKEL und Frau GOBBIN – um vor allem zwei Namen zu nennen –, daß diese Schule trotz aller Schwierigkeiten – auch großer finanzieller Schwierigkeiten bis heute – unsere Vorstellungen in jeder Hinsicht bestätigt hat, nämlich die, daß behinderte Kinder in der Gemeinschaft von gesunden Kindern besser gefördert werden können als in der von behinderten, und daß überdies auch gesunde Kinder in der Erziehungsgemeinschaft mit behinderten Kindern unglaubliche Fortschritte nicht nur in ihrer Sozialentwicklung, sondern auch in ihrer kognitiven Entwicklung machen.

Nicht erkannte Vorzüge der Montessori-Pädagogik für die Behindertenhilfe

Es ist nicht möglich, im Rahmen dieses kurzen Referats auf Einzelheiten einzugehen. Lassen Sie mich aber abschließend darlegen, warum in der Montessori-Pädagogik – auch angesichts der Erkenntnisse der modernen Lernpsychologie – Möglichkeiten, dem behinderten Kind zu helfen, liegen, die bislang noch kaum erkannt sind. Diese Möglichkeiten begründen sich aus Gesetzmäßigkeiten, die erst neuerlich von der Lernforschung, insbesondere der Neurophysiologie und der Ethologie, aufgedeckt werden. Erwähnt seien
– *Prägung* in *sensiblen* Perioden;
– Zusammenhänge zwischen *assoziativen* und *operanten* Lernformen;
– Zusammenhänge zwischen *sozialen* und *kognitiven* Lernvorgängen.

Sensitive Entwicklungsperioden hat Maria MONTESSORI anhand der Untersuchungen des holländischen Biologen Hugo de VRIES auf die menschliche Entwicklung übertragen. De VRIES hatte entdeckt, daß neu geschlüpfte Larven mit einer besonderen Lichtempfindlichkeit ausgestattet sind, die sie mit unwiderstehlicher Gewalt dem Licht entgegentreibt. Deshalb kriechen sie zu den Zweigspitzen hinauf und finden dort ihre Nahrung. Diese spezifische Sensibilität geht im Verlaufe ihrer Entwicklung verloren.

Sensitive Perioden in der menschlichen Entwicklung glaubte Maria MONTESSORI z. B. in der Entwicklung der Sprache erkannt zu haben. Wir wissen heute, daß diese Beobachtung richtig war, denn das Beispiel des taubstummen Kindes, das, früh behandelt, die Chance hat, normal sprechen zu lernen, dessen Taubstummheit praktisch aber endgültig fixiert ist, wenn diese frühe Sprachtherapie erst nach dem vierten Lebensjahr einsetzt, lehrt uns, daß die Sprachentwicklung ihre Prägung in den ersten drei Kinderjahren erfährt.

Das Beispiel des Kindes mit cerebraler Bewegungsstörung lehrt uns, daß die sensitive Phase der Motorik in den ersten acht Lebensmonaten liegen muß. Kinder mit einer Präspastik oder Präathetose, die früh in die Behandlung kommen, haben die große Chance, normal sitzen, stehen, laufen, greifen zu lernen. Jenseits des achten Lebensmonats sind die einzigartigen Erfolge der VOJTA-Therapie trotz intensiver Bemühungen wesentlich geringer.

Die sensitive Periode der Sozialentwicklung

Sensitive Perioden wurden insbesondere durch die Verhaltensforschung bei der frühkindlichen Entwicklung von Verhaltensmustern bei Tier und Mensch erforscht. Hierbei spielt das Phänomen der Prägung, wie es erstmalig von Konrad LORENZ beschrieben wurde, eine große Rolle. Wir selbst haben bezüglich der Sozialentwicklung des jungen Menschenkindes in Längsschnittuntersuchungen bei Adoptiv-Kindern gefunden, daß die soziale Prägung vorwiegend in den ersten drei Lebensjahren stattfinden muß.

Gesunde Adoptiv-Kinder, die mit einem Deprivations-Syndrom, also einem schweren Rückstand ihrer Sprach- und Sozialentwicklung, erst nach dem ersten Lebensjahr adoptiert werden, benötigen über ein Jahr intensiver Sozialtherapie, bis sie in ihrer Sozialentwicklung normalisiert sind. Adoptiv-Kinder, die erst nach dem zweiten Lebensjahr adoptiert werden, benötigen in der Regel zwei Jahre intensiver Sozialtherapie durch ihre Adoptiveltern. Adoptiv-Kinder, die aber erst nach dem dritten Lebensjahr adoptiert worden sind, sind zu einem hohen Prozentsatz trotz aller Bemühungen in ihrer Sozialentwicklung noch nach Jahren nicht normalisiert.

Wir kommen nicht umhin anzunehmen, daß bei diesen Kindern die sensitive Phase bereits verstrichen ist, in der sie die Chance gehabt hätten, tragende Bindungen einzugehen (MENARA).

In seinem umfangreichen Werk über Prägung hat Eckhard HESS die gesamte Literatur über dieses Phänomen zusammengefaßt und dabei auf Maria MONTESSORI hingewiesen, die intuitiv bereits vor Jahrzehnten auf einige sensible Perioden in der kindlichen Entwicklung aufmerksam gemacht hat.

Für die moderne Behindertenhilfe bedeutet dies, daß unsere frühen Bemühungen um das Kind in Therapie und Pädagogik in den sensiblen Perioden stattfinden müssen, um optimale Erfolge zu erzielen.

Die Montessori-Pädagogik im Lichte der modernen Lernforschung

Welche Bedeutung die Montessori-Pädagogik im Lichte der modernen Lernforschung hat, sei schließlich noch an einigen Beispielen festgehalten. Dabei seien die Beziehung zwischen Lernformen und kognitiven Prozessen hervorgehoben, wie sie in ihrer Komplexität mehr und mehr von der Lernpsychologie und der kognitiven Psychologie erkannt werden.

Assoziative und operante Lernformen z. B. unterscheiden sich auf seiten der Informationszufuhr in der Art der wahrgenommenen Umweltveränderungen. Sie sind entweder von der eigenen Tätigkeit unabhängig – dies ist assoziatives Lernen – oder abhängig – dies ist operantes Lernen. Entscheidend neu ist die Erkenntnis, wie sie für das Säuglingsalter z. B. von PAPOUŠEK im Rahmen seiner Untersuchungen über die Entwicklung kognitiver Funktionen dargestellt wurde, daß nämlich das Kind eine relevante Umweltveränderung oder Belohnung durch seine eigene motorische Aktivität erreichen kann und daß hierdurch kognitive Lernprozesse verstärkt werden.

Die motorische Koordination als Grundlage von kognitiven Lernprozessen besteht darin, daß Propriozeptoren im Bereich der sich bewegenden Muskulatur fortlaufend das Gehirn über Bewegungsabläufe informieren. Die sogenannte Kinaesthetische Wahrnehmung wird beim Aufzählen von Wahrnehmungskategorien meist an letzter Stelle genannt, und es gibt kaum Begriffe, die diesen wichtigen Bereich des Lernens umreißen, und praktisch keine psychologischen Methoden, mittels derer dieser Lernvorgang näher untersucht werden könnte.

Maria MONTESSORI hat dieses kinaesthetische Lernen schon vor Jahrzehnten als »Muskelgedächtnis« bezeichnet, und letztlich beruhen die einzigartigen Erfolge ihrer Pädagogik bei gesunden und behinderten Kindern eben darauf, daß die Eigenaktivität des Kindes die Lernvorgänge entscheidend verstärkt. Das Gehirn des Kindes speichert und verarbeitet ständig Informationen, auch unabhängig von der Sprache, ohne daß dies dem Kinde selbst so bewußt wird.

Dabei spielt die *innere Motivation* eine maßgebliche Rolle, wobei das Kind den Zusammenhang zwischen einer Bewegung und ihrer Konsequenz in der Umwelt entdeckt. Für diese komplexen kognitiven Lernprozesse beschrieben von HOLST und MITTELSTAEDT als neurophysiologische Grundlage das Gesetz der »Afferenz« bzw. »Re-Afferenz«. Auf die Praxis der Montessori-Pädagogik übertragen: Das Kind erhält am Montessori-Material auch eine Prognose darüber, wie die nächste Bewegung aussehen soll, um entsprechende Konsequenzen des Lernvorgangs von neuem zu erreichen.

Hier sind neurophysiologische Gesetzmäßigkeiten zu beachten, wie sie von BERNSTEIN gefunden wurden. Danach wird das Konzept der beabsichtigten Bewegung von reafferenten Bahnen in die Assoziationsfelder des Gehirns projiziert. Damit wird ein Vergleich der Prognose mit dem realen Ablauf und Erfolg der ausgeübten Bewegung ermöglicht. PAPOUŠEK hat für die Säuglinge gefunden, daß die Erfüllung der Prognose oder der Erwartung gewöhnlich mit angenehmen Gefühlen verbunden ist und bei den Kindern Äußerungen von Freude auslöst, während bei Nichteintreffen des Erwarteten verstärktes Explorieren, Experimentieren und womöglich verdrießliche Äußerungen zu beobachten sind.

Jeder Montessori-Pädagoge kennt diese »innere Belohnung«, die Befriedigung des Kindes, wenn es ein Problem erfolgreich selbst gelöst hat. Sie gibt dem Kind den Ansporn zur Wiederholung.

Soziales und kognitives Lernen

Ganz entscheidend aber für unseren Ansatz sind die neuen Erkenntnisse über die Beziehungen zwischen sozialen Interaktionen und kognitiver Entwicklung. Heute besteht kein Zweifel mehr darüber, daß kognitive Lernprozesse durch soziale Interaktionen verstärkt werden – ein Problem, das z. B. von PIAGET noch kaum gesehen wurde.

Er konzentrierte sich in seinen Beobachtungen und experimentellen Analysen der kognitiven Entwicklung auf die Auseinandersetzung des Kindes mit Gegenständen, weshalb heute eine ganze Generation von Kleinkindern von der Pädagogik angehalten wird, Bauklötzchen zusammenzustellen. Die Bedeutung der sozialen Beziehungen, vor allem die Wechselwirkung zwischen kognitiver und sozialer Entwicklung, wird aber weitgehend vernachlässigt.

Heute besteht, insbesondere nach PAPOUŠEKS wichtigen Untersuchungen bei Säuglingen, aus der Sicht unseres Kinderzentrums auch für das Kleinkindalter kein Zweifel darüber, daß kognitive Lernprozesse beim Menschenkind entscheidend abhängig sind von sozialen Interaktionen.

Diese Gedankengänge mögen zeigen, wie eng die Beziehungen heute sein müßten zwischen Pädagogik, Psychologie und Medizin, insbesondere Pädiatrie, um die vielfältigen Ansätze der Frühtherapie des wie auch immer behinderten Kindes erfolgreich zu verwirklichen. Im Kinderzentrum München praktizieren wir seit Jahren mehrdimensionale Diagnostik und mehrdimensionale Therapie über die Grenzen von Fachbereichen und wissenschaftlichen Disziplinen hinweg. In der Montessori-Pädagogik liegt ein Schatz der Hilfe nicht nur für das gesunde, sondern auch für das behinderte Kind. Diesen Schatz zu heben wollen wir uns mit vereinten Kräften bemühen.

Literaturverzeichnis

BERNARD, Cl.: *Ausgewählte physiologische Schriften*. Bern 1966.
BERNSTEIN, N.: *The coordination and regulation of movement*. New York 1967.
BOBATH, K., und B. BOBATH: *Abnorme Haltungsreflexe bei Gehirnschäden*. Stuttgart 1968.
BOBATH, B.: »The very early treatment of cerebral palsy.« In: *Develop. Med. Child Neurol.* 9, 373 (1967).

BOWLBY, J.: *Bindung – Eine Analyse der Mutter-Kind-Beziehung.* München 1975.
BRUNET, C., und J. LÉZINE: *Le développement psychologique de la premiére enfance.* Paris 1951.
BÜHLER, CH., und H. HETZER: *Kleinkinder-Tests.* München 1961.
DAMBORSKÁ, M.: »Kundgebungen der wichtigsten negativen Emotionen bei Säuglingen im Milieu eines Säuglingsheimes.« In: *Wiss. Z. Humboldt-Univers. Berlin,* M-N. R. 243 (1965).
DAMBORSKÁ, M.: »Deprivation und Mikrodeprivation.« In: *Das Deprivationssyndrom in Prognose, Diagnose und Therapie.* Dtsch. Zentrale f. Volksgesundheitspflege, Frankfurt/M. 1969.
FREUD, A.: »Die Rolle der körperlichen Krankheit im Seelenleben des Kindes.« In: BIERMANN, G. (Hrsg.): *Handb. der Kinderpsychotherapie;* Bd. 2; München–Basel ³1973.
GESELL, A. L., und C. S. AMATRUDA: *Developmental Diagnosis: Normal and Abnormal Child Development.* New York ²1964.
HÄNSEL, D.: *Die »physiologische Erziehung« der Schwachsinnigen (Edouard Séguin 1812–1880).* Bd 3; Freiburg/Br. 1974.
HELLBRÜGGE, Th., und J. H. v. WIMPFFEN (Hrsg.): *Die ersten 365 Tage im Leben eines Kindes. – Die Entwicklung des Säuglings.* München ⁴1976.
HELLBRÜGGE, Th.: *Das sollten Eltern heute wissen. – Über den Umgang mit unseren Kindern.* München 1975.
HELLBRÜGGE, Th. (Hrsg.): *Integrierte Erziehung.* Schriftenreihe *Fortschritte der Sozialpädiatrie,* Bd. 3; München–Berlin–Wien 1973.
HELLBRÜGGE, Th. (Hrsg.): »Kindliche Sozialisation und Sozialentwicklung.« In: *Fortschr. d. Sozialpädiatrie,* Bd. 2; München–Berlin–Wien 1975.
HELLBRÜGGE, Th. (Hrsg.): »Probleme des behinderten Kindes.« In: Schriftenreihe *Fortschritte d. Sozialpädiatrie,* Bd. 1; München–Berlin–Wien 1973.
HELLBRÜGGE, Th. (Hrsg.): *Münchener Funktionelle Entwicklungsdiagnostik.* Schriftenreihe *Fortschr. d. Sozialpädiatrie,* Bd. 4; München–Berlin–Wien 1978.
HELLBRÜGGE, Th.: *Unser Montessori-Modell. – Erfahrungen mit einem neuen Kindergarten und einer neuen Schule.* München 1977.
HELLBRÜGGE, Th., M. AURIN und B. OCKEL: *Integrierte Erziehung gesunder Kinder mit mehrfach und verschieden behinderten Kindern – Schulversuch nach Maria Montessori der Aktion Sonnenschein in München.* Braunschweig 1976.
HELLBRÜGGE, Th., I. BECKER-FREYSENG, D. MENARA und R. SCHAMBERGER: »Deprivations-Syndrom im Säuglingsheim.« In: *Münch. Med. Wschr.* 41, 1753–1760 (1973).
HELLBRÜGGE, Th., D. MENARA, R. SCHAMBERGER und S. STÜNKEL: »Funktionelle Entwicklungsdiagnostik im 2. Lebensjahr. FdM-Tabellen für die Praxis.« In *Fortschr. Med.* 89, 558–562 (1971).
HELLBRÜGGE, Th., und J. PECHSTEIN: »Entwicklungsphysiologische Tabellen für das Säuglingsalter.« In: *Fortschr. Med.* 86, 481, 608 (1968).
HELMING, H.: *Montessori-Pädagogik.* Freiburg 1958.
HESS, H. E.: *Prägung. Die frühkindliche Entwicklung von Verhaltensmustern bei Tier und Mensch.* München 1975.
HOLST, E. von: *Verhaltensphysiologie bei Tier und Mensch.* München 1969.
HOLST, E. von, und H. MITTELSTAEDT: »Das Reafferenz-Prinzip.« In: *Naturwissenschaft* 37, 464–476, 1950.
ITARD, J. M. G.: »Memoire et Rapport sur Victor de l'Aveyron.« In: Lucien MALSON (Hrsg.): *Les enfants sauvages, mythe et réalité.* Paris 1964, 117–188.

ITARD, J. M. G.: *De l'èducation d'un homme sauvage*. Paris 1801.
ITARD, J. M. G.: *Rapport sur le sauvage de l'Aveyron*. Paris 1807.
ITARD, J. M. G.: *Victor, das Wildkind von Aveyron*. Einleitung und Nachwort von Jakob LUTZ. Zürich–Stuttgart 1965.
KÖNG, E.: »Begleitstörungen bei cerebraler Bewegungsstörung.« In: *Behinderte Kinder – Früherkennung, Behandlung, Rehabilitation*. Bundeszentrale f. gesundheitl. Aufklärung, Köln 1971 (Broschüre).
KÖNG, E.: »Plastizität des Gehirns als Grundlage der neurophysiologischen Therapie.« In: *Kinderarzt 6.*, 903–906 (1975).
KRAMER, R.: *Maria Montessori. Leben und Werk einer großen Frau*. München 1977.
LORENZ, K.: *Über tierisches und menschliches Verhalten*. München, 1966.
MALSON, L., J. ITARD, und O. MANNONI: *Die wilden Kinder*. Frankfurt 1974.
MENARA, D.: »Soziale Eingliederung sozial behinderter Kinder am Beispiel der Adoptionsbetreuung.« In: Th. HELLBRÜGGE (Hrsg.): *Kindliche Sozialisation und Sozialentwicklung*, Bd. 2, München–Berlin–Wien 1975.
MITTELSTAEDT, G.: *Erziehung, Therapie und Glaube. Am Beispiel der heilpädagog. Bewegung im Blick auf Sengelmann*. Phil. Diss. Hamburg 1965.
MONTESSORI, M.: *Die Entdeckung des Kindes*. Freiburg 1969.
PAPOUŠEK, H.: »Soziale Interaktion als Grundlage der kognitiven Frühentwicklung.« In: *Kindliche Sozialisation und Sozialentwicklung;* Bd. 2, München–Berlin–Wien 1975.
PAPOUŠEK, H.: »Die Entwicklung früher Lernprozesse im Säuglingsalter.« In: *Kinderarzt 6.*, 1077–1081; 6., 1205–1207; 6., 1331–1334 (1975).
PAPOUŠEK, H., und P. BERNSTEIN: »The functions of conditioning stimulation in human neonates and infants.« In: *Stimulation in Early Infancy*, hrsg. von A. AMBROSE. London 1969.
PECHSTEIN, J.: *Umweltabhängigkeit der frühkindlichen zentralnervösen Entwicklung*. Stuttgart, 1974.
PEIPER, A.: »Geschichte der Kinderheilkunde.« In: *Handb. der Kinderheilk.*, Bd. 1, Berlin–Heidelberg–New York, 1966.
PEREIRE, Jacob Rodrigues (1715–1780): zitiert nach HÄNSEL, D.: *Die »physiologische Erziehung« der Schwachsinnigen;* Bd. 3, Freib./Br. 1974.
PFAUNDLER, M. v.: »Physiologie des Neugeborenen.« In: A. DÖDERLEIN, *Handbuch der Geburtshilfe*. Wiesbaden 1915.
PFAUNDLER, M. v.: »Biologisches und allgemein pathologisches über die frühen Entwicklungsstufen.« In: *Biologische Allgemeinprobleme der Medizin*. Berlin–Heidelberg 1947.
PIAGET, J.: *Das Erwachen der Intelligenz beim Kinde*. Stuttgart 1969.
PINEL, Ph.: *Traité medico-philosophique sur l'aliénation mentale*. Paris 1801. Aus dem Französ. von Michael WAGNER: *Philosophisch-medizinische Abhandlung über Geistesverwirrung oder Manie*. Wien 1801.
RÖHRS, H. (Hrsg.): *Die Reformpädagogik des Auslandes*. Düsseldorf–München 1965.
SEGUIN, E.: *Traitement moral, hygiène et éducation des idiots et des autres enfants arriéres*. Paris 1843.
SEGUIN, E.: *Die Idiotie und ihre Behandlung nach physiologischer Methode*. Bearbeitet und herausgegeben von S. KRENBERGER. Wien 1912.
STANDING, M.: *Maria MONTESSORI. Leben und Werk*. Oberursel 1959.
VOJTA, V.: *Die cerebralen Bewegungsstörungen im Säuglingsalter. – Frühdiagnose und Frühtherapie*. Stuttgart 1974.
DE VRIES, H.: *Die Mutationstheorie*. 2 Bde. Leipzig 1901–1903.

MARGARET E. STEPHENSON (Washington)

Das hör- und sprachbehinderte Kind in der Montessori-Pädagogik

Ich möchte meinem Vortrag die Bemerkung vorausschicken, daß ich hier nicht als Spezialistin spreche. Ich bin Amateur. Ich habe keine Ausbildung in »Sondererziehung« genossen und verfüge nicht über Fachkenntnis. Ich habe als Hintergrund eine Montessori-Ausbildung, die mich veranlaßte, an einem kleinen Experiment teilzunehmen, das 1960 in den Vereinigten Staaten von Amerika durchgeführt wurde und von dem ich berichten will.

Kinder mit Sprachentwicklungsstörungen in der Montessori-Pädagogik

Ich möchte zunächst die Behinderungen, über die ich sprechen werde, ein wenig eingrenzen. Sprach- und Hörbehinderungen zeigen sich in vielfältigster Weise. Das Problem der genauen Klassifikation, der sprach- und hörbehinderte Kinder von den Spezialisten unterworfen werden, ist eine weitere Ursache möglicher Verwirrung. Die Benennungen scheinen von Spezialist zu Spezialist, von Land zu Land und von Jahr zu Jahr zu wechseln. Ich möchte deshalb die Behinderung, über die ich sprechen werde, in beschreibender Form behandeln, nicht in wissenschaftlicher Fachterminologie, und ich hoffe, daß ich mich dadurch denjenigen, die diese Kinder von ihrem Beruf her kennen, genauso verständlich mache wie denjenigen, die vielleicht noch nie mit solchen Kindern zusammengekommen sind.

Die Kinder, über die ich sprechen möchte, litten unter einem sogenannten »Sprachfehler«. Genauer gesagt – unter einer Beeinträchtigung des zentralen Nervensystems, das den Sprachfehler verursachte. Sie konnten nicht sprechen, hatten aber offensichtlich keinen Defekt an ihren *Sprechorganen*. Sie hatten ein Sprach- und Kommunikationsproblem, aber nicht weil sie taub waren. Diese Kinder, die im Vorschulalter waren, hatten zu einer Zeit, in der normale Kinder ihre Muttersprache bereits beherrschen, ihre Sprache noch nicht entwickelt. Aber diese Kinder waren nicht taub in der technisch-physischen Bedeutung des Wortes. Sie waren nicht abgeschnitten von den Lauten der Sprache, weil das Ohr diese Laute nicht hätte wahrnehmen können. Sie hätten eigentlich in der Lage sein sollen sie wiederzugeben, so wie es ein normales kleines Kind tut, das schon sehr früh beginnt, die Mundbewegungen der Menschen, die mit ihm reden, wahrzunehmen, und wenig später anfängt Laute zu bilden, die wir oft als »Geplapper« bezeichnen und die sich allmählich zu der Sprache entwickeln, die von den Erwachsenen seiner Umgebung gesprochen wird. Die Kinder, mit denen ich arbeitete, waren jedoch nicht so weit gekommen; sie hatten mit zweieinhalb Jahren noch nicht sprechen gelernt. Sie hätten, da sie zu dieser Zeit faktisch noch nicht sprechen konnten, taub sein können – waren es aber nicht. Die sensitive Periode für die Entwicklung der Sprache dauert lang, fällt aber in die erste Entwicklungsperiode, und wenn diese Kinder sprechen lernen sollten, so mußte *vor* ihrem sechsten Lebensjahr etwas geschehen.

Man kam zu mir als Montessori-Lehrkraft und bat mich, eine Montessori-Klasse zusammenzustellen und mit diesen Kindern in einer Montessori-Umgebung zu arbeiten. Ich erklärte, daß ich von den Gebrechen dieser Kinder keine Ahnung hätte, auch nichts darüber gelesen hätte und vor allem nicht wüßte, wo das Problem läge. Man war aber der Meinung, daß ich eher fähig sei, eine Montessori-Klasse für sie zu leiten, da ich nicht durch vorheriges Wissen von dem beeinträchtigt war, was eigentlich *sie* schaffen müßten und wozu sie nicht in der Lage waren.

Voraussetzungen der Montessori-Pädagogik

Auf welchen Voraussetzungen baute ich dieses Experiment auf? Zunächst – und dies war für mich die wichtigste Voraussetzung: Wenn diese Klasse von behinderten Kindern eine Montessori-Klasse sein sollte, gab es Prinzipien, an die man sich unbedingt halten mußte. Wenn es ein echter Versuch in Montessori-Pädagogik werden sollte, mußten Montessori-Prinzipien und -Praxis streng eingehalten werden.

Eine der wichtigsten Voraussetzungen für die Entwicklung eines jeden Lebewesens zu seiner Höchstform war das von Maria MONTESSORI entdeckte bedeutsame Element der vorbereiteten Umgebung. Die Lebensumstände und die Ausstattung dieser Umgebung sind für jede einzelne Spezies bezeichnend und spezifisch. Den Lebensbedürfnissen einer jeden Art wird Rechnung getragen in einer Art und Weise, die dieser Spezies entspricht. Die Merkmale einer jeden Lebensumgebung sind so angelegt, daß sie die spezielle Art befähigen, ihren eigentlichen Zweck zu erfüllen. Wenn wir die Skala der lebenden Organismen hinaufgehen, finden wir, daß es die Umgebung ist, die mehr und mehr Bedürfnisse befriedigt. Beim Menschen haben wir es mit einem geistigen Wesen zu tun, und die für ihn geeignete Umgebung muß ihm erlauben, daß sich Körper, Geist und Verstand zu dem jedem Individuum als mit Bewußtsein und Willen ausgestattetem menschlichem Wesen eigenen Höchstmaß entwickeln können.

Ein anderer beachtenswerter Punkt war die Arbeit von Maria MONTESSORI über den absorbierenden Geist des Kindes während der ersten Entwicklungsperiode, der Phase von der Geburt bis zum Alter von sechs Jahren, in der das Kind mit einer geistigen Kraft ausgestattet ist, die sich von der des Erwachsenen unterscheidet. MONTESSORI nannte diese Kraft »den absorbierenden Geist«, weil während dieser Phase das Kind offenbar fähig ist, seine Umgebung aufzunehmen, zu absorbieren, Fleisch werden zu lassen mit allem, was sie an gesellschaftlichem Leben enthält, und zwar mühelos, ohne formellen Unterricht und ohne daß der Wille zum Lernen bereits vorhanden wäre. Diese sechs Jahre werden unterteilt in zwei Perioden von je drei Jahren; eine erste von der Geburt bis zu drei Jahren, während der der absorbierende Verstand unbewußt an seiner Umgebung arbeitet, indem er sie wie auf einem Film festhält; und eine zweite von drei bis sechs, in der das Bewußtsein der absorbierenden Kraft des Geistes zu Hilfe kommt, die dem Kind die Wahl jener Handlungen, jener Charakteristika, jener Lebensart und Lebensweise erlaubt, die sich zu jenem menschlichen Wesen verfestigen, das von einer bestimmten Rasse und einer bestimmten Zeit hervorgebracht wird. In der Periode des absorbierenden Geistes werden die Grundlagen gelegt für Unabhängigkeit, Bewegung und Sprache, und zwar wird danach zuerst unbewußt gestrebt durch die »Lebenskraft«, durch die »Horme«, weil sich der Mensch im Aufbauprozeß befindet, und das Erreichte wird dann bis zum Alter von sechs Jahren weiter entwickelt und gestärkt, wobei die Resultate der Zeit, dem Ort und der jeweiligen Kultur angepaßt sind.

Ein anderer Faktor – und zwar ein enorm wichtiger hinsichtlich der Behinderung der Kinder, mit denen ich zu arbeiten hatte – war die Erkenntnis von Maria MONTESSORI, wie bedeutsam es war, die Periode der sprachlichen Entwicklung zu beachten. Sie hat aufgezeigt, wie – mit Hilfe des absorbierenden Geistes – die Sprache aus der Umgebung aufgenommen wird. Das Kind wird über lange Zeit aufgrund seiner Empfänglichkeit für die Laute der menschlichen Sprache von den Stimmen angezogen, die es um sich herum, in seiner Umgebung hört. Die Sprechorgane werden allmählich tätig, und das Kind von sechs Jahren hat sich die Sprache angeeignet, die wir die »Muttersprache« nennen.

Ein weiterer Faktor ist das Prinzip der Ordnung, das der ganzen Schöpfung zugrunde liegt und das durch den Menschen nur mutwillig gestört werden kann. Diese Ordnung umfaßt Gleichgewicht und Form, Einteilung und Organisation, Folge und Rhythmus. Die Ordnung verleiht dem Menschen die Fähigkeit, die es ihm erlaubt, sich selbst zu erkennen als ein Wesen, das mit Intellekt und Willen ausgestattet ist, und daher auch mit der Kraft, zu erkennen, und der Kraft, zu wählen.

So wie die Ordnung eine Funktion des Umgangs miteinander ist, so ist sie auch Grundlage für Freiheit und Disziplin, zwei Prinzipien, die von Maria MONTESSORI in ihrem Werk unablässig herausgestellt wurden und die, obwohl heutzutage schwer verständlich, von ungeheurer Wichtigkeit sind, wenn jene »Lebenshilfe«, die Maria MONTESSORI fordert, dem Kind wirklich gegeben werden soll. Freiheit ist auf Wissen aufgebaut und basiert daher auf einem Intellekt, der sich so weit entwickelt hat, daß er erkennen und vernünftig handeln kann; Disziplin erfordert einen Willen, der dazu erzogen wurde, sich ungezwungen zu entscheiden, nachdem er vorher gründlich geprüft hat. Beides – Freiheit und Selbstdisziplin – sind bei der Entwicklung des Menschen Zielpunkte und nicht Ausgangspunkte.

Selbstverständlich machen die eben genannten Aspekte nicht die Gesamtsumme der Prinzipien aus, die gerade für die Art von Hilfe bei der Entwicklung des Menschen entscheidend sind, die wir gemeinhin als die Montessori-Methode bezeichnen. Aber es sind die Faktoren, ohne deren Verständnis die Montessori-Pädagogik nicht verstanden werden kann. Es waren die Faktoren, auf denen ich meine Arbeit mit den neurologisch-sprachbehinderten Kindern aufbaute.

Wenn wir bei unserer Arbeit mit Kindern, seien sie behindert oder normal, nicht von bestimmten Prinzipien *überzeugt* sind, die wir befolgen, dann kann es sehr leicht vorkommen, daß wir diese Prinzipien umstoßen oder einfach beiseite legen, wenn Schwierigkeiten auftreten. Die Montessori-Methode ist heute nicht leichter zu verstehen als zu der Zeit, als Maria MONTESSORI selbst angegriffen und gedrängt wurde, einige ihrer Ideen fallenzulassen und andere zu ändern.

Schwierigkeiten für das Experiment

Es gab Schwierigkeiten. Eine davon war die Diagnose. Es ist nicht leicht zu unterscheiden zwischen Kindern, die taub sind, und Kindern, die ein neurologisch bedingtes Sprechunvermögen haben. Die letzteren erscheinen taub, sind es aber nicht.

Es war nicht leicht Kinder zu finden, die altersmäßig noch in der ersten Entwicklungsphase waren. Es gibt viele Gründe, warum ein Kind nicht spricht – abgesehen von dem, der bei meinen Kindern die Behinderung verursachte. Die Tröstungen, die von Hausärzten, die mit dem Übel nicht vertraut sind, gewöhnlich ausgesprochen werden, reichen von »Sie haben auch erst spät angefangen zu sprechen« (zur Mutter) über »Er wird schon sprechen, wenn er Lust dazu hat« bis zu »Sie ist einfach faul, jeder gibt ihr was sie will, sie muß gar nicht darum bitten.«

Sehr oft kommt das Kind in die Schule, ohne daß irgend jemand besonders beunruhigt wäre angesichts der Tatsache, daß es noch nicht sprechen kann. Wenn das Alter von fünf Jahren ungefähr das Ende der sensiblen Periode für die Sprachentwicklung bedeutet, dann ist der Eintritt in die erste Volksschulklasse im Alter von sechs Jahren (ohne Sprechbeherrschung) gleichbedeutend mit der Schwierigkeit des Erlernens einer Fremdsprache. Deshalb war es nötig, Kliniken und Eltern auf die Tatsache aufmerksam zu machen, daß wir sehr kleine Kinder suchten, die an einer neurologisch bedingten Sprachbehinderung litten. Es dauerte lange Zeit, bis die Klasse beisammen war.

Eine weitere Schwierigkeit bereitete das traditionelle Verhältnis von Erwachsenen und Kindern beim Unterricht mit tauben oder sprachbehinderten Kindern. Drei Kinder auf einen Erwachsenen – so etwa war das Zahlenverhältnis in der Vorschule, und fünf zu eins im Schulalter. Maria MONTESSORI strebte ein anderes Verhältnis an: dreißig bis fünfunddreißig Kinder, eher mehr als weniger, so daß der Erwachsene sie nicht alle unterrichten kann und die Kinder aufeinander angewiesen sind und lernen, sich gegenseitig zu helfen.

Eine weitere Schwierigkeit, die überwunden werden mußte, war die Mischung von sprachbehinderten Kindern mit Kindern, die eine normale Sprachentwicklung durchgemacht hatten. Soweit ich 1960 ausfindig machen konnte, war sie mit dieser Art sprachbehinderter Kinder noch nicht erprobt worden.

Eine andere Schwierigkeit war die Größe des Raums. Kleine Zimmer, oft noch mit Abschirmungen zwischen den einzelnen Kindern, waren die Regel. Die vorbereitete Umgebung, die ich aufbauen wollte, brauchte Raum und Platz für die Kinder, damit sie sich frei und nach Wunsch bewegen konnten, ohne daß künstliche Barrieren ihren Bewegungsspielraum, ihre Konzentration oder Aufmerksamkeitsspanne einengten.

Das Problem des Verhaltens der Kinder

Ein schwieriges Problem war auch das Verhalten der Kinder. Das gestörte Kommunikationsproblem, das neurologische Leiden, beides resultierte in einem verschiedenartigen bizarren Verhalten, das auf Mangel an innerer Kontrolle zurückzuführen war. Um ein paar Beispiele zu geben:
- das Kind, das, wenn es auf Widerstand stieß, die Schuhe auszog und im Zimmer herumwarf, ganz gleich, wo sie landeten;
- das Kind, das den Biologiekasten vom Regal aufhob und krachend auf den Boden warf;

- das Kind, das auf dem Boden lag und wie in einer Wiege schaukelte;
- das Kind, das sich auf den Boden warf und steif liegen blieb, sobald man »nein« sagte, wenn es etwas gern tun wollte;
- das Kind, das wie wild im Kreis herumlief und von jeder Kleinigkeit stimuliert wurde;
- das Kind, das sämtliche Mäntel und Kleider von den Garderobenhaken nahm und mitten im Zimmer auf einen Haufen warf;
- das Kind, das niemals im eigenen Bett blieb und überhaupt nie in einem Bett schlafen wollte;
- das Kind, das nie bei den eigentlichen Mahlzeiten aß, das aus dem Eisschrank vielmehr zu allen Zeiten die Sachen nahm, auf die es gerade Lust hatte;
- das Kind, das niemals Fleisch oder Gemüse aß und sich von Brot, Milch und Süßigkeiten ernährte;
- das Kind, das nicht aussteigen wollte, wenn es früh in der Schule ankam, und das mit Gewalt herausgehoben und stocksteif und schreiend in die Klasse getragen werden mußte, die Augen fest geschlossen und dunkelrot im Gesicht;
- das Kind, das mit der Mutter ankam und sich schreiend auf die Straße warf.

Und zusätzlich zu diesen bizarren Verhaltensweisen kam das Verständigungsproblem, die Tatsache, daß diese Kinder ja noch nicht sprechen konnten, und es hatte den Anschein, daß sie nicht hörten, wenn man mit ihnen sprach.

Der Raum als vorbereitete Umgebung

Ich möchte jetzt nochmals auf die vorhin erwähnten Prinzipien zurückkommen und erklären, warum ich sie bei der Hilfe für diese Kinder für so bedeutsam halte. Beginnen wir mit der vorbereiteten Umgebung und betrachten wir die Größe des Raums, die Gegenstände darin und die Insassen.

Ich wollte es mit einer Anzahl von Kindern versuchen, die ungefähr der einer regulären Montessori-Klasse entsprach, wollte wegkommen von dem Verhältnis drei Kinder auf einen Erwachsenen und mit dreißig Kindern arbeiten, zumindest als Ziel.

Das bedeutete, daß ein kleiner Raum nicht reichen würde. Dreißig Kinder brauchten Platz, um sich bewegen zu können, mit Bodenmatten, auf denen sie arbeiten konnten, mit Platz für die Ellipse zum Gehen auf der Linie, für Tische und Stühle, auf denen sie sitzen konnten.

Ein weiterer Grund für ein großes Zimmer – der Raum, den ich benützte war 25 mal 65 feet (ca. 7,6 mal 19,8 m) – war der, daß die Kinder genügend Platz hatten, die Kontrolle über ihre eigenen Bewegungen und unkontrollierten Impulse zu erlernen. Wenn Betragen und Bewegung durch künstliche Barrikaden aus irgendeinem festen Material kontrolliert werden, hat das Kind keine Möglichkeit, sich selbst in seinem Betragen Grenzen aufzuerlegen. Die körperliche Barriere erzwingt das gewünschte Verhalten, anstatt daß das Kind lernt, sich durch einen Akt des freien Willens selbst zu beherrschen.

Mit der Zeit war das Zimmer so vollständig ausgestattet wie ein reguläres Montessori-Klassenzimmer, mit dem Zubehör für die Kinder einer Montessori-Anfangsklasse, d. h. mit dem Material für die Übungen des praktischen Lebens, dem Sinnesmaterial, dem Sprachmaterial, einschließlich dem für Geographie, Biologie, Kunst, Musik und dem mathematischen Material.

Kommunikation und Kontrolle in der Kindergemeinschaft

Die Klasse begann mit den Übungen des praktischen Lebens, und nur allmählich wurden die anderen Materialien eingeführt. Ich habe das fremdartige Verhalten erwähnt, die mangelnde Selbstkontrolle, die von den Kindern gezeigt wurde. Wenn Kommunikation eine Ordnungsfunktion hat, wenn das Handikap dieser Kinder mangelnde Sprachentwicklung war, dann waren Ordnung und Kontrolle als erste Hilfe nötig. Aber keine von außen aufgezwungene Kontrolle – weder von den Erwachsenen noch von Barrieren –, sondern eine sich vom einzelnen selbst und freiwillig auferlegte Kontrolle. Dazu waren drei Dinge nötig:
1. die allmähliche Entwicklung der Fähigkeit, eine Aktion zu kontrollieren;
2. das Wissen über die auszuführende Handlung und die Grenzen, die zu akzeptieren sind;
3. allmähliche Entwicklung der Fähigkeit, eine Handlung frei und nach Belieben zu kontrollieren.

Das betreffende Kind trägt jeweils selbst die Verantwortung für die erste und die dritte dieser Aufgaben. Der Erwachsene ist für die zweite verantwortlich.

Das Sinnesmaterial eines Montessori-Klassenzimmers wurde nicht entworfen, um Sinneseindrücke zu vermitteln. Seine Aufgabe ist es dazu zu verhelfen, bereits empfangene Sinneseindrücke einzuordnen und auseinanderzuhalten, indem vom Material dargestellte gleiche Qualitäten zusammengelegt und bestimmte Qualitäten später graduell eingestuft werden müssen. Den Schlußakt dieser Klassifikation und Organisation bilden die Übungen der Sprache, die einen Teil der Arbeit mit dem Sinnesmaterial darstellen und ohne die das Sinnesmaterial seinen wahren und endgültigen Zweck verfehlen würde.

Diesen Kindern mit der Sprachstörung, die deshalb Ordnung und gute Einteilung besonders nötig hatten, war mit dem Sinnesmaterial vielleicht noch besser gedient als gesunden.

Sprachanbahnung in der Kindergruppe

Dann gab es in der vorbereiteten Umgebung des Montessori-Klassenzimmers die Übungen mit dem Sprachmaterial selbst, d. h. Bereicherung des Wortschatzes, Spracherziehung durch Geschichten, Gedichte, Konversation, das Material, das den Schreibanfang erleichtert, die Hilfen bei der Zusammensetzung der Laute, die beim Lesen nötig sind, die Funktion der Wörter und das erklärende Lesen, die das Verständnis von Form und Struktur der Sprache erleichtern. Die Kinder in dieser Klasse konnten jedoch nicht sprechen. Was für einen Zweck konnte das Sprachmaterial dann überhaupt haben?

Ich habe vorhin schon die Zahl der Kinder erwähnt, die ich in der Klasse haben wollte, und auch darauf hingewiesen, daß ich zu den sprachbehinderten normale Kinder hinzunehmen beabsichtigte, die sprechen konnten. Meine Gründe dafür entsprangen dem Werk von Maria MONTESSORI über die Entwicklung der Sprache. Das Kind im Rahmen der Familie absorbiert die Sprache seiner Umgebung und eignet sich die »Muttersprache« aus der Sprache der es umgebenden Erwachsenen an. Die Kinder in meiner Klasse hatten dies nicht getan. Aber sie waren noch nicht fünf und waren daher noch innerhalb der zeitlichen Grenzen der sensitiven Periode für die Sprachentwicklung. Aber sie mußten in einer sprechenden Umgebung leben, wenn sie das schaffen sollten.

Meine Überlegung war wie folgt: zuerst mit Hilfe der Übungen des praktischen Lebens ein Muster für Kontrolle und Ordnung aufstellen. Wenn Kommunikation eine Ordnungsfunktion hat, dann ist Ordnung auch bei der Aneignung der Sprache nötig. Aber über die Betonung der Ordnung und die Ausübung von Kontrolle hinaus mußten die Kinder von gesprochener Sprache umgeben sein, so daß, wenn Ordnung ihre Handlungen zu bestimmen und Kontrollmuster sich ihrem Verstand einzuprägen begannen, sie anfangen konnten, die Sprachlaute anzuhören und, so hoffte ich, sie zu absorbieren, um sie dann schließlich zu reproduzieren. Wenn die Sprache nur von den Erwachsenen ausgegangen wäre, so hätte sich nur die Situation von zu Hause wiederholt, in der sie ja nicht sprechen lernten. Ich wollte eine Sprachatmosphäre schaffen mit Hilfe von anderen Kindern, die sprechen konnten. Auf diese Weise konnten die Übungen der Sprache mit den sprechenden Kindern gemeinsam durchgenommen werden, und sie sollten damit auch in die *Arbeits*atmosphäre der Klasse eingeführt werden. Das Sprachmaterial schloß das Material für Geschichte, Erdkunde, Biologie und Kunst ein, soweit diese Fächer in die entsprechenden Abschnitte des Sprachmaterials hineinpaßten.

Der zweite Faktor, den ich in meiner Diskussion erwähnte und den ich bei der Arbeit mit diesen Kindern für sehr wichtig erachte, ist der absorbierende Verstand. Wenn diese Kinder überhaupt noch eine Chance haben sollten, die Sprache *natürlich* zu bilden, ohne daß sie formell gelehrt werden müßte, dann mußten sie meiner Meinung nach *vor* ihrem sechsten Lebensjahr in einer Klasse zusammengefaßt werden. Sechs war sogar schon zu spät, fünf war wirklich das späteste Alter. Ich sagte vorhin schon, wie schwierig es für mich war, Kinder zu finden, die jung genug waren.

Aufbau und Zusammensetzung der Klasse

Die Klasse setzte sich dann schließlich folgendermaßen zusammen: Im September 1960 waren es drei Kinder, zwei Mädchen und ein Bub; 3. 4, 3. 8 und 3. 11 (Jahre und Monate alt). Im Oktober 1960 kamen zwei weitere Kinder hinzu, ein Junge und ein Mädchen im Alter von 3. 6 und 3. 5 Jahren. Im Dezember noch ein Junge, 4. 6 Jahre alt. Zwei weitere Buben und zwei Mädchen im März 1961 – im Alter von 6. 1, 3. 7, 3. 5 und 4. 11 Jahren und Monaten. Ein Mädchen im Mai, 3. 11. Bis zum Ende des ersten Schuljahres im Juni 1961 war es uns gelungen, elf Kinder mit der spezifischen Sprachbehinderung zu finden, die altersmäßig noch in der ersten Entwicklungsperiode waren. Während des ersten Jahres gingen noch keine normal hörenden und sprechenden Kinder in die Klasse, und zwar wegen der Anfangsschwierigkeiten eines solchen Versuches.

Im September 1961 fing die Klasse wieder an mit dreizehn sprachbehinderten und sieben normal hörenden und sprechenden Kindern. Im Februar 1962 fügten wir dieser Klasse von kleinen Kindern elf ältere sprachbehinderte Kinder hinzu, die im Alter zwischen 6. 4 und 9. 8 Jahren und Monaten waren. Die Klassenstärke wuchs dadurch auf einunddreißig. Die älteren Kinder hatten das Montessori-Material in einem gesonderten Klassenzimmer benutzt. Die beiden Gruppen wurden versuchsweise aus zwei Gründen zusammengetan:

1. um zu sehen, ob diese Zusammenlegung mit den kleineren Kindern den älteren irgendwie helfen könnte, die Barrieren zu durchbrechen, die in ihrem Inneren aufgebaut waren und unüberwindbar schienen;

2. um zu sehen was geschah, wenn wir zahlenmäßig eine echte Montessori-Klasse hätten.

Was dann geschah, machte deutlich, daß man mit den kleinsten Kindern anfangen mußte, wenn man Erfolge haben wollte. Aber auch, daß Maria MONTESSORI recht hatte, auf einer genügend großen Zahl von Kindern in der Klasse zu bestehen, wenn man eine echte Lern- und Arbeitsatmosphäre erreichen wollte. Die älteren Kinder blieben nur bis Juni 1962.

Im September 1962 begann das neue Schuljahr mit 27 Kindern unter sechs, davon 15 sprachbehindert, 12 normal. Nur ein behindertes Kind war von Anfang an bei uns, die beiden, die im Oktober 1960 kamen, waren noch in der Klasse und ebenso eines, das im März 1961 kam.

Soviel über die Zahl der Kinder in der Klasse und ihr Alter. Mit Ausnahme der Gruppe älterer Kinder, die für einige Monate mit dabei waren, fielen alle Kinder der Klasse in die Periode des absorbierenden Geistes, die sprachbehinderten Kinder ebenso wie die, die normal hören und sprechen konnten.

Bedeutung der sensiblen Periode für Ordnung

Ein anderes bereits erwähntes Prinzip war das der Ordnung. Irgendwie hatten diese Kinder eine innere Ordnung entweder verloren oder nie besessen. Das war aus ihrem Betragen ersichtlich. Die sensitive Periode für Ordnung dauert auch lange – etwa so lange wie die für die Sprache – und fällt auch in die erste Entwicklungsphase, in die Spanne von der Geburt bis zum Alter von sechs Jahren. In einer normalen familiären Umgebung – und besonders in einer, in der Montessori-Prinzipien verstanden werden – ist die Ordnung ein wichtiges Prinzip, das für die Entwicklung, die Sicherheit und das innere Wachstum des kleinen Kindes als höchst bedeutsam angesehen wird. Die Ordnung wird als Grundlage für die Entwicklung des Intellekts zu seinem größtmöglichen Potential aufgefaßt. Und Ordnung ist wichtig für die Aneignung der Sprache und deren Gebrauch als Werkzeug des denkenden Verstandes. Ständiges Zurschaustellen von impulsivem Benehmen im Umgang mit einem Kind, mit dem man sich nicht verständigen kann oder das seinerseits sich nicht mitteilen kann, machen das Bestehen auf Ordnung in der familiären Umgebung zu einer fast unlösbaren Aufgabe. Und besonders dann, wenn das Handikap des Kindes nicht verstanden wird, wenn nicht eingesehen wird, wie wichtig Ordnung ist, und wenn die Frustration aufgrund des bloßen täglichen Zusammenlebens mit dem Kind fast unerträglich wird.

Hier wird die materielle Ordnung der vorbereiteten Umgebung ein ganz wichtiger Faktor. Der erwachsene Montessori-Lehrer trägt besonders große Verantwortung dafür, daß im Klassenzimmer die Ordnung der Umgebung aufrechterhalten wird. Dieses Klassenzimmer wurde eingerichtet mit der größten Aufmerksamkeit, die nur menschenmöglich ist, was das genaue Einhalten von Ordnung betrifft. Wenn die Kinder im Klassenzimmer waren, wurde hartnäckig auf dieser Ordnung bestanden, und sie mußten sich danach richten. Hier wurde der Versuch unternommen, äußere Ordnung und ihre Aufrechterhaltung zu benützen, um eine innere Ordnung zu entwickeln, die die Grundlage für die Entwicklung der Sprache bildete.

Der Ordnung der Möbeleinrichtung in der vorbereiteten Umgebung kam die Ordnung gleich, die durch die Übungen des praktischen Lebens erreicht werden sollte. Statt der langen Reihenfolge von Tätigkeiten, die man beim Säubern eines Tisches übte, wurde eine Übung vorbereitet, bei der man nur einen Schwamm brauchte, um den Tisch naß zu machen, und ein Tuch, um ihn zu trocknen. Für diese Kinder mit ihren unberechenbaren, impulsiven Bewegungen, die keine längere Konzentration, keine Ordnung kannten, wurde die Tätigkeit verkürzt, die Reihenfolge modifiziert. Aber wenn die Übung einmal angefangen war, mußte sie beendet werden, einschließlich des Zurückstellens der Geräte auf ihren Platz im Regal, und die Reihenfolge, wie einfach auch immer, mußte strikt eingehalten werden. Wie schon vorhin erwähnt, waren die Übungen des praktischen Lebens die ersten Aktivitäten in der Klasse, und sie wurden über eine lange Zeit hin fortgesetzt. Erst allmählich wurden sie verlängert und nahmen schließlich die normale Form an, in der sie in einer regulären Montessori-Klasse ausgeführt werden.

Betonung des Sprachangebotes

Ordnung wurde auch auf andere Weise eingeführt. In der Umgebung dieser Kinder wurde dauernd Sprache gebraucht, obwohl sie davon anscheinend keine Notiz nahmen, nicht hören und selbst nicht sprechen konnten. Wo Sprache notwendig war und beim Umgang mit normal hörenden Kindern natürlicherweise benützt worden wäre, wurde sie auch gebraucht. Ich hatte Studenten in meiner Klasse, Studenten, die eine Montessori-Ausbildung machten, und wir sprachen miteinander, wenn nötig, und redeten auch die Kinder an, auch wenn wir keine Antwort erwarteten. Das ist genau das, was mit einem kleinen Kind zu Hause auch passiert. Die Eltern, Verwandten und Freunde sprechen mit dem Baby, auch wenn es noch in dem Stadium ist, wo es vorerst nur die Lippen der Menschen beobachtet, die mit ihm sprechen. Was wir mit dem andauernden Gebrauch der Sprache in der Umgebung bezweckten, war der Versuch, Aufmerksamkeit für die Sprachlaute bei diesen Kindern hervorzurufen. Wir nahmen es genau mit der Sprache, die wir benutzten, mit unserem Wortschatz, dem Gebrauch der Form und unserem Satzbau, so daß der Aufbau der Sprache und auch das Vokabular zum integrierten Teil der Umgebung wurde, die diese Kinder umgab. Wir erzählten ihnen Geschichten, lasen Gedichte, wir sangen ihnen Lieder vor, wir schauten Bücher mit ihnen zusammen an. Dieser Teil der Arbeit wurde leichter, als wir zu Beginn des zweiten Jahres die normal hörenden und sprechenden Kinder mit den sprachbehinderten Kindern mischten.

Freiheit und Disziplin

Ich erwähnte vorhin bereits die Prinzipien von Freiheit und Disziplin. Eines der großen Probleme, die man bei den sprachbehinderten Kindern und – möglicherweise, was ich nicht weiß – bei allen behinderten Kindern antrifft, ist die Neigung, dem Kind Ersatz für sein Handikap zu bieten, indem man seinem Betragen keine Grenzen setzt. Dies ist oft das Zerrbild einer liberalen Gesinnung. Wir sehen, wie sie in der Praxis der Strafjustiz angewendet wird. Ich arbeitete in der Annahme, daß irgendwo, irgendwann, irgendwer zu diesen Kindern »nein« sagen würde. Daß es deshalb unfair wäre, ihnen nicht zu helfen, sich selbst zu beherrschen, bevor irgendwer irgendwann sie gewaltsam unter Kontrolle halten müßte. Natürlich war das am Anfang schwer. Ein Kind, das drei, vier oder fünf Jahre damit verbracht hatte, alles in Unordnung zu bringen, wird ein »nein« nicht freundlich aufnehmen, wenn es gerade entschieden hat, seine Schuhe auszuziehen und im Klassenzimmer umherzuwerfen. Langsam wurde dem Kind jedoch bewußt, daß es nicht hinausgehen und mit den anderen spielen konnte, wenn es nicht seine Schuhe anbehielt – keine Schuhe an den Füßen, kein Spiel, ganz einfach. Wenn die Schuhe umherlagen, wurden sie einfach weggenommen und auf ein hohes Regal gestellt – keine große Szene von seiten des Erwachsenen, die Schuhe wurden nur einfach aus der Reichweite des Kindes entfernt. Und da blieben sie stehen, bis das Kind darum bat und zu verstehen gab, daß sie an den Füßen bleiben und nicht als Wurfgeschoße im Klassenzimmer herumfliegen würden. Dieses Verhalten wurde viele, viele Male wiederholt, immer mit demselben Erfolg. Schließlich begriff das Kind – keine Schuhe an den Füßen, kein Spiel draußen –, und gelegentlich kam es danach noch zu einer gespielten Pantomime, so als ob es im Begriff stünde, die Schuhe auszuziehen und wegzuwerfen, es sich dann aber anders überlegte, weil es mit den anderen spielen wollte.

Zu Anfang rannten die Kinder aus dem Klassenzimmer, wenn die Türen offen waren. Um dem zu begegnen, wurde ein Erwachsener in der Nähe einer jeden offenen Tür plaziert, und allmählich, als die Kinder mit den Übungen des praktischen Lebens begannen und ihre Handlungen zunehmend mehr kontrollieren konnten, wurde der Erwachsene immer weiter weg gestellt von der offenen Türe. Schließlich kam der Zeitpunkt, wo ich sah, wie ein Kind mit Hilfe der Pantomime, weil es noch nicht sprechen konnte, einem Klassenneuling bedeutete, daß man das Klassenzimmer nicht verließ, auch wenn die Türe offen war.

Mit solchen Mitteln wurde den Kindern geholfen, ihr eigenes Betragen unter Kontrolle zu bringen, ohne daß der Erwachsene tätig werden mußte, und ohne körperliche oder materielle Maßregelung. Mit der inneren Kontrolle stellten sich ganz von selbst Ordnung und Disziplin ein. Hier waren wieder die Übungen des praktischen Lebens von unschätzbarem Wert. Die Übungen des Dankens und höflichen Benehmens, die Übung des Gehens auf der Linie, die Bewegungsübungen – und zwar beides, vorbereitend und angewandt –, alle trugen ihr Teil dazu bei, den Kindern zu helfen, die ihnen fehlende Kontrolle und Ordnung zu gewinnen, was ja ein Symptom ihres neurologischen Leidens war.

In der zweiten Hälfte des zweiten Schuljahres der Klasse wurde den sprachbehinderten Kindern zusätzlich geholfen, und zwar durch eine teilzeitlich beschäftigte Sprachtherapeutin. Im dritten Jahr war sie ganztägig beschäftigt und arbeitete eng mit dem regulären Montessori-Programm zusammen, besonders mit den älteren Kindern der Klasse, die schon zu sprechen angefangen hatten und denen sie half, ihre Sprechweise zu korrigieren und Sprachfehler auszuräumen.

Was waren nun die Ergebnisse der in einer Montessori-Umgebung stattfindenden Arbeit? Es darf bei einer abschließenden Analyse des Programms nicht vergessen werden, daß nach dreijähriger Laufzeit nur noch drei Kinder übrigblieben. Mir scheint, daß, um wirkliche Forschungsarbeit über die Auswirkungen des Montessori-Programms bei neurologisch bedingten kindlichen Sprachstörungen zu betreiben, mindestens sechs Jahre erforderlich sind. Die ersten drei Jahre, um das Programm in Gang zu setzen und um die Kinder mit der spezifischen Sprachbehinderung zusammenzubringen, im richtigen Alter und ausreichender Zahl, einschließlich wenigstens eines Drittels und besser noch der Hälfte normal sprechender Kinder. In den letzten dreien der sechs Jahre könnten dann die Kinder, die am Programm teilnehmen – und zwar vom vierten Jahr ab –, zum Objekt der Forschungsarbeit werden.

Zum Schluß möchte ich Ihnen noch von einigen Kindern und dem, was sie erreicht haben, erzählen.

Ein Mädchen, eines der ersten drei, das auch die ganzen drei Jahre blieb, wurde direkt aus der Klinik in die Klasse geschickt. Sie trug beidseitige Hörhilfen. Sie war eigentlich keine richtige »Versuchsperson«, da wir die Klasse nicht einrichteten für Kinder, die klinisch taub waren. Aber die Diagnose war nicht ganz gesichert, und so nahmen wir sie auf. Nachdem sie ungefähr vier Monate bei uns war, nahm sie eines Tages ihre Hörhilfen ab und legte sie auf den Tisch. Von da an trug sie ihre Hörhilfen nur, wenn sie zur Schule kam oder nach Hause ging, aber in der Schule nahm sie sie ab. *Wir* sollten ihre Hörhilfen nicht entfernen, aber da es das Kind selbst tat, war ich der Meinung, es könnte bedeuten, daß sie sie nicht brauchte, weil sie nicht taub, sondern sprachgestört war. Das schien sich zu bestätigen, als sie eines Tages die Geräuschbüchsen nahm und damit arbeitete. Sie beendete die Arbeit und bat mich, zu kontrollieren. Sie waren korrekt zusammengestellt. Ein paar Tage später ging sie weiter und machte das Gedächtnisspiel mit den Geräuschbüchsen, wobei ein Satz soweit wie möglich vom anderen entfernt aufgestellt wird. Eine Büchse wird geschüttelt und die dazugehörige Büchse muß unter den anderen in der anderen Ecke des Raums herausgefunden werden. Sie brachte das ganz richtig zustande. Beim nächsten Mal schüttelte ich den Zylinder und ließ sie das Gegenstück suchen, weil ich jede Möglichkeit ausschließen wollte, daß sie vielleicht mit Hilfe des Gewichtsvergleichs die dazugehörenden Büchsen gefunden hatte.

Dasselbe Kind, das mit einer kleineren Freundin zusammensaß und festgestellt hatte, daß die Sandpapierbuchstaben beim Befühlen ein Geräusch machten, teilte diese Entdeckung ihrer Freundin mit und gab ihr zu verstehen, daß sie wußte, die Buchstaben machten ein Geräusch, weil sie es hören konnte.

Das Kind, das nie in seinem eigenen Bett schlief, das nur aß, indem es den Eisschrank plünderte, das sich auf der Straße und in den Läden auf den Boden warf, das sich nach Angaben ihrer Mutter wie ein Tier benahm und fast unaufhörlich brüllte, begann sich für das Arrangieren von Blumen zu interessieren, nachdem es endlich aufgehört hatte, im Klassenzimmer zu schreien. Sie absolvierte die Übungen des praktischen Lebens, begann mit den anderen Kindern zu Mittag zu essen, obwohl sie zuerst nur einen halben Teelöffel von jedem Gericht nahm. Bei uns galt die Regel, kein Dessert, wenn man nicht Fleisch und Gemüse gegessen hatte – Dessert hatte sie gerne – und nach ein paar Tagen Zirkus hatte sie entschieden, daß die Nachspeise es wert war, daß sie den halben Teelöffel nahm, auf dem ich bestand, solange es ein halber Teelöffel von *jedem* Gericht war. Allmählich kam sie dahin, daß sie normale Portionen von allem aß. Mit der Zeit lernte sie auch Lesen und Schreiben, und mit 5 Jahren und 3 Monaten nahm sie an den Gemeinschaftsübungen mit dem goldenen Kettenmaterial teil, wobei sie eine Studentin, die das Material anderen Kindern erklärte, sogar korrigierte, als diese einen Fehler machte.

Da war der Bub von vier Jahren, der mit den Schuhen warf und der, nachdem er die Selbstbeherrschung gewonnen hatte, von sich aus die Küche übernahm, wenn das Klassenzimmer nach dem Mittagessen aufgeräumt wurde. Aber wehe dem Unglücklichen, der vielleicht eine Gabel in das Löffelfach legte oder der die Teller nicht sauber abtrocknete, bevor er sie stapelte. Dieser selbe Junge zeigte mir mit Stolz, daß er zwei Erbsen (er haßte Erbsen) gegessen hatte, nachdem er begriffen hatte, daß ich auf den Regeln bestand und daß er kein Dessert bekam, wenn er nicht wenigstens zwei Erbsen aß. Ein großer Teil dieser Kinder war arm, und ein warmes Mittagessen war ihre einzige richtige Nahrung.

Das Kind von vier, das die geometrischen Körper nahm, hinaufkletterte und durch das Fenster auf die Türme und Kuppeln des Schuldachs zeigte, um zu erklären, sie wären wie die Körper in seiner Hand.

Die Kinder, die nach einer Stunde mit Wortschatzübungen sich selbst zum Lehrer ihrer Gruppe machten und fortfuhren mit »auf-nieder«, »komm-geh« usw.

Überraschung für Spezialisten

Was beobachtende Spezialisten immer überraschte, war die Tatsache, daß diese Kinder still sitzen konnten, nachdem die Hauptmahlzeit beendet war, bis jedes für den Nachtisch bereit war. Daß aus diesem Wirrwarr von Armen und Beinen, Besen, Staubtüchern und Wischtüchern eine geordnete Reihe von Tischen und Stühlen herauskam, daß die Tische gesäubert waren, die Böden gefegt und alles wieder an seinem Platz für den Nachmittagsunterricht. Daß diese Kinder, wenn sie früh ankamen, die Erwachsenen mit »Guten Morgen« begrüßten und dann ihre Mäntel selbst an die Garderobe hängten, wobei die Größeren den Kleineren behilflich waren. Daß diese Kinder zusammen in einer Gruppe sitzen, im Takt zu Klaviermusik klatschen, zusammen Lieder singen und Ferse an Zehe auf der Ellipse auf dem Fußboden gehen konnten, ohne sich gegenseitig zu behindern. Daß sie sich untereinander verständigten, daß man dies oder das nicht täte, ohne daß der Erwachsene rügen mußte.

Da war das Kind von viereinhalb Jahren, das sich mit der Hunderterkette beschäftigte, Karten von zehn, zwanzig etc. längs der Kette ablegte, wohin sie gehörten, und dann die Kette verglich mit dem Hunderterquadrat. Und während diese Kette auf dem Boden lag, gingen alle anderen vorsichtig darum herum, um das Kind beim Zählen nicht zu stören.

Wenn die Kinder zur Schule kamen, hängten sie ihre Garderobe auf und suchten sich selbst eine Beschäftigung, entweder allein oder in einer Gruppe. Es gab nichts Ungewöhnliches bei den verschiedenen Tätigkeiten, die ich oben beschrieben habe. Schließlich und endlich: Ist es nicht gerade dies, was man in einer Montessori-Klasse zu sehen bekommt und was Kinder normalerweise tun? Ja, aber sprachbehinderte Kinder sind angeblich nicht fähig, die oben beschriebenen Dinge zu tun – so steht es in den Büchern. Und darum waren die Beobachter so überrascht und mußten immer wieder fragen, welches denn nun die sprachbehinderten Kinder seien.

Die Arbeit mit diesen Kindern endete für mich nach drei Jahren, so daß ich über ihre weiteren Fortschritte nicht Bescheid weiß. Ich hatte wenigstens noch das Glück, Anfangsresultate in bezug auf Ordnung, Disziplin und die Entwicklung der Sprache zu erleben, und das gibt mir Hoffnung für eine Zukunft aller sprachbehinderten Kinder in einer Montessori-Umgebung, wenn dieses Experiment jemals wieder unternommen werden sollte.

MARGOT R. WALTUCH (New York)

Praktisches Leben und Selbstentfaltung

Das Arbeitsseminar will die zentrale Rolle untersuchen, die die Aktivitäten des praktischen Lebens bei der Selbstentfaltung eines Kindes spielen, und zwar zu Hause und in einer Montessori-geprägten Umgebung. Besonderer Nachdruck wird dabei darauf gelegt, daß dem Kind geholfen wird, Eigenständigkeit und Selbstvertrauen anhand von Tätigkeiten des praktischen Lebens zu gewinnen.

Die zu behandelnden Themen umfassen die logische Analyse von Bewegungen, die Rolle der indirekten Vorbereitung, den Gebrauch von Interessenpunkten, das Verhältnis zu kulturellen Erfahrungen, die Betätigung mit der Linie* und die sozialen Aspekte des praktischen Lebens.

Das Arbeitsseminar umfaßt beides: Vortrag und spezielle Demonstrationen.

Übungen des praktischen Lebens

»Die Arbeit eines Kindes«, schrieb Maria MONTESSORI, »besteht darin, den Menschen zu schaffen, der er einmal wird. Ein Erwachsener arbeitet daran, seine Umgebung zu vollenden, aber ein Kind arbeitet, um sich selbst zu vollenden.« Diese Unterscheidung wird am besten veranschaulicht, wenn man zwei Menschen genauer betrachtet, die an einem heißen Tag an einem Strand Sand schaufeln. Der eine ist ein Mann, der sich bemüht, ein großes Faß mit Sand zu füllen; der andere, ein kleiner Junge, der ein Eimerchen mit Sand füllt, es umstürzt und dann wieder auffüllt. Wenn jemand dem Mann Hilfe anbietet, wird er nur allzu bereitwillig die Schaufel abtreten. Aber der kleine Junge widersteht allen Versuchen, ihm zu helfen. Er hängt an seiner Schaufel, weil die Arbeit, die er tut, nur von ihm getan werden kann. Durch die konstante Wiederholung von Bewegungen stärkt er seine Muskeln, verbessert er seine Koordination und gewinnt er Vertrauen auf einem bestimmten Gebiet. Niemand befiehlt ihm, den Sand zu schaufeln; er wird von einem inneren Trieb seiner eigenen Natur geleitet.

Indem sie die natürlichen Neigungen des Kindes als Ausgangspunkt benützte, schuf Maria MONTESSORI verschiedene Übungen für das Klassen-

---

* Gehen, Laufen, Hüpfen etc.

zimmer, um dem Kind zu helfen, sein Bedürfnis nach nützlicher Betätigung zu befriedigen. Wir nennen »Übungen des praktischen Lebens« jene täglich ausgeführten Aktivitäten, die der Erwachsene ausführt, um richtige Bedingungen oder Verhältnisse zu erhalten oder zu schaffen. Dies ist für den Erwachsenen eine rein erhaltende oder auf Nützlichkeit ausgerichtete Tätigkeit. Diese Übungen haben für den Erwachsenen ein »äußeres Ziel«. Das kleine Kind zeigt ein starkes Bedürfnis, sich mit diesen Tätigkeiten zu assoziieren. Es versucht, spontan daran teilzunehmen. Es bietet seine Hilfe an.

Warum wird es so stark davon angezogen? Für das kleine Kind haben diese Tätigkeiten eine wichtige, persönliche Funktion. Sie sind echt konstruktiv. Es sind entwicklungsgemäße, sogar kreative Tätigkeiten. Wenn das Kind sie ausführt, engagiert es sich total dafür. Warum?

1. Diese Aktivitäten sind von Anfang bis Ende leicht zu verstehen.
2. Sie bestehen aus sichtbaren Bewegungen.
3. Sie geben diesen Bewegungen eine Richtung.
4. Der *Wille* des Kindes wird auf attraktive Weise angeregt.
5. Sie führen zu größerem Geschick und größerer Perfektion.
6. Sie ermöglichen eine aus sich selbst entwickelte Disziplin.
7. Sie schaffen eine Einheit zwischen Gedanke, Wille und Aktion.

Wir sprechen von universellen Prinzipien, die die Entwicklung des Menschen leiten. Wir müssen verstehen, daß es diese menschlichen Neigungen sind, die seine Entwicklung bestimmen, und daß diese Neigungen verwirklicht und gefördert werden müssen.

Die »Lebenshilfe« muß den Neigungen des Menschen angepaßt sein. Diese Neigungen wie Neugierde, Ordnung, Exaktheit, Orientierung, Manipulation, Wiederholung oder Arbeit (um nur ein paar zu nennen) bestimmen die Entwicklung des Menschen. Und nirgends gibt es eine befriedigendere Anwendung als im praktischen Leben, das allen diesen notwendigen Neigungen ein Betätigungsfeld bietet. Deshalb muß die Umgebung vorbereitet werden für eine Eroberung des Lebens durch das Kind, das ein Verlangen nach Selbstkontrolle und koordinierter Bewegung hat.

Das Kind, das eine Umgebung vorfindet, die es erkunden und sich vertraut machen muß, sollte Betätigungsmotive finden, Motive, die ihm bekannt sind, die ihm auch zu Hause begegnen.

Die vorbereitete Umgebung für ein Kind im Alter von 3 bis 6 Jahren braucht solche Übungen des praktischen Lebens, weil sie dem Kind helfen, sich seiner Umgebung anzupassen. Sie bieten ihm die kontinuierliche Möglichkeit von wiederholten Schritten, die schließlich und endlich zu seiner perfekten Ausbildung führen.

Vier Gruppen von Übungen

Es gibt vier bestimmte Gruppen von Übungen des praktischen Lebens:
1. *Pflege der Person* (Anziehen, Ausziehen, Baden, Kämmen etc.). Das kleine Kind von 2½ oder 3 Jahren muß eine vorrangige Sache tun, und das ist, sich selbst zu bilden. Zuerst muß es sich um die eigene Person kümmern, um sich selbst; dann erst kann es die Umgebung erkunden. Um dem Kind zur Selbständigkeit zu verhelfen, können wir dafür sorgen, daß es nicht abhängig ist von der Mutter oder von anderen, etwa beim Anziehen, Ausziehen, Waschen, Baden oder Haare kämmen – alles Dinge, die seine eigene Person betreffen.

Ich weiß, daß die Vorbereitungen für diese verschiedenen Tätigkeiten nicht einfach sind. Sie sind schwierig und fordern Überlegungen und Zeit; man muß kleine Gegenstände suchen, die in Größe und Form der kleinen Hand oder dem kleinen Körper angepaßt sind. Wir versuchen es. Aber was unsere heutigen Schulen im allgemeinen betrifft, so ist dies ein schwacher Punkt. Diese Vorbereitung erfolgt nicht so, wie wir es eigentlich wünschen.

2. Der zweite Punkt ist die *Pflege der Umgebung* – Putzen, Waschen, Bügeln, Polieren, Gartenarbeit etc. – Auch das wieder ein schwacher Punkt, denn alle diese Übungen sind schrecklich oberflächlich, monoton, unattraktiv, steril – lassen Sie mich dieses harte Wort steril aussprechen. Sind die üblichen Materialien wirklich attraktiv? Würden Sie sie benützen, wenn Sie ein Kind wären? Nein. Es ist eine phantasielose Ansammlung von Plastikschüsseln, Kannen usw. – alles, was sich am billigsten produzieren läßt. Es verrät keine Anstrengung – da hat sich niemand die Mühe gemacht, etwas Bestimmtes zu erfinden. Die Dinge sind den Proportionen des Kindes nicht angepaßt, meist zu groß, zu plump. Wir könnten in dieser Richtung viel mehr erreichen, wenn die Materialien, mit denen die Kinder arbeiten, feiner wären, attraktiver, detaillierter und in andere Gebiete einführen könnten. Beim Eingießen, zum Beispiel, könnte eine kleine Kanne aus Holland oder Indien zu Geographie oder Geschichte überleiten. Es könnte ein Ausgangspunkt sein, so wie der Globus einer ist, und man könnte in ein anderes Studiengebiet hinüberwechseln.

Aber natürlich fordert das Mühe und Liebe. Wenn sich die Lehrer über die fundamentale Bedeutung des praktischen Lebens und das, was es beinhaltet, mehr im klaren wären, könnten sie sich vielleicht auch eher für eine Verbesserung in dieser Richtung einsetzen.

3. Der dritte Punkt ist die *Entwicklung der sozialen Beziehungen*: Grüßen, Anbieten, Annehmen, Sich-Entschuldigen, Danken – sozusagen »Höflichkeit und gute Sitte«.

Auch hier wird wiederum manchmal der Versuch gemacht, dies in der Klasse als nachträgliche Überlegung oder als direkte Korrektur einzuführen – wenn z. B. ein Kind die Türe zugeschlagen hat. »Oh, wir müssen ihnen sagen, daß sie die Türe nicht so zuknallen dürfen.« Das ist natürlich nicht der Zeitpunkt, wo wir so etwas tun, wie Sie ja wissen. Gesellschaftliches Benehmen sollte Teil des Lebens sein – eines höflichen Lebens.

4. Der vierte – und sehr wichtige Teil dieser Übungsgruppe – ist *Bewegung*: Analyse und Kontrolle der Bewegung. Alle Übungen werden davon berührt – wir sagten schon an früherer Stelle, daß Übungen für ein Kind attraktiv sind, weil es sich bewegt, und es sich vielleicht mehr bewegt, als es sich mit sensorischem Material beschäftigt. Aber hier gibt es Übungen, die für diesen besonderen Zweck bestimmt sind:

a) das Gehen auf der Linie;
b) das Schweigsamkeitsspiel.

Lassen Sie mich eine kurze Bemerkung machen über das Gehen auf einer Linie: es sollte zum täglichen Tagesablauf gehören. Es ist keine spezielle Tätigkeit. Ich sehe es nicht in der Klasse, und wenn ich später danach frage: »Wie ist es mit dem Gehen auf der Linie? Wie oft machen Sie das?«, bekomme ich Antworten wie »Na ja, fast jeden Freitag«. Einige sagen: »Ja, gelegentlich.« Ich frage: »Nicht jeden Tag?« »Nun, wenn wir Zeit haben, kurz vor dem Heimgehen, die letzten 5 Minuten, wir benützen diese Zeit für die Linie anstelle von diesen Fingerspielen.«

Die Linien sind da, aber sie werden meist so benützt, daß die Kinder darauf *sitzen*. Sie tun das, wenn sie morgens hereinkommen. Manchmal wird es Halb oder Viertel vor 10, bevor die armen Dinger (die mit Freude und Enthusiasmus hereinkommen und irgendwo hingehen sollten, irgend etwas *tun* sollten) gefragt werden: »Nun, meine Lieben, *denkt mal nach*, was wollt ihr jetzt tun?« Es ist für manche Kinder schwer, genau zu bestimmen, was sie tun wollen. »Ach so, ihr wißt es noch nicht. Denkt mal ein wenig nach. Was wollt ihr denn tun? Habt ihr schon nachgedacht? Nun gut, ihr könnt aufstehen.« Diese Praxis sollte nicht ermutigt werden, um es gelinde auszudrücken.

Ich weiß, warum Lehrer das tun. Es ist ein Muttergluckgen-Gefühl: Die Kinder sind alle versammelt, Gott sei Dank. Wenn eine Lehrerin morgens die Kinder anfangen läßt und die Stimmung quirlig wird mit einem raschen Wechsel der Aktivitäten, kann sie selbst sehr leicht nervös werden. Nun läutet sie mit der kleinen Glocke, und sie kommen alle; dann fühlt sie sich wieder beruhigt. Sie sind alle unter Kontrolle. Danach gibt es eine Gruppendiskussion. Die unsichere Lehrerin fühlt sich wieder sicher. Das ist auch zu einer allgemeinen Praxis geworden. Aber das entspricht nicht dem Rhythmus des Kindes. Es ist eine vertikale Bewegung, nicht wie es der

Routine einer traditionellen Schule entspricht – und doch ist es so. Die Kinder kommen herein, sitzen auf der Linie, denken darüber nach, was sie tun möchten, sagen es der Lehrerin, stehen auf, sie läutet die Glocke, sie kommen zurück, sie gehen hinaus. Das ist nicht, was Maria MONTESSORI den Kindern geben wollte: die Möglichkeit Anteil zu nehmen, sich zu konzentrieren, das eigene Ich zu entwickeln – dafür bilden alle diese Übungen des praktischen Lebens die Grundlage.

Die zweite Übung, das Schweigsamkeitsspiel, wird auch selten geübt. Wenn ich danach frage, bekomme ich fast immer die gleiche stereotype Antwort: »Ich mag es nicht.« Lehrer – und das ist ein menschlicher Zug – machen nicht gerne, was ihnen nicht gefällt. Aber ich bin der Meinung, daß man beim Unterricht nicht diesen Weg gehen kann. Beim sensorischen Material beispielsweise müssen wir als Lehrer den Kindern ermöglichen, sich in jeder Weise zu entfalten. Wenn ein bestimmtes Material nicht vorhanden ist und man danach fragt, ist die Antwort beinahe immer ganz persönlich gefärbt: »Ja, ich habe dafür eigentlich nichts übrig.« Wir sollten uns nicht von unseren persönlichen Präferenzen oder Abneigungen leiten lassen. Da ist vielleicht ein Kind, das dringend Material – sagen wir beispielsweise – für den Tastsinn benötigt. Das Material muß da sein.

Kontrolle der Bewegung

Vielleicht hat die Lehrerin keine Beziehung zum Gehen auf der Linie, oder sie vermag nicht einzusehen, wie wichtig für das Kind die Kontrolle der Bewegung ist – der Erwachsene hat dieses Interesse schon lange hinter sich. Aber wir müssen an diesen grundlegenden Dingen festhalten. Wenn wir das nicht tun, verlieren wir die Grundlage für alles: die Konzentration, die innere Disziplin, die Genauigkeit, die Anwendung – alles Dinge, die aus dem praktischen Leben kommen. Wenn es mangelhaft ausgeführt wird, dann wird auch der nächste und der übernächste Schritt mangelhaft sein.

Bewegungsanalyse ist eng verbunden mit Bewegungsersparnis, um keine Bewegung auszuführen, die für den betreffenden Zweck unnötig ist. Dies ist wirklich die höchste Form von Perfektion. Die Bewegungen des griechischen und auch die des japanischen Tanzes sind nichts anderes als eine Auswahl von Bewegungen, die in der analytischen Folge von Aktionen absolut notwendig sind. Doch bleibt dies nicht nur auf die Kunst beschränkt. Es ist ein allgemeines Prinzip, das jeden Akt des Lebens betrifft.

Da gibt es ein Alter, in dem die Bewegungen ein fasziniertes Interesse auslösen, wenn der Muskel- und Nervenapparat auf Übungen respondiert – es ist das das Säuglings- und Kleinkindalter.

Zwei Dinge sind notwendig, damit Kinder die Funktionen des praktischen Lebens beherrschen:
1. *die Haltung des Lehrers;*
    a) der Lehrer muß von dem, was er tut, überzeugt sein;
    b) die Bewegungen müssen genau und sorgfältig ausgeführt werden.
2. *die Umgebung;*
    a) sie sollte das Naturgesetz widerspiegeln, demzufolge alles seinen Zweck hat, nichts überflüssig ist;
    b) das Kind soll als Führer benützt werden;
    c) die Auswahl der Übungen des praktischen Lebens muß immer einer logischen Folge von immer höheren Schwierigkeitsgraden entsprechen.

Ziele der Übungen des praktischen Lebens

Wenn der Lehrer diese Punkte befolgt, dann beginnen wir mit Hilfe der Übungen des praktischen Lebens
1. den Wachstumsprozeß des Kindes zu unterstützen;
2. dem Kind zu helfen, seine biologischen Bedürfnisse zu erfüllen, und
3. bei der harmonischen Entwicklung von Geist und Körper mitzuwirken.

Wir wollen dem Kind helfen, nützliche Tätigkeiten zu verrichten. Wir wollen nicht dem Kind *dienen,* wir möchten ihm Hilfe geben. Besonders Eltern aus privilegierten Klassen, die ihre Kinder bedienen oder in früheren Zeiten Dienstboten hatten, die die Kinder bedienten (heutzutage ersetzt die Mutter das Dienstmädchen), sollten gewarnt werden vor dieser Gefahr der Servilität, die dem sich entfaltenden Leben alle Hindernisse aus dem Weg räumt. Sie führt zu Hilflosigkeit und einem Mangel an Stärke.

Bei der charakterlichen Bildung wird nahezu alles vom praktischen Leben berührt; es ist aber auch eine indirekte Vorbereitung für andere Aktivitäten. Nehmen wir z. B. das Schreiben: die Muskelkontrolle, die Kontrolle und Drehung des Handgelenks, der Hand, der Finger. Die Kinder sind physisch – bis zum Nacken hinauf – angespannt. Der Bleistift wird ganz fest umklammert und mit großer Anstrengung geführt. Das könnte viel leichter und eleganter gemacht werden, und da könnte ein richtiger Schreibfluß entstehen.

Das Interesse des Kindes konzentriert sich auf eine exakte Technik. Das Kind will etwas Bestimmtes tun – es muß es nicht tun. Aber der Wille bekommt immer wieder Gelegenheit tätig zu werden.

Das Interesse der Kinder muß angeregt werden

Da ist ein kleines »aber«: Das Interesse muß angeregt werden. Wenn ein oder zwei Regale vollgeräumt sind mit denselben unattraktiven Gegenständen – nur ist das eine Tablett rot, und dasselbe Kunststofftablett ist grün, und ein anderes ist gelb –, dann wird das Kind nicht davon angezogen. Aber wir können dieselbe Sache schön gestalten, Abwechslung hineinbringen, Initiative entfalten. Wir geben eine Anregung und sagen, »bleib nicht stehen hier, geh weiter«. Die Ausbildung hat verschiedene Hauptgebiete ergeben, aber es ist Sache des Lehrers, sie herauszuarbeiten, darüber nachzudenken, Gedanken, Arbeit und Zeit detailliert darauf zu verwenden. Wenn sich der Lehrer diese Vorstellung erst einmal zu eigen gemacht hat – dann ist es, als ob man ein Licht anknipst – wie ein Erwachen.

Wir lehren die Kinder. Es ist, wie ich sagte, ein Lernprozeß in vielen kleinen Schritten. Viele dieser Übungen des praktischen Lebens verlaufen im Sinne von leicht zu schwer, von kürzer zu länger, und die längeren dabei sind Vorgänge, die einen längeren sukzessiven Ablauf verlangen. Denken Sie nur an Waschen und Bügeln: das sind schon längere, komplizierte Prozeduren. Sie erstrecken sich manchmal über zwei Tage. Ein Tag ist dem Waschen vorbehalten, nicht nur den kleinen schmutzigen Sachen, sondern auch attraktiveren Dingen – Servietten, Taschentüchern, einige mit Farbe, andere mit Blumen, einige mit Spitzenrändern, waschbare Seidenschleifen, oder Leinen oder Seide. Das kann mit einer kleinen Sprühdose eingesprenkelt werden, aufgerollt und über Nacht in einem Plastiksack auf dem Fensterbrett oder im Kühlschrank aufbewahrt werden. Am nächsten Morgen ist es dann gerade richtig zum Bügeln und Zusammenlegen und fertig zum Gebrauch.

Wenn die Lehrer es so machen würden, gäbe es weniger Einwände – wir sprachen von den Großstadteltern, die sagen: Mein Kind soll keine Haushaltshilfe werden. Es gibt ja nicht nur Tische schrubben und Böden wischen. Da gibt es andere Dinge wie Kochen, die vernachlässigt werden. Kinder können Toast bereiten, in verschiedene Formen schneiden und dann bestreichen. Um 10 Uhr ist der Tisch mit dem Imbiß fertig.

Eines Morgens, als ich eine Schule besuchte, kam ein kleiner Junge und sagte: »Möchten Sie gerne etwas Kaffee?« Ich sagte ja, und er verschwand. Es war 10 Uhr vormittags. Dann vergaß ich ihn. Als es schon fast Zeit war heimzugehen, kam er aus einem anderen Zimmer mit einem kleinen Tablett. Er hatte Kaffee für mich gemacht – und zwar im wahrsten Sinne. Er hatte eine kleine Kaffeemühle, eine Dose mit den Kaffeebohnen, alles. Es dauerte fast eine Stunde, aber er machte den Kaffee.

Kleine Appetithappen aus Gemüse und Früchten sind nicht teurer als

Kekse. Man kann kleine Selleriestangen herrichten, die gefüllt werden, oder eine Banane in Scheiben schneiden und mit Rosinen dekorieren. Sie können Eier aufschlagen, Wasser kochen, und die Eier darin kochen. Sie haben einen Zeitmesser. Maße und der Zeitbegriff kommen beide beim Kochen vor. Hartgekochte Eier können geschält, zerteilt und auf kleine Kräkker gelegt werden. Natürlich muß der Lehrer nicht jeden Tag etwas Neues vorbereiten. Aber die Sachen sollten da sein; sie müssen aber nicht auch von September bis Juni da bleiben, und es muß nicht immer wieder was Neues hinzugefügt werden, bis man am Schluß vor lauter Kram nichts mehr sehen kann.

Wichtigkeit der Details

Gartenarbeit hängt vom Wetter ab. Aber die Zeitungen bringen regelmäßig Artikel, und es gibt besondere Zeitschriften, die sich nur mit Zimmerkulturen befassen. Wir können einen Wintergarten anlegen, Tiere und Pflanzen halten, einen Kalender und eine Wetterkarte. Die Kinder versorgen diese Dinge als einen Teil des praktischen Lebens; sie führen aber auch in andere Gebiete ein, etwa das der Zahlen. Das praktische Leben ist kein Bündel von isolierten Aktivitäten; es muß in das tägliche Leben der Schulklasse eingebaut werden.

Ein Punkt kann vielleicht hilfreich sein – in Europa hatten wir Schürzen für jede Art von Tätigkeit. Ich glaube, daß das auf das Mittelalter zurückgeht, als jede Zunft ihre eigene Tracht hatte: der Bäcker, der Schuster, der Schneider usw. Wie Sie wissen, ziehen sich Kinder gerne an. Wir hatten Schürzen für jede besondere Tätigkeit. In dem Augenblick, wo das Kind eine Schürze umbindet, setzt die Tätigkeit ein; wenn es sie abnimmt, endet die Aktivität. So wird eine bestimmte Zeitspanne abgegrenzt, mit einer Vorbereitungsphase, damit alles gut vonstatten geht.

Beim Schuheputzen könnte das Kind die Schürze umbinden und sich in die Rolle des »shoe shine boy« versetzen. Im Laufe der Zeit findet es dann heraus, daß Schuhe ganz verschieden sind – Leder, Lackleder, Wildleder, Stoff usw. –, und daß verschiedenes Material verschiedener Behandlung bedarf. Wir haben z. B. Materialmuster hergestellt, und die Kinder lernten den Unterschied der Materialien und die Art und Weise, wie man sie behandelt. Das war ein Lernprozeß und nicht nur Übung.

Wie können Eltern zu Hause weiterhelfen?

Wir müssen den Eltern verständlich machen, daß die Kinder versuchen, sich selbst zu bilden, unabhängig zu werden – unabhängig von der Person, die es füttert, die es anzieht. Wir sollten ihnen die Chance geben, das selbst zu tun. Eltern sollten ein Kind ermutigen. Ein Kind, das erst vier Jahre alt ist, kann sein eigenes Bett machen, und tut es sehr gerne. Wenn aber die Mutter kommt und sagt: »Oh, das ist ja ganz faltig!«, dann ist die Sache zu Ende. Es sollte keine Kritik geben. Die Anstrengung allein, der Vorsatz, es zu tun, ist schon genug. Es kann an einem anderen Tag wiederholt werden. »Laß uns das Leintuch wechseln, machen wir es zusammen.« Und durch die Wiederholung begreift das Kind die Aufgabe und lernt sie.

Kinder brauchen elterliche Hilfe beim Aufräumen ihrer Sachen. Sie haben zu viele Sachen und Spielzeug, und wir müssen darauf achten, daß sie nicht zu viel zu versorgen haben, daß es ihnen nicht über den Kopf wächst.

Sie brauchen ihren Platz zum Schlafen, zum Essen, um tätig zu werden, und all dies hängt zusammen mit dem kindlichen Drang nach Unabhängigkeit. Kluge Eltern lassen ihre Kinder allein essen, selbst wenn sie sich dabei bekleckern, und allein anziehen, auch wenn sie langsam sind. Eltern müssen auf den dem Kind eigenen Rhythmus eingehen und es sowenig wie möglich lenken wollen.

Lassen Sie mich diese kurzen Hinweise mit einem Zitat von Maria MONTESSORI beenden, das sie in einem allgemeinen Sinne gemeint hat, das aber sicher auch auf diesen Teil des »Praktischen Lebens« angewandt werden kann: »Die Kindheit baut auf mit dem, was sie findet. Wenn das Material schlecht ist, dann ist das Bauwerk auch mangelhaft. Um sich selbst heranzubilden, hat das Kind all das genommen, was es durch Zufall in seiner Umgebung gefunden hat.«

Literaturverzeichnis:

MONTESSORI, Maria: *Il metodo della pedagogia scientifica applicato all'educazione infantile nelle case dei bambini.* Rom 1909; dt. *Selbsttätige Erziehung im frühen Kindesalter;* Stuttgart 1913.
OSWALD, P., und SCHULZ-BENESCH, G.: *Grundgedanken der Montessori-Pädagogik.* Freiburg 1967, [4]1975.
STANDING, E. M.: *Montessori. Leben und Werk.* Stuttgart o. J. (1959); Oberursel o. J. (1970).

HILDEGARD SOLZBACHER (Milwaukee)

Schreiben und Lesen

Wenn wir an die Sprache denken, müssen wir auch die anderen beiden Gebiete auf dem Feld der Kommunikation miteinbeziehen, nämlich Schreiben und Lesen.

Als Montessorianer sind wir uns der Wichtigkeit der Sprache als des größten Schatzes der menschlichen Kultur bewußt. Das Kind im Alter von drei Jahren hat sich bereits die Sprache seiner Umgebung angeeignet, und in unserer Montessori-Umgebung helfen wir ihm, sich bewußt zu werden, was es bereits besitzt, so daß es dies für seine weitere Entwicklung benützen kann. Wir müssen zuerst selbst überzeugt sein vom geistigen Aspekt der Sprache, dieses großartigen Geschenks der Kommunikation, das uns befähigt, etwas über unsere Vergangenheit zu erfahren und die Welt von allen Seiten kennenzulernen, selbst wenn wir physisch von den Regionen, den Menschen oder den Zeiten weit entfernt sind, von denen wir lesen oder hören. Deshalb sollte die Fähigkeit der Verständigung in uns ein Gefühl der Dankbarkeit hervorrufen.

Wenn wir fähig sind, die Sprache in diesem Licht zu betrachten, und sie nicht bloß reduzieren auf das Gebiet des Lehrens, Lesens und Schreibens, wenn wir sozusagen selbst »in die Sprache verliebt sind«, dann werden wir durch unsere eigene Haltung bei den Kindern die nötige Wertschätzung hervorrufen.

Aber wir haben nicht nur die *Dankbarkeit* für die Sprache als ein Geschenk der Verständigung. MONTESSORI hat uns auch ein wunderbar entwickeltes Sprachprogramm mitgegeben, das auf der Entwicklung des Kindes aufbaut.

Wir haben das Gebiet der gesprochenen Sprache diskutiert und das Phänomen, daß das Kind durch die Erfahrung mit den sensorischen Materialien seinen Wortschatz erweitert und präzisiert. Es vergrößert seinen Wortschatz in der Tat bedeutend durch zusätzliches Vokabular und hat auch zahllose Möglichkeiten der natürlichen Problemlösung. Wir vermitteln ihm das Vertrauen, sich auszudrücken, Gedanken mit einem klaren und genauen Vokabular Ausdruck zu geben.

Schreiben als Weg zur Sprache

Der nächste Schritt auf dem Weg zur umfassenden Sprache ist das Schreiben. Das Schreiben geht dem Lesen voraus, weil einem die eigenen Gedanken bereits vertraut sind, während man die Gedanken eines anderen erst interpretieren muß. Das Schreiben beginnt nicht mit dem tatsächlichen Schreiben. Jeder Schritt baut auf einem in der Entwicklung vorangegangenen Schritt auf. Es gibt eine indirekte Vorbereitung auf das Schreiben, d. h. verschiedene Tätigkeiten, deren jede so reizvoll ist, daß sie viele Wiederholungen ermöglicht, wobei jede einzelne das Kind wiederum auf eine der Fähigkeiten vorbereitet, die zum Schreiben erforderlich sind, die aber so aufgebaut werden, daß dabei etwas anderes als das Schreiben das Endprodukt ist. Das Schreiben schließt eine manuelle und eine geistige Tätigkeit ein, die unabhängig voneinander vorbereitet werden müssen. Auf diese Weise wird sich das Kind gar nicht bewußt, daß es sich auf das Schreiben vorbereitet; aber eines Tages »bricht es aus sich heraus«, mit Fähigkeiten, die bereits entwickelt sind. Die manuelle *Tätigkeit* wird vorbereitet durch die »Übungen des praktischen Lebens«, die ihm helfen, die grundlegende Konzentration und die Fähigkeit zu erreichen, eine Aufgabe ordentlich und von Anfang bis Ende auszuführen. Die *sensorischen Materialien* bereiten die Hand auf Kontrolle und exakte Bewegung vor. Die metallenen Zeichenfiguren verhelfen ihm dazu, den Bleistift genau zu führen, und zwar mit der nötigen Leichtigkeit der Hand.

Die *geistige Tätigkeit* wird unterstützt durch das *Geräuschspiel*. Die Sandpapierbuchstaben bereiten die Hand (und den Geist) darauf vor, die Umrisse der Buchstaben nachzuzeichnen und die dazugehörenden Geräusche mit den Umrissen zu verbinden. Das *bewegliche Alphabet* erlaubt dem Kind, Gedanken in Symbole zu verlegen, ohne daß es die Buchstaben selbst malen muß.

Wir müssen wissen, auf welche Weise wir einen ständigen Anreiz zum Schreiben vermitteln können. Es sollte nicht nur das Malen von einzelnen Buchstaben geübt werden, sondern das Schreiben von Wörtern, Sätzen und ganzen Geschichten. Damit kann früh begonnen werden. Das Schreiben sollte mit der sozialen Umgebung verbunden werden. Dabei stehen folgende Hilfsmittel zur Verfügung:

a) das Bereicherungsmaterial, die Blätterkommode, die geometrische Kommode;

b) die Benutzung der Karten – das Auffinden und Aufzeichnen von Informationen;

c) das Schreiben der eigenen Wörter und Sätze mit Hilfe der Sprachübungen.

Wir sollten nichts tun, was den Modus des schriftlichen Ausdrucks bei ihnen entmutigen könnte.

Sauberkeit kann am besten durch das Vorbild unserer eigenen Genauigkeit und Sorgfalt unterstrichen werden, und wenn wir ein gutes Beispiel geben, wird dem Kind diese Genauigkeit ganz natürlich vermittelt werden.

Totales Lesen in der Montessori-Pädagogik

Maria MONTESSORI spricht vom »totalen Lesen« – eine Formulierung, die darauf hinweist, daß das Kind das Lesen nicht in langsamen, mühsamen, kleinen Schritten erlernen muß, sondern daß es zum Lesen auf ganz natürliche Weise kommen kann, mit Freude, mit unmittelbarem Verständnis und mit Liebe. Und zwar deshalb, weil wir nicht auf die intellektuelle Reife warten, sondern dem Kind während seiner sensiblen Periode die Möglichkeit bieten, spontan und unbewußt auf die Aktivitäten zu reagieren, die zum Lesen hinführen, und die Annäherung an das Lesen folgt der natürlichen Entwicklung des Kindes.

So wird etwa die phonetische Annäherung an das Lesen benützt. Diese phonetische Methode ist erfolgreich, weil sie Symbole in Laute überträgt, so daß die Bedeutung erfaßt werden kann. Die phonetische Darstellung von Wörtern hilft dem Kind, eine phonetische Fremdsprache zu begreifen. Die Phonetik ist der Führer beim Übersetzen und der Schlüssel bei der Entdeckung unbekannter Wörter. Dies ist ein wichtiger Teil der Zielsetzung Maria MONTESSORIS: das Kind von unnötiger Unterstützung zu entlasten, ihm zu helfen sich selbst zu helfen. Die Sprunghaftigkeit im Anfangsstadium ist von kurzer Dauer.

Das wirkliche Lesen beginnt, wenn das Kind begreift, daß es entziffern kann, was andere geschrieben haben. Auf der ersten Ebene bedeutet das den mechanischen Prozeß des Herausfindens der einfachsten phonetischen Wörter. Das Kind begreift, daß es *lesen* kann, was es selbst und andere mit dem beweglichen Alphabet geschrieben haben. Daraufhin wird es, in einer genauen Art und Weise, in die Phonogramme und Puzzlewörter eingeführt. Beinah sofort (wenn auch vielleicht unbewußt) wird offenkundig, daß es der Gedanke, weniger das Wort ist, das vermittelt wird. Totales Lesen schließt die Interpretation von Gedanken genauso ein wie den mechanischen Prozeß des Herausfindens von Wörtern. Begreifen wird nicht erreicht durch spezifische Fragen und Übungen wie in einer traditionellen Schule, sondern durch das Studium der Sprache selbst.

Das Kind wird nicht aufgefordert, einer Gruppe laut vorzulesen. Das laute Lesen bringt zusätzliche Schwierigkeiten wegen der erhöhten Atemkontrolle, der genaueren Artikulation und des größeren Vertrauens, die erforderlich sind. Das frühe Lesen ist stilles Lesen oder Lesen mit und für eine Lehrerin. Das laute Lesen stellt sich erst dann ein, wenn sich das Kind sicher genug fühlt, und dann macht es ihm auch Spaß.

Wortübungen und Sprachelemente

Die Funktion der Wortübungen kommt dann zur Geltung, wenn das Kind einfache Phrasen und Sätze verstehen und einigermaßen fließend lesen kann. Es begreift schnell, daß jedes Wort seinen eigenen Platz und Zweck hat. Die Unterschiede zwischen den Wörtern werden mit Hilfe von Demonstration und Manipulation aufgezeigt, nicht durch den Gebrauch von Begriffen. Die einzelnen Elemente der Sprache werden in einfacher Weise eingeführt, und zwar entsprechend den Kategorien, in denen das Kind sich auch die gesprochene Sprache aneignet: Hauptwort, Artikel, Adjektiv, Konjunktion, Präposition, Verb und Adverb. Jede Übung schließt frühere Teilübungen ein, so daß Sätze entstehen. Jede Wortart wird mit einem bestimmten Symbol in Verbindung gebracht, so daß das Kind es erkennen kann, ohne daß es den grammatischen Begriff kennen muß.

Bei der Arbeit der Satzanalyse zerlegt das Kind Sätze von verschiedenen Schwierigkeitsgraden. Seine Aufmerksamkeit richtet sich auf die Bedeutung und die Stellung der Wörter und ermöglicht ihm das Verständnis von Prädikat, Subjekt, Objekt und der Fälle. Wie in allen vorhergehenden Übungen ist jede Lektion von der früheren vorbereitet worden und bereitet wiederum die nächste vor. Schwierigkeiten werden damit weitgehend ausgeschaltet. So hinterläßt jede Lektion einen einfachen, nachhaltigen Eindruck, gibt sie Klarheit und Einfachheit, vermittelt sie ein Erfolgsgefühl über das Erreichte. Das Kind wird körperlich beansprucht, und das Lernen wendet sich über die Sinne an den Verstand. Dem Kind wird mit Hilfe dieser Übungen bei der Interpretation von Bedeutungsnuancen und beim Verstehen des ganzen literarischen Stils geholfen – oder des *totalen* oder *vollkommenen* Lesens.

Sprachentwicklung und Ganzheitserziehung

Wenn wir den ganzen Aspekt der Sprachentwicklung betrachten, so müssen wir im Auge behalten, daß die Zeit bis zum Alter von sechs Jahren beim Kind die für das Erlernen von Sprache empfänglichste Periode ist. Das ganze Studium der Sprache wird in dieser Phase zu einer lustvollen Erfahrung. Die Anstrengung, die das Kind hineinlegt, ist ihm ein Vergnügen, weil es einem inneren Drang folgt. Es gibt keinen unnötigen Konkurrenzdruck, und wie bei jeder anderen Arbeit lassen wir uns von der Bereitschaft des Kindes führen, je nachdem wann es interessiert ist, wie lange es interessiert ist, gemäß seiner eigenen Schnelligkeit und in Übereinstimmung mit seiner eigenen Aufnahmebereitschaft.

Dies sind Aspekte, die der Leiterin bei der Vorbereitung der Umgebung für das Kind große Verantwortung auferlegen. Wir müssen uns aller Hilfen erinnern, die wir geben können, um es bei der weiteren Entwicklung seiner Persönlichkeit zu unterstützen. Alle Aspekte der Sprache – Wortschatzbereicherung, Schreiben und Lesen – müssen in der Umgebung lebendig werden, und da gibt es keine Übungen, die wir auslassen können, weil sie alle miteinander eine Einheit bilden. Wenn wir Materialien auslassen, werden wir (oder besser das Kind) das später durch korrigierende Arbeit wiedergutmachen müssen.

Aus dieser Perspektive müssen wir auch die Frage der Ganzheitserziehung sehen. Wir betrachten die Erziehung aus ökologischer Sicht – jedes Ding ist für eine andere Sache von Nutzen –, und der Mensch muß in seinen Handlungen Verantwortlichkeit zeigen, nicht nur insofern, als er dazu beiträgt, das Gleichgewicht der Kräfte der Natur aufrechtzuerhalten, sondern auch dadurch, daß er bewußt für die materielle und geistige Besserung der Menschheit arbeitet. In unserem Sprachmaterial stellen wir alle Gebiete der Kultur nicht als isolierte Gegenstände, sondern in ihrem wirklichen Zusammenhang dar. Und alle Bereiche der Kultur werden in der gleichen logischen Art und Weise eingeführt.

Die Bücher, die wir unseren Kindern geben, behandeln das wirkliche Leben. Für das Kind ist das ganze Leben ein Wunder.

Wir wollen helfen, daß die Kinder ein Gefühl der Verantwortlichkeit für die Menschheit entwickeln – ein Gefühl der Dankbarkeit für den Beitrag, den jeder Mensch leistet, und des Verständnisses für die Kämpfe, aber auch für die Leistungen der Menschheit. Wir hoffen, daß die Kinder, die unsere Schulen verlassen, begriffen haben, daß der kosmische Plan auch eine kosmische Aufgabe miteinschließt, nämlich ihren eigenen bewußten und verantwortungsbewußten Beitrag.

Sprache in diesem Licht gesehen ist nicht Studium eines Gegenstandes, sondern Hilfe zu und Vorbereitung auf ein wirkliches Leben.

JOHANNES PECHSTEIN (Mainz)

Sozial behinderte und verhaltensgestörte Kinder

In den vorangegangenen Vorträgen wurde bereits von den unterschiedlichen Ansätzen der Pädiatrie, der Kinderpsychologie und der Pädagogik für die Hilfe am behinderten Kind gesprochen. Diese Unterschiede sind gerade für das Thema des »sozial behinderten« und des »verhaltensgestörten« Kindes wichtig. Allzu lange und allzu oft hat die getrennte Entwicklung der verschiedenen Wissenschaften vom Kind uns nur von dessen Bedürfnissen weggeführt oder gar in die Irre geleitet. Die *Pädiatrie* und die Kinderärzte vergaßen viel zu lange – so sehr sie auch immer das einzelne Kind als Ganzes vor Augen hatten – eine differenzierte Betrachtung der *Psyche des Kindes* sowie die Beachtung der Einflüsse seines *sozialen Hintergrundes*. Sie standen oftmals hilflos überrascht vor den Anfragen der Eltern in pädagogischen Notlagen. Die *Pädagogik* dachte jedoch lange Zeit hindurch nur in Gruppen, erarbeitete deduktiv typisierende Curricula ohne Beachtung der biologischen Grundlagen der kindlichen Entwicklung und ohne Blick auf das einzelne Kind. Diese Unterschiede, bei der auch die klinikferne Ausbildung der Psychologen zu erwähnen wäre, schufen die Gefahr, daß wir allesamt nur Teilaspekte der kindlichen Entwicklung beachteten, diese verabsolutierten und das nicht einmal bemerkten.

Wenn uns demgegenüber heute bei der Betreuung gesunder, kranker, gestörter und behinderter Kinder die Überzeugung von der Notwendigkeit einer (nur noch durch den Bindestrich in der Schreibweise getrennten) ärztlich-psychologisch-pädagogischen Kooperation nach dem Münchener sozialpädiatrischen Arbeitsmodell auch in unserer Arbeit im Kinderneurologischen Zentrum Rheinland-Pfalz in Mainz ganz selbstverständlich erscheint, so kommt dies nicht von ungefähr.

Die *Montessori-Pädagogik* mit ihrer ärztlich-sinnesphysiologischen, das einzelne Kind in den Mittelpunkt stellenden Grundorientierung erfüllte hier zweifellos eine entscheidende Brückenfunktion. Der Dissens, der die *Kinderärzte* in den vergangenen Jahren gegen die totale administrative Vereinnahmung des Kindes durch die Bildungsplanung aufbegehren ließ – weil nur noch die pädagogischen *Institutionen,* aber nichts mehr die *Eltern* galten; weil das Kind als Individuum und als Person verlorenzugehen schien; weil das *Recht auf den Unterschied* zum anderen über einer unbiologischen Egalisierungstendenz in Zweifel geriet (damit zugleich aber die geistig-humanistische Grundlage jeglicher echten Einbeziehung des Behinderten in das Leben der Gemeinschaft) – dieser Dissens erschien aufhebbar im Medium der Montessori-Pädagogik. Sie wurde zum möglichen gemeinsamen Nenner für die bis dahin getrennt operierenden Disziplinen Pädiatrie, Pädopsychologie und Pädagogik. Mit ihrer Forderung »Hilfe für die menschliche Person, ihre Unabhängigkeit zu erobern« hatte Maria MONTESSORI ein gemeinsames Ziel aufgestellt, das nicht nur für das allgemeine öffentliche Bildungswesen, sondern auch für die Familienerziehung und für den reparativen bzw. rehabilitativen Therapieansatz am einzelnen behinderten Kind oder in der Kleingruppe sozial behinderter oder verhaltensgestörter Kinder gilt.

Verhaltensstörungen: Biologie und Lernvorgänge

Zunächst sei dem Komplex der »Verhaltensstörungen« im Thema dieses Referates nähergetreten. Es ist eine sehr allgemeine Feststellung, daß sich das Verhalten des Kindes in ständiger Wechselbeziehung mit den angeborenen Eigenschaften und den Einflüssen aus der Umwelt, anfangs vor allem über die Personen der Umwelt entwickelt. Dennoch ist diese Feststellung vorauszuschicken, damit wir nicht wieder der Versuchung der letzten Jahre und Jahrzehnte erliegen, wechselweise entweder nur die genetischen Faktoren oder nur die sozialen Einflüsse zu betrachten. Ohne daß wir heute im einzelnen eine genaue Grenze zwischen *ererbten,* phylogenetisch vorgebildeten Verhaltensmustern und den durch individuelles *Lernen* erworbenen Verhaltensmustern ziehen können, muß doch festgehalten werden, daß Verhaltens- und Fehlverhaltensweisen in weitem Umfang von Lernvorgängen bestimmt werden. Sie bilden die Grundlage für unsere Aufforderung zur ständigen *Reflexion über die erzieherische Umwelt des Kindes,* zur pädagogischen Aktivität und zur therapeutischen oder beratenden Korrektur der Erziehungseinflüsse bzw. des durch Fehlerziehung entstandenen Fehlverhaltens des Kindes.

Hierbei ist zu beachten, daß die Lernvorgänge sich nach bestimmten Gesetzmäßigkeiten vollziehen, deren Kenntnis für die therapeutische oder erzieherische Einflußnahme auf das Verhalten unerläßlich ist. Zu bedenken ist weiterhin, daß das in der jeweils vorangegangenen Lebenszeit Erlernte in die *Konstitution des Kindes* mit eingeht. Daraus leitet sich für uns – im Gegensatz zur Betrachtungsweise der Behavioristen – bei allen unseren Bemühungen um Hilfe für die betroffenen Kinder die *Bedeutung der Vorgeschichte* ab. Aus der Biographie erklärt sich auch, warum viele der Probleme verhaltensgestörter Kinder mit zunehmendem Alter eine neurotische Verfestigung erfahren, bei der die Korrektur immer schwieriger wird.

Heute werden wir mit erschreckenden Zahlen von »verhaltensgestörten« Kindern konfrontiert, die nicht den Normerwartungen des Verhaltens der Erwachsenen entsprechen. Dabei spielt zweifellos ein zu geringes Verständnis vom Kind, eine zu große »Kindferne« in unserem Lande eine wichtige Rolle. Andererseits müssen diese Angaben vor dem Hintergrund einer auch statistisch – etwa im Bereich der Jugendkriminalität – nachweisbaren Veränderung des Verhaltens mit Zunahme von Aggressivität und Brutalität, aber auch Inaktivität und Gleichgültigkeit ernstgenommen werden. Während die Zahl der zentralnervös bedingten – also vorgeburtlich (endogen oder pränatal) oder im Zusammenhang mit der Geburt (perinatal) entstandene – ernsthaften »Behinderungen« des Kindes in der Literatur ziemlich übereinstimmend mit 5–10 % der Bevölkerung angegeben wird, sprechen manche Schulstatistiken heute bereits von 25–30 % ernsthaft verhaltensgestörter Kinder. Schon wurde der neue Sonderschultyp »V« zur Ausklammerung dieser Kinder aus dem normalen Schulbetrieb kreiert.

Selbst wenn man hier bei der Suche nach einer Erklärung die medizinischen Erkenntnisse über die sogenannte »minimale cerebrale Hirnfunktionsstörung« mitbedenkt, und selbst wenn wir als Ärzte natürlich niemals die biologische Grundlage der Funktionsfähigkeit des Gehirns außer acht lassen dürfen, sobald Zeichen mangelhafter Steuerung des Verhaltens vorliegen – so müssen wir doch für diese auffallende Zunahme von Zeichen der Gestörtheit affektiven Verhaltens – für Aggressivität und Bindungslosigkeit ebenso wie für Angst und Antriebsarmut – vor allem auch die *negativen Veränderungen im Geflecht sozialer Lernerfahrungen in der heutigen Umwelt unserer Kinder* als wesentliche Grundlage beachten.

Wenden wir uns nach dieser Erörterung nunmehr dem Begriff der »sozialen Behinderung« zu, der hier zunächst rein entstehungsgeschichtlich, also ätiopathogenetisch gemeint ist. Wir verstehen unter »sozialer Behinderung« primär die Gesamtheit der Entstehungsbedingungen einer Vielzahl von geistig-seelischen Fehlentwicklungen im Kindesalter, die in erster Linie auf einer unzureichenden sozialen Umwelt beruhen. Über der Vernachlässigung emotionaler Bedürfnisse des Kindes und seines Anspruchs auf altersgerecht differenzierende Erziehung entsteht zunächst Fehlverhalten – dann eine Deformation der Persönlichkeit und daraus dann »Behinderung«. Es handelt sich dabei vor allem um die Mißachtung der Bedürfnisse des Kindes auf ausreichende und konstante Zuwendung durch die Eltern im Raum der Familie während der Phase der »primären Sozialisation« in den ersten vier Lebensjahren oder um ein instabiles bzw. unzureichendes soziales Lernen in und außerhalb der Familie während der Phase der »sekundären Sozialisation« im weiteren Verlauf der Kindheit nach dem 4. Lebensjahr (PECHSTEIN 1975).

Primäre und sekundäre Sozialisation

An dieser Stelle ist es notwendig, die *eigenständige Bedeutung der Sozialentwicklung* des Kindes im gesamten Entwicklungsgeschehen von der Geburt bis zum Erreichen des Erwachsenenalters besonders hervorzuheben. Die *Entwicklung der mitmenschlichen Fähigkeiten* stellt eine anthropologisch grundlegend wichtige Dimension der menschlichen Ontogenese dar, die lange Zeit zu Unrecht gegenüber der kognitiven Dimension vernachlässigt wurde. Die zahlenmäßig gravierenden und psychohygienisch entscheidenden Störungen der Sozialentwicklung in unserer Zeit veranlaßten HELLBRÜGGE zur Bildung des Begriffes der »Soziose«. Nach allen ethologischen Erkenntnissen ist diese »soziale Entwicklung« neben dem genetischen Code und der somatischen Unverletztheit des Zentralnervensystems entscheidend auf das »soziale Lernen« und auf den Erfahrungserwerb am Gegenüber angewiesen.

Im einzelnen muß dabei auf eine *Zweiphasigkeit der Sozialentwicklung* Bezug genommen werden, auf die wir in den vergangenen Jahren mehrfach hingewiesen haben und die nach den Ergebnissen der vergleichenden Verhaltensforschung bereits für die Entwicklung des Sozialverhaltens der Primaten nachweisbar ist. Darin kommen entwicklungsbiologische Grunderkenntnisse über die »sensible Phase« der besonders raschen Entwicklung des Zentralnervensystems in den ersten Lebensjahren – und der damit gegebenen Umweltempfindlichkeit –, über die nach dem Alter unterschiedlich gewichtete Differenzierung der Wahrnehmungsfunktionen und der geistigen Leistungen sowie über die anfangs unerhört große Abhängigkeit des ganz jungen Kindes von seiner Hauptbezugsperson zum Ausdruck. Ihr gegenüber bleibt das Orientierungsvermögen in sozialen Gruppen außerhalb der Familie und zunehmende personale Selbständigkeit grundsätzlich zeitlich nachgeordnet (PECHSTEIN 1974; Abb. 1).

In der »Phase der primären Sozialisation« während der ersten drei bis vier Lebensjahre ist das Kind auf den ausreichenden täglichen Zeitaufwand und auf die ständige Verfügbarkeit einer bestimmten Hauptbezugsperson, in der Regel auf die Mutter, angewiesen. Die Verläßlichkeit dieser Beziehung über die Zeit hin stellt ein wesentliches Element der Entwicklung kindlicher Sicherheit, emotionaler Ausgeglichenheit und kognitiv-intellektueller Erkundungsaktivität dar. (HASSENSTEIN; HELLBRÜGGE 1970).

Der enge, stabile soziale Bezug der Mutter ist dabei nicht so sehr aus tiefenpsychologischen Überlegungen, sondern heute vor allem aus neurophysiologischen, lerntheoretischen und verhaltensbiologischen – also ethologischen – Erkenntnissen heraus (HASSENSTEIN; GROSSMANN) für eine altersgerechte emotionale, geistige und soziale Entwicklung unabdingbar

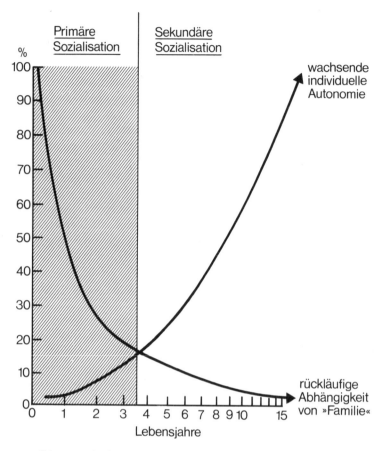

Abb. 1: Graphische Darstellung zum prinzipiellen Verständnis der altersspezifisch unterschiedlichen Ansprüche des Kindes auf eine flexible Gewichtung von familiärem Lebensraum und Einführung in außerfamiliäre soziale Gruppen und Institutionen (nach PECHSTEIN, 1975).

Phase der primären Sozialisation (= bis zum vierten Lebensjahr)

Notwendigkeit »primären« sozialen Lernens über zumindest einen »elterlichen« Erwachsenen, der ständig verfügbar, liebevoll zugewandt ist und eine stabile soziale Grundorientierung vermittelt

Notwendigkeit des emotionalen, sensomotorisch-kognitiven Zugangs zum Kind

Notwendigkeit der Sicherung des familiären Lebensraumes und der Vermeidung außerhäuslicher Unterbringung

Phase der sekundären Sozialisation (= jenseits des vierten Lebensjahres)

Notwendigkeit zunehmenden »sekundären« sozialen Lernens über Geschwister, Gleichaltrige und Gruppen

Notwendigkeit allmählich zunehmender intellektueller, sprachlich-kognitiver Anregung und Erziehung

Notwendigkeit der Förderung der sozialen Selbständigkeit mit Einführung in außerfamiliäre Institutionen unter Erhaltung des familiären Lebensraumes wichtig. Die primäre Mutter-Kind-Beziehung hat dabei offensichtlich die Funktion eines Lernmodells, das der Vielfalt späterer sozialer Anforderungen als Grundschema dient. Der Sicherung dieses ersten verfügbaren »Umweltinformationssystems« für das junge Kind im Raume der Familie muß sich die Familienpolitik aller Länder in Zukunft viel intensiver annehmen als dies bisher geschehen ist, weil damit grundsätzliche Fragen nach der Psychohygiene der gesamten Population angesprochen sind (PECHSTEIN 1976).

In der »Phase der sekundären Sozialisation« vom 4. Lebensjahr ab, die heute weithin dem Einwirken außerfamiliärer Erziehungsinstitutionen überlassen wird, erfolgt eine Ausweitung des sozialen Lernens auf Gleichaltrige und auf Gruppen, bei der zunehmend weniger die primär emotionalen und mehr die sprachlich-kognitiven Erziehungsanforderungen hervortreten. Beide sind notwendig, um die spätere soziale Selbständigkeit vorzubereiten.

Mit wachsender Eigenständigkeit und Ablösung aus der primären Eltern-Kind-Beziehung gewinnt nunmehr der Erwerb sozialer Erfahrungen über die Geschwistergeneration und über die pädagogischen Institutionen des Halbtagskindergartens und der Schule eine zusätzliche Bedeutung, die um so größer wird, je stärker in den Industriegesellschaften die Tendenz zur »kinderarmen Familie« (PECHSTEIN 1977) hervortritt. In dieser Phase sammeln die Kinder auf dem Wege des gemeinsamen Erlebens mit anderen Kindern eine Fülle fördernder und versagender Erfahrungen, die ihre Persönlichkeit ausformen, Konfliktbeherrschung üben, »Frustrationstoleranz« erwerben lassen, Zurückstellung eigener Wünsche und Rücksichtnahme auf andere sowie eine Differenzierung des Verhaltens in Abhängigkeit von der Vielzahl tagtäglich erlebter Sozialbeziehungen mit sich bringen.

Die typischen *Störungen in diesen beiden Sozialisationsphasen* unterscheiden sich weitgehend und sind als solche sogar psychodiagnostisch verwertbar. Störungen der »primären Sozialisation« mit ihrem Mangel an Kontinuität und Verläßlichkeit in der Eltern-Kind-Beziehung während der ersten drei bis vier Lebensjahre im Sinne von psychosensorischer Deprivation und Wechselbetreuung manifestieren sich nach einem erdrückenden internationalen wissenschaftlichen Material (LANGMEIER u. MATEJČEK) in späterem Bindungsverlust (BOWLBY), tiefgreifenden Persönlichkeitsstörungen, Fehlen ausreichender Wertkategorien mit ungenügender Ausbildung der Gewissensinstanz etc. Die grundlegende Ich-Du-Bindungsstörung zieht in auffälliger Häufigkeit konsekutive spätere Mein-Dein-Störungen nach sich sowie eine erhöhte Wahrscheinlichkeit der späteren Kollision mit den sozialen Wertnormen und den Strafgesetzen. Dementsprechend besteht – nach GLUECK und GLUECK sowie nach GAREIS und

WIESNET – ein gesicherter und präventiv-kriminalistisch alarmierender Langzeit-Zusammenhang zwischen frühkindlicher Mangelbetreuung und Jugend- bzw. Erwachsenenkriminalität.

Demgegenüber stellen sich Störungen in der Phase der »sekundären Sozialisation« anders dar. Sie sind häufig nicht so sehr gekennzeichnet durch einen nach außen hin ohne weiteres erkennbaren Mangel an Betreuung, als vielmehr durch Störungen der Selbständigkeitsentwicklung und durch das Unvermögen der allmählichen Ablösung von der primären Bezugsperson und von der unmittelbaren familiären Abhängigkeit. Hierbei kann eine Vielzahl von Faktoren, angefangen vom unzureichenden Erziehungsverständnis des Erwachsenen und dem daraus resultierenden Erziehungsfehlverhalten, bis hin zur überbehütenden Verwöhnung in der Einzelkind- und Großmutter-Erziehung oder aber in der Situation der Vernachlässigung oder gar der Kindesmißhandlung wirksam werden. Auf die Bedeutung des *Phasenwechsels im Erziehungsverhalten der Erwachsenen* von der besonderen Hinwendung im Sinne von liebevoller Autorität beim Kleinkind zur allmählichen Hinführung zu Selbstverantwortlichkeit durch zunehmend partnerschaftliches Verhalten sei hier nur hingewiesen.

Diese entwicklungsbiologisch gesicherten Tatsachen, mit denen die Sozialpädiatrie und die Kinderpsychiatrie seit langem konfrontiert sind, erklären die *hohe Besorgnis der Kinderheilkunde vor allem auf dem Gebiet der Mangel- und Wechselbetreuung der 0–3jährigen,* dann aber auch gegenüber offenkundig unvernünftigen, einseitigen und *kindfernen Erziehungsexperimenten in den öffentlichen Bildungsinstitutionen.* Vor allem die rapide Veränderung der frühen Betreuungssituation während des letzten Dezenniums läßt die Voraussage eines heute noch nicht vorstellbaren weiteren Anstiegs geistig-seelischer Entwicklungs- und Verhaltensstörungen sowie von Kinder- und Jugendkriminalität zu.

Hierbei müssen als zusätzliche, langfristig akkumulierende Belastungen der kindlichen Sozialentwicklung folgende Störfaktoren herausgestellt werden:

1. *Die immer geringere Geltung von »Familie« in der Öffentlichkeit,* die neuerdings in der Diskussion um generelle »Alternativen zur Familienerziehung« ihren Ausdruck findet, sowie das Schwinden des Verantwortlichkeitsgefühls der Eltern gegenüber ihren persönlichen Erziehungsaufgaben innerhalb der Familie und von deren Langzeitwirkungen auf die Persönlichkeitsentwicklung der Kinder.
2. Die wachsende Instabilität von Ehe und Familie, die an der *sprunghaften Zunahme der Ehescheidungen* ablesbar ist. Dabei ist davon auszugehen, daß in der Bundesrepublik Deutschland derzeitig jährlich 50 000 durch Scheidungskonflikt der Eltern existentiell irritierte Scheidungswaisen unter 6 Jahren – gegenüber 25 000 vor einem Jahrzehnt – neu hinzugekommen (vgl. *Tab. 1*).

3. Die schon erwähnte *weitverbreitete Mangelbetreuung und Wechselbetreuung junger Kinder* in der »sensiblen Phase« der ersten drei Lebensjahre durch *Zunahme der doppelten außerhäuslichen Erwerbstätigkeit beider Elternteile* im Ausmaß eines Drittels der Population dieser Altersstufe. Hieran ist zu einem größeren Teil maßgeblich beteiligt der unzureichende materielle Familienlastenausgleich (HARMSEN) und zu einem kleineren Teil eine falsche, an der Erwerbswelt des Mannes und nicht an der Arbeitsteiligkeit der Familie und den Bedürfnissen der Kinder orientierte Emanzipationsvorstellung bei manchen jungen Müttern der gehobenen Sozialschichten.
4. Ein zusätzliches Problem von hoher sozialpädiatrischer Brisanz im Fragenkreis »Sozial behindertes Kind und Verhaltensstörung« kommt mit der relativ *steigenden Zahl von Gastarbeiterkindern* vor allem in den Großstädten auf. In München

Jahr	Eheschließungen	Lebendgeborene	Ehescheidungen	Minderjährige Scheidungswaisen (Mindestzahlen pro Jahr)
1963	507 644	1 054 123	50 833	48 678
1964	506 182	1 065 437	55 698	54 934
1965	492 128	1 044 328	58 718	59 189
1966	484 562	1 050 345	58 730	60 064
1967	483 101	1 019 459	62 835	67 090
1968	444 150	969 825	65 264	70 719
1969	446 586	903 456	72 300	78 925
1970	444 510	810 808	76 520	84 767
1971	432 030	778 526	80 444	88 915
1972	415 132	701 214	86 614	94 440
1973	394 603	635 633	90 164	97 299
1974	377 265	626 373	98 584	105 416

Tabelle 1: Wichtige Veränderungen zur Situation der Psychohygiene des Kindes in der BRD im Zeitraum 1963 bis 1974. Beachte den Absturz der Geburtenzahl (bei der deutschen Bevölkerung auf mittlerweile ca. 50 Prozent), die erhebliche Zunahme der Ehescheidungen und die Verdoppelung der jährlichen Zahl minderjähriger »Scheidungswaisen« innerhalb eines einzigen Jahrzehntes. Da rund 50 Prozent der Ehescheidungen bis zu einer Ehedauer von sieben Jahren erfolgen, darf angenommen werden, daß die Hälfte aller minderjährigen Scheidungswaisen Kinder unter sechs Jahren sind: jährlich nunmehr ca. 50 000 durch Scheidung der Eltern existentiell irritierte Kleinkinder.
(Nach Daten des Statistischen Bundesamtes, aus PECHSTEIN 1976b)

etwa lag 1975 der Anteil der ausländischen Kinder unter den Neugeborenen bei einem Drittel. Häufig verknüpfen sich im weiteren, sehr unruhigen Lebensgang dieser Kinder ebenfalls doppelte Berufstätigkeit der Eltern, unzureichende Wohnbedingungen und diskriminierende Außenseiterstellung mit späteren Störungen in der kulturellen Orientierung und der nationalen Identität zu schwerwiegenden Sozialisationsstörungen. Hier entstehen derzeitig interdisziplinäre medizinisch-pädagogisch-politische Aufgaben, die bislang nur ganz ungenügend Beachtung finden.

Von hohem Interesse erscheint in diesem Zusammenhang, daß der *Wert und die Funktion der Familie in ihrer den einzelnen Menschen ebenso wie die Gemeinschaft stabilisierenden pädagogischen Bedeutung* von den sozialistischen Pädagogen der Ostblockstaaten heute in steigendem Maße als unersetzbar wiederentdeckt wird. Angesichts bestimmter Tendenzen in unserer Gesellschaft müssen wir uns daher fragen, ob wir die zutiefst negativen Erfahrungen dieser Länder mit einer teilweise langfristig erprobten Kollektivierung und außerfamiliärer Institutionalisierung der kindlichen und insbesondere der frühkindlichen Erziehung wirklich erst durchlaufen müssen, um dann davon Abstand zu nehmen.

So schreibt etwa MANNSCHATZ in seinem 1971 in Berlin (DDR) herausgekommenen Buch *Einführung in die sozialistische Familienerziehung*:

»Die Familie stellt für die Kinder das erste und in herausragendem Maße *dauerhafte* Kollektiv dar. Von Geburt an leben sie in der Familie. In den für die Persönlichkeitsformung so bedeutsamen ersten Jahren stellt die Familie nahezu die einzige Gemeinschaft dar, in der sich das Leben der Kinder vollzieht. Die Zugehörigkeit zur Familie erstreckt sich bis zur Volljährigkeit und darüber hinaus. Die Familie nimmt in dieser Hinsicht eine Sonderstellung ein ..., sie ist sozusagen das Kollektiv der ›letzten Instanz‹. In der Familie werden die elementaren Lebensbedürfnisse der Kinder befriedigt. Im Familienverband fallen die wichtigsten Entscheidungen über den Lebensweg des Kindes. Auf die Familie ist das Kind angewiesen ... Das Kind bedarf der sozialen und damit emotionalen Verwurzelung, der Geborgenheit in der Familie ... Wenn man die Familienbindung mit denen zu anderen Gemeinschaften vergleicht, dann fällt diese Dauerhaftigkeit ins Auge. Sie existiert über einen außerordentlich langen Zeitraum. Diese Tatsache verleiht offensichtlich den Familienbindungen eine stabilisierende Wirkung. Typische Merkmale eines abweichenden, gestörten Verhaltens von Kindern, mit denen sich die Jugendhilfe beschäftigen muß, erklären sich gerade daran, daß solche *dauerhafte* Bindungen für diese Kinder nicht existieren. Sie sind deshalb oft in ihrem Verhalten labil und sprunghaft. Es mangelt ihnen an *sozialer Verwurzelung*.«

Folgerungen

Schlußfolgerungen aus diesen Fakten für die »sozial behinderten« und verhaltensgestörten Kinder zu ziehen, heißt zu gleicher Zeit *psychohygienisch-präventive* wie *therapeutisch-pädagogisch-rehabilitative Maßnahmen* ins Auge zu fassen. Vor allem müssen wir den Eltern und den Erziehern und allen, die für das Kind in der Gesellschaft Verantwortung tragen, klarmachen:

1. *Die Phänomene zunehmender Gestörtheit des Verhaltens bei Kindern und Jugendlichen,* die uns heute beunruhigen, sind in der Regel Symptome einer durch die Umwelt wesentlich mitbedingten Persönlichkeitsstörung, deren Entstehung häufig in der frühen Kindheit und im falschen Betreuungsverhalten der Eltern zu suchen ist. Die Tendenz zur Ein-Kind-Familie mit einem künftigen Anteil von 30 % unter den Familien mit Kindern und die gefährliche, nur ideologisch, aber nicht sachlich begründete und die Belange des Kindes vernachlässigende Herabsetzung der intrafamiliären Erziehungsaufgaben begünstigt die Erziehungsunsicherheit vieler junger Eltern, denen die Auswirkungen von emotionaler Mangelbetreuung, Wechselbetreuung und fehlendem Geschwistereinfluß nicht mehr genügend bewußt sind.
2. Aus diesen entwicklungsbiologischen Einsichten und aufgrund der enormen Bedeutung einer raschen, zahlenmäßigen Zunahme bindungsschwacher, verantwortungsarmer, sozial gestörter Menschen ergibt sich entgegen der landläufigen Einschätzung die *dringende Notwendigkeit der fundamentalen Aufwertung der in ihrer Bedeutung unterschätzten und oft nur gescholtenen intrafamiliären erzieherisch-sozialen Entwicklungsbedingungen sowie der elterlichen Erziehungsaufgaben dem Kleinkind* gegenüber.
3. *Der familiäre Lebensraum braucht* daher neben der besseren materiellen Sicherung junger Familien vor allem *eine neue Wertschätzung im Bewußtsein der Bürger.* Hand in Hand damit ist für die Förderung der geistig-seelischen Gesundheit der Kinder und für die verstärkte, weitestmögliche Einbeziehung der behinderten und auffälligen Kinder in das allgemeine Leben ein *Klima größerer Liebe zum Kind und geringerer Kindferne* notwendig. Dazu ist es erforderlich, ein besseres Verständnis der in den verschiedenen Altersstufen sehr unterschiedlichen Ansprüche des Kindes an seine soziale Umwelt und ein höheres Maß an Verantwortungsbewußtsein der Erwachsenen gegenüber den Kindern als den künftigen Bürgern zu wecken.
4. Diese Ziele, bei deren Verfolgung die Montessori-Pädagogik *entscheidende Beiträge* sowohl in der Elternarbeit als auch in der entwicklungsgerecht individualisierenden und doch zugleich die Sozialentwicklung einschließenden Förderung des Kindes in der Gruppe, darüber hinaus aber auch bei der besseren Einbeziehung der behinderten Kinder leisten kann, hat Maria MONTESSORI im Prinzip bereits vor langer Zeit umrissen. Ihr Aufruf zur »Verteidigung des Kindes«, zur »wissenschaftlichen Erkenntnis seiner Natur« und zur »Proklamation seiner so-

zialen Rechte« (anstelle der »zerstückelten Weisen, die Erziehung zu konzipieren«) ist zugleich eine Aufforderung an die Eltern, ihre Kinder mehr und auf bessere Art zu lieben, eine Ermutigung der »Fachleute«, mehr Gemeinsamkeit zu üben, und eine Herausforderung an die Politiker, ihre Verantwortung für das Gemeinwesen von morgen in Schutz- und Hilfsmaßnahmen für das Kind von heute zu erweisen.

Literaturverzeichnis

BECKER, W.: »Scheidungswaisen.« *Dt. Pfarrerblatt* 77, 11 (1977).
BIERMANN, G.: »Das Einzelkind in Klinik und Praxis.« *Klin. Päd.* 187, 110 (1975).
BOWLBY, J.: *Bindung*. Kindler, München 1975.
DECHÈNE, H. Ch.: *Geschwisterkonstellation und psychische Fehlentwicklung*. J. A. Barth, München 1967.
EIBL-EIBESFELDT, I.: *Der vorprogrammierte Mensch*. Molden, Wien – Zürich – München 1973.
EUROPARAT: Seminar über die Auswirkungen einer stationären oder abnehmenden Bevölkerung in Europa. Msk. Abzug, Straßburg, Sept. 1976.
FECHNER-MAHN, A.: *Sozialisation des Kleinkindes*. Katzmann, Tübingen 1973.
GAREIS, B., und WIESNET, E.: *Frühkindheit und Jugendkriminalität*. Goldmann, München 1974.
GAUPP, A.: »Psychologische Probleme der Familienerziehung.« In: *Hdb. Psychologie*, Bd. 10, S. 330. Hogrefe, Göttingen 1959.
GLUECK, S., und GLUECK, E.: *Jugendliche Rechtsbrecher*. Enke, Stuttgart (1963).
GROSSMANN, K. E. (Hrsg.): *Entwicklung der Lernfähigkeit*. Kindler, München 1977.
HARMSEN, H.: »Unzureichender bundesrepublikanischer Familienlastenausgleich.« *Gesundheitsfürsorge* 15, 111 (1965).
HARLOW, J. F.: »Total social isolation.« *Science* 148, 666 (1965).
HASSENSTEIN, B.: *Verhaltensbiologie des Kindes*. Piper, München 1973.
HELLBRÜGGE, Th.: »Zur Problematik der Säuglings- und Kleinkinderfürsorge in Anstalten.« In: *Hdb. Kinderheilk.*, Bd. 3, S. 384, Springer, Berlin 1966.
HELLBRÜGGE, Th.: »Zur Spätprognose der frühkindlichen Deprivation bei Heimkindern.« In: *Das Deprivations-Syndrom*, S. 42. Dtsch. Zentrale Volksgesundheitspflege, Frankfurt (1970).
HELLBRÜGGE, Th.: »Kindliche Sozialentwicklung und ihre sinnesphysiologischen Grundlagen.« In: *Kindliche Sozialisation und Sozialentwicklung*, S. 43. Urban & Schwarzenberg, München – Berlin – Wien (1975).
JOPPICH, G.: »Die kulturelle Vernachlässigung der ersten Kindheit.« *Dtsch. med. Wschr.* 87, 717 (1962).
JÜRGENS, H. W., und POHL, K.: *Kinderzahl – Wunsch und Wirklichkeit*. Deutsche Verlagsanstalt, Stuttgart 1975.
LANGMEIER, J., und MATEJČEK, Z.: *Psychische Deprivation im Kindesalter*. Urban & Schwarzenberg, München – Wien – Baltimore (1977).
MAIER, E.: »Ist die Bestandserhaltung des Volkes durch Geburtenrückgang bedroht?« *Fortschr. Med.* 90, 1165 (1972).
MAIER, E.: »Zur Konzentration der klinischen Geburtshilfe und Pädiatrie in Rheinland-Pfalz.« Unveröff. Msk., Mainz 1976.

MANNSCHATZ, E.: *Einführung in die sozialistische Familienerziehung.* Volk und Wissen VEB, Berlin 1971.
OETER, F.: *Familie und Gesellschaft.* J. C. B. Mohr, Tübingen 1966.
PAPOUŠEK, H.: »Soziale Interaktion als Grundlage der kognitiven Frühentwicklung.« In: *Sozialisation und Sozialentwicklung,* S. 117. Urban & Schwarzenberg, München – Berlin – Wien (1975).
PECHSTEIN, J.: »Voraussetzungen einer verbesserten Frühförderung behinderter Kinder.« In: *Wege zur Chancengleichheit der Behinderten,* S. 57. Dt. Ver. Rehab. Behind., Heidelberg 1973.
PECHSTEIN, J.: *Umweltabhängigkeit der frühkindlichen zentralnervösen Entwicklung.* Thieme, Stuttgart (1974).
PECHSTEIN, J.: »Sozial behinderte Kinder.« In: *Sozialisation und Sozialentwicklung,* S. 79. Urban & Schwarzenberg, München – Berlin – Wien (1975).
PECHSTEIN, J.: »Kinderärztliche Einwände gegen eine Vorverlegung der Schulpflicht auf Fünfjährige.« *Ärztin* 23, 6, 4 (1976a).
PECHSTEIN, J.: »Psychohygienische Probleme der frühkindlichen Entwicklung.« *Zbl. Bakt. Hyg.,* Abt. Orig. B 163, 211 (1976b).
PECHSTEIN, J.: »Das Kind in der kinderarmen Familie.« *Kinderarzt* 8, 509 (1977).
PIAGET, J.: *Das Erwachen der Intelligenz beim Kinde.* Klett, Stuttgart 1969.
PLOOG, D.: »Psychobiologie des Partnerschaftsverhaltens.« *Nervenarzt* 40, 245 (1969).
RASSIDAKIS, N. C.: Psychohygiene und Familie. Pers. Mitt. 1976.
SCHUBNELL, H.: *Der Geburtenrückgang in der Bundesrepublik Deutschland.* Schr. R. Bundesmin. J. F. G., Bad Godesberg 1973.
SCHUBNELL, H.: »Bevölkerungswachstum – Geburtenrückgang – Familienplanung.« *Niedersächs. Ärzteblatt,* H. 11, S. 369, 1975.
SCHWARZ, K.: »Veränderung der Geburtenabstände und Auswirkungen auf die Geburtenentwicklung.« *WiSta.,* H. 11, S. 638, 1973.
SCHWARZ, K.: »Gründe des Geburtenrückganges.« *WiSta.,* H. 12, S. 698, 1973.
SCHWARZ, K.: »Kinderzahl der Ehen bei den Fortpflanzungsverhältnissen 1966 und 1972.« *WiSta.,* H. 5, S. 303, 1974.
SCHWARTZ, Ph.: *Geburtsschäden bei Neugeborenen.* VEB G. Fischer, Jena (1964).
SKODAK, M.: »Adult status of individuals who experienced early intervention.« Proc. 1st Congr. Int. Ass. Sci. Study Mental Defic. Jackson, Liverpool (1968).
SPITZ, R. A.: *Vom Säugling zum Kleinkind.* Klett, Stuttgart (1967).
TOMAN, W., und PREISER, S.: *Familienkonstellationen und ihre Störungen.* Enke, Stuttgart 1973.
WINGEN, M.: *Grundfragen der Bevölkerungspolitik.* Kohlhammer-Urban, Stuttgart 1975.
ZILLER, G.: »Der Geburtenrückgang und die Konsequenzen aus gesellschaftspolitischer Perspektive.« *Kinderarzt* 24, 931 (1976).

NANCY JORDAN (Dublin)

Emotional gestörte und schlechtangepaßte Kinder

Ich habe mit normalen Kindern gearbeitet seit 1935, als ich mein Examen für den Volksschulunterricht normaler Kinder ablegte. Für diese Erfahrung war ich sehr dankbar, als ich später begann, mit kranken Kindern in ihren Heimen zu arbeiten. Ich wurde damals von der Leitung des »Fairy Hill«-Krankenhauses gebeten, zweimal wöchentlich zu kommen und mit den Kindern zu »spielen«. Innerhalb kurzer Zeit hatte ich eine kleine Montessori-Klasse in diesem Sanatorium beisammen. Es war in einer wunderbaren Gegend oberhalb der Dubliner Bucht gelegen, und obwohl es bei kaltem Wetter den Schwestern und Lehrern viel Mühe machte, war es für mich eine Erfahrung, die mir Freude machte.

Dr. LYNN vom »St. Ultan's Hospital« bat mich, dreimal in der Woche zu kommen, um zu helfen, die Kinder, die wegen Tuberkulose ans Bett gefesselt waren, zu sozialisieren und stimulieren. Damals wurden Kinder, die an dieser Krankheit litten, über längere Zeiträume im Bett gehalten, von einem Jahr bis zu drei Jahren (in mehreren Fällen). Das hat sich, Gott sei Dank, alles geändert.

In dieser Zeit (1940–1946) mußte ich mit wenig Material arbeiten. Was ich hatte – einiges sogar von mir selbst angefertigt –, ließ sich mühelos in einem Rucksack oder einem kleinen Koffer verstauen. Montessori-Material war nicht zu haben, da die Fabrik Philip and Tacey bei einem Bombenangriff einen Volltreffer erhalten hatte. So hieß es, sich entweder selbst Material anzufertigen oder darauf zu verzichten. In dieser Zeit wurde mir bewußt, wie ungeheuer wertvoll und wichtig die »Übungen des praktischen Lebens« und das Material dazu waren. Ich hatte für längere Zeit überhaupt nichts anderes und mußte es also notgedrungen benützen. Ich hatte etwas Sinnesmaterial, aber es war schlecht gearbeitet und deshalb nicht passend. Mathematisches Material war auch knapp, und ich hatte schon abgebrochene Fingernägel vom Demolieren von Halsketten, aus denen ich Rechenketten fabrizierte. Wie ich mich nach dem goldenen Rechenmaterial sehnte! Aber eines kann ich Ihnen versichern – dieser Mangel hat mich eine Menge gelehrt. Wenn man sich nämlich an die Montessori-Prinzipien hält, kann man Material herstellen, das die Kinder mit Gewinn gebrauchen können. Nach einiger Zeit bekamen wir jedoch etwas Material, und obwohl wir sehr wenig Geld hatten, waren die Leute sehr hilfsbereit, und jedes Geschenk, auch das kleinste, war als zusätzliches Material willkommen. Als ich

»St. Ultan« verließ, um nach »Sion Hill« zu gehen, konnte ich zwei vollständige Material-Sätze zurücklassen, einen für die bettlägerigen Kinder und einen für die Gruppe, die täglich in die ambulante Abteilung kam.

Der Aufbau einer Sonderklasse für emotional gestörte Kinder

Von Anfang an hat mich das Kind interessiert, das psychische Probleme hatte. Das wurde mir erst bewußt, als ich im Krankenhaus arbeitete, und als mich wenig später der Psychiater Dr. WALSH ansprach, ob ich eine Sonderklasse für emotional gestörte Kinder aufbauen möchte, war ich sehr interessiert, obwohl mir etwas bange war. Beide, der Psychiater und der Sozialarbeiter, waren sich über die Notwendigkeit einer solchen Klasse einig. Ich sagte: »Ich habe keine Sonderausbildung für diese Arbeit«; aber die Ärztin sagte: »Was glauben Sie, mit wem sie die letzten zwölf Jahre gearbeitet haben?« Sie hatte recht. Diese Kinder hatten jahrelang ein abnormes Leben geführt. So nahm ich all meinen Mut zusammen und fing an.

Ich möchte zu Beginn feststellen, daß sich die Lage in den Kinderkliniken inzwischen gründlich geändert hat, aber für mich bot sich damals die Möglichkeit, die speziellen Bedürfnisse kleiner gestörter Kinder herauszufinden. Viele dieser Kinder verbrachten lange Zeit im Krankenhaus und hatten wenig Kontakt mit ihren Eltern und Familien, besonders die Kinder vom Lande. Wenn sie arm waren, sahen sie ihre Mutter kaum mehr als zweimal im Jahr. Viele dieser Kinder erlitten Schäden und veränderten sich charakterlich. Das unnatürliche und eingeschränkte Leben, das sie führen mußten – z. B. lange Zeiträume im Bett bleiben, sich nicht krank fühlen und sich doch nicht frei bewegen dürfen –, brachte alle möglichen Abweichungen hervor. Vollkommene Abkapselung, nicht mehr zur Toilette gehen, Rückfälle in kindisches Benehmen und – am alarmierendsten – vollkommener Sprachverlust oder, wenn die Sprachfähigkeit noch erhalten war, krasse Unlust, die Sprache zu benutzen. Ich brauchte eine Weile, um zu erfassen, was da geschah, und tat dann mein Bestes, um die Kinder langsam so weit zu bringen, daß sie sich wieder mitteilten. Dr. LYNN hatte das schon gespürt, als sie mich bat, hier zu arbeiten. Die Kinder waren im Krankenhaus, um von einer körperlichen Krankheit geheilt zu werden. Dies war natürlich sehr wichtig, denn Tuberkulose war, besonders in unserem Lande, eine Geißel; aber schlechthin *alles* wurde diesem Zweck *untergeordnet*. Die körperliche Heilung wurde sehr oft auf Kosten der emotionalen und sozialen Gesundheit des Kindes erreicht.

Spezialklasse für ambulante Patienten

Am 6. Januar 1956 eröffneten wir die erste Spezialklasse für ambulante Patienten. Die Kinder kamen Montag bis Freitag von 9.30 bis 12.30. Sie waren im Alter zwischen zwei Jahren und zehn Monaten und fünf Jahren. Buben und Mädchen waren von Anfang an gemeinsam dabei, wobei die Buben gegenüber den Mädchen in der Überzahl waren, meist drei zu eins, manchmal vier zu eins. Dieses Verhältnis ist in unseren Schulen für schlechtangepaßte Kinder üblich. Jedes Kind war vorher psychiatrisch untersucht worden, viele auch von Psychologen, und die psychiatrische Sozialhelferin hatte entweder alle Familien zu Hause besucht oder in der Schule mit ihnen gesprochen. Ich habe bei Sozialhelferinnen immer große Unterstützung bei unserer Arbeit gefunden. Sie sind professionell ausgebildet, und ihre Arbeitsprinzipien sind den unseren ähnlich. Damals war es unüblich, daß die Kinder in der Weise erfaßt wurden. Ich wurde oft für »zu pingelig« gehalten. Aber ich fand, es war eine große Hilfe bei meiner Arbeit und bei der Klärung der gesamten Situation.

Die ganze Idee dieser Sonderschule wurde nur langsam akzeptiert. Ich erinnere mich, wie pessimistisch ich war, als ich eines Morgens im Krankenhaus ankam und keinen einzigen Schüler vorfand. Dann wurde mir klar, daß es sich um ein Experiment handelte, das Zeit, Geduld und Hartnäckigkeit brauchte, bis es Fuß gefaßt hatte und von der Medizin, dem Pflegepersonal und der Lehrerschaft anerkannt wurde.

Schließlich erreichten wir die schöne Zahl von acht Kindern. Ich glaube noch immer, daß es für diesen Schultyp eine gute Zahl ist, und mit Hilfe von Psychiatern, Sozialhelfern, Psychologen *und Eltern* wurde eine gute Partnerschaft daraus. Zusammen begannen wir mit der Rehabilitationsarbeit. Der gute Wille des Krankenhauspersonals wurde als sehr wichtig betrachtet, und wir suchten bei der Arbeit ein gutes Einvernehmen mit allen. Viele der Eltern und Verwandten waren mehr als hilfswillig, und nur relativ selten stieß man auf obstruktive Väter oder Mütter.

Die Schule begann sich zu vergrößern und Anerkennung zu finden, und als die Zeit kam, wo ich »St. Ultan« verließ, um nach »Sion Hill« zu gehen, hatten wir eine Klasse von fünfzehn Kindern und eine Warteliste von achtzehn. Schließlich erreichten wir den Status, daß uns Kinder aus anderen Spitälern geschickt wurden, wenn die keine ähnliche Einrichtung hatten. Dies war der beste Beweis, daß wir gebraucht wurden.

Ich verließ »St. Ultan« im Juni 1960 und begann meine Arbeit in »Sion Hill« am 1. Oktober. Ich ging dorthin hauptsächlich, um bei der Ausbildung von Montessori-Lehrern für Kinder im Alter von 3 bis 6 Jahren zu helfen. Nach weniger als sechs Monaten wurde ich gebeten, eine Gruppe von Kindern aus der Schule zu übernehmen, die schwer zu behandeln waren und echte Probleme hatten. Die Arbeit mit den Studenten machte mir Spaß (auch jetzt noch immer), aber es freute mich noch mehr, wieder bei den Kindern zu sein. Sehr schnell wurden uns Kinder von der Erziehungsberatungsstelle geschickt, manche wurden auch von anderen Montessori-Lehrerinnen zu uns überwiesen. Damals wurde Erziehungsberatung in Irland noch klein geschrieben. Es gab nur eine einzige Beratungsstelle; heute haben wir allein in Dublin neun, und mehrere andere arbeiten in den Provinzen.

Der Aufbau von »Benincasa« als Schule für verhaltensgestörte Kinder

»Benincasa« wurde damals als völlig selbständige Einheit aufgebaut. Wir eröffneten eine Schule (bis dahin hatten wir nur eine Klasse) für schlechtangepaßte und gestörte Kinder, und dank der Einsicht und dem Verständnis der Nonnen des Dominikaner-Ordens, besonders von Mater Jerome, wurde uns ein normaler Betrieb für eine Ganztagsschule ermöglicht. Jedes Kind wurde vor Eintritt genau auf seine Eignung geprüft und getestet, und wenn es sich herausstellte, daß wir die richtige Schule für seine Schwierigkeiten waren, wurde das Kind aufgenommen. Wenn nicht, bemühten wir uns, daß es anderswo angemessen untergebracht wurde. Wir arbeiteten – und auch die Schulen arbeiten noch immer – eng mit den Kliniken zusammen. Wenn Sprachtherapie oder Psychotherapie nötig war, wurde sie gewährt. Der Klinikstab wurde zu Besuch geladen, um die Kinder in der vorbereiteten Umgebung agieren zu sehen und um mit uns die spezifischen Bedürfnisse jedes einzelnen Kindes zu besprechen.

Die erste Schule wurde vom Erziehungsministerium im September 1961 (als Volksschule) anerkannt. Dies war hauptsächlich auf die aktiven Bittgesuche der Eltern zurückzuführen. Es war die erste Schule, die die Montessori-Methode anwandte, die anerkannt wurde. Im September 1963 wurde die zweite Schule vom selben Typ im Norden der Stadt eröffnet. Sie heißt »Casa Catriona«.

Es gab große Vorbehalte gegen die Montessori-Methode, die in einer staatlichen Schule benützt wurde, aber da die Ergebnisse im ganzen gut waren, haben wir allmählich einen bestimmten Grad der Anerkennung, sogar Zustimmung erreicht.

Besucher – und es gibt eine Menge – stellen oft Fragen über die Erziehungsmethoden bei dieser Art von Kindern. Einige fragen: »Glauben Sie nicht, daß den Kindern zuviel Freiheit gewährt wird?« Andere sagen: »Glauben Sie nicht, daß die Montessori-Methode viel zu streng ist, um sie bei diesen Kindern anzuwenden?« Ich glaube, man kann in beiden Fällen die gleiche Antwort geben. Maria MONTESSORI sagt: »Beobachte dein Kind, hör ihm zu, und hilf ihm dann, sich selbst zu helfen!« Für alle Erziehungsmethoden ist eine Kenntnis der kindlichen Entwicklung entscheidend. Die Anwendung dieses Wissens nach einer langen Zeit der Beobachtung, eine wirkliche Zuneigung zum Kind und seine Anerkennung als eigenständiges Wesen sind nötig, um gute Resultate zu erzielen. Sehr viel hängt von der Lehrerin selbst ab, von ihrem Geschick und ihrer Geduld mit dem Kind, vor allem aber vom Vermeiden der Ausübung von Druck. Wenn man auf diese Kinder Druck ausübt, ziehen sie sich meist völlig in sich zurück, und es ist sehr unwahrscheinlich, daß man sie ein zweites Mal aus der Reserve locken kann. Andererseits brauchen sie große Ermunterung, damit sie überhaupt eine Aufgabe *versuchen*. In dieser Situation dauerte es viel länger, um ein konstantes und nachhaltiges Interesse aufzubauen. Man muß langsam vorgehen. Das Ziel ist das gleiche für alle, nämlich »dem Kind zu helfen, sich selbst zu helfen« und es zu befähigen, sein ganzes Potential, alle seine Möglichkeiten zu erreichen. Es dauert länger, aber es ist der Mühe des Wartens wert.

Dauer der pädagogischen Hilfe bis zur Normalisierung

Die Länge der Zeit, die das Kind in der Schule verbringt, hängt von seinen individuellen Bedürfnissen ab: Eintrittsalter ... Grad der Nichtanpassung ... Mitarbeit der Familie ... manchmal Wiederherstellung der Familie.

Es dauert Wochen, sogar Monate, um einen echten Kontakt aufzubauen und damit zu beginnen, das Leben des Kindes in neue Bahnen zu lenken. Diese Kinder kommen an und hassen jeden, besonders alle Erwachsenen (manchmal mit gutem Grund). So sind Geduld, Ausdauer und Bereitschaft nötig, die Bereitschaft, Beleidigung, Widerstand, ja sogar Angriffe hinzunehmen. Die Lehrerin muß dazu bereit sein. *Ein ständiges Geben von Liebe* und helfender Liebe findet statt, scheinbar ohne Resultat, über einen Zeitraum von nicht nur Wochen, sondern Monaten, bevor eine Erwiderung kommt. Während dieser ganzen Zeit muß die Lehrerin gespannt auf ein Zeichen warten, und wenn es wahrnehmbar wird, muß sie es entsprechend nützen, je nach ihrer Kenntnis des betreffenden Kindes. Wir können dies die »sensitive Periode des Annehmens« nennen. Wenn das Kind dann fortschreitet und zu einem normaleren und annehmbaren Betragen in der Lage ist, müssen wir es ermuntern, wir können es sogar dazu auffordern. Indem wir dies tun, zeigen wir unser Vertrauen auf das Kind und auf seine Zukunft. Es beginnt wieder eine »ganzheitliche« Person zu sein. Es treten noch manche Rückschläge, viele Fehler, viele Krisen ein. Aber das macht nichts. Das normale Kind kommt zum Vorschein, in dem Hoffnung erwacht ist. Wir waren sicher, daß das passieren würde. Kleine Fortschritte und Eroberungen werden gemeinsam erlebt. Jeder Tag hat seinen kleinen Triumph. Wir sind auf dem richtigen Weg. Wir erwarten, weil wir das Kind respektieren.

Die Mitarbeit der Familie oder Institution ist ein wichtiger Faktor bei der Rehabilitationsarbeit und für einen nachhaltigen Erfolg und Fortschritt geradezu entscheidend. Ohne diese beiderseitige Zusammenarbeit keine dauerhaften Ergebnisse. Da es unser Ziel ist, das Kind so bald wie möglich in die normale Schule und Gesellschaft zurückzuführen, müssen Eltern oder Vormund dafür gewonnen, beruhigt und ermutigt werden. Wir alle arbeiten zusammen, um die Familienbande wieder fester zu knüpfen. Wenn sich das als unmöglich erweist, müssen wir dem Kind helfen, seine neue Umgebung zu akzeptieren.

Erfolge mit Hilfe der Montessori-Methode im Umgang mit emotional gestörten und schwerangepaßten Kindern

Die Anwendung dieser Methode bietet für die Rehabilitation dieser Kinder viele Vorteile. Ich will einige davon durchgehen.

1. die Tatsache, daß wir die Entwicklung des Kindes vom Augenblick der Geburt an verfolgen;
2. die Bedeutung, die wir den ersten Lebensjahren beimessen (von der Geburt bis zu drei und von drei bis sechs Jahren);
3. die freundliche Annahme des Kindes als Ganzes und seiner Familie;
4. die Kenntnis der »sensitiven Perioden« und deren richtige Anwendung. Im Fall des gestörten Kindes die richtige Einschätzung dieser für seine Entwicklung versäumten Perioden. Die Lehrerin sollte in der Lage sein, zwischen dem ›Versäumen‹ einer Periode, Intelligenzmangel und einem naturbedingten Handicap zu unterscheiden;
5. die Bedeutung, die der Entwicklung der Beobachtungsgabe bei der Erziehung beigemessen wird, und die Anwendung dieses Wissens bei der Erziehung des Kindes;
6. die Bedeutung des Spiels bei der Entwicklung des Kindes. Beobachtungen über die Art zu spielen oder die Unfähigkeit zu spielen;
7. der Glaube an die Fähigkeit des Kindes, sich selbst zu helfen. Unser Anteil an Hilfeleistung dabei, daß es diesen Punkt erreicht;
8. das wirkliche Verständnis für die »freie Wahl«. Das gestörte Kind braucht feste und liebevolle Führung, viel länger als das normale. Die richtige Beurteilung seiner Fähigkeit, frei zu wählen. Wenn damit zu früh begonnen wird, wird dem Kind ein zusätzliches Hemmnis auferlegt, statt es zu entlasten.

Ich habe hier zwei Fallgeschichten von Kindern, die »Benincasa« durchlaufen haben. Sie sind sehr gekürzt, und ich muß dabei viele interessante Entwicklungen übergehen.

Fall A: Dermot

Dermot kam in September 1962 zu uns. Er war Bettnässer. Außerdem stotterte er sehr, und ein Auge war mit einem Heftpflaster verklebt. Er war ein schmächtiges Kind mit großen, braunen Augen in einem kleinen spitzen Gesicht. Sein Haar war schulterlang (damals hatten die Buben meist sehr kurzes Haar. Neulich sah ich ihn auf einem Fahrrad mit Kurzhaarschnitt. Er wird wohl nie konservativ).

Er war in einem ganz schlechten Allgemeinzustand. Er hatte Angst vor allem und jedem. Am ersten Tag mußte er so oft auf die Toilette gehen, daß ich beschloß, am zweiten Tag zu zählen. Er bat 34mal hinausgehen zu dürfen. So ging das die ganze Woche. Ich überlegte, ob ich ihn darauf ansprechen sollte, entschied mich aber dann dagegen, da dies einer der Gründe war, warum er zu uns kam, so daß ich ihn vorerst allein lassen wollte. Am Freitag nachmittag kam er zu mir und sagte: »Haben Sie bemerkt, wie oft ich zur Toilette muß?« Ich sagte: »Ja, aber viele kleine Buben müssen das.« Daraufhin meinte er: »Aber wenn ich gehe, will ich gar nicht.« Ich sagte: »Nun gut, dann laß uns eine Wette machen. Du kannst gehen, so oft du willst, ohne fragen zu müssen, wenn du versprichst, daß du danach nicht herumtrödelst.« Das spitze Gesicht und die großen Augen sahen mich ernsthaft an, und er sagte: »Aber, das tu ich doch nicht!« Von diesem Tag an mußte er nicht öfter zur Toilette als jedes andere Kind. Das war in der Schule. Das nächtliche Bettnässen war das letzte seiner Symptome, das verschwand.

Dermot wurde ruhiger und ganz langsam auch weniger schreckhaft. Es dauerte ein ganzes Trimester, bevor er lange genug still sitzen konnte, um überhaupt zu arbeiten. Als er sich in dieser Weise entwickelte, stellte sich heraus, daß er ein sehr interessantes und kluges, auf künstlerischem Gebiet hochbegabtes Kind war. Er konnte wunderbar zeichnen, und er hatte eine hübsche, klare Singstimme. Er entwickelte später ein Talent zum Schreiben. Was ihm am meisten Schwierigkeiten bereitete, war die hier herrschende neue Art von Disziplin. Ich konnte es genau sehen. Er sagte sich: »Ich kann hier tun, was ich will, keiner schlägt mich, und die Lehrerin ist sowieso eine ganz Sanfte.« Aber die Stunde der Wahrheit kam. Ich mußte ihm erklären, daß, nachdem er sich hier jetzt so wohl und zufrieden fühlte, wir von ihm erwarten, daß er etwas arbeitete. Er hatte ein paar schwierige

Tage, aber da er intelligent war, fügte er sich darein. Von diesem Augenblick an hatten wir keine Schwierigkeiten mehr mit Disziplin oder Gehorsam. Er hatte begriffen, daß auch wir unsere Regeln hatten, und da sie vernünftig waren, fühlte er sich sicher und konnte sie akzeptieren. Er fügte sich ein und begann ziemlich gut zu arbeiten. Die Konzentrationsspannen wurden länger, und er wurde sicherer. Er versorgte sich selbständig mit Nachschlagematerial und machte erstaunliche Fortschritte auf jedem Gebiet, mit Ausnahme der Orthographie, die bei ihm bis zum Schluß unglaublich schlecht blieb.

Er verließ uns nach drei Jahren und wurde in eine sehr gute höhere Schule aufgenommen, wo er glücklich und zufrieden war. Seine Eltern kamen zweimal im Jahr zu mir, um mir seine Zeugnisse zu zeigen. Interessant ist, daß er von Anfang an eine Eins in Aufmerksamkeit und Fleiß bekam.

Um Dermots Geschichte auf heutigen Stand zu bringen: Er bestand seine Reifeprüfung und wurde immatrikuliert, erhielt ein Stipendium am »Trinity College« und machte im September 1976 sein Examen in Geographie und Geologie.

Fall B: das autistische Mädchen Clara

Dies ist die Geschichte von einem kleinen autistischen Mädchen (wenn es denn so etwas wie Autismus heute überhaupt gibt). Clara wurde zu uns vom Psychiater und der Leiterin der Taubstummenschule überwiesen. Sie kam im April 1961, war ein sehr zart aussehendes Kind und sehr zurückhaltend. Ihre Gesichtsfarbe war sehr ungesund, fast grau; sie hatte eine Menge helles, lockiges Haar, und dadurch wirkte ihr Gesicht noch kleiner und blasser, als es schon war. Sie war sehr schüchtern. Das klassische Bild von Autismus. Die familiären Bedingungen dieses Kindes hätten nicht besser sein können. Eltern und Kinder hatten in jeder Form zusammengearbeitet. Ihre Mutter hatte sie auf den Schuleintritt vorbereitet, obwohl sie widerstrebend hinging. Einmal drinnen, setzte sie sich einfach hin und blieb reglos sitzen. Fast das ganze erste Schultrimester saß sie in derselben Haltung. Hände gekreuzt, Kopf zur Seite und die Augen fast geschlossen. Danach durchlebten wir mit ihr eine Phase, in der sie sehr zittrig und ruhelos war oder in ihre erste Haltung zurückfiel.

Als sie im September zurückkam, hatte sie einige Worte gelernt, die sie aber nicht zum richtigen Sprechen benützte, sondern einfach wiederholte wie ein zweijähriges Kind. Ein Wort, das sie anscheinend verstand, war »kühl«. Ein gutes Zeichen war, daß sie gern zu uns zurückkam, was ich als echten Fortschritt betrachtete.

Sie überraschte uns alle, als sie mit uns mitsang, und dann führte ich sie in die Übungen des praktischen Lebens ein (nicht zum ersten Mal). Zu meiner Überraschung begann sie jetzt, daran teilzunehmen. Fast ein ganzes Jahr lang machte sie nichts anderes als die Übungen des praktischen Lebens. Und der einzige andere Fortschritt, den wir sahen, war der, daß sie aufgeschlossen in der Gruppe saß, auch wenn sie nicht aktiv daran teilnahm.

Als nächstes kam das Sinnesmaterial. Sie mochte es, hatte aber Schwierigkeiten damit und schloß oft spontan die Augen, wenn sie den Rosa Turm aufbaute, als ob sie damit ihre Eindrücke vertiefen wollte. Sie hatte echtes Interesse und Aufnahmebereitschaft für Musik und liebte die Glöckchen. Nachdem sie gelernt hatte, damit umzugehen, begann sie ihre eigenen Melodien zu machen, immer eine andere für jedes Mitglied ihrer Familie. Ein anderer interessanter Aspekt bei diesem Kind war der, daß es mit jeder Note eine bestimmte Farbe verband. Das war nicht Zufall, sondern blieb konstant, und die entsprechende Note, wenn sie aus einer Melodie herausgepickt wurde, bekam immer den Namen ihrer Farbe.

Ihr Sprechvermögen war sehr schwankend, aber da ich über Autismus hinreichend informiert war, war ich nicht so sehr besorgt. Es war immer schwierig, sie dazu zu veranlassen, etwas Neues zu versuchen; aber wenn sie es einmal gemacht hatte, wiederholte sie es oft und mit Freuden. Ich bemerkte, daß sie oft ihren Stuhl nahm, sich neben ein anderes Kind setzte und ihm mit großer Konzentration bei dem zusah, was es machte. Das war die beste Art für sie zu lernen. Sie schien überwältigt von der individuellen Präsentation. So ließ ich sie gewähren.

Von Zeit zu Zeit wurde sie ungebärdig und aufgeregt. Wenn ich sie fünf oder zehn Minuten auf meinem Schoß wiegen konnte, beruhigte sie sich meistens und nahm ihre vorherige Beschäftigung wieder auf. Manchmal genügte es auch, wenn man sie am Arm faßte und ruhig auf sie einredete. Mit der Zeit wurde sie ganz allmählich ruhiger und leichter zu handhaben; sie zeigte auch mehr Interesse an ihrer Umgebung. Auch auf dem sozialen Bereich machte sie gute Fortschritte. An dem Tag, als ich sie zum großen Spielplatz brachte und sah, wie zwei Mädchen auf sie zurannten und riefen: »Clara, komm und spiel mit uns, du bist die Schnellste von uns allen«, war ich so stolz, als ob sie das Abitur gemacht hätte.

Später ging sie zusammen mit den anderen Kindern auf die Schule für Musik und Bewegung. Anfangs war sie sehr scheu, aber als das einmal überwunden war, machte es ihr große Freude, und selbst in dieser großen Gruppe konnte sie jetzt den Instruktionen folgen, und sie machte die Übungen genausogut wie die anderen. Sie war jetzt auch fähig, ein gewisses Maß an Entmutigung und Korrektur zu vertragen. Ihr Wortschatz erweiterte sich sehr schnell, und sie zeigte Interesse für die Buchstaben des

Alphabets. Es gab immer noch gelegentliche Rückschläge, aber ihre Temperamentsausbrüche wurden seltener und kürzer. Der Psychiater war mit ihrem Fortschritt in diesem Jahr sehr zufrieden. Meine abschließenden Bemerkungen lauteten: »Sie hat sich so gut eingefügt, daß ich kaum mehr darüber nachdenke, daß sie vielleicht mehr Schwierigkeiten haben könnte als die anderen.«

Ungefähr um die gleiche Zeit begann sie zu schreiben. Da sie intelligent war, mangelte es ihr nie an Themen, über die sie schreiben konnte, nur ihre Satzkonstruktionen waren manchmal wunderlich. Sie nahm am Schülerkonzert teil und konnte die ganze Zeit vollkommen ruhig sitzen und warten, bis sie an die Reihe kam, und ihr Vortrag war wirklich gut.

Allmählich ordnete sie sich ohne Mühe ein. Sie konnte auch nach einer längeren Unterbrechung ihre Arbeit wiederaufnehmen. Es machte ihr große Freude, den Jüngeren oder weniger Fortgeschrittenen Geschichten laut vorzulesen. Damit wurde ihr Selbstbewußtsein gewaltig gestärkt. Sie nahm jetzt am Sport teil. Bei einem Wettlauf wurde sie Erste, bei einem anderen Dritte. Bei einem dritten Lauf konnte sie sich nicht placieren, doch überwand sie diese Enttäuschung ohne weiteres. Dieses Mädchen behielt ich bis zu ihrem dreizehnten Lebensjahr bei mir, da ich der Meinung war, daß dann vielleicht noch einmal ein kritischer Punkt kommen könnte. Sie hat dann fünf Jahre in einem normalen Internat verbracht und beabsichtigt heute, Musik zu studieren.

Dies sind nur zwei Fallbeschreibungen, von denen ich annahm, daß sie Interesse erwecken würden. Sie nahmen zufällig ein glückliches Ende, aber wir hatten auch Rückschläge oder nur Teilerfolge zu verzeichnen, und manchmal konnten wir überhaupt nicht helfen, wenn wir uns auch noch so sehr bemühten.

MARIO MONTESSORI jr. (Amsterdam)

Emotionale Entwicklung und die Montessori-Erziehung

Über die leitenden Instinkte

Die beschränkte Zeit, die diesem Vortrag von den Veranstaltern gewährt wurde und die Tatsache, daß ein Film als klinische Demonstration der theoretischen Überlegungen gezeigt wird, machen eine starke Verkürzung und Kondensierung des Themas nötig.

Da der Vortrag ohne einen mehr oder weniger strukturierten Bezugsrahmen bezüglich der spezifischen Montessori-Interpretation der Hauptbegriffe wie Entwicklung, Instinkte, Persönlichkeitsformation etc. kaum dargeboten werden kann, stellt dies wirklich ein Problem dar.

Die beste Lösung scheint zu sein, mit einer Aussage über die Grunddefinitionen anzufangen, um dann mit einem kondensierten Überblick über den betreffenden Entwicklungsverlauf fortzufahren und schließlich jene – für das Thema dieser Konferenz relevanten – Aspekte zu diskutieren.

Definition der Grundbegriffe

Entwicklung definieren wir als eine Kette zusammenhängender Veränderungen, die in bestimmten Momenten des individuellen Lebenszyklus stattfinden.

Diese Definition stimmt mit derjenigen von THOMAE (1959) überein. Weiterhin ist die Entwicklung ein Aspekt des Lebens als solchem, wie LERSCH (1954) deutlich gemacht hat, da sie zielgerichtet ist. Dieses Ziel wird determiniert durch die Persönlichkeit des einzelnen.

Mit diesem Begriff betreten wir die Sphäre des Menschlichen. Daß der Mensch als solcher nicht durch das Studium des tierischen Verhaltens allein verstanden werden kann, ist eine Vorstellung, die zunehmend mehr und mehr akzeptiert wird, vor allem von denen, die sich ernsthaft um eine Wissenschaft vom Menschen bemühen, wenn auch viele Theorien die Befunde der Tierforschung gewaltsam auf den Menschen übertragen wollen.

Wenn man derart vorgeht, so bezeichnet das z. B. PORTMANN (1961) als verheerenden Fehler. Zu Recht stellt er heraus, daß die Biologie des Menschen eine Ordnung zeigt, die weit über diejenige der Pflanzen und Tiere hinausreicht, indem sie alle Eigenschaften des Lebens in sich trägt, obzwar in einer besonderen Form, einer Form des Lebens, die in ihrer Ganzheit einzigartig ist. Eine höhere Struktur läßt sich niemals vollständig durch eine einfachere verstehen. Weiterhin ist seit der Retardationstheorie des holländischen Anatomen BOLK zunehmend deutlicher geworden, daß – biologisch gesprochen – der Mensch bei der Geburt noch auf einer embryonalen Stufe der Entwicklung steht, so daß paradoxerweise seine wirkliche Geburt postnatal vor sich geht.

Die Vollendung seiner diesbezüglichen Reifeentwicklung findet außerhalb des mütterlichen Körpers statt. Somit spielen die Umwelteinflüsse eine grundlegende Rolle oder – wie GEHLEN (1950) sagte – »sie müssen als obligate Teilfunktionen der gesamten Ontogenese angesehen werden«.

Die Kultur

Dies ist die Wurzel der zweiten Natur des Menschen, d. h. seine *Kultur* (PORTMANN 1961). Die langsame Entwicklung des Menschen hängt mit dieser Eigenschaft zusammen, die eine offene Haltung gegenüber der Welt impliziert, eine Haltung die nie völlig aufgegeben wird.

Manfred KOCH (1959) stellt in seinem Vergleich zwischen dem menschlichen und dem tierischen Organismus die kindliche Natur des Menschen – mit seiner funktionellen Plastizität – als zentrale Eigenschaft heraus. Sie ist eine Voraussetzung für seine Kreativität.

Das soziale Element ist die bindende Kraft. Der Begriff des Menschen ist ein zusammengesetzter Begriff: die Formation der Persönlichkeit des einzelnen hängt völlig von der Gruppe ab, in der der einzelne aufwächst. Diese Aussage bezieht sich auf die zweite Natur des Menschen, wie oben erwähnt.

Die hervorstechendsten kulturellen Eigenschaften sind:
Arbeit, Sprache (das *Wort*, das eine *Bedeutung* aufweist, ist in der Tat ein sozialer Vertrag);
Kunst und Religion (MONTESSORI 1974, 1959). Somit haben wir den *Bezugsrahmen* geschaffen für das, was nun folgen soll.

Emotionale Entwicklung

Die Gesichtspunkte, die bisher angesprochen wurden – nur Einzelaspekte in einem riesigen Bereich, der ungeleuchtet gelassen werden mußte – betreffen alle das Drama der Geburt.

Was sich mit großer Klarheit zeigt, ist die Tatsache, daß beim Menschen die Geburt kein vollendeter Prozeß ist, sondern der Übergang von einer embryonalen Stufe in die andere.

Für die Vollendung der gesamten Person, die mit allen Eigenschaften der menschlichen Gattung versehen ist, ist es nötig, daß die zweite embryonale Stufe die Maturation außerhalb des Mutterleibes erreicht, und zwar durch eine Anstrengung des Säuglings in der Auseinandersetzung mit der Umwelt, die auf der ersten Stufe des Lebens für ihn seine Mutter darstellt.

In ihrem schönen Buch über *The Psychological Birth of the Human Infant* (1975, dt. *Die psychologische Geburt des Menschen,* 1978), haben Margaret MAHLER und ihre begabten Kollegen zwischen zwei Formen der Geburt unterschieden, nämlich der biologischen und der psychologischen, die zeitlich nicht zusammenfallen, wobei die letztere einen sich langsam entfaltenden intrapsychischen Prozeß darstellt, in dem verschiedene Abschnitte erkennbar sind.

Diese Abschnitte der psychologischen Entwicklung wurden von den Autoren sorgfältig untersucht und beschrieben, insbesondere was die emotionale Entwicklung anbelangt. Hier möchte ich nur die beiden frühesten Stufen der Nichtdifferenziertheit erwähnen.

1. Die normale autistische Phase

Aufgabe dieser Phase ist es, das homöostatische Gleichgewicht des Organismus innerhalb der neuen Welt durch vorwiegend somatopsychische (SPITZ), physiologische Mechanismen herzustellen. Sie dient der Konsolidierung des extra-uterinen, physiologischen Wachstums. Sie erinnert an die frühe fötale Entwicklung insofern, als nur ein Minimum an Differenzierung vorliegt und verschiedene organismische Funktionen auswechselbar sind.

Das Neugeborene ist relativ stumpf gegenüber externen Reizen, wenn auch nicht vollständig. Seine flüchtige Reaktionsfähigkeit gewährleistet eine Kontinuität zwischen der normalen autistischen Phase und späteren Phasen. Die erste Stufe ist objektlos.

2. Die normale symbiotische Phase

Die Bezeichnung bezieht sich auf die einzigartig menschliche Qualität unserer Existenz. Reste dieser Phase verbleiben unser ganzes Leben hindurch erhalten. Das rudimentäre, noch nicht funktionelle Ego des Säuglings und Kleinkindes muß noch ergänzt werden durch die emotionale Beziehung über die mütterliche Fürsorge, d. h. durch eine Art sozialer Symbiose.

Innerhalb dieses Gefüges der physiologischen und soziobiologischen Abhängigkeit von der Mutter findet die strukturelle Differenzierung, die zur Adaptationsfähigkeit des Individuums führt, statt: die Entwicklung des funktionstüchtigen Ego.

In dieser Phase werden die Gedächtnis-Engramme geformt, zuerst das, des sich bewegenden Menschengesichtes, das das unspezifische soziale Lächeln auslöst. Hier beginnt die wahrnehmungsmäßige, emotionale, »soziale« Aktivität des Menschenkindes. Diese zweite Stufe kennt noch keine Objekte, da noch keine Differenzierung zwischen der inneren und der äußeren Welt – also zwischen dem Selbst und dem anderen – stattgefunden hat. In emotionaler Hinsicht wird die Mutter zur wichtigsten Person für den Säugling, aber in Form einer Zweisamkeit mit ihm.

Auf dieser Stufe beginnt der »absorbierende Geist« (MONTESSORI 1959) zu arbeiten, zumindest sofern ein psychophysiologisches Gleichgewicht erreicht worden ist. Dieses Gleichgewicht beruht normalerweise auf dem Interaktionsmuster zwischen Mutter und Kind. Die symbiotische Phase stellt den primären Boden her, aus dem alle weiteren menschlichen Beziehungen entsprießen.

Im Alter von etwa vier bis fünf Monaten erreicht die Symbiose ihren Höhepunkt, und somit beginnt die *Phase der Trennung* und der *Individuation* durch eine weitere Differenzierung.

Den Begriff *Phase* verstehen wir als einen Zeitpunkt innerhalb des Entwicklungsprozesses, in dem ein *qualitativ neuer* Beitrag zum psychologischen Wachstum des Individuums geleistet wird.

Die Phase der Trennung und Individuation zeichnet sich durch ein ständig anwachsendes Bewußtsein der Andersartigkeit des Selbst und des »anderen« aus und trifft zeitlich mit dem Ursprung des Selbstbewußtseins – der wirklichen Objektbeziehung – und des Bewußtseins der Realität einer äußeren Welt zusammen.

MAHLER und ihre Kollegen haben eingehend dessen verschiedene Unterphasen studiert:

die *Differenzierung* und Entwicklung des *Körperschemas;*

die *Übung,* d. h. die wachsende Unabhängigkeit durch Fortbewegung;

die *Wiederannäherung* an die Mutter bei wachsendem Bewußtsein der Getrenntheit;

die *Konsolidierung* und die Anfänge der *Objektkonstanz*, d. h. das Vorhandensein seiner zuverlässigen *inneren Vorstellung* der Mutter, die relativ stabil bleibt, unabhängig vom Zustand der Bedürfnisse oder des inneren Unwohlseins des Kindes. Das Selbst verfügt über eine Vorstellung grundlegender Sicherheit.

Nachdem diese Stufe erreicht ist, ist das Kind in der Lage, die Abwesenheit seiner Mutter über eine längere Zeitspanne zu ertragen, indem es sich mit sich selber beschäftigt. Dies geschieht etwa im Alter von drei Jahren. Das Kind ist jetzt für den Kindergarten bereit.

Befunde der Psychoanalyse

Die oben erwähnte Untersuchung stellt das Endprodukt früherer Forschungsarbeiten dar und ergänzt die Arbeiten von René SPITZ (1965) über die Entwicklung der Objektbeziehungen im ersten Lebensjahr sowie die etwas allgemeineren Untersuchungen der normalen und pathologischen Entwicklung während der Kindheit von Anna FREUD (1966), um nur zwei bekannte Größen der FREUDschen Tradition zu nennen.

Ich glaube, daß ihre Befunde, zusammen mit den vielen anderen Befunden, die die Psychoanalyse hervorgebracht hat und in Zukunft weiterhin zu Tage fördern wird, von fundamentaler Bedeutung für das Verständnis der emotionalen Entwicklung des Menschen sein werden und insofern eine unauslöschbare Ergänzung einer umfassenden Wissenschaft vom Menschen darstellen.

Eigenartigerweise wurde der Frage der Struktureigentümlichkeiten innerhalb der somatopsychischen Einheit der sich entwickelnden menschlichen Person keine besondere Beachtung beigemessen, d. h. der Sequenz der verschiedenen Phasen und Subphasen, die – wie oben erwähnt – eine neue qualitative Dimension in den Prozeß einführen und somit auch neue emotionale Einstellungen hervorrufen.

Selbstverständlich werden sie als Maturationsprozeß anerkannt, aber man nimmt sie als Selbstverständlichkeit hin, als etwas, das einfach geschieht. Die Untersuchung konzentriert sich auf die emotionalen Veränderungen und deren Störungen innerhalb des Lebenszyklus. Aber was bestimmt die letzteren als solche?

Psychologische Untersuchungen über die Entwicklung

Bis auf die Triebe und ihre Beeinträchtigungen überläßt man dies anderen Forschern. Es gibt sehr präzise deskriptive psychologische Untersuchungen über die Entwicklung verschiedener Funktionen des Menschen nach der Geburt; es gibt viele Theorien, die größtenteils behavioristischer Prägung sind, aber der dynamische Zugang der oben erwähnten Autoren ist bezüglich des Entwicklungsprozesses selber mangelhaft.

Ein Buch über die Latenz, wie beispielsweise das von SARNOFF (1976), bietet eine vorzügliche Beschreibung der Dynamik, der vergangenen Zeit und der Gegenwart in der Geschichte des Menschen, dieser besonderen Lebensphase samt ihren Auswirkungen auf die Gesellschaft, aber das Buch erklärt nicht, welche versteckten Kräfte verantwortlich dafür sind, daß diese Phase überhaupt stattfindet.

Desgleichen findet man in der kompakten und gut fundierten Untersuchung der normalen Adoleszenz, die von der Arbeitsgruppe der *Advancement of Psychiatry* (1968) fertiggestellt wurde, keinen Hinweis darauf, was eigentlich den Organismus veranlaßt, diese Phase verhältnismäßiger Ruhe, d. h. die Latenz, zu veranlassen, um in die Verwirrung der Pubertät fortzuschreiten. Wenn es sich um einen absichtlichen Wechsel handelt, muß man diese besondere innere Umbildung als einen selbstgesteuerten Vorgang betrachten. Welches System ist dafür verantwortlich und wie zeigt sich dies im offenen Verhalten?

In seinen eindrucksvollen Bänden über Bindung und Trennung scheint BOWLBY (1969, 1973) die Antwort auf diese Frage in seinem vorgeschlagenen Modell des instinktgebundenen Verhaltens zu finden. Seine Bemühungen, die Befunde der Ethologie, der experimentellen Psychologie und der Neurophysiologie zu integrieren, um die Grundprinzipien zu beleuchten, die dem angepaßten, zielgerichteten Verhalten unterliegen, sind löblich. Trotz der Fülle an Material, die er aufführt, ist es ihm jedoch nicht gelungen, sich weit genug vor seinem therapeutischen Standpunkt zu entfernen und die Auswirkungen der fundamentaleren Gesetzmäßigkeiten im Verhalten des sich entwickelnden Menschenkindes zu erkennen. Nichtsdestoweniger sind sie typisch für den Menschen.

Die leitenden Instinkte

Die Bedeutung der Mutter-Kind-Beziehung für die Heranbildung der Persönlichkeit haben wir kennengelernt. Aber wie bildet sich diese Beziehung? Ist sie Ergebnis eines langsamen Prozesses, der aus der Abhängigkeit des Neugeborenen resultiert, ist es Liebe auf den ersten Blick oder sind es die vorzüglichen mütterlichen Eigenschaften eines fürsorglichen Erwachsenen. Keine dieser Alternativen ist allein wahr.

Die Bindung an die Mutter (oder ihres Stellvertreters) stellt eine sehr starke emotionale Bindung dar, eine Bindung, die – wie wir gesehen haben – während einer objektlosen Periode stattfindet, in der sich das Neugeborene seiner Abhängigkeit nicht bewußt ist, das auch nicht sein kann, und somit nicht fähig ist, in eine Objektbeziehung einzutreten, d. h. in der gleichen Weise zu lieben, wie seine Mutter es liebt. Aber auch wenn sie es nicht liebt, ja sogar wenn sie eine schlechte Mutter ist, findet die Bindung statt. Ihre schlechten Eigenschaften werden sicherlich ihre Auswirkungen auf die oben beschriebenen Prozesse haben, aber nicht auf die Bindung als solche. Diese stellt die grundlegendste Matrix dar, aus welcher die weitere Entwicklung stattfinden kann.

Die Gefahren der frühen Deprivation einer »sozialen Mutter«, wie HELLBRÜGGE (1975) sie zu Recht nennt, bezüglich der weiteren Entwicklung, der Lernfähigkeit und der Sozialisierung, sind verschiedentlich wissenschaftlich beschrieben worden, unter anderen von PROVENCE, LIPTON (1969) und SPITZ (1965). Die Auswirkungen der Deprivation auf Primaten dürfen wir seit den berühmten Untersuchungen von HARLOW mit Rhesus-Affen als allgemein bekannt voraussetzen.

Zur Entwicklung der Sprache

Die Deprivation impliziert ein grundlegendes Bedürfnis für die Verwirklichung des Individuums als Mitglied seiner Spezies.

Der Mensch *spricht*. Wie erwirbt er die Sprache? Handelt es sich wirklich um einen Lernprozeß? Die Werkzeuge für die Sprache sind vorhanden. Aber werden sie ausgebildet, um die spezifische Sprache, in die das Kind durch seine Gesellschaft hineingeboren wurde, zu assimilieren? Nein.

Dennoch wird diese Sprache die Werkzeuge allmählich formen und nach der Pubertät schließlich fixieren. Es ist eine universelle Tatsache, daß etwa im Alter von vier Jahren ein gesundes Kind seine Muttersprache erworben hat. Eine ziemliche Leistung. Geschieht sie mechanisch? Dies kann kaum der Fall sein, angesichts der wichtigen Rolle der Sprache bei der Formung der Persönlichkeit.

Dies bestätigen all die bemerkenswerten Leistungen, die von HELLBRÜGGE (1974) und seinen Mitarbeitern im Zuge der ersten 365 Tage des Lebens beschrieben wurden, und deren Darstellung so klar zeigt, wie intensiv das Kind sich mit seiner ganzen Persönlichkeit mit jeder Tätigkeit auseinandersetzt. Der zugrundeliegende Prozeß wird von diesen Autoren zwar mit dem Funktionieren einer Präzisionsuhr verglichen, aber was wir sehen, ist doch ein *menschliches* Wesen, das leidenschaftlich um das bemüht ist, was wir einen kreativen Prozeß nennen.

Entscheidet das Kind, auch wenn es noch so unvollkommen und undifferenziert ist, über seine weitere Entwicklung selber? Oder sind es die Eltern, die diese Entscheidung vollziehen? Oder wird sie dem Zufall überlassen?

Keine dieser Alternativen kann richtig sein, da es sich um einen universellen Prozeß handelt, der der Gattung Mensch zugrunde liegt. Dennoch findet eine persönliche Teilnahme statt, sowohl seitens des Kindes als auch seitens der betreuenden Erwachsenen, und die Umweltbedingungen üben einen gewichtigen Einfluß auf die Art der weiteren Entwicklung aus. Nichtsdestoweniger wird diese Entwicklung nicht von diesen Faktoren entschieden.

Instinkt ohne Objekt

Wodurch wird sie vorangetrieben? Maria MONTESSORI (1936) beschreibt den Vorgang als einen *Instinkt ohne Objekt,* der unaufhaltsam fortschreitet und einem inneren Gesetz gehorcht, das jeweils Notwendige zu tun, und das, was geschehen ist, zu lieben.

Die Natur, schreibt sie, hat die Fürsorge für das Neugeborene nicht dem Erwachsenen überlassen; sie hält die Zügel straff und wacht streng über die Ausführung ihrer Vorsehung. Das Neugeborene, das über keinerlei Erfahrung verfügt, ist mit der Kraft ausgestattet, dasjenige auszuführen, was für die Heranbildung seiner Persönlichkeit notwendig ist. Partielle und vorübergehende Instinkte zeigen sich als *sensible Perioden* und dienen buchstäblich der allmählichen Führung des Neugeborenen durch aufeinanderfolgende Schwierigkeiten und Phasen, indem sie es mit unwiderstehlichem Impetus in Richtung auf die verschiedenen Erfahrungsbereiche hinleiten, die daraufhin stark libidinös besetzt werden.

Um die Spezies selbst zu schützen, muß sich der Erwachsene innerhalb der Grenzen seiner eigenen leitenden Instinkte und derjenigen des Kindes bewegen. In der Begegnung der mütterlichen leitenden Instinkte mit den sensiblen Perioden des Neugeborenen bildet sich die bewußte Liebe zwischen Eltern und Kind.

Dennoch – es ist nicht immer Liebe, die sich entwickelt; wenn es sich um die Macht handelt, ist der Erwachsene stärker. Die spontanen Bemühungen des Kindes, sich mit Schwierigkeiten auseinanderzusetzen, beginnen bereits mit der Geburt, aber gleichzeitig ist es an diesem Ausgangspunkt auch extrem verletzbar (MURPHY 1976).

MONTESSORI vergleicht das Kind mit einem Stück weichem Wachs, auf dem der Erwachsene mühelos seinen Eindruck hinterlassen kann. Einmal erhärtet, behält es diese Gestalt als ständige Eigenschaft. Die »Neutralität« des Kindes, d. h. die biologische Indifferenz, seine jeweilige Umgebung zu assimilieren und mit ihr die Eigenschaften seiner eigenen Persönlichkeit zu formen, imponiert als wirklicher Beweis der Einheit der menschlichen Spezies (MONTESSORI 1959). Die Aufgabe des Kindes ist es, die *Gegenwart* in der Evolution des Menschen zu formen, eine Gegenwart, die weder Grenzen in der Vergangenheit noch in der Zukunft kennt und die sich niemals damit deckt, wie MONTESSORI dies beschreibt.

Leitende Instinkte und Erziehung

Als Konstanten bleiben die leitenden Instinkte zurück, die als unbedingte innere Bedürfnisse fungieren. Ihre besondere Ausprägung während der Entwicklung von der Geburt und Kindheit bis zur Adoleszenz und darüber hinaus ist von MONTESSORI beschrieben worden (1939, 1959, 1964, 1967, 1973). Die Intensität der Gefühle und die Polarisierung der Aufmerksamkeit bezeugen ihre Gegenwart im sichtbaren Verhalten. Sie sind ausgeprägter und deutlicher wahrnehmbar zu *Beginn* des Lebens, wenn das Kind ein eingeschränktes Bewußtsein und noch keine Erfahrung hat. Mit der Erreichung weiterer Integrationsstufen innerer Differenzierung auf neuen Stufen der Reifung, übernimmt das bewußte Ego mehr und mehr die Kontrolle.

Die Führung durch Erwachsene bleibt im Verlauf der ganzen Jugend eine Notwendigkeit, aber die eigentliche Lebensführung wird von innen heraus bestimmt. Dies bezieht sich auf den ganzen Lebenszyklus, wie undeutlich und sporadisch seine Erscheinung im späteren Leben auch ausfallen mag.

Es ist das Verdienst von MONTESSORI, die Erziehung an diese leitenden Instinkte gekoppelt zu haben, als einen unumgänglichen zusätzlichen Faktor der äußeren Welt, um ihr Potential in Verbindung mit der Persönlichkeitsformung zu entwickeln.

Daher ist ihr Beitrag einzigartig. Gleichzeitig erklärt es die Universalität ihrer Methode, deren Quintessenz darin besteht, nach diesen grundlegenden inneren Bedürfnissen zu suchen und – sind sie gefunden – Kontakt mit ihnen aufzunehmen und danach die nötige Hilfe für die optimale Entwicklung jener Aspekte der Persönlichkeit zu geben, für die sie bestimmt waren. Insofern dies geschieht, muß man die zweite Natur des Menschen ständig im Auge behalten, d. h. die Kultur, also seine charakteristische Beziehung zur Umwelt und seine sozialen Bedingungen.

Normalisierung als Ziel der Erziehung

Werden diese Elemente durch die angebotene Hilfe integriert, stellt sich unvermeidlich das Phänomen, das MONTESSORI »Normalisierung« genannt hat, ein. Es beschränkt sich nicht auf Kinder. Wann immer wir im Kern unserer Persönlichkeit durch etwas berührt werden, verlieren wir das Interesse an allem anderen und konzentrieren uns auf dieses Etwas, bis wir uns zufrieden fühlen.

Andererseits sind wir als Erwachsene bereits geformt. Unsere kreativen Möglichkeiten sind beschränkt und beziehen sich nur auf unsere Produkte. Die Möglichkeiten der Kinder zeigen nicht diese Einschränkungen, und ihre wirkende Kreativität bezieht sich auf die Konstruktion ihrer eigenen Persönlichkeit. Die Hilfe, die man ihnen anbieten muß, ist um so wichtiger, je jünger sie sind, d. h. wenn ihre Flexibilität und ihre Anpassungsfähigkeit maximal sind. Vieles kann schiefgehen, wenn Kinder auf dieser frühen Stufe vernachlässigt werden; läuft andererseits etwas aus anderen Gründen verkehrt, so läßt sich doch auch vieles wiedergutmachen.

Es ist von größter Wichtigkeit, so bald wie möglich die Ursache aufzudecken (HELLBRÜGGE). In diesem Fall wird die Erziehung zur Therapie (GUTFRIED 1974). Der Übergang ist oft willkürlich, da die Erziehung als Lebenshilfe nicht zwischen den verschiedenen Lebensstufen unterscheidet.

Die Erziehung beginnt bereits vor der Geburt, wenn den Eltern geholfen wird, sich auf das kommende Ereignis vorzubereiten. Sie ist notwendig während der Geburt selber, wie LEBOYER 1975 sehr überzeugend und einfühlsam demonstriert hat. Sie ist äußerst wichtig in den prägenden Jahren, und zwar aufgrund der Eigentümlichkeiten des geistigen Embryos; aber ebensosehr auf den anderen drei Entwicklungsebenen, die von MONTESSORI beschrieben worden sind. Danach bilden die Eltern einen integrativen Teil derjenigen Personen, die für die Ausbildung verantwortlich sind. Und schließlich ist sie wichtig als permanente Erziehung bis zum Tod hin.

Wann immer die Humanität sich zeigt, kann die Erziehung ihren Beitrag zur Lebenshilfe leisten.

Hilfen für das behinderte Kind

Was das behinderte Kind anbelangt, können wir einen Zeitgenossen zitieren, der wie MONTESSORI, fasziniert war von der Arbeit ITARDS über den wilden Jungen von Aveyron (worüber er einen ausgezeichneten Bericht gibt). Professor BALL hat sich intensiv mit der Arbeit an in Heimen lebenden, geistig behinderten Menschen befaßt. Die größte Befriedigung gab ihm »die sublime Freude, Menschlichkeit in der Entstehung zu finden«, dort wo er eigentlich nur eine Negation menschlicher Qualitäten vorzufinden glaubte (1971).

Die Montessori-Pädagogik bezieht sich auf letzteres und macht keinen Unterschied, wo und in welchem Ausmaße diese Qualitäten gefunden werden sollten. Sofern ein Potential vorhanden ist, läßt es sich aktivieren, besonders in einer gemischten, sozialen Gruppe – gemischt bezüglich des Alters, des Geschlechts und der Art der Behinderung (sofern das Verhältnis ausgewogen ist). HELLBRÜGGE hat diese Möglichkeit in der Montessori-Pädagogik entdeckt. Mit seinem Enthusiasmus, seiner Vitalität und seiner Ausdauer ist er in der Erschaffung dessen erfolgreich gewesen, was sehr wohl eine Grundlage sein könnte für die permanente Ausbildung von Erziehern, die sich auf die integrierte Erziehung spezialisiert haben.

Was ich damit meine und was ich versucht habe, in diesem Vortrag zu erklären, wird in einer sehr überzeugenden und lebendigen Art durch einen amerikanischen Film veranschaulicht, der auf der Arbeit von Dr. ARGY (1965) aufbaut, einem weiteren großen Pionier der Anwendung der Montessori-Erziehung bei behinderten Kindern.

Die Verknappung meines Vortrages, wie die Umstände sie mit sich gebracht haben, mag seine Verständlichkeit erschwert haben. Einige der Themen, die ich berührt habe, habe ich in früheren Vorträgen ausführlich dargestellt (1976). Die weitere Bibliographie, die diesem Vortrag beigefügt ist, mag dem Leser weiterhelfen.

Eines muß dennoch klargeworden sein, nämlich, daß die Montessori-Bewegung nach einer langen, expansiven und abenteuerlichen Wanderung zu ihrem Ursprung zurückgekehrt ist: der Bemühung um das behinderte Kind und der Notwendigkeit, die wesentlichen Bezüge des Menschen zu begründen, um solchen Kindern und ihren Eltern dabei zu helfen, in gleichem Maße wie Gesunde an der menschlichen Situation teilzuhaben (MONTESSORI 1977, OREM 1969).

Montessori-Pädagogik und Sozialpädiatrie

Diese Rückkehr zum Ursprung geschieht mit verstärktem Einsatz und neuen wissenschaftlichen Beweisen für die Gültigkeit der Grundprinzipien. Prof. HELLBRÜGGE hat in seinem Eingangsvortrag über die von der modernen Forschung gelieferte Bestätigung nicht nur der Existenz, sondern auch der grundlegenden und irreversiblen Funktion sensibler Perioden für die Formung der menschlichen Persönlichkeit berichtet.

Diese Zusammenarbeit zwischen der Montessori-Pädagogik und der

Sozialpädiatrie zeigt, daß die Bedeutung der gemeinsamen Untersuchung des Kindes zwecks Förderung der Wissenschaft vom Menschen begriffen wird. Die leidenschaftliche Botschaft von Maria MONTESSORI blieb nicht ungehört.

Persönlich wäre ich selbstverständlich sehr glücklich, wenn auch die Psychoanalytiker und insbesondere die Kinderanalytiker sich an dieser Aufgabe beteiligen würden. Ich glaube – wie auch Maria MONTESSORI –, daß nur eine gemeinsame Anstrengung aller, die ernsthaft an der Untersuchung der Entwicklung des Menschen beteiligt sind, zu einer allgemeinen Wissenschaft vom Menschen führen kann. Diese könnte allen endlich die besondere Stellung des Menschen in der Welt klarmachen, seine besondere Aufgabe in dieser Welt und seine Möglichkeit, entweder die Desintegration, Pollution und Gewalttätigkeit – in denen wir uns seit dem Zweiten Weltkrieg befinden – fortzusetzen oder sich in Richtung auf eine engere Zusammenarbeit und Einheit unter den Völkern hinzubewegen. In Richtung auf einen konstruktiven Gebrauch der unendlichen Möglichkeiten und Reserven, die unsere herrliche Welt immer noch anbietet, wenn der Mensch seine Intelligenz und Originalität, sein einzigartiges, menschliches Potential einsetzt, um das Werk der Schöpfung auf unserem Planeten fortzusetzen.

Literaturverzeichnis

ARGY, William P.: »Montessori Versus Orthodox: A Study to Determine the Relative Improvement of the Preschool Child with Brain Damage Trained by One of the Two Methods.« Sonderdruck aus *Rehabilitation Literature*, Okt. 1965, Vol. 26, No. 10. *National Society for Crippled Children.* USA.

BALL, Thomas S.: *Itard, Seguin and Kephart. Sensory Education – A learning interpretation.* Columbus, Ohio, 1971.

BOWLBY, John: *Attachment and Loss;* Vol. I: *Attachment*; New York, 1969; Vol. II, *Separation, Anxiety and Anger*; New York, 1973; dt. *Bindung.* München 1975.

FREUD, Anna: *Normality and Pathology in Childhood. Assessments of Development.* London 1966; dt. *Wege und Irrwege in der Kinderentwicklung.* Stuttgart [2] 1971.

GEHLEN, Arnold: *Der Mensch. Seine Natur und seine Stellung in der Welt.* Bonn 1950.

GROUP FOR THE ADVANCEMENT OF PSYCHIATRIE; Committee on Adolescence: *Normal Adolescence.* New York 1968.

GUTFRIED, Ulrich: »Das Kinderzentrum der Aktion Sonnenschein und der Forschungsstelle f. Soziale Pädiatrie und Jugendmedizin der Universität München. Modell einer sozialpädiatrischen Klinik.« Sonderdruck aus *Der Kinderarzt*, Heft 2/74.

HELLBRÜGGE, Theodor (Red.): »Behinderte Kinder. Früherkennung, Behandlung, Rehabilitation«, Bundeszentrale f. gesundheitliche Aufklärung, Köln, im Auftrag des Bundesministers f. Jugend, Familie und Gesundheit.

HELLBRÜGGE, Theodor (Hrsg.): *Die ersten 365 Tage im Leben eines Kindes. Die Entwicklung des Säuglings.* München 1974.
HELLBRÜGGE, Theodor (Hrsg.): »Kindliche Sozialisation und Sozialentwicklung«; in: *Fortschritte der Sozialpädiatrie.* Band 2; München–Berlin–Wien 1975.
KOCH, Manfred: vgl. THOMAE
LEBOYER, Frederick: *Birth without Violence.* London 1975.
LERSCH, Philipp: *Der Aufbau der Person.* München 1951.
MAHLER, Margaret S., F. PINE, und A. BERGMANN: *The Psychological Birth of the Human Infant. Symbiosis and Individuation.* New York 1975; dt. 1978.
MONTESSORI, Maria: *The Education of Mentally Defective Children.* A.M.I. Communications 1977/1
MONTESSORI, Maria: *The Montessori Method.* New York 1964.
MONTESSORI, Maria: *The secret of childhood;* New York 1939; dt. *Kinder sind anders.* Stuttgart ⁹1971.
MONTESSORI, Maria: *Primitive man and the child.* A.M.I. Communications (London 1939), 1974 1/2.
MONTESSORI, Maria: *From Childhood to Adolescence.* New York 1973; dt. *Von der Kindheit zur Jugend.* Freiburg ²1973.
MONTESSORI, Maria: *The Absorbent Mind.* Adyar, Madras, 1959; dt. Freiburg 1972.
MONTESSORI, Maria: *The Advanced Montessori Method. Bd. I: Spontaneous Activity in Education.* New York 1967.
MONTESSORI, Mario M.: *Education for Human Development.* New York 1976; dt. *Erziehung zum Menschen.* München 1977.
MURPHY, Lois B., und Alice E. MORIARTY: *Vulnerability, Coping and Growth. From infancy to adolescence.* New Haven und London 1976.
OREM, R. C.: *Montessori and the Special Child.* New York 1969.
PROVENCE, Sally, und Rose C. LIPTON: *Infants in Institutions.* New York 1969.
SARNOFF, Charles: *Latency.* New York 1976.
SPITZ, René A.: *The first year of Life.* New York 1965; dt. *Vom Säugling zum Kleinkind.* Stuttgart 1967.
THOMAE, H., und M. KOCH: *Entwicklungspsychologie* (Band III des *Handbuchs der Psychologie* in 12 Bänden). Göttingen 1959.

MARSILIA PALOCCI (Rom) und
CLARA SPELTEN (Düsseldorf)

Übungen mit dem Sinnesmaterial

Im Mittelpunkt der Montessori-Pädagogik steht nicht das Material, sondern das Kind.

Das Material ist ein ausgezeichnetes Instrument im Rahmen der vorbereiteten Umgebung. Damit kann das Kind in seiner jeweiligen Entwicklungsphase nicht nur seine Aktivität entfalten, sondern auch klare Erfahrungen sammeln, die ihm zur Anpassung an und zur Eroberung seiner Umwelt dienen.

Das junge Kind ist an seiner Umwelt interessiert und nimmt sie mittels seiner Sinne in sich auf. Die Beziehungen der Sinne zur Umwelt formen im Geist ein Ganzes. Was sich verändert, ist das Interesse. Das Interesse des Kindes kommt nicht aus der bloßen sinnlichen Wahrnehmung, sondern aus der Beziehung von Gegenständen zueinander und aus dem Erkennen dieser Beziehungen.

Frau MONTESSORI sagte 1931 in Rom:

»Unser Material soll kein Ersatz für die Welt sein, soll nicht allein die Kenntnis der Welt vermitteln, sondern soll Hilfe und Führer sein für die innere Arbeit des Kindes. Wir isolieren das Kind nicht von der Welt, sondern geben ihm das Rüstzeug, die ganze Welt und ihre Kultur zu erobern. Das Sinnesmaterial ist ein *Schlüssel* zur Welt und nicht mit der Welt zu verwechseln.«

So ist das Sinnesmaterial kein Beschäftigungs-, Anschauungs- oder gar Spielmaterial im üblichen Sinne. Es ist eine fundamentale Hilfe für das Kind. Je länger das Material in den Händen des Kindes bleibt, um so klarer wird der Geist, bis er zur Abstraktion fähig wird.

Besondere Merkmale des Sinnesmaterials:

1. Es hat *Aufforderungscharakter*, es ist handlich und zu be-greifen. Es ist auf die Erprobung eines jeden Sinnes ausgerichtet und wird vom Kind frei gewählt. Zudem hat es immer seinen festen Platz im Klassenzimmer. Die Ordnung der Dinge und ihre Vollständigkeit sind tiefe Notwendigkeiten.

2. Das Material ist *begrenzt* und auch nur einmal vorhanden. So bleibt es nicht nur überschaubar, sondern auch begehrenswert bei Rücksichtnahme auf die Wünsche anderer; ganz im Gegensatz zum verwirrenden Warenangebot heutiger Kaufhäuser, dessen Wirksamkeit dem sozialen Aspekt konträr ist.

3. Der Schwerpunkt des Materials liegt in der *Isolierung der Eigenschaften*. Diese macht aufmerksam auf das Grundlegende und hilft bei der klaren Unterscheidung der Umwelteindrücke und damit beim Aufbau der Persönlichkeit.
4. Eine *Fehlerkontrolle* macht das Kind unabhängig vom Erwachsenen und stärkt sein Selbstvertrauen. Den Drang zur Vervollkommnung trägt das Kind in sich, es wiederholt aus eigenem Antrieb – während der Erwachsene durch gegebene Fehlerkontrolle sich oft selbst betrügt.
5. Dem Kind unbewußt, beinhaltet das Material auch eine *indirekte Vorbereitung* für spätere Weiterentwicklung.

Zum Material gehört auch der Erzieher.

Er ist der Mittler zwischen Kind und Material. Er achtet das Geheimnis der inneren Aufbauarbeit des Kindes.

Daher vermittelt er nur die Handhabung zum rechten Zeitpunkt, langsam und mit behutsamer Genauigkeit, damit das Kind gemäß seinem Rhythmus dem Tun folgen kann. Das Tun an sich ist etwas Äußeres – es genau auszuführen, ist innere Arbeit.

Der Erzieher stört das Kind nie und läßt ruhig zu, daß es Fehler macht. Er muß sich von der Sucht freihalten, hastig äußere Resultate anzustreben, und vielmehr dem Kind die Freiheit lassen, seine eigenen Entdeckungen machen zu können.

Ebenso muß der Erzieher das Material und seine vielen Kombinations- und Variationsmöglichkeiten kennen, so daß er gegebenenfalls neue Impulse setzen kann. Er muß bereit sein, seine Hilfe zu geben, wenn das Kind ihrer bedarf.

Frau MONTESSORI sagte (Rom 1931):

»Die Lehrerin sei äußerlich passiv – aber voller innerer Aktivität.«

Ließe der Erzieher diese pädagogische Grundhaltung vermissen – die freundliche Annahme des Kindes, in Ehrfurcht vor seiner Persönlichkeit –, so würde selbst das beste Material zum Zerrbild und keine Hilfe für das Kind bedeuten.

JON R. OSTERKORN (Milwaukee)

Frühkindliche Störungen, der Erwachsene und die Gesellschaft

Das Schauspiel *Die Glasmenagerie* des amerikanischen Autors Tennessee WILLIAMS handelt von Laura, einem verkrüppelten Mädchen, und der krankhaften Beziehung zwischen ihr und ihrer Mutter. Laura lebt in einer Traumwelt ohne eigenes Leben, angefüllt allein mit zerbrechlichen Glastieren. Sie selbst ist ein ebenso zerbrechliches Geschöpf, dessen körperliche Behinderung nur eine relativ geringe Beeinträchtigung darstellt im Vergleich zu der »verkrüppelten« gefühlsmäßigen Einstellung ihrer Mutter ihr gegenüber. Lauras einziger Lebenszweck scheint darin zu liegen, die unmäßigen Bedürfnisse ihrer alternden Mutter zu erfüllen.

Das Stück beginnt mit den Worten von Lauras Bruder:

> »Ja, ich habe ein paar Zaubertricks für Sie bereit,
> aber ich bin das Gegenteil eines Zauberkünstlers,
> der im Zirkus auftritt.
> Solch ein Zauberer gibt Ihnen Illusionen unter
> dem Anschein der Wahrheit,
> Ich aber gebe Ihnen Wahrheit in der freundlichen
> Maske der Illusion.«

Die »Illusionen« in Drama, Literatur und Poesie nähern sich den Wahrheiten des Lebens oft mit größerer Klarheit und sichererem Verständnis als die wissenschaftlichen Disziplinen wie Psychologie, Medizin und Pädagogik. Die Kunst formt widergespiegeltes Leben in ganz persönlicher Weise und versucht, den Zuschauer sowohl auf menschlichem wie auf intellektuellem Niveau anzusprechen. Es ist das Anliegen des Autors, in gleicher Weise an Herz und Verstand zu rühren.

Das Leben ist oft so fremd wie eine Dichtung. Was sonst nicht klar gesehen werden kann, wird leichter deutlich in der symbolischen Welt des Romans, der Novelle oder des Schauspiels. Die Schönheit der Literatur besteht darin, daß sie derart viele persönliche Erfahrungen in derart gedrängter Form zusammenzufassen vermag. Die Wahrheit des Lebens, so schwierig sie im rauhen Licht des Alltäglichen erahnbar sein mag, wird konkret unter der »freundlichen Maske der Illusion«.

Kaspar Hauser

An einem frühen Maimorgen des Jahres 1828 wurde ein halbwüchsiger Junge aufgefunden, der durch die Straßen Nürnbergs wanderte. Er war bäuerlich angezogen, und wenn man ihn etwas fragte, konnte er nur mit wenigen unzusammenhängenden Worten antworten. Er trug zwei Briefe bei sich, aus denen hervorging, daß er 1812 geboren worden sei, lesen und schreiben gelernt habe und Kaspar Hauser heiße. Obwohl er schon 16 Jahre alt war, konnte er nur ein paar Worte sprechen und benahm sich wie ein vierjähriges Kind. Außer an Brot und an Wasser zeigte er an keinerlei Nahrung Interesse und war im allgemeinen als mißtrauisch und furchtsam zu bezeichnen. Die Nürnberger Stadträte waren in Verlegenheit hinsichtlich dessen, was nun mit diesem Jungen geschehen sollte, und schickten ihn erst einmal ins Gefängnis, wo er von der neugierigen Menge bestaunt wurde. Später kam er dann in die Obhut eines Universitätsprofessors. Seine geheimnisvolle Vergangenheit und seine weitere Lebensgeschichte fesselte in den darauffolgenden Jahren ganz Europa. Zahlreiche Gerüchte über seine Herkunft und sein Verhalten waren im Umlauf. Als seine Erziehung und damit auch seine sprachliche Entwicklung weiter fortgeschritten war, erklärte er, daß er früher wie ein Säugling gehalten worden sei, eingeschlossen in einem Wandschrank, gefüttert lediglich mit kleinen Portionen von Brot und Wasser.

Bald begann ein erbitterter Kampf zwischen den verschiedenen Gruppen, wie nun am besten für das Wohl des Kaspar Hauser gesorgt werden könne. Die Politiker nahmen lebhaften Anteil an ihm und vermuteten, er sei der Kronprinz von Baden.

Die Wissenschaftler interessierten sich für ihn, weil sie an diesem Kind mit so einzigartigem Entwicklungshintergrund endlose Erziehungsexperimente anzustellen hofften. Auch die Kirche war um das Wohlergehen des Kaspar Hauser besorgt, weil sie sein Erscheinen als bedeutsames spirituelles Ereignis auffaßte. Alle gewichtigen Persönlichkeiten der Erwachsenenwelt betonten ihre tiefe Anteilnahme am Wohlergehen dieses Kindes, während sie gleichzeitig versuchten, ihn für ihre eigenen Zwecke auszunutzen. Jeder erklärte sehr lautstark und deutlich, er wolle ja nur das Beste für Kaspar Hauser, während er einzig und allein darum kämpfte, Einfluß und Kontrolle über den Jungen zu erlangen. Im gleichen Maße wie dieser Kampf fortdauerte, kam seine Entwicklung zum Stillstand, und sein Wesen und sein Verhalten wurden immer sonderbarer. Eines Tages wurde er verwundet aufgefunden; er starb schließlich 1833 an Stichwunden, die ihm ein unbekannter Angreifer zugefügt hatte.

Das Geheimnis des Kaspar Hauser war für über 100 Jahre eine Quelle allgemeinliterarischer Erläuterungen und Deutungen. Wieviel von dieser Geschichte und welche der zahlreichen Darstellungen wahr ist, ist schwer festzustellen. Doch was nun wirklich den Tatsachen entspricht, ist unerheblich im Vergleich zu dem Wahrheitsgehalt, der zwischen den Zeilen erkennbar wird.

Ein Kind unbekannter Herkunft wird vernachlässigt und mißhandelt und erleidet durch diese Erfahrungen in früher Kindheit schwerste Schädigungen in seiner Entwicklung. Während es damit kämpft, manche seiner Mängel zu überwinden, wird es das Opfer der Verfolgung von seiten der Erwachsenen-Gesellschaft. Das ist die Legende von Kaspar Hauser: ein Kind, das durch die Erwachsenen in seiner Umgebung in stärkerem Maße gehemmt wird als durch seine eigene Behinderung. Doch natürlich, dies ist ja nur eine Geschichte, eine bloße Illusion.

Stufen des Lernens

Jeder, der die Geburt, das Heranwachsen und die Entwicklung eines Kindes beobachten will, kann in diesem Entwicklungsverlauf einen Mikrokosmos der gesamten menschlichen Entwicklung sehen. Er kann den langsamen Prozeß verfolgen, in dem der Verstand Wirklichkeit und Fantasie zu unterscheiden lernt, er kann das Aufblühen von verstandesmäßigen und Vorstellungskräften beobachten und deren nachfolgende Ausweitung und Steuerung durch das Aufdämmern eines sozialen Bewußtseins. Wer für Erziehungsfragen besonders aufgeschlossen ist, sieht den Ursprung dieses Bewußter-Werdens in der einzigartigen Neigung zu Anpassung und spontanem Lernen, wie sie jedem Kind zu eigen ist. Dieser Vorgang ist in den Schriften von Maria MONTESSORI sehr gut dargestellt und hat in letzter Zeit weitere psychologische Unterstützung erfahren durch das Buch *Erziehung zum Menschen* von Mario MONTESSORI jun. (1976, dt. 1977).

Lernen ist eine der grundlegenden Aufgaben aller Lebewesen. Der Vorgang ist entscheidend für die Anpassung des Kindes an die Umgebung, in der es lebt, und als solcher durch Umwelteinflüsse sehr störbar. Die meisten Entwicklungsschwierigkeiten stehen mit einer der verschiedenen Stufen des Lernprozesses in Zusammenhang. Untersuchungen von MYKLEBUST (1967) weisen darauf hin, daß es fünf unterschiedliche Stufen des Lernens gibt, und zwar
1. Gefühlserregung, Sinneserfahrung;
2. Wahrnehmung;
3. Bildvorstellung;
4. Versinnbildlichung und
5. Begriffsbildung.

Diese Bestrebungen des Menschen, etwas zu erkunden, vernünftig zu denken, sich etwas vorzustellen und zu erschaffen, die in dem Buch *The Human Tendencies and Montessori Education* von Mario MONTESSORI sen. im einzelnen besprochen werden, können nur verwirklicht werden durch gründliche Erfahrungen mit den einzelnen Phasen des Lernvorgangs. Die Entwicklung der Verstandeskräfte wird erreicht durch die lebendige Wechselbeziehung zwischen der Umgebung – auf dem Weg des Lernens – und den inneren Bestrebungen, die die Formung der Persönlichkeit leiten.

Lernen durch Sinneserfahrung

Die erste, einfachste und grundlegendste Stufe des Lernens ist das Lernen durch Sinneserfahrungen. Untersuchungen an Kindern, wie sie z. B. von WHITE (1976), ILLINGWORTH (1971) und BÜHLER (1930) unternommen wurden, unterstützen die Theorie, daß die sensorischen Kanäle die Hauptansatzpunkte des Lernens im ersten Lebensabschnitt sind. Damit es sich so günstig wie möglich entwickeln kann, muß dem Kind erlaubt sein, seine dingliche und soziale Umwelt *beobachten* zu können. Das Kind hat fünf Wege, etwas über die Welt um sich herum zu erfahren: es kann sehen, riechen, fühlen, hören und schmecken. In ihrer Aufgabe, aus dem Kind einen vollständigen Menschen zu machen, sind diese Sinnesmodalitäten nützliche Informationsträger. Die Studien von ESCALONA (1962) und WOLFF (1966) weisen nach, daß die meisten neugeborenen Kinder schon verschiedene Abstufungen von Wachheit in den verschiedenen Sinnesbereichen äußern können. Nach der Geburt schreitet die Entwicklung der sensorischen Wachheit rasch voran, und zwar als Antwort sowohl auf innere als auch auf äußere Reize. In diesem Entwicklungsverlauf ist die Hand zweifelsohne das Werkzeug des Verstandes, von dem anzunehmen ist, daß es maßgeblich die Denkstrukturen, das Be-Greifen und Verstehen formt.

Lernen durch Wahrnehmung

Die zweite Stufe des Lernens, Wahrnehmung, stellt die Fähigkeit dar, Sinnesinformationen genau zu erkennen. Wahrnehmungslernen ist nach GIBSON (1969) und LINDSAY (1972) der erste integrative Prozeß, der sowohl den Sinneseindruck wie auch das Einordnen des Wahrnehmungsinhaltes auf einer höheren psychischen Ebene umfaßt. Dieses Phänomen der Wahrnehmungsorganisation spielt sich im Rahmen von Raum und Zeit ab. Persönliche Sinneserfahrungen sind in Wahrnehmungsmustern organisiert, die dann Bedeutung und Wert aus dem Gedächtnis erhalten. Die theoretische Bedeutsamkeit dieser Reizmuster für die Herstellung von Wahrnehmungserfahrungen wurde von den Vertretern der »Gestalt-Psychologie« erkannt. Dieser integrative Prozeß der Wahrnehmung stellt eine geschlossene Erfahrung dar, die nicht gleichzusetzen ist mit der Summe der einzelnen sensorischen Elemente.

Das Bild *Sonntag nachmittag auf der Insel La Grande Jatte* des französischen Künstlers Georges SEURAT verdeutlicht, wie ein Gesamtbild aus verschiedenen einzelnen Sinneseindrücken zusammengesetzt ist. Der Gesamteindruck ist aber mehr als die Summe dieser Teile.

Wahrnehmungen sind jedoch auch selektiv. Der Mensch reagiert nicht in gleicher Weise auf all die Reize, die auf ihn einströmen. Es ist vielmehr ein Bestreben vorhanden, sich auf wenige ausgewählte Reize zu konzentrieren. Durch sorgfältige Entwicklungsschritte wird das Kind fähig, ausgewählte Sinneserfahrungen im Blickfeld zu behalten und störende Einflüsse auszuschalten. Es gibt deutliche Anzeichen dafür – wie Robert McCLEARY (1965) in seinem Buch *Subcortical Mechanisms of Behavior* und Wilder PENFIELD (1959) in *Speech and Brain Mechanisms* aufzeigen –, daß auch Reize, die ein Individuum nicht bewußt aufnimmt, dennoch in irgendeiner Form im Wahrnehmungssystem registriert werden. Obwohl die Kontinuität der neurologischen Ereignisse innerhalb des ZNS schwanken kann, werden die Reize, die über die sensorischen Kanäle hereinkommen, stets in der Weise aufgenommen, die Maria MONTESSORI (1949) zutreffend als den »absorbierenden Geist« beschrieben hat.

Lernen von Bildvorstellungen

Die Bildvorstellung ist die nächsthöhere Entwicklungsstufe im Lernprozeß und betrifft die Fähigkeit, zwischen verschiedenen ähnlichen, aber doch ungleichen Wahrnehmungen zu unterscheiden. Dieses Konzept des Lernens ist notwendig, um den Unterschied zwischen Wahrgenommenem und im Gedächtnis Gespeichertem zu erklären. Bildvorstellungen beziehen sich auf schon erhaltene Information. Wenn ein Kind das Bildvorstellungsvermögen erwirbt, ruft es sich Teile früherer Erfahrungen wieder ins Bewußtsein oder setzt diese mit seinen Erinnerungen an frühere Erfahrungen in Beziehung. Was ein Mensch wahrnimmt und wie er es wahrnimmt und in seinem Gedächtnis speichert, ist zu einem gewissen Teil durch seine Bedürfnisse und sein persönliches Wertsystem schon festgelegt. Der Wert, den ein Mensch einem Gegenstand oder einem Geschehen beimißt, kann die direkten Eindrücke und die Erinnerung daran mit beeinflussen. Die

Auswahl dessen, was im Gedächtnis gespeichert und durch Bildvorstellung wieder abgerufen wird, ist in hohem Maße bestimmt von gefühlsmäßigen Umständen. Die kürzlich erschienene Arbeit von Margaret MAHLER (1975) über *The psychological Birth of the Human Infant: Symbiosis and Individuation* (dt. *Die psychische Geburt des Menschen*, 1978) liefert eine detaillierte Studie über die Entwicklung und den Ausbau innerpsychischer Organisationen in ihrer Abhängigkeit von der sozio-emotionalen Entwicklung des Kindes.

Das wirkungsvolle Wechselspiel zwischen den Kräften der Sinneserfahrung, der Wahrnehmung und der Bildvorstellung ist von Maria MONTESSORI in ihrer Auseinandersetzung über Engramme (Veränderung des Nervengewebes durch längere Reizung, z. B. Lernen) und Mneme (»Gedächtnis« als Oberbegriff für vererbte und erworbene Eigenschaften) sehr sorgfältig überprüft worden. Engramme sind Spuren von Gefühlen und Ereignissen, die Erfahrungen geworden und in der Mneme gespeichert worden sind, dem »lebendigen Gedächtnis, das sich nicht bewußt wiedererinnert, sondern Bilder aufnimmt aus dem persönlichen Leben gerade dieses Menschen«. Maria MONTESSORI zeigt uns in ihrem Buch *To Educate the Human Potential* (1973), daß innerhalb der Mneme die Engramme »mit dem Unterbewußtsein in Zusammenhang stehen, wann immer der Mensch sich für irgend etwas interessiert. Diese Verknüpfung erfolgt spontan und ist weit mehr aktiv wirksam als eine durch irgend etwas ausgelöste Kette zusammenhängender Gedanken.«

Lernen der Versinnbildlichung

Versinnbildlichung ist die vierte Stufe in der Entwicklung des Lernens. Diese komplexe Stufe des Lernens enthält sowohl sprachliche als auch nichtsprachliche Elemente und beinhaltet die Fähigkeit, frühere Erfahrungen wieder abzuberufen. Die Forschungen von CAZDEN (1972) und MOORE (1973) zeigen, daß es drei Bereiche der Versinnbildlichung gibt: die Entwicklung der inneren Sprache, der aufnehmenden Sprache und der ausdrückenden Sprache. Die innere Sprache gibt einem Wort Sinngehalt. Ohne die innere Sprache und die Erfahrung darüber, was ein Wort bedeutet, erhält ein Wort keinen Sinnzusammenhang, und daher gibt es dann auch keine »Sprache« als solche. Die innere Sprache ist das wirkungsvollste Werkzeug, mit dessen Hilfe der Mensch denkt.

Der zweite Bereich der Versinnbildlichung ist die aufnehmende Sprache, die die visuellen und auditiven Anteile des Denkens verarbeitet. Aufnehmende Sprache beinhaltet Organisation und Übertragung aller einlaufenden Außenreize, die vom Verstand des Kindes ausgesondert werden müssen. Der dritte wesentliche Bereich der Versinnbildlichung ist die ausdrükkende Sprache. Sie kann sich erst dann entwickeln, wenn eine ausreichende Organisation von innerer und aufnehmender Sprache stattgefunden hat. Die richtige Aufeinanderfolge dieser Vorgänge ist von grundlegender Bedeutung für eine harmonische Entwicklung des Kindes.

Sprachentwicklung

BROWN (1973) meinte, daß die menschliche Sprache drei wichtige Eigenschaften besitzt, die die Sprachentwicklung – als eine Form von zwischenmenschlicher Verständigung und Selbstentfaltung – für das Kind einzigartig bedeutsam werden läßt. An erster Stelle steht die »Semantizität« oder Bedeutsamkeit. Diese Behauptung setzt voraus, daß die menschliche Sprache in ihrer Symbolform eine enorme Vielzahl von Ereignissen, Gegenständen, Gefühlen und Gedanken widerspiegelt. Eine zweite Eigenschaft der Sprache ist die »Produktivität«, die Fähigkeit, einzelne Worte in einer unendlichen Vielzahl von Sätzen zu kombinieren. CHOMSKY (1972) hat hervorgehoben, daß – bis auf allgemein gebräuchliche Redewendungen – nahezu jeder Satz, der gesprochen oder gehört wird, brandneu ist. Nach einer Schätzung von FARB (1974) würde ein Mensch, der versuchte, alle vorstellbaren 20-Wort-Sätze der englischen Sprache von sich zu geben, 10 Billionen (10 000 000 000 000) Jahre sprechen. Die letzte wesentliche Eigenschaft der Sprache ist das »Ersetzen«, die Fähigkeit, Kenntnisse über Dinge und Gegebenheiten auf andere Bedingungen und in eine andere Zeit zu übertragen. Diese Eigenschaft der Sprache ermöglicht es auch, Kenntnisse von einer Generation auf die nächste zu übertragen.

In jedem Stadium der Sprachentwicklung legt das erkenntnismäßige Begreifen seiner Umgebung dem Kind das Fundament für seine eigene Fähigkeit, eine Sprache zu sprechen und zu verstehen. Die Sprachentwicklung kann nicht stattfinden, ehe das Kind nicht Gegenstände und Ereignisse seiner näheren Umwelt erkennen und diese Wahrnehmungen zu jeder anderen in seinem Gedächtnis gespeicherten in Beziehung setzen kann. Wenn es einmal den Punkt erreicht hat, wo es innere Vorstellungen von Gegenständen und Ereignissen bilden und speichern kann, ist es auch fähig, dieses System einzusetzen, um seine Gefühle in ihrer verstandesgemäßen Verarbeitung zum Ausdruck zu bringen. Die ersten Worte tauchen auf und mit ihnen die Grundlage der sprachlichen zwischenmenschlichen Verständigung.

Lernen von Begriffsbildung

Begriffsbildung ist die fünfte und letzte Stufe des Lernens. Diese Fähigkeit entwickelt sich mit Hilfe von Sinneserregung, Wahrnehmung, Bildvorstellung und Versinnbildlichung. Sie beinhaltet die Ein- und Aufteilung von Informationen in begriffliche Klassen, die vom Kind als getrennt erkannt werden. Begriffe sind die Zwischenglieder, die die Verbindung herstellen zwischen dem verstandesbestimmten Gedanken und dem schöpferischen Nachdenken. Riesige Klassen von Informationen werden im Gedächtnis gespeichert, geordnet, zusammengefaßt und wieder umgestaltet, um so verschiedene Betrachtungs- und Verstehensweisen der Welt gewinnen zu können.

Es ist eine berechtigte Annahme, daß die erste Bedingung zur Erlangung der grundlegenden, lebensnotwendigen Fertigkeiten die Entwicklung der Fähigkeit ist, Informationen dadurch genau zu verarbeiten, daß sie wahrgenommen, mit früheren Informationen verglichen, gespeichert, wieder abgerufen und mit den Geschehnissen des täglichen Lebens in Zusammenhang gebracht werden. Die fünf Stufen des Lernens sind allesamt kognitive Funktionen der Persönlichkeit. Diese Aspekte der Entwicklung sind jedoch sehr leicht beeinflußbar durch die gefühlsmäßige Atmosphäre, die das Kind umgibt.

Anpassung und Konstruktion

Alle Kinder sehen sich der doppelten Aufgabe der Anpassung und der »Konstruktion« gegenübergestellt: Anpassung an die Umgebung, sowohl körperlich als auch im sozialen Bereich, und Konstruktion im Sinne der Entfaltung einer einzigartigen Persönlichkeitsstruktur. Diese Situation ist heikel und schwierig, weil durch den ganzen Entwicklungszyklus hindurch diese beiden Triebe, um volle Verwirklichung finden zu können, sowohl von intakten physiologischen Funktionen als auch von positiver psychologischer Unterstützung abhängig sind. Bei den meisten Kindern ist das physiologische System der Entwicklung – bis auf kurze Ausnahmezeiten während einer Krankheit – gewöhnlich funktionstüchtig. In einer angemessenen Umgebung und in Freiheit erzogen, werden diese Kinder ihren inneren Bedürfnissen gemäß handeln und ein einzigartiges konstruktives Verhalten entfalten. Wichtig ist hierbei vor allem, für eine vorbereitete Umgebung zu sorgen, die ausreichend positive psychologische Unterstützung bietet.

Andererseits ist das behinderte Kind nicht allein Objekt der Schwierigkeiten, die mit den sozial-umweltlichen Aspekten der Entwicklung zusammenhängen; es kann auch leichte bis schwerere organisch-physiologische Defizite aufweisen. Weil aber oft nur wenig für die Wiederherstellung der organischen Ausfälle getan werden kann, muß die Betonung auf den therapeutischen Einsatz der sozio-emotionalen Umgebung gelegt werden. Während organische Defizite Ausfälle in einem der fünf Lernbereiche verursachen können, können emotionale Beeinträchtigungen oft den gesamten Lernprozeß schädigen oder verzögern. Auf dem Wege einer psychosomatischen Persönlichkeitsstörung paßt sich das Kind dann selbst seiner Umgebung an. In diesem Prozeß nimmt es leicht und unbewußt sowohl Kenntnisse als auch Schwierigkeiten und Fehlverhalten auf, die deutliche Spuren in seiner Gesamtentwicklung hinterlassen. Störungen im Entwicklungsverlauf verlangsamen oder stoppen die natürliche Entwicklung des Kindes, indem sie die so notwendige freie Wechselbeziehung zwischen Kind und Umgebung verhindern. Solche Störungen treten ziemlich häufig auf, weil sich die Ziele und Wünsche der Eltern oft sehr von denen der Kinder unterscheiden. Der Erwachsene versteht es nie ganz, daß das Kind in einer großen schöpferischen Arbeit steckt. Er glaubt oder – besser gesagt – redet sich selbst ein, daß er – zum Nutzen des Kindes natürlich – die Richtung für die kindliche Entwicklung vorgeben muß. Er übernimmt diese Aufgabe, weil er weiß, daß er als Erwachsener dem Kind an Wissen und Stärke überlegen ist. Er meint, daß er das Kind formen muß, wie er selbst zu sein, damit es den Standards der Erwachsenenwelt entspricht.

Frühe Fehlentwicklungen behinderter Kinder

Während der frühen Entwicklungsperioden müssen Körper und Seele als ein einheitliches Ganzes agieren, um zur Gesamtentwicklung des Kindes beizutragen. Es treten jedoch oft Störungen auf, weil dieser Aspekt der kindlichen Entwicklung nicht beachtet wird. Das Kind versucht, seine verstandesbestimmten Fähigkeiten durch den Einsatz von Bewegungen zu üben. Gerade in diesem wichtigen Bereich der Entwicklung wird es jedoch oft zurückgehalten. Es darf keine Gegenstände berühren oder sich frei in der Umgebung bewegen. Es darf nicht am alltäglichen Leben der Familie teilnehmen und seine Fähigkeiten in der Welt der Erwachsenen nicht unter Beweis stellen.

Viel zu oft ist unbewußt eine sich selbst erfüllende Prophezeiung im Erwachsenen am Werk, die besagt, daß das behinderte Kind manches nicht kann, einfach weil es behindert ist. Denkklischees verschleiern die Einsicht der Erwachsenen und werden so zu Hindernissen, die das Kind überwinden muß. Wenn ein Versagen erwartet wird, wird es sich auch ereignen. Bruno BETTELHEIM schrieb 1974 in seinem Buch *A Home for the Heart* (dt. *Der Weg aus dem Labyrinth*): »Kinder verhalten sich in erster Linie gemäß unseren inneren Erwartungen über sie.« Weiter weist er darauf hin, daß das Kind aufgrund seiner Unsicherheit und seines fundamentalen Bedürfnisses nach emotionaler Unterstützung herauszufinden versucht, was immer es bewußt oder unbewußt an Richtlinien erhalten kann und was die Erwachsenen seiner Umgebung von ihm erwarten.

Die Vorurteile, gegen die die Behinderten zu kämpfen haben, scheinen sehr tief im kollektiven Unbewußtsein der Erwachsenengesellschaft verwurzelt zu sein. Die Einstellung des Erwachsenen ist eine der Verneinungseinstellung. Seine Handlungen beruhen auf unrealistischen Denkklischees. Doch sind diese Stereotype, die für den Behinderten oft zu »Vorhersagen der Verzweiflung« werden, nichts weiter als Illusionen, die wie Wahrheiten erscheinen, so schreibt Burton BLATT 1970 in seinem Buch *Exodus from Pandemonium: Human Abuse and a Reformation of Public Policy*:

> »Die Blinden werden nicht ›blind vor Zorn‹,
> die Tauben ›wenden einem kein taubes Ohr zu‹,
> die Geistigbehinderten ›verhalten sich nicht gefühllos‹
> und die Zurückgebliebenen ›handeln nicht stumpfsinnig‹.
> All dies sind auch die Schwächen der gewöhnlichen Menschen,
> die die meisten außerordentlichen Verbrechen der Welt begehen.«

Stereotype und Vorurteile über Behinderte

Vor einigen Jahren wurde ein Film *(Charly)* nach der Kurzgeschichte *Flowers for Algernon* von Daniel KEYES gedreht. Es ist eine »Science-fiction«-Erzählung über den geistig behinderten Jungen Charly, der durch die Wunder der modernen wissenschaftlichen Technologie »normal« gemacht wird. Die Geschichte zeichnet seine Abenteuer in der »normalen« Welt nach, endet aber in recht ungewöhnlicher Weise: Charly beschließt, daß er wieder in seinen früheren Zustand eines Geistigbehinderten zurückkehren möchte. Für Charly gebrauchen die »normalen« Menschen in der »normalen« Welt zu viele vorsätzliche Lügen, sind sie zu unehrlich, zu unaufrichtig und zu grausam.

Diese Stereotype und Vorurteile über die Behinderten, die den Erwachsenen unbewußt als Wahrheiten erscheinen, schränken die volle Entfaltung aller in den Kindern liegenden Fähigkeiten ein. Der Erwachsene tut für das Kind, was er für sich selbst tun möchte. Dieses Für-das-Kind-Sprechen auf seiten der Erwachsenen – sicher in bester Absicht für das Kind – nimmt ihm wichtige eigene Entscheidungen ab und verhindert so die Entwicklung von Willenskraft und Selbstbestimmung. Die Erwachsenen sehen weitaus lieber die hilflose Unfähigkeit des Kindes als sein Unabhängigkeitsstreben. Schon GOETHE sagt in *Sprichwörtlich*:

> »Was dem Enkel sowie dem Ahn frommt,
> Drüber hat man viel geträumet;
> Aber worauf eben alles ankommt,
> Das wird vom Lehrer gewöhnlich versäumet.«

Ungute Gefühle auf seiten der Erwachsenen werden von den Kindern schnell verinnerlicht und sind schwere Hindernisse für ihre gesamte Entwicklung. Lehnt der Erwachsene das Kind ab, so fühlt es sich wertlos und wendet sich nicht vertrauensvoll seiner Umgebung zu. Erniedrigt und demütigt der Erwachsene das Kind, fühlt es sich schwach und unterlegen und zieht sich in sich selbst zurück. Ist der Erwachsene unaufrichtig, lernt das Kind nicht, jemandem zu vertrauen. Sorgt der Erwachsene nicht für Wärme, Anerkennung und Liebe, kann das Kind sich selbst nicht anerkennen und wird nie fähig, die Liebe anderer als solche zu akzeptieren.

Diese negativen Gefühle der Erwachsenen gegenüber dem Kind können dessen Entwicklung sehr deutlich verzögern oder zerstören. In den Fällen, in denen eheliche Schwierigkeiten zwischen den Eltern bestehen, leidet auch das Kind. In diesem Zusammenhang schrieb Carl Gustav JUNG (1926) in seinem Buch *Analytische Psychologie und Erziehung*:

»Das Kind ist so sehr ein Teil der psychologischen Atmosphäre der Eltern, daß geheime und ungelöste Schwierigkeiten seine Gesundheit beträchtlich beeinflussen können. Die ›participation mystique‹, d. h. die primitive unbewußte Identität, läßt das Kind die Konflikte der Eltern fühlen und daran leiden, als ob es die eigenen wären. Es ist beinahe nie der offene Konflikt oder die sichtbare Schwierigkeit, welche die vergiftende Wirkung hat, sondern hauptsächlich verdrängte und vernachlässigte Angelegenheiten der Eltern.«

Beides, sowohl physiologische Schwierigkeiten als auch psychische Traumata, können ein Kind entwicklungsmäßig so hindern und retardieren, daß es schließlich in einen »behinderten« Zustand gerät, d. h. wirklich behindert *ist*. Solche Schwierigkeiten können nicht in jeder Lebensphase entstehen. Vorrangig lösen Verzögerungen in der Entwicklung während der Kleinkindzeit und der ersten fünf Lebensjahre eine Zerstörung der normalen Muster im Lernprozeß aus. Die Reaktionen des Kindes auf die Hindernisse, auf die es stößt, werden verinnerlicht (absorbiert) und bleiben ihm für den Rest seines Lebens erhalten. Negative Erfahrungen werden verdrängt, jedoch für immer im Gedächtnis bewahrt, und zerstören die gesamte Lebenseinstellung des Kindes. Die Entwicklungspsychologie hat sehr deutlich aufgezeigt, daß jede Stufe in der Entwicklung voll durchlebt und erfahren werden muß, um nicht für die Erfüllung der nächsten und aller darauffolgenden Stufen zum Hindernis zu werden. Dies liefe hinaus auf eine schwache, psychosomatisch empfindliche Persönlichkeitsstruktur, die empfänglich ist für eine Beherrschung seitens der Erwachsenen.

Die kindliche Persönlichkeit und die Wesensart der Mutter

Vor einigen Jahren erschien ein populärer Roman von Flora Rheta SCHREIBER, der als Titel einfach den Namen einer jungen Frau trug: *Sybil* (dt. 1974). Der Roman fußt auf einem Fallbericht aus der Praxis einer New Yorker Psychoanalytikerin, Cornelia WILBUR, die einer jungen Frau bei der Wiederherstellung ihrer Persönlichkeit sehr geduldig zu helfen versucht hat. Sybil litt unter einem Zustand, der als »Große Hysterie« bekannt ist, und lebte in einer Welt, die von sechzehn Persönlichkeiten bevölkert wurde (Persönlichkeitsspaltung). Während dieser psychiatrische Zustand in der anerkannten klinischen Literatur ganz einzigartig ist und der Verlauf von Sybils Leben recht ungewöhnlich war, erlaubt dieser Fall vor allem auch einen deutlichen Einblick in den Mechanismus der Beherrschung einer kindlichen Persönlichkeit durch die Wesensart der Mutter. Durch die widersprüchlichen Einstellungen und Verhaltensweisen ihrer Mutter, die auf sie eingewirkt hatten, war Sybils Persönlichkeitsentwicklung zersplittert in ein Puzzle einzelner »Persönlichkeiten«, die alle darum kämpften, mit der Einflußnahme fertig zu werden, die von der überwältigenden Persönlichkeit der Mutter ausging. In einem bestimmten, wenn auch geringeren Maße sind alle Kinder Gegenstand einer solchen »Persönlichkeits-Ersetzung«, wobei der Erwachsene den sich entwickelnden Willen des Kindes unterdrückt.

Ein Erwachsener setzt seine eigene Persönlichkeit und Wesensart an die Stelle der Persönlichkeit des Kindes, wenn er für es denkt und handelt oder dem Kind erlaubt, für ihn, den Erwachsenen, zu handeln oder zu denken. »Wenn dies geschieht, ist es nicht länger das Kind, das handelt, sondern der Erwachsene durch das Kind«, schrieb Maria MONTESSORI in *The Secret of the Childhood* (1966). Solche »Persönlichkeits-Ersetzung« findet statt, wenn der Wille des Kindes von dem des Erwachsenen überwältigt wird. Maria MONTESSORI hat selbst viele Beispiele erlebt, die zeigten, daß ein Mensch durch Suggestion seine eigene Persönlichkeit verlieren kann und die einer stärkeren Person übernimmt. Das Kind scheint aus sich selbst heraus zu handeln, aber seine Handlungen sind geprägt von den Wünschen und dem Willen des Erwachsenen.

Probleme der Eltern behinderter Kinder

Im Hinblick auf diesen wichtigen Aspekt der Entwicklung wurde in der Untersuchung über die Beziehungen zwischen dem Erwachsenen und dem behinderten Kind bedeutsame Arbeit geleistet. In ihrer Arbeit mit geistig behinderten Kindern hat Maud MANNONI ihre besondere Aufmerksamkeit auf die Sprache des Unbewußten gelegt und darauf, wie sich geistige Retardation im familiären Beziehungsgefüge auswirkt. Aufbauend auf der Arbeit des französischen Psychoanalytikers Jacques LACAN, hat sie die Dynamik der wirklichen und imaginären Beziehungen erforscht, in denen Kinder sich in ihrer häuslichen Umgebung befinden. Sie richtete dabei ihre Aufmerksamkeit vor allem auf die Tatsache, daß häufiges Kranksein oder mentale Retardierung Symptome für psychische Realitäten sind, die das Kind nur nicht ausdrücken kann. Gleichzeitig sind solche Symptome auch Antworten auf die mehr oder weniger unausgesprochenen Erwartungen und Vorstellungen der Eltern. MANNONI schrieb dazu:

»Das Kind – dazu bestimmt, eine Leere im Leben der Mutter zu füllen – hat keine andere Bedeutung, als für sie zu existieren und nicht für sich selbst. Den Forderungen der Mutter zu entsprechen, enthält immer auch, sagten wir, das Risiko eines Mißverständnisses, da es ja über die Formulierung ihrer Forderungen hinaus noch etwas gibt, was sie wünscht, obwohl sie sich dessen nicht bewußt ist. Jedes Bedürfnis nach Verselbständigung auf seiten des Kindes wird, wenn es plötzlich verschwindet, von der Mutter mit Hilfe ihrer Phantasie so aufgefaßt, als ob dies äußerst notwendig für sie wäre. Es ist die Aufgabe des Kindes, die Fehler der Eltern wiedergutzumachen, ihre vergangenen Träume zu verwirklichen. Die Klagen der Eltern über ihren Nachwuchs geben uns in erster Linie Hinweise auf ihre eigenen Schwierigkeiten.«

Mit diesen Formulierungen ist zweifellos schwer auf einer rationalen Ebene umzugehen. Sie zeigen jedoch ein sehr genaues Bild der Bedeutung der Beziehungen zwischen Eltern und Kind. Auch Maria MONTESSORI hat klargemacht, daß auf seiten der Eltern vielfach die Neigung besteht, ihre Persönlichkeit anstelle der sich entwickelnden Persönlichkeit des Kindes ins Spiel zu bringen. Über weite Strecken wird das Drama des kindlichen Lebens von den Erwachsenen seiner Umgebung gespielt, die anderen Zielen dienen als dem der ureigensten, natürlichen Entwicklung ihres Kindes. Carl Gustav JUNG (1926) macht darauf aufmerksam, daß »die Kinder solcher Mütter... praktisch die Bedeutung von Puppen (haben), die man nach Belieben schmückt. Sie sind nichts als stumme Figuren auf dem Schachbrett des elterlichen Egoismus und autoerotischer Blindheit, und das Tolle dabei ist, daß all dies getan wird unter dem Deckmantel selbstloser Hingabe an das liebe Kind, dessen Glück der einzige Zweck von Mutters Leben ist.«

Einer der hervorstechendsten Züge unserer Gesellschaft – besonders im Hinblick auf die behavioristische Einstellung der modernen Psychologie – ist die Neigung, nicht nur Dinge, sondern auch Menschen zu manipulieren, als wenn sie Objekte wären. Wie Malachi MARTIN 1976 in seinem herausfordernden Buch gegen die Besitzenden – *Hostage to the Devil* – ausführt, gibt es in unserer heutigen Kultur nur ein Steckenbleiben in der materialistischen Betrachtungsweise des Lebens und keine Würdigung der Tatsache, daß das Geistige in Wahrheit die Grundlage alles Wirklichen ist. Wenn der Erwachsene seine Persönlichkeit der des Kindes unterschiebt, beraubt er das Kind seiner Menschenwürde. Diese Art von Besitznahme nimmt dem Kind jede Gelegenheit zur freien Entscheidung. Das Kind lebt unter der »Fernsteuerung« von Eltern oder Lehrern. Dabei wird die Tatsache verleugnet, daß sich die Persönlichkeit eines Menschen aus seinen Entscheidungen bildet. Diese Entscheidungen spiegeln seine Werthaltungen wider, auf denen er, und einzig und allein er, sein Leben aufbaut und nach denen es ordnet. Jean Paul SARTRE (1956) drückt es so aus: »Ich bin meine Entscheidungen.«

Besitzergreifende Liebe und »Normalisation«

Alle Kinder sind, ebenso wie alle Erwachsenen, empfindlich gegenüber einem solchen erzwungenen »Ersatz der Persönlichkeit«. Jeder von uns hat Phasen, wo er unter solch eine kontrollierende Besitzergreifung eines anderen gerät. Wir tun und sagen Dinge, die nicht unsere eigene Meinung widerspiegeln, sondern dem Einfluß dieser anderen Persönlichkeit entspringen. Nur in dem Maße, in dem wir uns von dieser Okkupation befreien, sind wir in der Lage, uns bewußt zu verdeutlichen, in welchem Umfang wir von diesem anderen kontrolliert und beherrscht werden. Von Geburt an wird das Kind sich seiner Umgebung bewußt, es nimmt das, was um es herum vorgeht, in seine Persönlichkeit auf. Empfänglich für alles, wie es ist, wird das Kind besonders angezogen von dem, was die Erwachsenen tun, und es versucht, ihre Handlungen und ihr Verhalten nachzuahmen. Dies ist die Phase, in der es noch über keine vollausgebildete innere Struktur und Verhaltensorganisationen verfügt und daher besonders leicht von anderen zu beeinflussen und zu kontrollieren ist. In dem Maße, wie seine Fähigkeit wächst, die Persönlichkeiten der Menschen seiner Umgebung sensibel wahrzunehmen, entwickelt es auch sein eigenes Selbstbild, und damit befindet es sich in jenem fragilen Gleichgewichtszustand, der ein Kind so verletzbar macht gegenüber dem Einfluß der Erwachsenen.

Der natürliche Verlauf der Entwicklung sowohl für das normale als auch für das behinderte Kind kann als »Normalisation« beschrieben werden. Aufgrund seiner einzigartigen Sensibilität gegenüber den Erwachsenen seiner Umgebung kann das Kind jedoch von diesem Weg abweichen, und zwar aufgrund der besitzergreifenden Kontrolle der Erwachsenen.

Wie könnte es sonst sein, daß selbst wohlmeinende Erwachsene, Eltern und Lehrer, recht wirkungsvoll versuchen, die Persönlichkeit der ihnen anvertrauten Kinder zu beherrschen? Das mag keine bewußte Entscheidung auf seiten der Erwachsenen sein.

Wir leben jedoch in einer Welt, die von furchtsamen, unsicheren, feindseligen und mißtrauischen Menschen bevölkert ist. Sie alle waren einst Opfer einer solchen Besitzergreifung, sie alle sind als Ersatz für die unbewußten Wünsche der Erwachsenen benutzt worden.

OMBIUS – die Organisation des Bösen

Dieses Konzept der besitzergreifenden Liebe stellt uns vor eine Realität, die unser bewußtes Verstehen abstößt. Maria MONTESSORI zeigte uns jedoch sehr deutlich, daß es auf der Ebene zwischenmenschlicher Beziehungen ein unbewußtes Verhaltensmuster gibt, das diese Situation erklärt. Diese alles beherrschende Kraft nannte sie OMBIUS, eine Abkürzung aus den Anfangsbuchstaben der italienischen Worte »Organisation des Bösen, die den Anschein des Guten annimmt und durch Suggestion der gesamten Menschheit auferlegt ist«. Obwohl die Mitglieder der Gesellschaft glauben, daß sie zum Wohle des Kindes handeln, und obwohl sie auch einiges für es zu tun scheinen, »formt die Gesamtheit der Gesellschaft ein kollektives Unbewußtes, mit dem alle in voller Übereinstimmung handeln, wenn sie ein Kind manipulieren und unterdrücken«, sagt Maria MONTESSORI.

Sowohl das normale als auch das behinderte Kind sind Opfer dieses OMBIUS. Die Gesellschaft der Erwachsenen sieht den Zustand des Kindes an als einen Zustand der Inkompetenz, der Nutzlosigkeit und der Bedeutungslosigkeit. Sie unterdrücken das Kind, indem sie Dinge für es tun, die es selbst tun könnte. Sie versuchen, das Kind nach ihrem Ebenbild zu formen, und wenn dieses Bild geschädigt oder geschwächt ist, geben sie diese Mängel an das Kind weiter.

Diese unbewußte Haltung, die die Gesellschaft beherrscht, ist in größerem Umfang von dem Psychoanalytiker Wilhelm REICH untersucht worden. Im kollektiven Unbewußten aller Kulturen lauert eine Kraft, die alle positiven Aspekte des Lebens zu verzerren und zu zerstören sucht. REICH nannte diesen Faktor die »emotionale Pest«, die die Gesellschaft ergreift und ihre Mitglieder eher in einem ständigen Zustand der Unruhe, der Angst und in einem sinnlosen Machtstreben gefangenhält als in einer gemeinschaftlichen Bemühung um menschlichen Fortschritt. Die »emotionale Pest« und OMBIUS hindern die Gesellschaft der Erwachsenen und die Menschheit ganz allgemein daran, die Kinder in ihrem wahren Wesen zu erkennen. Durch die Macht der kollektiven Suggestion beherrscht und kontrolliert der Erwachsene den sich entwickelnden Willen des Kindes, um seinen eigenen Verhaltens- und Denkstereotypien gerecht zu werden und jenen Aspekten seiner Persönlichkeit, die in all seinen Kämpfen um seine eigene Entwicklung nicht durchgearbeitet worden sind. So werden die Möglichkeiten und Fähigkeiten der Kinder, egal ob behindert oder nicht, unterdrückt.

Notwendige Wandlung der Erwachsenen

In *Über die Bildung des Menschen* stellt Maria MONTESSORI fest, »daß die innere Umwandlung der Erwachsenen von ungeheurer Bedeutung ist für die Gesellschaft als Ganzes. Der Erwachsene muß sich ändern, wenn das Kind die Gelegenheit zur vollen menschlichen Entfaltung haben soll. Die Schwierigkeit, einen einmal eingenommenen Standpunkt der Gesellschaft zu ändern, resultiert daraus, daß das Kind ja schon geformt ist durch die Gesellschaft und dadurch nicht sehen kann, wie es in Wirklichkeit sein könnte.«

Solange das Kind in Unterdrückung lebt, lernt es lediglich wiederum nur Unterdrückung. Und so manifestiert sich ein Teufelskreis, der nur durch bewußte und äußerste Anstrengung durchbrochen werden kann. »Was ist das Schwerste von allem? Was dir das Leichteste dünket, / Mit den Augen zu sehen, was vor den Augen dir liegt.« (*Xenien* von GOETHE und SCHILLER, Nr. 45).

Die Realität der Erfahrungen ist oft weit entfernt von der Motivation, die einer Handlung zugrunde liegt. Die wohlmeinendsten rationalen Intentionen verschleiern oft unbewußte Wünsche und Bedürfnisse. Diejenigen von uns, die in karitativen Berufen arbeiten, sagen gewöhnlich, daß sie das Beste wollen für die, mit denen sie sich befassen. Doch legt die Geschichte der Mißhandlungen, die an Geistigbehinderten und Schwachsinnigen verübt worden sind, fortgesetzt Zeugnis für die Unterdrückung durch die Erwachsenen ab. Es nimmt nicht wunder, daß in Tennessee WILLIAMS' Stück *Endstation Sehnsucht* (1947) Blanche Dubois der Welt erzählt, sie sei in den Händen ihrer Familie, Freunde, Ärzte und Krankenschwestern »ständig abhängig von der Freundlichkeit dieser Fremden«.

Was wir sagen und was wir tun, klafft weit auseinander, und die Kluft zu unseren Mitmenschen wird oft nur überbrückt durch die Schmerzen und Beleidigungen gegen die, die uns nahestehen. Wir alle scheinen dabei so gute Absichten zu haben. 1892 veröffentlichte der norwegische Schriftsteller Henrik IBSEN sein Stück *Baumeister Solness*. Dieses Stück ist eine faszinierende Studie über die Besitzergreifung und die Widersprüche zwischen Absichten und Handlungen. Die Hauptperson, Halvard Solness, beschreibt poetisch seinen vermeintlichen Wunsch, durch seinen Beruf als Architekt anderen Gutes tun zu wollen, indem er ihnen wunderschöne Häuser baut. Er entwickelt dabei jedoch einen unbarmherzigen Eigendünkel und benutzt jeden in seiner Umgebung dazu, seinen eigenen Wert zu erhöhen. Letztlich sieht er zwar ein, wieviel er den anderen verdankt, die er ausgebeutet hat und die zu seinem eigenen Wohlergehen beigetragen haben. Aber – wie in allen guten Tragödien – seine Einsicht kommt zu spät, um ihm zu helfen.

Um unbewußte Hemmnisse zu überwinden, müßte sich der Erwachsene einer grundlegenden Einstellungsänderung unterziehen. Seit Tausenden von Jahren suchen die Menschen nach Wegen, um mit den Schwierigkeiten ihres Lebens fertig zu werden. Zur Zeit der Antike reisten sie nach Delphi, um das Orakel zu befragen. Betraten sie dann den Tempel, fanden sie über ihren Köpfen die Inschrift »Erkenne dich selbst«. Zu SOKRATES kamen einst Studenten, um ihn zu fragen, wie denn die Welt zu ändern sei, wie die grundlegenden Probleme des Lebens gelöst werden könnten, und er antwortete ihnen: »Ändert euch selbst.«

Spirituelle Vorbereitung der Erwachsenen

Dieser Prozeß des Lebens kommt nie an ein Ende, und er umfaßt auch die entscheidende Veränderung, die von den Erwachsenen vollzogen werden muß und ohne die alles nutzlos ist. Sicher sind rationale Zergliederung und praktische Übungen wichtig; doch es ist diese tiefe innere Verwandlung, die notwendig ist, um den Menschen von unbewußten Hemmnissen frei zu machen. Wie wichtig ist nun eine solche Anstrengung? SOKRATES sagt es uns: »Das ungeprüft übernommene Leben ist nicht lebenswert.«

Diesen Vorgang bezeichnete Maria MONTESSORI als »spirituelle Vorbereitung« des Erwachsenen, mit Hilfe derer die gesamte Einstellung dem

Kind gegenüber gewandelt werden muß. Der Hochmut der Erwachsenen muß ersetzt werden durch Verständnis und Menschlichkeit. Die Tyrannei der Erwachsenenherrschaft muß einer neuen Perspektive Raum geben, die die wahre Natur des Kindes enthüllt.

Dieser Prozeß des unbewußten Wachwerdens ist sehr komplex, langwierig und in hohem Maße persönlich. Es scheint jedoch zwei bedeutsame Schritte in Zusammenhang mit der Einsicht in Vorurteile und unbewußte Einstellungen zu geben, die diese psychologische Blockierung verursachen. Es ist dies einmal die Anerkennung der unbewußten Bedingungen, die die Hemmnisse für den Erwachsenen darstellen, und zweitens dann die bewußte Überprüfung aller Einstellungen und Verhaltensweisen des jeweiligen Menschen. Was notwendig wird, ist eine grundlegend neue Lebenseinstellung auf seiten der Erwachsenen, und etwas Derartiges kommt in den meisten Fällen nicht über Nacht.

Es gibt jedoch einen recht ungewöhnlichen und sehr bekannten Fall, bei dem sich diese Art drastischer Persönlichkeitsänderung in einer sehr kurzen Zeitspanne vollzog. Durch ein traumatisches Erlebnis, durch eine Überprüfung seines Verhaltens in Vergangenheit, durch eine gründliche Aufarbeitung aller seiner jetzigen Einstellungen und durch einiges Nachdenken über seine zukünftigen Handlungen war dieser Mensch in der Lage, seine gesamte Persönlichkeit zu ändern. Er war nicht länger selbstsüchtig und gedankenlos anderen gegenüber, und es bildete sich bei ihm ein neues soziales Bewußtsein. Es zeigte sich sogar eine ganze Reihe physiologischer Veränderungen, die mit seiner innerpsychischen Neugeburt einhergingen. Er sah besser aus, fühlte sich besser und wurde körperlich aktiver. Einzelheiten dieses bemerkenswerten »psycho-analytischen« Ereignisses werden von Charles DICKENS in *A Christmas Carol (Ein Weihnachtslied)* berichtet. Dies ist jedoch ein Einzelfall, und – wie Antoine de SAINT-EXUPÉRY uns traurig wissen läßt – »zu viele sind un-erwacht«.

Der Erwachsene muß die unbequeme Tatsache begreifen und anerkennen, daß die Entwicklungsstörung eines Kindes die Folge der Schwächen seiner Eltern ist. Maria MONTESSORI schreibt in *Das Kind in der Familie* (1923):

»Es ist der Erwachsene, der die Unfähigkeit eines Kindes verursacht, dessen Verwirrung und Rebellion; es ist der Erwachsene, der den Charakter des Kindes zerbricht und es seiner vitalen Impulse beraubt. Und mehr noch als das; es ist der Erwachsene, der vorgibt, all diese Irrtümer zu korrigieren, die psychischen Abweichungen, die Charakterfehler, die er allein im Kind bewirkt hat.«

Das bedeutet, daß der Verfolgung und Manipulation, die der Erwachsene dem Kind unbewußt ständig zufügt, ein Ende gesetzt werden muß. Verfolgung meint hier den bewußten Willensakt, jemanden aufgrund einer eigenen Einstellung leiden zu lassen. Diese Einstellung ist jenes tief sitzende, unbewußte, kollektive Vorurteil, das die Gesellschaft der Erwachsenen dem Kind gegenüber hegt. Die Erwachsenen, ob Eltern oder Lehrer und gleichgültig, ob sie ein behindertes oder ein normales Kind haben, handeln diesem Kind gegenüber so lange in einer unrealistischen Weise, wie sie selbst in ihrem eigenen gestörten Selbstbild von Vorurteilen und Ängsten, von Gedankenlosigkeit und Bosheit erfüllt sind.

Man kann diesen Prozeß nicht initiieren, ohne die Bedeutsamkeit der lähmenden Wirkung des eigenen Verhaltens auf die sich entwickelnde Persönlichkeit des Kindes zu bedenken. Carl Gustav JUNG sagte 1926: »Dieser Prozeß, sich mit dem eigenen Unbewußten auseinanderzusetzen und zu einigen, ist eine schwere Arbeit, die sowohl aktives Handeln als auch Leiden fordert.« In dem Versuch, sich selbst zu vervollkommnen, muß der Erwachsene absolut ehrlich sein. Er muß sich selbst systematisch erforschen, um seine Schwächen und Fehler zu entdecken. Er muß seinen Unzulänglichkeiten entgegentreten und alle Mängel seiner Persönlichkeit voll und bewußt überprüfen. Deshalb kann dieser Prozeß auch in so tiefe seelische Not führen, denn er bedeutet in Wahrheit nicht nur Überprüfung der rationalen Fähigkeiten des Menschen, sondern seiner ganzen Seele.

Das behinderte Kind und die Einstellung der Gesellschaft

Das größte Hemmnis für das behinderte Kind ist nicht sein eigenes Unvermögen, ist nicht das Fehlen neuer Unterrichtstechniken, nicht das Fehlen von Geld für Erleichterungen seines täglichen Lebens und seiner Behandlung, sondern die Einstellung der Gesellschaft ihm gegenüber. In ihrem 1929 gehaltenen Vortrag »The Education of Mentally Defective Children« lenkte Maria MONTESSORI die Aufmerksamkeit auf die vielen Bereiche des Lebens, in denen behinderte Kinder Außenseiter der Gesellschaft sind. Die Denkklischees und Vorurteile der Erwachsenen erlauben es ihnen nicht, ihre eigenen Möglichkeiten zu entfalten und in die Gesellschaft eingegliedert zu werden. Es ist traurig zu sagen, daß sich seit jener Zeit wenig getan hat, was auf eine veränderte Einstellung der Gesellschaft schließen ließe.

Wenn auch der Dichter T. S. ELIOT sagt, daß »die Menschheit nicht sehr viel Wirklichkeit ertragen kann«, ist die Zeit vielleicht reif dafür, daß wir diese sinnlosen Selbsttäuschungen beenden und über die Wirklichkeit sprechen.

In den frühen sechziger Jahren kam in Südkalifornien eine Rockmusikgruppe auf, die sich »Jefferson Airplane« nannte. Wie bei solchen merkwürdigen kulturellen Phänomenen üblich, die in allen Ländern vorzukommen scheinen, kleideten sich die Mitglieder dieser Band in phantastische und höchst originelle Gewänder. Bei einer Aufführung z. B. trugen alle nur ein einfaches T-Shirt, das mit einem einzigen Wort bedruckt war. Diese Art von Hemden werden oft von jungen Leuten getragen und haben gewöhnlich Slogans, Reklamen oder Abbildungen aufgedruckt. Mitglieder von Sportvereinen tragen solche Hemden, um sich den Zuschauern als zusammengehörige Mannschaft zu zeigen. Die Mitglieder dieser Rockgruppe hatten auf ihren Hemden nur ein Wort, das ihre Eigenart bezeichnen sollte: NOBODY – »Niemand«. Dieses Wort NOBODY verdeutlichte in sehr ernüchternder Weise eine Identität, die absolut losgelöst war von menschlichen Erfahrungen. Dies konkrete Beispiel einer Entfremdung wurde mit Unbehagen begrüßt. Es ist jedoch zu bedenken, daß sich von Zeit zu Zeit alle Menschen einmal nutzlos, ohne Wert und abgesondert von allen anderen menschlichen Wesen vorkommen. In diesem Sinne tragen nahezu alle Behinderten ein solches Hemd mit der Aufschrift NOBODY. Es mag für unsere Augen unsichtbar sein, aber in unseren Ansichten spiegelt sich doch eine solche Kennzeichnung wider. Und auch die Behinderten selbst vermuten, daß sie für nutzlos und außerhalb jeglicher zwischenmenschlicher Beziehungen stehend gehalten werden.

Im März 1964 wurde eine junge Frau namens Catherine GENOVESE auf einer hellerleuchteten Straße, etwa 300 m von ihrer Wohnung entfernt, in New York City tätlich angegriffen. Es konnte später festgestellt werden, daß ihre Schreie 38 ihrer Nachbarn geweckt hatten und ihr Angreifer von ihr abließ, als in einigen Wohnungen Lichter aufleuchteten. Er kam jedoch wieder zurück und erstach die junge Frau. Trotz ihrer fortwährenden gellenden Schreie – »Helft mir, helft mir!« – rief nicht ein einziger ihrer Freunde und Nachbarn die Polizei in der Zeit zwischen dem ersten Überfall und ihrer Ermordung. Es ist fast unmöglich, sich vorzustellen, daß ein solch nachdrückliches Ersuchen um Hilfe von so vielen Leuten einfach verleugnet werden konnte. Wenn die Gesellschaft eine derart laute Stimme, die um Hilfe schreit, zwar hört, aber ignoriert, nimmt es nicht wunder, wenn der stumme Ruf um Hilfe, der von den Behinderten ausgeht, ebenso ignoriert wird.

1890 schrieb der Psychologe und Philosoph William JAMES in seinem Buch *The Principles of Learning*:

»Keine teuflischere Bestrafung könnte ersonnen werden, als daß einer in einer Gesellschaft ausgesetzt würde und von allen ihren Mitgliedern absolut unbeachtet bleiben müßte. Wenn keiner sich umdrehte, wenn wir eintreten; wenn keiner uns antwortete, wenn wir sprächen, oder sich darum kümmerte, was wir gerade täten, sondern jeder, den wir träfen, uns schneiden würde und so tun, als ob wir gar nicht existierten – eine Art von Zorn und ohnmächtiger Wut würde in uns aufsteigen, mit der verglichen die grausamsten körperlichen Qualen geradezu eine Erleichterung wären.«

Über alle die Jahrhunderte hinweg sind das bis zum heutigen Tag die Bedingungen, unter denen die Behinderten leben. Ihre Rufe um Hilfe verhallen ungehört, und sie tragen das unsichtbare Etikett NOBODY. Sie sind um uns, aber wir nehmen sie nicht wahr. Unsere Aufgabe ist einfach: Alles, was wir tun müssen, ist, das Unsichtbare sehen und das Unhörbare hören zu lernen. Als Hilfestellung bei dieser Mühe dient uns Leben und Werk von Maria MONTESSORI.

AUGUSTA GROSSO (Turin)

Die Montessori-Methode und ihre Anwendung bei geistig behinderten Kindern

Es ist eine eigenartige Fügung, daß ich aus Turin eingeladen worden bin, die Ergebnisse eines ausgedehnten und umfangreichen Versuches mit der Montessori-Methode, die gerade in Turin zum erstenmal in Italien bei dieser Art von Kindern angewandt wurde, darzustellen: eine überraschende Fügung, wenn man bedenkt, daß es in Turin war, im weit zurückliegenden Jahre 1898, wo Maria MONTESSORI zum erstenmal ins Rampenlicht trat, um über dieses Problem beim ersten nationalen italienischen Kongreß der Pädagogik zu referieren – ein Kongreß, an dem sie jedoch in ihrer Eigenschaft als Ärztin teilnahm und nicht als Psycho-Pädagogin, als die sie sich später in der ganzen Welt erfolgreich behaupten sollte.

Ich glaube, daß es nicht überflüssig ist, Maria MONTESSORIs eigene Formulierungen zu wiederholen, die sich auf ihr Referat bei jenem schicksalhaften Kongreß beziehen:

»Als Assistenzärztin an der Psychiatrischen Klinik der Universität Rom hatte ich vor einigen Jahrzehnten Gelegenheit*, das Irrenhaus zu besuchen, um die Kranken zu beobachten, die für den klinischen Unterricht auszuwählen waren – und so interessierte ich mich für im Irrenhaus untergebrachte idiotische Kinder. In jener Zeit befand sich die Schilddrüsen-Organtherapie in voller Entwicklung und lenkte inmitten von Konfusion und Übertreibung therapeutischer Erfolge stärker als vorher das Interesse der Ärzte auf schwachsinnige Kinder. Ich hatte einen regulären medizinischen Dienst in Krankenhäusern für innere Medizin und in pädiatrischen Ambulanzen geleistet und so schon vorher meine Aufmerksamkeit ganz besonders dem Studium von Kinderkrankheiten gewidmet.

Da ich mich für Idioten interessierte, lernte ich die von Edouard SEGUIN erdachte spezielle Erziehungsmethode für diese unglücklichen Kinder kennen und begann mich ganz allgemein mit den damals auch unter praktischen Ärzten aufkommenden Gedanken der Wirksamkeit ›pädagogischer Behandlung‹ bei verschiedenen Krankheitsbildern – wie Taubheit, Lähmung, Idiotie, Rachitis usw. – zu befassen. Die Tatsache, daß die Pädagogik sich in der Therapie mit der Medizin zusammentun mußte, war die praktische Errungenschaft des Denkens der damaligen Zeit, und die Kinesiotherapie hat sich ja gerade in dieser Richtung entwickelt.

Im Gegensatz zu meinen Kollegen hatte ich jedoch die Eingebung, daß das Problem der geistig Zurückgebliebenen eher überwiegend ein *pädagogisches* als über-

* Maria MONTESSORI: *La scoperta del bambino.* Ed. It. Garzanti 1950, S. 22–23 (dt. *Die Entdeckung des Kindes.* Freiburg ⁴1974, S. 25 f.).

wiegend ein medizinisches war; während auf medizinischen Kongressen viele von der medizinisch-pädagogischen Methode zur Behandlung und Erziehung schwachsinniger Kinder sprachen, nahm ich auf dem Turiner Kongreß 1898 die *moralische Erziehung* zum Thema. Ich glaube, daß ich dabei eine stark schwingende Saite berührte, da der Gedanke, der von den Medizinern zu den Grundschullehrern übersprang, sich im Nu als eine die Schule interessierende lebendige Frage verbreitete.«

Es wäre auch interessant, den Bericht über die Ansprache von Maria MONTESSORI bei jenem Kongreß zu zitieren, wie er im Band der Akten* veröffentlicht ist – eine Ansprache, die gleich einem Vorboten eine ungeahnte Entwicklung ankündigte.

Das Turiner Modell der Montessori-Erziehung intellektuell behinderter Kinder

Und gerade in Turin – wo seit den fünfziger Jahren die Montessori-Methode, bei normalen Kindern angewandt, ihre Bestätigung in der Gründung zahlreicher »Case dei Bambini« (Kindergärten) und Sektionen von öffentlichen und privaten Elementarschulen fand – sollte aufgrund einer merkwürdigen Verkettung von Ereignissen etwa sechzig Jahre nach der berühmt gewordenen Ansprache von Maria MONTESSORI ein umfassendes Studien- und Anwendungsprogramm ihrer Methode und ihrer Theorien für die Erziehung von intellektuell behinderten Kindern entstehen. In unseren montessorianischen Kreisen herrschte eine lebhafte und für den Unterricht von Maria MONTESSORI typische Tendenz, in erster Linie die Psyche des Kindes zu betrachten und deren Geheimnisse zu studieren, um das menschliche Potential zu entwickeln. Man war also im Geiste schon darauf vorbereitet, das Problem der »Andersartigen« anzugehen – Kinder, denen wir in gleicher Weise in ihrer intellektuellen und psychisch-physischen Entwicklung zu helfen hatten. Wir bemühten uns übrigens schon einige Jahre darum, Lehrer und Familien auf dieses Problem aufmerksam zu machen, das damals, besonders in bezug auf das früheste Kindesalter, allgemein vernachlässigt wurde.

Die erste Aufforderung zu einer praktischen Verwirklichung kam von Prof. G. B. Lusso, dem Direktor der psycho-medizinisch-sozialen Fürsorge der Provinz Turin, der die Absicht hatte, bei verschiedenen Schulen in den kleineren Provinzzentren, getrennte Klassen einer medizinisch-pädagogischen Elementarschule einzurichten – an die Kleinsten dachte man

---

* Akten des ersten nationalen italienischen Kongresses der Pädagogik; Turin 8.–15. Sept. 1898. Veröffentlicht von G. C. MOLINERI und G. C. ALESIO 1899. – Der die Ansprache betreffende Abschnitt wurde »Vita dell'Infanzia« (Leben der Kinder), März 1966, S. 13, entnommen.

damals noch nicht –, und der in der Anwendung der Montessori-Methode die einzige Möglichkeit erkannte, diesen Sektionen eine gewisse Einheit der didaktischen Fachausbildung zu geben.

Wir kamen dieser Aufforderung freudig nach: Von den Lehrerinnen, die für diese Sonderklassen bestimmt waren, wurde – außer dem Diplom einer orthophrenischen – auch das Diplom einer montessorianischen Fachausbildung verlangt. Wir besorgten das didaktische Montessori-Material, und die ganze Equipe des Montessori-Studienzentrums, das bei unserer Sektion 1954 entstanden war, wurde mobilisiert, um das Problem zu studieren und den Lehrerinnen in ihrer neuen und schwierigen Arbeit zu helfen, indem Schritt für Schritt die Erfahrungen Maria MONTESSORIs auf diesem Gebiet nachvollzogen wurden.

Die Aufgabe des Montessori-Pädagogen bei schwachsinnigen Kindern

Es gibt einen Ausspruch, der sich auf ihre ersten Versuche bezieht und der mich immer besonders beeindruckt hat. Wir lesen, daß sie die Notwendigkeit erkannte, mit der Idee einer »neuen Erziehung« in die pädagogische Welt einzudringen, die die behinderten Kinder auf ein höheres Niveau bringen sollte, und zwar durch eine Methode, die dann, wie sie bewies, auch normalen Kindern zugute kommen konnte. Nachdem sie auf dem Boden der Erfahrungen von SEGUIN und ITARD ein reichhaltiges didaktisches Material vorbereitet hatte, sagte sie mit der ihr so eigenen und unnachahmlichen Ausdrucksweise:

»Durch das Vorurteil, daß der Erzieher sich auf das Niveau des zu Erziehenden stellen soll, gerät der Lehrer schwachsinniger Kinder in eine Art Apathie: er weiß, daß er minderwertige Menschen erzieht, und deshalb gelingt ihm ihre Erziehung nicht; so glauben die Lehrer kleiner Kinder, diese zu erziehen, wenn sie sich bemühen, sich mit Spielen und häufig auch mit drolligen Reden auf ihre Ebene zu stellen.

Man muß vielmehr verstehen, in der Seele des Kindes den darin schlummernden Menschen anzusprechen.

Ich hatte diese Intuition: und ich glaube, daß nicht das didaktische Material, sondern diese meine Stimme, die sie anrief, die Kinder *weckte* und dazu antrieb, das didaktische Material zu benutzen und sich selbst zu erziehen. Der große Respekt, den ich ihrem harten Schicksal entgegenbrachte, und die Liebe, die diese unglücklichen Kinder in jedem wecken, der ihnen nahekommt, wiesen mir den Weg*.«

---

* *La scoperta del bambino*; o. c., Ed. It. Garzanti, 1950, S. 28 (dt. o. c., S. 31).

Es scheint mir, daß hier die so oft mißverstandene Beziehung Lehrer–Schüler–Material wunderbar synthetisiert ist.

Es ergab sich – vielleicht unter dem geheimen Einfluß gerade dieser Worte –, daß wir im Jahre 1962 beschlossen, eine Montessori-Sonderschule aufzubauen, unter der direkten Kontrolle der Turiner Montessori-Sektion, indem wir ein Experiment aufgriffen, das von andern angefangen worden war, aber vor dem administrativen Zusammenbruch stand.

So entstand, zuerst in einer bescheidenen Villa, dann an einer schönen und geräumigen Stätte mit großem Garten, auf dem Hügel von Cavoretto eine Institution, die, wenn auch mit späteren Wandlungen, Kursänderungen und Erweiterungen, bis zum Oktober 1975 bestand. Zu jenem Zeitpunkt – und recht unerwartet – mußten wir unsere geliebte Schule der städtischen Behörde von Turin übergeben, die übrigens Besitzerin des Gebäudes war. Die Gründe dafür waren zum Teil administrativer Natur, auf jeden Fall aber unabhängig von unserem Willen, da an eine andere Politik bei der Behandlung behinderter Kinder gebunden – eine Politik, die schon seit einigen Jahren das Modell der Sonderschule erschütterte und nun unterschiedslos verurteilte. Diese Behörde ist es nun, die die Schule weiterführt, wenn auch mit Kriterien, die von den unsrigen abweichen, jedoch unter teilweiser Beibehaltung der Strukturen und der Montessori-Lehrerinnen, die sie vorgefunden hat. Es ist wichtig hinzuzufügen, daß das Material und – wenigstens innerhalb gewisser Grenzen – auch die montessorianischen Ideen bereits weit verbreitet sind in der gesamten sogenannten »integrierten« Schule. Sie bilden die wertvollste Stütze für die Lehrer, die vor der schwierigen Aufgabe gestanden haben, von einem Tag auf den andern die Integration verwirklichen zu müssen, ohne selbst über eine entsprechende Vorbereitung zu verfügen und weder dafür geeignete Räumlichkeiten benützen noch entsprechendes Personal oder Equipen mit einer psycho-medizinisch-sozialen oder sonst geeigneten Ausbildung heranziehen zu können.

Ich möchte sagen, daß dieser ganze Sektor der Erziehung behinderter Kinder in Turin immer noch in einer Versuchsphase steckt, die meiner Ansicht nach chaotisch ist und von seiten der Schul- und Verwaltungsbehörden überstürzt wurde. Was unsere Schule in Cavoretto anbetrifft – die von einigen der hier Anwesenden besucht wurde, und zwar anläßlich der internationalen Studientagung im Mai 1974 über das Thema »Das Erziehungsproblem der geistig Behinderten«, organisiert von der *Opera Nazionale Montessori italiana* –, so wurde ein großer Teil unserer langjährigen Arbeit und des Gepräges, das wir ihr mit soviel Studium und Liebe gegeben hatten, zerstört. Gewiß, heute bemüht sich die Turiner Montessori-Sektion weiter um diese Probleme, aber auf indirektere Art, durch unser lebendiges und wirksames »Studienzentrum Montessori«.

Trotzdem ist es gerade unsere langjährige direkte Erfahrung mit den Kindern der Schule, von der ich nun sprechen möchte, auch wenn ich Sie nicht mehr – wie noch vor zwei Jahren – einladen kann, sich selbst an Ort und Stelle von der Art unserer Arbeit zu überzeugen.

Aufbau eines frühpädagogischen Montessori-Kinderhauses

Zu Anfang, d. h. 1962, verfügten wir über sieben Klassen mit einer Turnhalle, einer geräumigen Werkstätte, einem ärztlichen Behandlungsraum, einem Logopädie-Raum und Büros.

Eine aus einem Neuropsychiater, einem Sozialfürsorger, einem Psychologen und einem Konsulenten für montessorianische Didaktik bestehende Arbeitsequipe wurde gebildet, in der fast alle vollberuflich arbeiteten und untereinander in engem Kontakt standen. Langsam kamen auch Fachlehrer, Physiotherapeuten, Beschäftigungstherapeuten, Psychometristen, Bewegungstherapielehrer, Musiklehrer usw. dazu, die alle in Verbindung mit den Klassenlehrern arbeiteten. Dazu pflegten wir eine ständige, gewinnbringende Zusammenarbeit mit der Pädiatrischen Universitätsklinik Turin.

Im ersten Jahr hatten wir 88 Kinder, dann stieg ihre Zahl auf 160, 50 im Kindergarten und 110 in der Elementarschule. Wir waren die ersten, die sich mit dem Problem des geistig zurückgebliebenen Kindes in seiner frühesten Kindheit befaßten; was übrigens unbedingt mit dem korrekten Verständnis und der Anwendung der Montessori-Methode übereinstimmt. Und diese Neuerung – da bisher nur medizinisch-pädagogische Schulen ab sechs Jahren bestanden, d. h. vom Pflichtschulalter ab – war für Turin der erste Beitrag, der die Notwendigkeit einer frühzeitigen Behandlung der intellektuell behinderten Kinder ins Bewußtsein der Bevölkerung rückte. Man traf Abkommen mit der Stadt, der Provinz und der staatlichen Elementarschule, und so wurden die Kindergartenlehrerinnen städtische Angestellte, jene der Elementarschule Staatsangestellte; alle aber verfügten über eine orthophrenische und eine montessorianische Fachausbildung. Auch das zahlreiche Hilfspersonal besaß zumeist eine montessorianische Ausbildung.

Die Sorgfalt in der Ausbildung der Lehrer, deren Kenntnisse sich natürlich von Jahr zu Jahr vertieften, war jedoch an die Studienarbeit und die Experimente der ganzen Equipe gebunden; d. h. es handelte sich um eine gemeinsame, fortwährende Erarbeitung der Materie im täglichen Zusammenleben mit den Kindern, um ihre Beobachtung und um den anschließenden Erfahrungsaustausch und die Vorbereitung des verschiedenartigsten Materials, das, aus jeder möglichen Quelle geschöpft oder erfunden, mit der Strenge und aus der Sicht der Montessori-Methode angewandt wurde.

Unsere Kinder hatten alle einen Intelligenzquotienten unter 70 und waren uns von den verschiedenen psycho-medizinischen Zentren der Stadt und der Provinz überwiesen worden. Beim Durchlaufen ihrer verschiedenen Entwicklungsphasen wurden alle Kinder von unserer Equipe wiederholt getestet, in vielen Fällen in Zusammenarbeit mit der Pädiatrischen Universitätsklinik Turin. Die Kinder wurden aus der ganzen Stadt und deren näherer Umgebung mit kleinen Schulbussen gesammelt: sie begannen ihren Tag am Morgen um 9 Uhr und blieben bei uns bis 17 Uhr (ausgenommen am Samstag), im ruhigen und heiteren Wechselspiel von Unterricht, schöpferischer Tätigkeit, Spiel, Spaziergängen usw., um so rasch als möglich und in den Grenzen des Möglichen jene Normalisierung zu gestatten, die Maria MONTESSORI als erstes Resultat einer wirksamen Montessori-Schule bezeichnete.

Von größter Bedeutung war das Leben in der Gemeinschaft. Es gab keinen Speisesaal: Kinder und Lehrerin aßen abwechslungsweise zusammen mit einem Mitglied der Equipe oder des Hilfspersonals jeglichen Niveaus, und zwar in der Klasse, die von den Kindern selbst (acht bis zehn pro Klasse) aufs sorgfältigste in ein gemütliches Eßzimmer verwandelt worden war. Es waren die Kinder, die der Reihe nach Tischdienst taten – eine wunderbare Übung des praktischen Lebens –, indem sie sich kleiner Wägelchen bedienten. Jede Klasse hatte ihre eigenen Tischtücher in verschiedenen Farben und einen eigenen Tellerservice, Becher und Besteck, damit sich jede Gruppe für Ordnung und Schönheit dessen, was ihr ganz allein gehörte, verantwortlich fühlen konnte.

Der ganze Raum war sehr gepflegt, mit weichen Farben, bunten Tafeln, Blumen, Pflanzen, Zeichnungen und anderen Arbeiten, die die Kinder in der Werkstatt oder in der Klasse gebastelt hatten und die jene persönliche Note vermitteln sollten, die auch die Wohnung, in der wir ständig leben, haben muß. In Wirklichkeit zielten alle unsere Anstrengungen darauf hin, daß diese Schule wirklich das »Haus der Kinder« war. Auch der Park war mit verschiedenen Spielgeräten ausgerüstet; vor allem aber waren Blumen, Pflanzen und Gemüsebeete, die die Kinder betreuen sollten, Vogelkäfige und alle möglichen Arten von Kleintieren vorhanden, die sie kannten, tauften, liebten und mit großer Liebe pflegten. Wir besaßen sogar zwei kleine Ziegen und ein kleines Pony, mit denen die Kinder spielten, die ihre großen Freunde waren und in verschiedenem Ausmaß dazu beitrugen, daß sich die Kinder realisieren konnten. Bei dieser Gelegenheit möchte ich den Fall eines Kindes erwähnen, das sich stets weigerte zu sprechen, so daß wir es für absolut sprechunfähig hielten, bis wir es eines Tages dabei ertappten, wie es einen ganz deutlich artikulierten Dialog mit den Ziegen führte: später sprach es auch mit den Personen seiner Umgebung. Es ist offenkundig, daß diese minuziöse Pflege der Umwelt, in der das Kind erzogen wird – von größter Wichtigkeit für alle Kinder, aber mehr noch für das geistig behinderte Kind, denn es ist in vermehrtem Maße auf die ständige, ruhige und besänftigende Fürsorge angewiesen, die seine Umgebung ausstrahlt, und überdies auf eine Atmosphäre, in der es sich vollständig integriert und gestützt fühlen kann –, die primäre und wesentliche Bedingung einer Montessori-Erziehung ist.

Sensorische Erziehung mittels Entwicklungsmaterialien

Es ist nicht nötig, weiter auf die diesbezüglichen Prinzipien Maria MONTESSORIS einzugehen, die weitgehend bekannt sind. Ich beabsichtige vielmehr, einen anderen Aspekt der Montessori-Methode hervorzuheben, der sich auch für unsere behinderten Kinder als wesentlich erwiesen hat: und zwar den, der sich auf die sensorische Erziehung mittels der sogenannten »Entwicklungsmaterialien« bezieht. Ich möchte nochmals einen sehr wichtigen Abschnitt von Maria MONTESSORI zu diesem Thema zitieren:

»Die Mittel zur Entwicklung ... wurden nach jenen modernen Richtlinien der Psychologie ausgesucht, die Experimente im Laboratorium erfordern, wo die Reaktionen des Individuums auf von außen kommende Reize gemessen und abgestuft werden können. Obwohl die Anfänge der Untersuchungen in dieser Richtung verliefen, wurden uns die Gegenstände, die wir in unserer Methode verwendeten, zum Teil auch nahegelegt durch die berühmten Erziehungsmethoden, die zur Zeit der Französischen Revolution von den Ärzten ITARD und SEGUIN angewandt worden waren, um die psychischen Bedingungen nervöser und schwachsinniger Kinder zu bessern.

Indem nach solchen Richtlinien eine psychische Behandlung bei normalen Kleinkindern versucht wurde, ergab sich nach und nach die Erarbeitung und Bestimmung einer systematischen Serie von Gegenständen, die wunderbarerweise der kindlichen Intelligenz und einer harmonischen Persönlichkeitsentfaltung zur Entwicklung verhelfen, so daß sich auch die inneren Energien voll entfalten können. Die rasche Auffassungsgabe, die Fähigkeit zur Beobachtung, die Konzentration der Aufmerksamkeit, die Ausdauer in der Arbeit, das Selbstvertrauen, die Heiterkeit, die Fröhlichkeit, die schöne und spontane Natürlichkeit des Benehmens, die Aufrichtigkeit, der zärtliche Überschwang, die Anmut der Bewegungen und selbst die Gesundheit des Körpers waren die Konsequenzen eines normal geführten Lebens in einer auf die psychischen Bedürfnisse der Kinder abgestimmten Umgebung. Das obgenannte ›Material‹ ist in seiner Gesamtheit ein systematisches Instrument der Psychologie, das mit einer ›Turnhalle‹ des Geistes verglichen werden kann, wo das Kind, spontan sich übend, in seiner Entwicklung und daher auch im Erwerb der Kultur fortschreitet*.«

Einmal mehr ergibt sich aus diesem aufschlußreichen Abschnitt, wie Maria MONTESSORI ihre gesamte Methode entwickelt hat, die sich, ohne unnatürliche Unterscheidungen, an alle Kinder richtet und ursprünglich aus den Erfahrungen mit behinderten Kindern erwuchs. Und ich möchte sagen, daß gerade unsere langjährige Erfahrung in umgekehrter Weise die Wirksamkeit der »Entwicklungsmaterialien« bei der Erziehung der geistig zurückgebliebenen Kinder bekräftigt hat, auch die der Kinder mit schweren geistigen Mängeln.

Es ist bekannt, daß der geistig Zurückgebliebene oft auch hinsichtlich der Sinne retardiert ist, d. h. er braucht vor allem eine sorgfältige und konstante sensorische Erziehung.

Ein anderer wichtiger Aspekt des sensorischen Montessori-Materials ist die *Analytik* und die *Gradation*, die daraus ein wichtiges Instrument zur Verminderung vieler sensorischer Störungen macht und die Umerziehung einleitet. Man könnte verschiedene Aussagen Maria MONTESSORIS zitieren, aus denen der Wert der *Isolierung der Stimulation* durch die korrekte Anwendung des Materials eindeutig hervorgeht. Ich will nur eine davon erwähnen:

»In der allgemeinen Erziehung besteht die Ansicht, daß dem Kind ein Gegenstand gegeben werden muß, um ihm dessen verschiedene Eigenschaften wie Farbe, Oberfläche, Form etc. begreiflich zu machen. Aber die Zahl der Gegenstände ist unbegrenzt, die der Eigenschaften hingegen begrenzt. Die Eigenschaften könnten mit dem Alphabet verglichen werden: wenige Laute im Gegensatz zu unzähligen Wörtern. Indem die Eigenschaften getrennt voneinander gegeben werden, ist es, als ob dem Kind das Alphabet der Erforschungen in die Hand gegeben würde: ein Schlüssel also, der die Türen des Bewußtseins öffnet ... Nun, bei unseren Materialien findet sich eine Klassifizierung der Eigenschaften der Gegenstände, und daraus entsteht eine der wirkungsvollsten Hilfen für die Ordnung des Geistes**.«

Hilfe für die Ordnung des Geistes: dies scheint mir ein sehr passender Ausdruck zu sein für das Problem, das uns hier interessiert, um so mehr, als betont werden muß, daß diese Analytik nicht ein Sichverlieren in unzusammenhängende Einzelheiten bedeutet, denn in jeder montessorianischen

---

* Maria MONTESSORI: *Manuale di pedagogia scientifica* (Handbuch der wissenschaftlichen Pädagogik). Neapel 1921, ²1930 – S. 64 f. dieser italienischen Ausgabe.
** Maria MONTESSORI: *La mente del bambino* (Der Geist des Kindes). – Mailand, Ed. Garzanti 1952 – S. 181–182 (it. Aufl.)

Tätigkeit ist immer das Ziel der kulturellen, menschlichen, sozialen und geistigen Entwicklung der ganzen Persönlichkeit des Kindes gegenwärtig. Im Lichte dieser Betrachtungen wird man, so nehme ich an, meine vorangehenden Aussagen besser verstehen, die zwangsläufig kurz gefaßt waren, Aussagen zur Pflege der Umwelt, die uns in unserer Schule in Cavoretto sehr am Herzen lag, ob es sich nun um ein Klassenzimmer oder die Werkstätte, ob um den Korridor oder den Garten handelte. Natürlich kann es mir nicht darum gehen, diese Entwicklungsmaterialien im einzelnen zu beschreiben und ihre Verwendung und Bedeutung zu erklären: Mir lag hauptsächlich daran hervorzuheben, wie sehr sie uns in der Erziehung dieser Kinder von Nutzen waren.

Es versteht sich, daß die zahlreichen Übungen globaler Tätigkeiten auf der gleichen Ebene standen: insbesondere die Übungen des praktischen Lebens, die wir schon weitgehend angedeutet haben und in denen die Verfeinerung der sensorischen Funktionen eine unmittelbare Anwendung und Gegenprüfung findet. Nicht minder wichtig – auch in dieser Hinsicht – sind die verschiedenen »Bewegungs-Tätigkeiten«, mittels derer das Kind die eigenen psycho-physischen Störungen überwindet; es lernt die Koordinierung der Bewegungen, erwirbt seine Unabhängigkeit und baut langsam seine Intelligenz und seine Persönlichkeit auf, wenigstens in dem Maße, wie es ihm seine Behinderung gestattet. Kurz, alles, was diese Seele enthält, wird »herausgerufen«, um einen Ausdruck Maria MONTESSORIS zu gebrauchen, in einer Spontaneität und Freiheit, die wirklich schöpferisch sind.

Notwendige Haltung des Pädagogen

Ich denke, daß der so ausführliche und artikulierte Bericht, der uns von Maria MONTESSORI über die Erziehung des Kindes im allgemeinen und die Mittel hinterlassen wurde, die sie erarbeitet und uns zur Verfügung gestellt hat, wirklich für alle Kinder Gültigkeit hat: und vielleicht in noch höherem Maße für die geistig Behinderten, gerade weil nur diese Mittel dem Lehrer bei seiner schwierigen Arbeit eine Stütze sind.

Und gerade für den Lehrer, dem behinderte Kinder anvertraut sind – und ebenso für alle Personen, die zu diesen Kindern Beziehungen haben, vom Arzt bis hin zum Psychologen, zu den verschiedenen Spezialisten und zu den Eltern, die in dieser Richtung zu interessieren und zu erziehen unerläßlich ist, damit sie mit der Schule zusammenarbeiten können –, ist eine genaue und vertiefte Kenntnis des richtigen Verhaltens gegenüber dem Kind notwendig: ein Verhalten demütigen Wartens, geduldiger Beobachtung, der Fähigkeit, im richtigen Moment zu schweigen und zu reden, eine ruhige, nie zwingende Führung vorzuschlagen, die nur Hilfe und nie Befehl ist, wie es von Maria MONTESSORI hinlänglich gezeigt worden ist. Und an diesem Punkt muß ich nochmals einige ihrer Worte zitieren:

»Der Erfolg dieser Ergebnisse ist mit dem zartfühlenden Eingreifen einer Person, die die Kinder in ihrer Entwicklung leitet, eng verbunden. Es ist nötig, daß die Lehrerin die Kinder führt, ohne sie die eigene Gegenwart zu sehr spüren zu lassen, so daß sie immer bereit ist, die gewünschte Hilfe zu leisten, aber ohne je ein Hindernis zwischen dem Kind und seiner eigenen Erfahrung zu sein ... *Beobachtend warten*. Das ist das Motto für den Erzieher.«

Ich glaube, es ist nicht nötig zu betonen, daß dieses Verhalten, das Maria MONTESSORI für alle Kinder als unentbehrlich bezeichnete, dies noch in höherem Maße im Falle von geistig zurückgebliebenen Kindern ist.

Eine unserer besten Mitarbeiterinnen, Frau Dr. Rosa PICCABLOTTO[*], bemerkte, daß »der Moment der Begegnung des behinderten Kindes mit der Schule sehr delikat ist: Eine übermäßige Besorgnis des Lehrers kann eine Leere schaffen um den herum, der am meisten auf Hilfe angewiesen ist. Unpassende oder frustrierende Anforderungen können anfängliche Situationen verschärfen bis zum vollständigen Bruch jeder positiven Beziehung zur erziehenden Institution.« Und sie fügte hinzu: »Den individuellen Rhythmus zu begleiten, kein Kind in eine unbequeme Situation oder gar in eine Niederlage zu treiben, die Nachteile mittels einer qualifizierten und anhaltenden Stimulationsarbeit wettzumachen – das sind Prinzipien, die wir bei Maria MONTESSORI wiederfinden und die uns fruchtbarer erscheinen als mancher oberflächliche Versuch einer sozialen Integration.«

Damit berühren wir den Knotenpunkt einer Polemik, die zur Zeit in Italien in aller Schärfe ausgetragen wird, nämlich die Behauptung, daß die wahllose Eingliederung eines behinderten Kindes in eine Normalschule – unabhängig davon, in welcher Situation sich diese Schule befindet, und auf eine nur gelegentliche und externe Hilfe von Experten beschränkt – in jedem Fall ihre Gültigkeit habe, und zwar aufgrund des sozialisierenden Einflusses einer solchen Integration. Ich glaube aber, daß die Integration nur dann wertvoll ist, wenn geeignete Strukturen vorhanden sind – wie sie, so scheint es mir, hier im Kinderzentrum München in exemplarischer Weise bestehen, wo neben den integrierten Klassen auch Sonderklassen eingerichtet sind (Sonderschule für geistig behinderte und Sonderschule für lernbehinderte Kinder).

Leider sah ich eine schrittweise Verschlimmerung der Situation in der

---

[*] Rosa PICCABLOTTO FERRARIS: »Principi montessoriani nell'educazione dei disadattati psichici.« Ansprache bei der internationalen Studientagung über das Thema: »Die Probleme in der Erziehung der geistig Behinderten«; Turin, Mai 1974.

Schule von Cavoretto, als nach und nach deren beste Elemente zurückgezogen wurden, d. h. die weniger schwer betroffenen Kinder, die uns eine »Schule nach Maß« zu entwickeln erlaubten und die treibende Kraft der Klassen darstellten; jene Kinder, deren ganze oder teilweise Wiederherstellung abgeschlossen war und die, aus unserer Schule entlassen, die Sekundarschule oder gar höhere Schulen bis zur Erlangung eines Studientitels besuchen konnten, oder die entschlossen ins normale Leben eintraten, als Selbständige oder als Angestellte in Geschäften und Fabriken.

Besonders in den letzten zwei Jahren wurde unsere Schule von schwer geistig zurückgebliebenen oder psychotischen Kindern besucht, deren Wiederherstellung nicht leicht zu prognostizieren war, um so weniger, als sie uns erst im Schulalter geschickt worden waren, in einigen Fällen gar erst in fortgeschrittenem Schulalter.

Integrierte Erziehung in der Montessori-Pädagogik

Übrigens glaube ich, daß die Montessori-Schule heute die *einzige* ist, die eine befriedigende Integration auf jedem Niveau erlaubt, vorausgesetzt, daß sie auf psycho-medizinischer Ebene gebührend unterstützt wird und über alle notwendigen technischen und strukturellen Mittel verfügt: ich stimme darin vollkommen mit Herrn Prof. Theodor HELLBRÜGGE überein.

Lange bevor in Turin von Integrationsversuchen die Rede war, erträumte ich mir, aus der Schule in Cavoretto oder an einem anderen Ort ein Modell einer integrierten Schule zu entwickeln, mit Kindergarten und Elementarschule und einer Beratungsstelle für die Kleinsten, von null bis drei Jahren, in Zusammenarbeit mit der Pädiatrischen Universitätsklinik Turin. Ich war der Meinung, daß wir über die Strukturen, die Mittel und die Einheit und Wissenschaftlichkeit in der Zielsetzung verfügten, die nur eine Montessori-Schule vermitteln kann: im Grunde etwas, das mit den Zielen des Kinderzentrums München übereinstimmt. Es ist klar, daß man zu ähnlichen Lösungen kommt, wenn man von montessorianischen Voraussetzungen ausgeht.

Ich hoffte, daß diese Schule sich später erweitern sollte und zu einem Studienzentrum und einem Ort der Ausbildung und der Durchführung eines Praktikums für die Lehrer werden würde, und auch und vor allem für die Eltern – diese letztere übrigens eine delikate Frage, der ich mich in diesem Bericht leider nicht weiter widmen konnte.

An einem gewissen Punkt gegen Ende des Jahres 1973 schien es, als ließe sich dieser mein Traum verwirklichen; für den Anfang wenigstens auf der Ebene eines Kindergartens und der Beratungsstelle, während die Schule von Cavoretto auf Elementarschulniveau weitergeführt worden wäre, anders gegliedert vielleicht, in integrierte Klassen und damit in Verbindung stehende Sonderklassen.

Leider blieb der Traum ein Traum. Es ist hier nicht der Ort, die Gründe dafür darzulegen, und ich weiß nicht, ob ich eines Tages wieder beginnen kann, den Traum weiterzuträumen. Beim jetzigen Stand der Dinge ist es sogar völlig undenkbar.

Ich bin jedoch sehr dankbar, daß ich bei diesem internationalen Kongreß die Ergebnisse einer langjährigen Arbeit vortragen durfte, bei der ich den Spuren Maria MONTESSORIS so treu wie möglich gefolgt bin, um noch einmal zu beweisen, wie wertvoll auch auf diesem besonderen Gebiet ihre bewundernswerte Unterrichtsmethode ist.

KARL NEISE (Köln)

Das lernbehinderte Kind und die Montessori-Pädagogik

Dem Titel entsprechend möchte ich mein Referat in zwei Abschnitte einteilen. Im ersten Abschnitt wird über den Begriff Lernbehinderung – vor allem im deutschen Sprachgebrauch – zu sprechen sein, während der zweite Teil den Realisierungsmöglichkeiten und Besonderheiten der Montessori-Pädagogik bei Lernbehinderten vorbehalten sein wird.

1. Lernbehinderungen

Seit dem Zweiten Weltkrieg hat in Deutschland eine umfangreiche Ausdifferenzierung des Sonderschulwesens stattgefunden.

Aus der früheren Hilfsschule wurden neuartige Sonderschulen wie »Schulen für Erziehungsschwierige oder Verhaltensgestörte«, »Schulen für Geistigbehinderte« oder »Körperbehindertenschulen« herausgenommen oder neu konstituiert.

Im Zusammenhang mit dieser Ausdifferenzierung infolge des Strukturwandels der Hilfsschule (HOFMANN 1961) mußte sich die übriggebliebene Restschule ihren Standort, ihre Ziele und ihr Selbstkonzept neu erarbeiten und kritisch reflektieren.

Mit dem Begriff der »Sonderschule für Lernbehinderte« sollte eine neue Selbstbestimmung auch nach außen hin dokumentiert werden, wobei man gleichzeitig hoffte, alte Negativ-Assoziationen, die mit dem Begriff »Hilfsschule« verbunden waren, auflösen zu können.

Welche Vorstellungen, welche Inhalte werden heute mit dem Begriff »Lernbehinderungen« verbunden?

Sowohl im Hinblick auf ihre Genese als auch unter dem Aspekt der verschiedenen Ausprägungen und Erscheinungsformen ist Lernbehinderung ein facettenreiches und vielschichtiges Phänomen.

Zunächst einmal müssen alle Lernbeeinträchtigungen passagerer Art im Sinne von Lernstörungen – auch partieller Natur wie Legasthenie – ausgeschlossen werden. In irgendeiner Weise sind vorübergehende Lernerschwerungen oder Lernstörungen, z. B. infolge akuter Belastungsfaktoren, mehr oder weniger deutlich in jeder menschlichen Entwicklung anzutreffen.

Lernbehinderungen in unserem Sinne sind demgegenüber nachhaltige, langdauernde und schwerwiegende (KANTER) Beeinträchtigungen des Lernens, die zu erheblichen Normabweichungen im Leistungs- und Verhaltensbereich führen. Auffällig wird das herabgesetzte Leistungsverhalten vor allem im schulischen Bereich. Häufig ist das schulische Versagen in Ergebnissen von Intelligenzleistungstests mit einer deutlichen Normabweichung nach unten verbunden, deren Strukturen und deren Ausmaß allerdings erheblich streuen. Neben globalem Lernversagen kommen auch spezifische Lernschwierigkeiten in den schulischen Hauptfächern bei sonst normalem Leistungsverhalten in anderen Bereichen vor. Am deutlichsten sind die Minderleistungen im kognitiven und sprachlichen Bereich. Hinzu kommt allerdings auch oft ein Rückstand im sozialen und emotionalen Verhalten.

Entsprechend der Vielfalt der inhaltlichen Füllung des Begriffes der »Lernbehinderung« in den Bereichen der Sonderpädagogik, Psychologie, Soziologie, Psychiatrie etc. gibt es auch eine Vielfalt von Vorschlägen, wie Lernbehinderungen pädagogisch anzugehen seien. Doch davon später mehr.

Lernbehinderungen und Lernstörungen

Halten wir fest, daß es eine Vielfalt von Lernbeeinträchtigungen unterschiedlicher Entstehung, unterschiedlicher Art und Ausprägung gibt. Die schwereren Behinderungen werden hier als *Lernbehinderungen* und die leichteren Arten als *Lernstörungen* bezeichnet, wobei berücksichtigt werden muß, daß zwischen beiden Arten fließende Übergänge bestehen. Deshalb ist eine Differentialdiagnose ja auch so schwer, wenn nicht gar unmöglich.

Aber auch die leichteren Lernstörungen können infolge von ungünstigen Milieueinflüssen oder inneren Faktoren wie Krankheit leicht in die schwereren Formen übergehen. Solchermaßen entstandene generalisierte Lernstörungen zeigen die Tendenz zu ebenfalls schwerwiegendem, umfänglichem und langandauerndem Lernversagen im schulischen Sinne, obwohl solche Kinder in Teilbereichen von Intelligenztests, z. B. im Handlungsteil des HAWIK, durchschnittliche Leistungen erzielen.

Dazu zählen sowohl die Gruppe der Lernbehinderten mit deutlichen unterdurchschnittlichen Leistungen in validen und reliablen Intelligenztests als auch die Gruppe der soziokulturell Benachteiligten im Sinne von BEGEMANN (1970, S. 11–23) mit generalisierten Lernstörungen großen Ausmaßes infolge ungünstiger Milieueinflüsse oder auch mit Lernstörungen infolge von Hirnschäden oder neurotisierenden Erziehungsfaktoren. Lernversagende werden in Deutschland weithin aus der allgemeinbildenden Schule isoliert und in Lernbehindertenschulen unterrichtet.

Aus den bisherigen Überlegungen ergibt sich, daß, wie KANTER (1976, S. 46) es ausdrückt, Lernbehinderung »ein in Grenzen variables Leistungs- und Verhaltensbild (ist), dem eine Mehrzahl von Verursachungsfaktoren und eine vielfältige Genese zugrunde liegen können«.

Die genetischen und sozialen Bedingungen von Lernbehinderung stehen dabei in einem Interdependenzverhältnis. Die Vermittlungsvorgänge entwickeln hierbei eine eigene Dynamik mit entsprechenden Folgeerscheinungen. Sind sich die Autoren des neuen elfbändigen *Handbuchs der Sonderpädagogik* im Hinblick auf die multidimensionale und interdisziplinäre Sicht der Lernbehinderung einig, setzen sie doch verschiedene Akzente im Hinblick auf ihre Entstehung und Ätiologie. So berücksichtigt KANTER stärker lernpsychologische und KLEIN mehr soziologische Interpretationsmodelle (vgl. ANTOR, G.: »Kritische Rezension zum Handbuch ...«; in Z. f. *Heilpäd.* 6, 1977, S. 401–408). SPECK vertritt eher einen interaktionalen Standpunkt. Bei ihm ist Lernbehinderung »nicht etwa die – möglicherweise *auch* vorhandene – Intelligenzschwäche an sich, nicht die möglicherweise *diagnostizierbare* neutrale oder psychoreaktive Schädigung« (Handbuch, S. 100), sondern sie tritt erst zutage, wird erst zur Lernbehinderung durch »Interaktionen« des Lernbehinderten mit der Schule und Gesellschaft mit der Folge der amtlichen Konstatierung einer erheblichen Abweichung von der Norm.

Schließlich muß deutlich hervorgehoben werden, daß Lernbehinderte häufig *Mehrfachbehinderte* sind, und zwar in einem dreifachen Sinne. Es gibt:

1. Lernbehinderte mit *Folgebehinderungen*.

   Hierbei entstehen auf der Grundlage von Primärschädigungen Sekundärbehinderungen. (Primärer Intelligenzrückstand führt infolge von schulischen Mißerfolgserlebnissen/Versagenssituationen häufig zu Verhaltensschwierigkeiten.)

2. *Mehrfachbehinderungen primärer Natur.*

   (Gleichzeitige primäre Schädigungen/Ausfälle wie Schwerhörigkeit *und* Intelligenzrückstand.)

3. *Mehrfachbehinderungen mit Überlagerungen.*

   Es handelt sich hierbei um Bilder, wo verschiedene Störungen/Behinderungen sich wechselseitig bedingen und beeinflussen, ohne daß ihre wechselseitige Kausalität erkennbar wäre (z. B. Lernbehinderungen und Sprach- oder Verhaltensauffälligkeiten).

Vor allem die Verbindung von Lern- und Verhaltensauffälligkeit nimmt seit Jahren zu.

Ziele der Lernbehinderten-Schule

Trotz der erheblichen Lernschwierigkeiten ihrer Schüler strebt die Lernbehindertenschule »eine möglichst vollständige berufliche und menschliche (Re-)Habilitation ihrer Schüler« an (KANTER 1974, S. 137).
Durch sonderpädagogische Maßnahmen soll das momentane Zustandsbild der Lernbehinderung im positiven Sinn beeinflußt werden. Dabei versucht man, durch Früherfassung und Frühtherapie außerhalb der Lb-Schule möglichst viele der sozio-kulturell Benachteiligten mit Lernbehinderungen (im Sinne BEGEMANNs) voll zu rehabilitieren bzw. zu habilitieren, damit sie eine normale Schullaufbahn in Grund- und Hauptschule durchlaufen können.
Damit nähern wir uns dem Problem der Integration von Behinderten und Nichtbehinderten in der Schule. Vor allem die Anhänger von Gesamtschulen plädieren für eine Integration (sei sie partiell, total oder additiv), weil sie die Lernbehinderung in einer optimalen Schule für ein reversibles Phänomen halten. So kontrovers die Diskussion um die Integration der Behinderten im Augenblick in Deutschland auch sein mag, wir könnten vielleicht den etwas unscharfen Slogan als Richtschnur anführen: Soviel Integration wie möglich und soviel Segregation wie nötig, d. h. – im Sinne von SPECK (1976, *Handbuch* S. 90) – sowohl individuelle Förderung des Lernbehinderten als auch Einflußnahme auf die Gesellschaft, um Vorurteile und Fehleinstellungen abzubauen und die Bereitschaft zu voraussetzungsloser Akzeptierung in Beruf, Familie und Gesellschaft zu fördern.
Und das gilt sowohl für die 5–7 Prozent Schüler in Lernbehindertenschulen als auch für die übrigen 20–25 Prozent der Schüler mit Beeinträchtigungen des Lern- und Leistungsverhaltens (KANTER, 1974, S. 198) in der allgemeinen Schule unseres Landes.

Intentionale Definition zum Begriff der Lernbehinderung

Lassen Sie mich den ersten Teil mit einem Hinweis auf internationale Bezeichnungen und Kategorisierungen im Zusammenhang mit Lernbehinderung beschließen.
In frankophonen Ländern spricht man von »*débiles*« und »*arriérés*«, wenn man Lernbehinderte im deutschen Sinne meint.
Die UdSSR kennt keine Synonyme, weil sie nur medizinisch konstatierbare Defekte vom Ausmaß geistiger Behinderung anerkennt.
In den USA und Großbritannien gibt es mehrere Begriffe mit verschiedenem Inhalt für die Gruppe der Lernbehinderten. Z. B. spricht die

A.M.D. *(American Association on Mental Deficiency)* und die WHO *(World Health Organisation)* von »*Mental Retardation*« bei Lernbehinderungen mit deutlich meßbarem Intelligenzrückstand, also nicht von sozio-kulturell Benachteiligten im Sinne von BEGEMANN. Gemeint ist vielmehr eine deutliche Intelligenzminderung (IQ 70 bzw. 75) verbunden mit Defiziten im Anpassungsverhalten, wie HEBER (1961) es beschrieben hat.

Dagegen werden umweltbedingte Lernbehinderte eher als »*slow-learners*« bezeichnet. Weiterhin finden wir den Begriff des »*educable*« (im Gegensatz zu *trainable* = Gb [Geistigbehinderter], IQ 30/40–50/55).

In England trifft man auf Bezeichnungen wie »*feebleminded*« oder »*subnormal*«, die unserem Bereich der Lernbehinderten noch am ehesten entsprechen.

Aus alledem kann man folgende Schlüsse ziehen:

1. Es gibt eine Reihe von unterschiedlichen Nomenklaturen mit unterschiedlichen Inhalten auf internationaler Ebene.
2. In keinem Land werden, so wie in Deutschland, offensichtlich ganz heterogene Untergruppen zu einer einzigen Schülerklientel von Lernbehinderten zusammengefaßt.

Daraus ergibt sich, daß wir es bei den Lernbehinderten mit einer heterogenen Gruppe ganz unterschiedlicher und verschieden strukturierter Leistungs- und Verhaltensprägung zu tun haben.

Abweichungen und Defizite finden wir sowohl in kognitiven als auch in verhaltensmäßigen, emotionalen, sprachlichen, motorischen und sozialen Bereichen, in ganz unterschiedlicher Weise, Struktur und Hierarchie. Kein Lernbehinderter ist einem anderen Lernbehinderten gleich. Jeder Betroffene ist eine einmalige, unvergleichbare Person von je individueller Ausprägung. Daher ergibt sich folgerichtig die vielerorts erhobene Konsequenz einer individualisierenden Erziehung und Unterrichtung der Lernbehinderten, sei es in integrierten oder segregierten Schulen. Welche Pädagogik könnte dieser Kardinalforderung besser gerecht werden als die Montessori-Pädagogik? Wenden wir uns nun dem zweiten Punkt zu.

2. *Möglichkeiten und Besonderheiten der Montessori-Pädagogik bei Lernbehinderten*

Viele Pädagogen und Psychologen vergessen, daß Maria MONTESSORI ihre ersten pädagogischen Erfahrungen im Umgang mit Behinderten sammelte. Als Ärztin stieß sie in der kinderpsychiatrischen Abteilung der Universitätsklinik von Rom auf die pädagogische Dimension im Umgang mit Intelligenzminderbegabten. Sie erkannte, »daß das Problem der geistig Zurückgebliebenen eher ein *pädagogisches* als ein medizinisches war« (MONTESSORI, 1969, S. 26). Im Anschluß an ITARD und SEGUIN entwickelte sie ihre pädagogischen Grundsätze zur Erziehung von Schwachbegabten, die sie in der »Scuola Magistrale Ortofrenica« von Rom im Jahre 1900 ihren Mitarbeitern vermittelte: »I had reserved for myself the teaching, or rather the development, of a special pedagogy for defective children, along the lines previosnly laid by ITARD and SEGUIN ... The origin of my present work with older and normal children is to be sough in my teaching of defectives.« (»Ich hatte mir selbst den Unterricht oder eher die Entwicklung einer Sonderpädagogik für behinderte Kinder vorbehalten, und zwar gemäß den früher von ITARD und SEGUIN aufgestellten Grundsätzen ... Der Ursprung meiner gegenwärtigen Arbeit mit älteren und normalen Kindern muß in diesem meinem Umgang mit Behinderten gesucht werden.« MONTESSORI 1965, S. 388). Die Grundlagen und die zeitliche Abfolge ihrer Vorschläge schildert sie a. a. O. (1965, S. 389) so: »The child should be led from the education of the muscular system to that of the nervous and sensory systems; from the education of the senses to concepts; from concepts to general ideas; from general ideas to morality. This is the educational method of SEGUIN. However, before we begin education, we must prepare the child to receive it by another education which is today regarded as of the very first importance. This preparatory education is the foundation on which all subsequent education must be based, and the success of our subsequent efforts. By preparatory education here we mean *hygienic education*, which in defective children sometimes includes medical treatment.« (»Das Kind sollte von der Ausbildung seines Muskelsystems zu der seiner Nerven- und sensorischen Systeme geleitet werden; von der Entwicklung seiner Sinne zu der von Begriffen; von Begriffen zu allgemeinen Ideen; von allgemeinen Ideen zur Sittlichkeit. Soweit die Erziehungsmethode von SEGUIN. Bevor wir aber mit der Erziehung beginnen, müssen wir das Kind auf eine andere Art von Erziehung vorbereiten, der heute allergrößte Bedeutung beigemessen wird. Diese vorbereitende Erziehung ist die Grundlage, auf der alle spätere Erziehung aufruhen muß und auf der die Erfolgschance unserer künftigen Bemühungen basiert. Unter vorbereitender Erziehung verstehen wir hier *hygienische Erziehung*, die bei behinderten Kindern zuweilen eine ärztliche Behandlung einbegreift.«)

In abgewandelter Form gelten diese Grundsätze auch für Lernbehinderte, mindestens für eine ihrer Teilgruppen. MONTESSORI war sich über die Besonderheiten der Arbeit bei Minderbegabten im klaren. Sie wußte z. B. um die Schwierigkeit, deren Aufmerksamkeit zu fesseln: »To attract the attention of defective children strong sensory stimulates are necessary.« (»Um die Aufmerksamkeit behinderter Kinder zu fesseln, sind starke sensorische Reize erforderlich«; MONTESSORI, 1965, S. 417). Im Hinblick auf motivationale Vorgänge sah sie die Notwendigkeit der Einkleidung ihrer Lektionen in Spielformen: »The lessons should be made as attraktive as possible and, as far as practicable, presented under the form of games, so as to arouse the curiosity of the child.« (»Die Lektionen sollten so attraktiv wie möglich gestaltet und – soweit machbar – in die Form von Spielen gekleidet werden, so daß die Neugier des Kindes geweckt wird«; a. a. O., S. 417).

Weiterhin spricht sie von der schnellen Ermüdbarkeit und Ablenkbarkeit der Behinderten. Deshalb dürfen Lektionen nur sehr kurz sein, müssen häufige Wechsel eintreten und unendlich viele Variationen angeboten werden, so daß der jeweilige Stoff als etwas ganz Neues erscheint.

Das, was wir heute (BANDURA, ROSS, WALTERS) als Imitationslernen bezeichnen, wird von MONTESSORI schon 1900 als ein wichtiges Element in der Sonderpädagogik angesehen (a. a. O., S. 417). Ist sie bei normalen Kindern mit Lob und Tadel äußerst zurückhaltend, so fordert sie bei Minderbegabten starke Ermutigungen durch den Lehrer, um die Kinder zu stimulieren und zur Nachahmung anzuregen.

Im übrigen ist auch bei Lernbehinderten alles das anzuwenden, was wir aus der Entwicklung normaler Kinder kennen – vorbereitete Umgebung, Selbsttätigkeit durch didaktisches Material, eigene Fehlerkontrolle, sensible Perioden, Konzentration, freie Wahl und Dauer der Arbeit etc. Daß hierbei hin und wieder Einschränkungen und Abwandlungen nötig sind, dürfte sich aus der Eigenart der Lernbehinderten begründen. Aber grundsätzlich finden hier die gleichen pädagogischen Grundsätze Anwendung wie bei normalen Kindern auch.

In der heutigen Zeit ist es wichtig, solche Feststellungen einer wissenschaftlichen Überprüfung zu unterziehen. Leider gibt es noch zu wenige wissenschaftlich exakte Untersuchungen über die Montessori-Pädagogik bei Behinderten.

An anderer Stelle (NEISE 1973, 1974) habe ich über die experimentelle Untersuchung von ARGY (1965) berichtet, der in den USA die Überlegenheit der Montessori-Pädagogik bei hirngeschädigten Kindern gegenüber den orthodoxen Methoden auf hochsignifikantem Niveau nachweisen konnte.

Eine neuere amerikanische Untersuchung von 1972 zeitigte ebenfalls positive Ergebnisse. LAWRENCE KOHLBERG (1972) schildert unter dem Titel »Montessori für kulturell Benachteiligte« die Ergebnisse eines Untersuchungsprojekts an der »Ancona«-Montessori-Schule in Chicago, und zwar im Hinblick auf die Auswirkungen eines Montessori-Vorschulprogramms auf die kognitive Entwicklung von sozio-kulturell benachteiligten Kindern.

Drei verschiedene Vorschulklassen waren in diese Untersuchung einbezogen:
1. Gruppe: sozio-kulturell benachteiligte und Mittelschichtkinder zu je 50%. Diese Gruppe erhielt Montessori-Unterricht und zusätzliche Programme in darstellendem Spiel und Sprachförderung; außerdem wurde intensiv Elternarbeit geleistet (Sozialarbeiter-Eltern-Gruppen).
2. Gruppe: Die 2. Gruppe war wie die erste zusammengesetzt. Der einzige Unterschied bestand in der pädagogischen Methode, denn sie wurde im üblichen pädagogischen Stil unterrichtet.
3. Gruppe: Nur sozio-kulturell benachteiligte Kinder des *Head Start*-Programmes. Sie wurde von der Lehrerin einer Vorschule geleitet, die auf den permissiven Stil der möglichst geringen Beeinflussung der Kinder eingestellt war.

Als Prä- und Posttests wurden Parallelformen des Stanford-Binetariums durchgeführt, um Veränderungen in Intelligenzleistungen feststellen zu können.

Nach einem kurzfristigen (8 Wochen) Sommerprogramm waren die IQ-Werte wenig verändert. In den ersten beiden Gruppen wurden durchschnittliche Verbesserungen um 2–3 IQ-Punkte gemessen, während die permissive Klasse eine signifikante Verschlechterung von 5 IQ-Punkten aufzuzeigen hatte.

Den Grund für die schlechteren Ergebnisse der dritten Gruppe sah KOHLBERG in einer nachweislichen Zunahme von Ablenkbarkeit um 3 Punkte auf einer 9-Punkte-Skala*. Demgegenüber nahm in den beiden anderen Klassen die Ablenkbarkeit ab.

Um einen Zusammenhang zwischen den beiden Variablen der Abnahme der IQ-Werte und Zunahme der Ablenkbarkeit statistisch nachzuweisen, wurden sie miteinander korreliert. Die Rangreihenkorrelation ergab einen Koeffizienten von 0,63. Dieser Zusammenhang wurde außerdem noch durch Verhaltensbeobachtungen in den Klassen bestätigt. (Zu gleichen Ergebnissen bei permissiver Beeinflussung von sozial benachteiligten Kindern kam GLEN NIMNICHT in einem Projekt am »Colorado State College« in den USA.)

* KOHLBERG-Ablenkungstabelle (HESS/BEAR, S. 112):
1. Vollständig in die Aufgabe vertieft. Interesse ist stabil.
3. Interessiert und aufmerksam, mit wenig Beachtung für Dinge, die nicht zum Test gehören.
5. Normale Aufmerksamkeit. Die Aufgaben beanspruchen genug Aufmerksamkeit, obwohl diese manchmal zwischen den einzelnen Punkten wandert.
7. Abgelenkt durch Dinge, die außerhalb des Tests liegen, kann sich aber wieder auf die Aufgabe beziehen. Wenn das Kind versucht, aufmerksam zu bleiben, so muß es dann ziemliche Anstrengungen machen.
9. Schwer an eine Aufgabe heranzuführen und dabei zu halten.

Nach einjähriger Dauer des Montessori-Programms waren die Ergebnisse besonders eindrucksvoll. Schon nach 4 Monaten konnte in der ersten Gruppe (Montessori-Pädagogik) eine signifikante Zunahme der IQ-Werte um durchschnittlich 17 (also mehr als 1 Standardabweichung) nachgewiesen werden (verschiedene Testformen mit verschiedenen Testleitern).

Dabei zeitigten sowohl die ursprünglich intelligenten Kinder einen Zuwachs als auch die ursprünglich unterdurchschnittlich intelligenten Kinder, anders als bei Untersuchungen von KLAUER (^{2}1975). Die zweite Gruppe erreichte im gleichen Zeitraum eine Zuwachsrate von 10 IQ-Punkten[*]. Die Zuwachsrate in den Testergebnissen der sozio-kulturell Benachteiligten korreliert hoch (0,65) mit einer Verringerung der Ablenkbarkeit.

Polarisation der Aufmerksamkeit als Angelpunkt der Montessori-Pädagogik

Dieses Ergebnis verweist erneut auf die zentrale Rolle der Konzentration, die schon Maria MONTESSORI im *Phänomen der Polarisation der Aufmerksamkeit* zum Angelpunkt ihrer Pädagogik werden ließ.

KOHLBERG führte die geringeren intellektuellen Leistungen der soziokulturell Benachteiligten auf starke Konzentrationsstörungen zurück, Konzentrationsstörungen infolge von beengten Wohnverhältnissen und häufigen Störungen und Ablenkungen dieser Kinder durch viele Geschwister. Sie können sich einfach nicht *ungestört* und allein einem Gegenstand intensiv und zeitvergessend hingeben (dieser Aspekt der Konzentration/Ablenkungsbereitschaft spielt auch eine Rolle in unserer eigenen Untersuchung).

KOHLBERG folgert aus seinen Erfahrungen (a. a. O., S. 116): »Es bestehen kaum Zweifel, daß lange anhaltendes und stabiles Aufmerksamkeitsverhalten eher durch verstärkte Zweierbeziehungen von Lehrer und Schüler oder durch parallel oder einzeln laufende Aktivitäten gefördert werden als durch Gruppenprogramme.«

Zum gleichen Ergebnis kommen RADIN und WEIKART (1966) mit ihrem Perry-Vorschulprojekt. Infolge einer intensiven Lehrer-Schüler-Zweier-Situation konnte der IQ innerhalb eines Jahres in verschiedenen Gruppen um 12–20 Punkte (STANDFORD) verbessert werden, während er in den entsprechenden Kontrollgruppen lediglich um 3–7 Punkte anstieg.

---

[*] Diese Ergebnisse stimmen weithin mit denen von WEIKART, GRAY, BEREITER und ENGELMANN überein. Sie konnten ebenfalls in den ersten 6 Monaten ihres einjährigen Vorschulprogrammes Zuwachsraten von 15 IQ-Punkten nachweisen.

Kohlberg konnte experimentell Montessoris Auffassung bestätigen, daß individuelles und selbsttätiges Lernen mit didaktischem Material in einer vorbereiteten Umgebung gerade auch bei sozio-kulturell benachteiligten Schulversagern effektive Lernstrategien im kognitiven Bereich vermittelt und zu intensiver Aufmerksamkeitserhaltung führen kann.

Das gleichmäßige und langfristige, periodisch wirkende (vgl. Suffenplan, 1975) Aufmerksamkeitsverhalten wird durch das Sachinteresse der Schüler in freier Arbeitswahl nach Montessori gefördert und führt zu überdauernden intrinsischen Motivationen (vgl. Heckhausen/Wasna).

Auf der anderen Seite führen die Übungen mit dem Montessori-Sinnesmaterial zu einer Steigerung der Diskriminationsfähigkeit durch Vergleichen, Ordnen und Klassifizieren von sensomotorischen Erfahrungen im Sinne der neueren Anschauungen von Piaget, der im Entwicklungsalter von 3–7 Jahren die Ausbildung der konkreten Operationen und deren Organisierung zu logischen Gruppierungen ansetzt.

Deshalb überprüfte Kohlberg (1963) den Effekt des Montessori-Programmes auch mit Piagets Aufgaben für konkrete Operationen. Dabei stellte sich heraus, daß die Lösungen der Piaget-Aufgaben hoch korrelierten mit den Ergebnissen psychometrischer Intelligenztests (wie Standford etc.).

Daraus folgert Kohlberg (1972, S. 123): »Es könnte also sein, daß die IQ-Vergrößerung, die bei unserer Untersuchung aus der Vorschulerfahrung resultiert, z. T. auf das Erlernen konkreter Operationen durch Umgang mit dem Montessori-Material zurückzuführen ist.«

Ein praktisches Beispiel

In einem unveröffentlichten Erfahrungsbericht von Zielniok werden die Ergebnisse einer Langzeitstudie dargelegt, in der die Vorgänge in einer Lernbehindertenklasse nach der Umschulung von der Grundschule in die Sonderschule für Lernbehinderte geschildert werden (Abb. 1). Der Autor wollte ein Jahr lang die Folgen von Freiarbeit im Sinne Montessoris in einem Umschulungsjahrgang systematisch beobachten und darstellen. Es sollten empirisch folgende Fragen beantwortet werden:

1. Welche Veränderungen im *Arbeitsverhalten* (Art der Arbeitswahl und Dauer der Arbeiten) werden innerhalb des Versuchsjahres mit Freiarbeit induziert?
2. Welche Veränderungen im *Sozialverhalten* (Zusammenarbeit mit anderen Schülern, Sozialstrukturen der Klasse) lassen sich nach einem Jahr Versuchsdauer feststellen?

Der Versuchsleiter fertigte über einen Zeitraum von sieben Monaten hinweg ausführliche, strukturierte Unterrichtsprotokolle an. Er befragte die früheren Grundschullehrer seiner Kinder und fertigte Soziogramme an. Er kam zu folgenden Ergebnissen:

Arbeitsverhalten

1. Anfangs nimmt das Rechnen eine vorrangige Stellung ein. In manchen Wochen macht es mehr als die Hälfte aller Zeiteinheiten aus. In der zweiten Hälfte der Beobachtungszeit geht die Dauer dieser Tätigkeit mehr und mehr zurück, unterschreitet aber niemals die $^{1}/_{3}$-Grenze (Tab. 1).
2. Die Tätigkeiten im sprachlichen Bereich nehmen kontinuierlich zu. Zeitweilig belegen sie mehr als 50 % der gesamten Tätigkeiten.
3. Musische Fächer gehen von 25 % auf 10 % zurück.
4. Die Realienfächer schwanken zwischen 5–20 %.
5. »Untätigsein« geht von 2,24 % auf fast Null zurück.
6. Die prozentuale Verteilung der einzelnen Tätigkeitsbereiche über die Gesamtzeit ergibt folgendes Bild:

Rechnen	38 %
Sprache	35 %
Realien	11 %
Musisches Tun	10 %
Religion	5 %
Keine Wahl	1 %
	100 %

7. Kein Kind vernachlässigt innerhalb der Beobachtungszeit einen der o. a. Bereiche ganz.
8. Die Konzentrationsfähigkeit nimmt zu (60–80 Min. intensiv bei einer einzigen Tätigkeit, vgl. Tab. 2).

Sozialverhalten

1. Die Einzelarbeit behält ihre dominierende Stellung während der gesamten Beobachtungszeit.
2. Der Anteil an Partner- und Gruppenarbeit wächst stetig von ursprünglich 6 % auf rd. 40 % der Gesamtarbeitszeit (Tab. 3).
3. Die Binnenstruktur der Klasse verändert sich in Richtung auf bessere Integration und ein entwickelteres Sozialniveau (Abb. 2 und 3).

4. Soziale Interaktionen zwischen schwächeren und leistungsstärkeren Schülern nehmen zu.
5. Während der Freiarbeit gibt es keine Disziplinschwierigkeiten im Gegensatz zum Frontalunterricht.

ZIELNIOK faßt seine Erfahrungen mit der Montessori-Pädagogik bei Lernbehinderten einer Umschulungsklasse so zusammen: »Durch die Untersuchungsergebnisse wurden auffallende Verhaltensänderungen der Schüler in ihrem Arbeits- und Sozialbezug nachgewiesen. Die Ergebnisse sind wegen ihrer demonstrativ-pädagogischen Aussage bedeutungsvoll. Sie lassen die Entwicklungstendenz eines Abbaus sekundärer Verhaltensstörungen bei den Kindern erkennen. Eine Verhaltensdiskrepanz der Kinder unter den Bedingungen der Freiarbeit und des Klassenblockunterrichts wird offenkundig. Das Einschalten der Arbeitsform der Freiarbeit in den Unterricht der Sonderschule bewirkt bei Lernbehinderten eine Entstörung der emotionalen Atmosphäre und eine natürliche Lösung von Konflikten.«

Kölner Untersuchung

Als letztes Beispiel möchte ich über unsere eigenen experimentellen Untersuchungen zum Thema »Lernbehinderte und die Montessori-Pädagogik« in Köln und Umgebung berichten.

Angeregt durch die Untersuchungen von ARGY und KOHLBERG wollten wir in Köln eine wissenschaftliche Studie auf experimenteller Basis durchführen, um Auswirkungen der Montessori-Pädagogik auf Erziehung und Unterricht Lernbehinderter und Geistigbehinderter im Vergleich zu orthodoxen Lehrmethoden zu untersuchen.

Zur Stichprobe gehören rund 300 Lernbehinderte und Geistigbehinderte im Raume Köln – Aachen – Düsseldorf.

Greifen wir hier die Gruppen der Lernbehinderten heraus. Von den etwa 200 Lernbehinderten im Alter von 8 bis 13 Jahren gehört die Hälfte zur Experimentalgruppe, die vorwiegend Montessori-Erziehung erhält. Die andere Hälfte wird im herkömmlichen Sinne unterrichtet. Somit gehören je 5 Klassen zur Experimental- und Kontrollgruppe.

Zu Anfang des Schuljahres 1975/76 wurden die Prätests und im Frühjahr/Sommer 1977 die Posttests durchgeführt.

Sowohl Experimental- als auch Kontrollklassen wurden mit der gleichen Batterie von Untersuchungsverfahren untersucht. Die Tests führten Studierende der Abteilung für Heilpädagogik durch, nachdem sie intensiv in die Tests eingeführt waren. Sie hatten darüber hinaus ein testdiagnostisches Praktikum absolviert, das zu ihrem regulären Ausbildungsgang gehört.

Um ein möglichst breites Spektrum von Variablen einzubeziehen, wurden neben kognitiven Funktionen auch noch folgende Bereiche angezielt: Leistungsmotivation/Anspruchsniveausetzung, Aggressionstendenzen, Motorik und sozio-kulturelles Milieu. Die Untersuchungsbatterie bestand aus folgenden Verfahren: HAWIK, TBGB, ROSENZWEIG-PF-Test, ein Zielsetzungsverfahren als Anspruchsniveautest (Bearbeitung des PAULI-HECKHAUSEN-Tests zum Addieren von 13 Spalten einstelliger Zahlen) und ein ausführliches halbstandardisiertes Interview-Verfahren für die Bezugspersonen der Vpn.

Mit dem HAWIK und den ersten beiden Tests der TBGB werden Intelligenzleistungen überprüft. Fein- und Grobmotorik messen die beiden letzten Tests der TBGB, nämlich K-P und KF-18 als Kurzform einer LINCOLN-OSERETZKY-Skala.

Der ROSENZWEIG-Test mißt die drei Aggressionsrichtungen der Extra-, Intro- und Impunitivität und drei Reaktionsweisen in frustrierenden Situationen (1. *Obstacle-Dominance,* 2. *Ego-Defense,* 3. *Need-Persistance*).

Der Zielsetzungstest in unserer Modifikation kann als Einzeltest durchgeführt werden. Für schwache und junge Lernbehinderte gab es eine Version mit 12 Spalten (gegenüber 13 Spalten) ohne Zehnerüberschreitung. Außerdem ist die Vorlage besonders groß und übersichtlich gedruckt.

Während die erste Spalte der Erklärung und Einübung dient, sollen die beiden folgenden Spalten in je 35 Sekunden gerechnet werden. Die entsprechende Leistung läßt sich jeweils an der Länge der gerechneten Zahlenkolonnen deutlich ablesen.

Vor der vierten Spalte soll jede Vp. angeben, wie weit sie ihrer Meinung nach wohl bei der vierten Spalte kommen werde. An der angegebenen Stelle wird eine Markierung gesetzt. Nach 35 Sekunden Bearbeitungszeit kann die Vp. selbst feststellen, ob sie ihr selbst gesetztes Ziel erreicht oder verfehlt hat. Daraufhin erfolgen für alle weiteren Spalten neue Zielsetzungen durch die Vpn.

Aus den gesamten tatsächlichen Leistungen und den eigenen Zielsetzungen werden in der Auswertung folgende Kennwerte für das individuelle Anspruchsniveau berechnet:

1. relativierte Zielsetzungsdifferenz (= mittlere Differenz zwischen den 9 bzw. 10 Leistungs- und Zielsetzungswerten, relativiert auf die durchschnittliche Rechenleistung; nach SCHERER u. SCHLIEP, 1974, S. 84);

2. Zielsetzungsdiskrepanz (wie bei 1., aber unter Berücksichtigung des Vorzeichens);
3. Zielsetzungsquotient nach der Anzahl (Anrechnung der positiven Zielsetzungen/Gesamtzahl aller Zielsetzungen);
4. Zielsetzungsquotient nach Ausmaß (Quotient der Summe aller positiven Zielsetzungsdifferenzen/Summe aller Zielsetzungsdifferenzen);
5. relativierte Zielerreichungsdifferenz (mittlere Differenz zwischen den Zielsetzungs- und Leistungswerten, relativiert auf die durchschnittliche Rechenleistung);
6. Zielerreichungsdiskrepanz (wie bei 5., aber unter Berücksichtigung des Vorzeichens);
7. Erfolgsquotient nach Ausmaß (Quotient aus der Summe der positiven Zielerreichungsdifferenzen und der Summe aller Zielerreichungsdifferenzen);
8. Erfolgsquotient nach Anzahl (Quotient der Anzahl aller Zielüberschreitungen und der Anzahl aller Leistungen);
9. starre Reaktionen nach Erfolg (Beibehaltung des einmal gewählten Zieles);
10. starre Reaktion nach Mißerfolg (Häufigkeit des beibehaltenden Zieles trotz Mißerfolg);
11. starre Reaktionen insgesamt (Summe aller starren, d. h. aller gleichbleibenden Zielsetzungen);
12. atypische Reaktion;
12.1 nach Mißerfolg Zielerhöhung;
12.2 nach Erfolg Zielsenkung;
12.3 Summe aller atypischen Reaktionen.

Überlegenheit der Montessori-Pädagogik bei Lernbehinderten

Im oben beschriebenen Anspruchsniveautest zeigten sich bereits beim Prätest (1976) signifikante Unterschiede zwischen den Montessori- und den Kontrollklassen in den Varianzen einiger Variablen. Darüber hinaus ließen sich folgende Tendenzen für die Experimentalgruppen erkennen: Die größeren Zielsetzungs- und Zielerreichungsdifferenzen weisen auf ein leicht unrealistisches Anspruchsniveau und auf ein ungenaues Einschätzen der eigenen Leistungsfähigkeit hin. Die leicht überhöhten Ziele lassen vermuten, daß die Kinder der E-Gruppen eine eher erfolgsmotivierte Leistungsmotivation aufweisen. Mit zunehmendem Alter wird die Selbsteinschätzung realistischer (vgl. WASNA 1972).

Interessant ist die Tatsache, daß Kinder der K-Klassen signifikant häufiger Ziele wählen, die deutlich unterhalb der letzten Leistung liegen (negative Zieldiskrepanz, kleiner Zielsetzungsquotient). Man kann diese Tatsache dahingehend deuten, daß die Schüler der üblichen Lernbehindertenschulen aufgrund von häufigen Mißerfolgserlebnissen wenig Selbstvertrauen haben.

Deshalb versuchen sie, sich Erfolg dadurch zu verschaffen, daß sie ihr Anspruchsniveau senken. In den Montessori-Klassen ist das nicht der Fall. Bei deren Schüler bilden sich positive, erfolgsorientierte Leistungsquotienten aus. Die K-Klassen zeigen dagegen Zielsetzungsverhaltensweisen, die den externalen Kausalattribuierungen mißerfolgsmotivierter Schüler entsprechen.

Das Anspruchsniveau wird von vielen Autoren (vgl. WASNA 1972) als Ausprägung der Leistungsmotivation angesehen. Seit 1930 gibt es in der Psychologie so etwas wie eine eigene Anspruchsniveau-Forschung, die von HOPPES Definition des Anspruchsniveaus »als Gesamtheit der Erwartungen, Zielsetzungen oder Ansprüche an die zukünftige eigene Leistung« ausgeht (vgl. WASNA 1972, S. 25). Das jeweilige Anspruchsniveau kann aber nicht direkt beobachtet, sondern muß mit Hilfe von Tests gemessen werden. Es wird einerseits durch bisherige Erfahrungen (z. B. in Leistungssituationen der Schule) und andererseits durch überdauernde Persönlichkeitsmerkmale, Erwartungen und durch vorausgegangene Erfolgs- oder Mißerfolgserlebnisse bestimmt.

Wie die Leistungsmotivation resultiert auch das Anspruchsniveau aus den beiden Variablen Hoffnung auf Erfolg und Furcht vor Mißerfolg.

HECKHAUSEN (1965) spricht vom inneren Gütemaßstab, der jemanden eine Leistung als Erfolg oder Mißerfolg erleben läßt. Er versteht unter Leistungsmotivation »das Bestreben, die eigene Tüchtigkeit in all jenen Tätigkeiten zu steigern oder möglichst hoch zu halten, in denen man einen Gütemaßstab für verbindlich hält und deren Ausführung deshalb gelingen oder mißlingen kann« (HECKHAUSEN 1965, S. 604).

Nach einem Erfolg werden die Ziele zumeist erhöht und nach einem Mißerfolg oft herabgesetzt. Mißerfolgsorientierte wählen entweder niedrige oder extrem hohe Ziele. Bei den niedrigen Zielsetzungen ist Erfolg ganz sicher, und bei hohen Zielen wird deren Verfehlung äußeren Ursachen (zu große Schwierigkeiten) zugeschrieben, was HECKHAUSEN (1963) als externale Kausalattribuierung bezeichnet.

WASNA (1972) berichtet über ihre Untersuchungen zur Entwicklung der Leistungsmotivation bei Lernbehinderten und Geistigbehinderten. Sie konnte nachweisen, daß der Entwicklungsverlauf der Leistungsmotivation und des Anspruchsniveaus bei Debilen demjenigen bei Normalen gleicht, wenn man nicht das Lebensalter, sondern das Intelligenzalter zum Vergleich heranzieht.

SCHERER und SCHLIEP (1974) konnten unterschiedliche Leistungsmotivationen bei Lernbehinderten im Vergleich zu gleichintelligenten Hauptschülern im 5. Schuljahr feststellen. Die Sonderschüler zeigten signifikant höhere Furcht vor Mißerfolg. Die Autoren interpretieren diese und ähnliche Ergebnisse so, daß die Lernbehinderten als »*underachiever*« aufgrund schichtenspezifischer sprachlicher Minderleistungen, starker Mißerfolgsängstlichkeit und unrealistischer Zielsetzungen in ihren tatsächlichen Leistungen weit hinter ihren eigenen Möglichkeiten zurückbleiben. Deshalb fordern sie Maßnahmen zur Erhöhung der Schul- und Erfolgsmotivierung leistungsschwacher Schüler, um Lernschwierigkeiten und Schulversagen zu vermeiden oder zu vermindern.

Solches wird durch die Montessori-Pädagogik geleistet (wie auch HECKHAUSEN, 1974, nahelegt). Deshalb legten wir in unserer Untersuchung so großen Wert auf diesen Bereich, der für eine gesunde Entwicklung leistungsschwacher Schüler unabdingbar ist. Die bisherigen Ergebnisse unserer Befunde bestätigen die Vermutung, daß die Montessori-Pädagogik bei Lernbehinderten intrinsische Motivation und Hoffnung auf Erfolg mehr fördern als der übliche Unterricht es vermag.

Nach Inge KAUFMANN (1970) und vielen anderen Autoren gibt es in Sonderschulen einen hohen Prozentsatz aggressiver Kinder. Wie Ilse ABÉ (1974, S. 189) meint, stellt das »ein großes erzieherisches Problem ... (dar, das) ... einen beträchtlichen Anteil (der) täglichen Schul- und Erziehungsarbeit aus (macht)«. Ohne die verschiedenen Theorien zum Aggressionphänomen zu diskutieren, möchte ich andeutungsweise mittels einer Definition von SELG (1974, S. 15 f.) auf das hinweisen, was man als Aggression verstehen könnte: »Eine Aggression besteht in einem gegen einen Organismus oder ein Organismussurrogat gerichteten Austeilen schädigender Reize ... (Sie) kann *offen* (körperlich, verbal) oder *verdeckt* (phantasiert), sie kann *positiv* (von der Kultur gebilligt) oder *negativ* (mißbilligt) sein.«

Mit dem PFT für Kinder wollten wir sowohl im Querschnitt- als auch im Längsschnittvergleich etwas über Aggressivität bei Lernbehinderten eruieren und in Erfahrung bringen, ob und in welcher Weise sich die Montessori-Klassen von den Vergleichsklassen in bezug auf Aggressionen unterscheiden.

Sozio-ökonomische Daten bei lernbehinderten Kindern

Da bisher lediglich der Querschnittsvergleich vorliegt, kann ich mich mit meinen Aussagen auch nur auf dessen Ergebnisse stützen.

Auffallend ist, daß die Lernbehinderten überdurchschnittlich impunitiv, also aggressionsumgehend, reagieren, indem sie die frustrierenden Hindernisse verkleinern (M'), der Schuldfrage ausweichen (M) oder sich geduldig fügen (m). In dieser Reaktionsweise sind sie auch sehr stabil, d. h. sie reagieren von Anfang an in ähnlicher Weise. Extrapunitives Verhalten war in geringerem Ausmaß vorhanden als vermutet. $^4/_5$ der Untersuchungsgruppe wies eine niedrige Frustrationstoleranz auf.

Die Montessori-Kinder zeigten seltener als die K-Gruppe Verhalten wie Hindernisverkleinerung und Ausweichen vor Schuldfragen. Ebenso reagierten sie eher normgerecht als die K-Gruppen in Belastungssituationen, angezeigt durch die Werte der *Group Conformity Rating*.

Diese selektiven und vorläufigen Ergebnisse müssen noch durch den Längsschnittvergleich ergänzt und erhärtet werden. Nur um unsere Population mit Untersuchungsergebnissen von GEHRECKE (1958), BEGEMANN (1970, 1971, 1973), KLEIN (1973) u. a. vergleichen zu können, haben wir in einem Interview bei den Bezugspersonen unserer Vpn. sozio-ökonomische Daten u a. erfaßt.

Dabei konnten die in der Literatur gefundenen Tatsachen weithin bestätigt und zum Teil modifiziert werden. Für die Lernbehinderten unserer Untersuchung gilt weithin, daß sie aus einem niedrigen sozio-ökonomischen Milieu stammen: niedriges Einkommen der Eltern, hoher Prozentsatz von ungelernten Arbeitern bzw. Arbeitslosen, große Geschwisterzahl (mit weiteren behinderten Geschwistern), wenige Kinder in einem eigenen Zimmer, ca. 50 % leben in Haushalten mit mehr als fünf Personen.

Durch Chi-Quadrat-Test konnten von 21 Tabellen 10 mit signifikanten Zusammenhängen herauskristallisiert werden:

1. Beruf/Wohnungsgröße;
2. Beruf/eigenes Zimmer;
3. Einkommen/Geschwisterzahl;
4. Wohnungsgröße/weitere behinderte Kinder;
5. Wohnungsgröße/eigenes Zimmer;
6. Geschwisterzahl/behinderte Kinder;
7. Geschwisterzahl/eigenes Zimmer;
8. behinderte Kinder/eigenes Zimmer;
9. behinderte Kinder/Anzahl der Personen;
10. eigenes Zimmer/Anzahl der Personen.

Die übrigen Kreuztabellierungen zeigten keine Signifikanzen. Aus den soziologischen Daten geht eindeutig hervor, daß in unserer Stichprobe der weitaus größte Anteil zu den von BEGEMANN charakterisierten sozio-kulturell Benachteiligten gehört. Gerade für diese Untergruppe der Lernbehinderten sind ganz individuelle Ausfälle in der kognitiven, sprachlichen, emotionalen und sozialen Entwicklung vorhanden, die optimal eben durch die individualisierende Methode der Montessori-Pädagogik ausgeglichen und wenigstens partiell überwunden werden können.

Zusammenfassend lassen sich die bisherigen experimentellen Untersuchungen über die Auswirkungen der Montessori-Pädagogik auf Unterrichtung und Erziehung behinderter, auch lernbehinderter Kinder dahingehend interpretieren, daß die Montessori-Erziehung anderen Methoden überlegen ist.

Literaturverzeichnis

ABÉ, I.: »Zum Problem der Aggressivität in der heilpädagogischen Literatur.« In: ABÉ, GRAF, PROBST u. a.: *Kritik der Sonderpädagogik.* Gießen 1974, 185–302.
ARGY, W. P.: »Montessori versus Orthodox.« In: *Rehabilitation Literature,* Vol. 26, *10,* (1965), 294–304.
BEGEMANN, E.: *Die Erziehung der sozio-kulturell benachteiligten Schüler.* Schroedel Ausw.-Reihe B, Nr. 36/37, Hannover 1970.
BEGEMANN, E.: *Bildungsfähigkeit der Hilfsschüler.* Berlin 1971.
BEGEMANN, E.: *Behinderte – eine humane Chance in unserer Gesellschaft.* Berlin 1973.
BEREITER, C., und ENGELMANN, S.: »An experimental preschool program for culturally deprived children.« In: *Child Devel.,* 1965, *36,* 887–898.
GEHRECKE, S.: *Familien von Hilfsschulkindern in den Großstädten der BRD.* Meisenheim 1958.
GRAY, S., und KLAUS, R. A.: *Teaching disadvantaged children in the preschool.* New York 1966.
Handbuch der Sonderpädagogik in 11 Bänden; Bd. 4: KANTER, G., SPECK, O. (Hrsg.): *Pädagogik der Lernbehinderten,* Berlin 1976.
HEBER, R.: »Modifications in the manual on terminology and classification on mental retardation.« In: *Am. J. Ment. Def.,* 65 (1961), 499–500.
HECKHAUSEN, H.: *Hoffnung und Furcht in der Leistungsmotivation.* Meisenheim 1963.
HECKHAUSEN, H.: »Leistungsmotivation.« In: THOMAE, H. (Hrsg.): *Handbuch der Psychologie;* Bd. 2, Göttingen 1965, 602–702.
HOFMANN, W.: »Besondere Fragen der Hilfsschule.« In: BLUMENTHAL, A., u. a.: *Handbuch für Lehrer;* Bd. 2, Gütersloh 1961, 637–688.
HOPPE, F.: »Erfolg und Mißerfolg.« In: *Psych. Forsch.,* 1930, 1–63.
KANTER, G.: »Lernbehinderungen ...« In: *Deutscher Bildungsrat. Gutachten und Studien der Bildungskommission,* 34. Sonderpäd. 3, Stuttgart 1973.

KAUFMANN, I.: »Ergebnisse zum Selbst- und Fremdbild in der Einschätzung von Lernbehinderten.« In: Z. f. H., 10 (1974), 563–574.
KLAUER, K. J.: *Intelligenztraining im Kindesalter.* Weinheim ²1975.
KLEIN, G.: »Die Frühförderung potentiell lernbehinderter Kinder.« In: *Deutscher Bildungsrat.* Stuttgart 1973.
KOHLBERG, L.: »The development of children's orientation toward a moral order.« In: *Vita Humana,* 1963, *3*, 11–33.
KOHLBERG, L.: »Montessori für kulturell Benachteiligte.« In: HESS/BEAR (Hrsg.): *Frühkindliche Erziehung.* Weinheim 1972, 111–126.
MONTESSORI, M.: *The advanced Montessori Method;* Bd. II, Madras 1965.
MONTESSORI, M.: *Die Entdeckung des Kindes.* Freiburg 1969.
NEISE, K.: »Montessori-Erziehung bei Geistigbehinderten.« In: Z. f. H., 9, 1973, 737–754.
NEISE, K.: »Montessori-Erziehung in der Heilpädagogik.« In: Z. f. H., 12, 1974, 713–726.
PIAGET, J.: *Das Erwachen der Intelligenz beim Kinde.* Stuttgart 1969.
PIAGET, J.: *Psychologie der Intelligenz.* Freiburg 1975.
SCHERER, J., und SCHLIEP, M.: »Persönlichkeitsmerkmale und Leistungsverhalten bei gleichintelligenten Haupt- und Sonderschülern des 5. Schuljahres.« In: *Psych. in Erziehung und Unterricht,* 1974, 85–90.
SELG, H.: *Menschliche Aggressivität.* Göttingen 1974.
SUFFENPLAN, W.: *Untersuchungen zur Makroperiodik von Lernaktivitäten bei Neun- bis Elfjährigen in einer Schulsituation mit freier Arbeitswahl.* Diss. Köln 1975.
WASNA, M.: *Die Entwicklung der Leistungsmotivation.* München 1972.
WASNA, M.: *Motivation, Intelligenz und Lernerfolg.* München 1972.
WEIKART, D. P.: *Preschool intervention: a preliminary report of the Perry preschool project.* Ann. Arbor: Campus Publishers, 1967.
ZIELNIOK, J.: *Erfahrungen mit der »Freiarbeit« in einem Umschulungsjahrgang der Sonderschule für Behinderte. Ein empirischer Beitrag zur Unterrichtsform der Freiarbeit nach Grundzügen der Montessori-Pädagogik.* Unveröffentlichtes Manuskript.

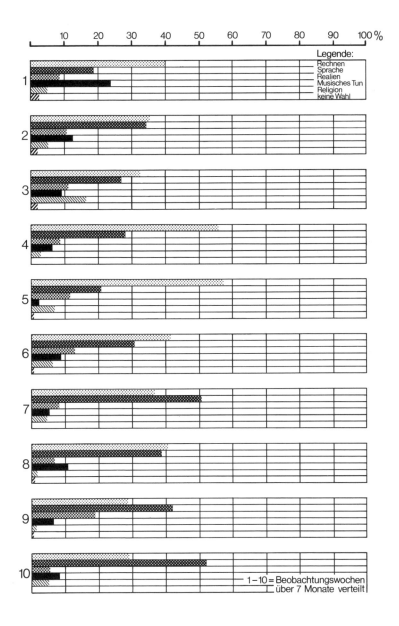

Tab. 1 Prozentuale Häufigkeitsverteilung nach Sachbereichen

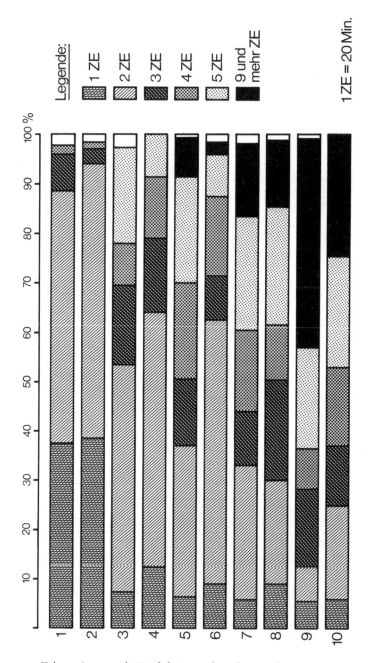

Tab. 2 Prozentuale Häufigkeitsverteilung der »Ausdauer-Gruppen«

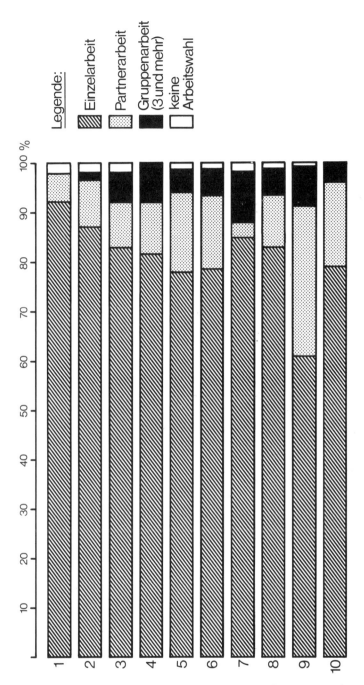

Tab. 3 Prozentuale Häufigkeitsverteilung von Einzel-, Partner- und Gruppenarbeit

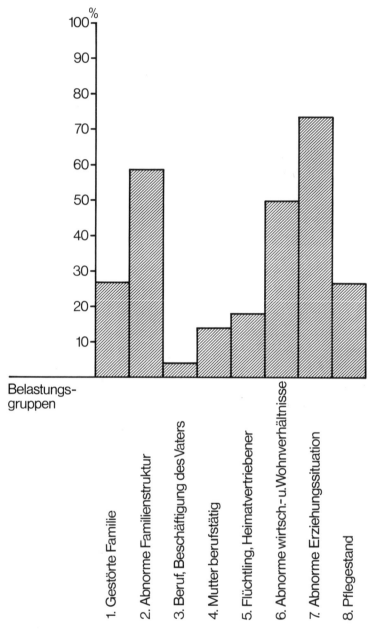

Abb. 1   Milieusoziologische Gesamtlage der Klasse (Prozentprofil)

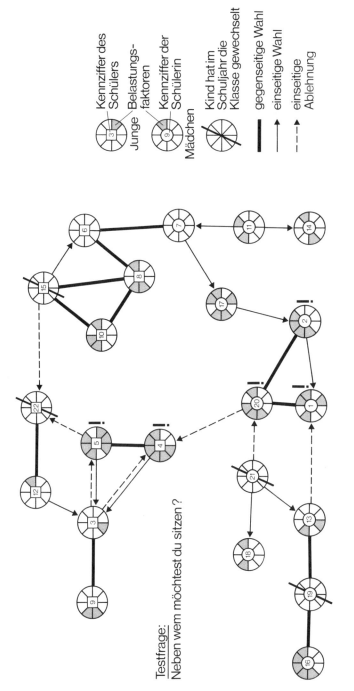

Abb. 2 Soziographische Karte der Klasse (Sk. 2)

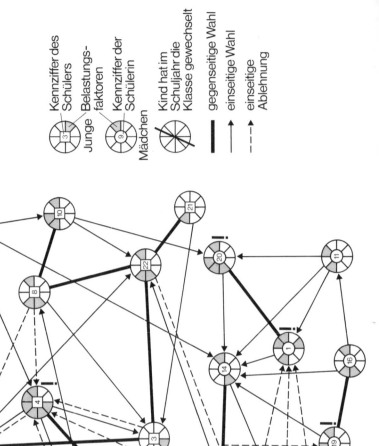

Abb. 3 Soziographische Karte der Klasse (Sk. 3)

CAMILLO GRAZZINI (Bergamo)

Die Anwendung der Montessori-Methode in der Mathematik: vom Begriff des Stellenwertes zu dem der Kultur

Die Anwendung der Montessori-Methode in der Mathematik ist aus vielerlei Gründen sehr vielgestaltig. Sie vollzieht sich auf drei verschiedenen Ebenen: erstens zählen bis zu zehn, Aufbau des Dezimalsystems und Begriff der vier Rechnungsarten; zweitens Kopfrechnen, bis achtzehn für die Addition und Subtraktion und bis einundachtzig für die Multiplikation und Division; schließlich gibt es, drittens, noch die Ebene der Rangordnung, deren Ziel es ist, dem Kind den Stellenwert der Zahlen bewußtzumachen. Jede der drei Ebenen ist einem bestimmten Alter gemäß, und die der Rangordnung ist ungefähr dem Alter von sieben Jahren angemessen.

Der Rang in der Welt der Zahlen

Die Rangordnungsebene setzt in der Tat einen großen Niveauwechsel voraus, und wir werden gleich sehen warum. Davor wurde z. B. die Zahl zwölf tatsächlich als zwölf (grüne) Perlen gesehen, während dieselbe Zahl jetzt durch drei Perlen dargestellt wird – eine Zehnerperle (blau) und zwei Einerperlen (grün). Aber wichtiger als der Gebrauch der Farbe, der ja später ohnehin aufgegeben wird, ist der Gebrauch der Position (Rangstellung).

In *Psicoaritmetica* beschreibt Maria MONTESSORI, wie vorher die Quantitäten »wirklich« durch Objekte dargestellt wurden, Objekte, die gruppiert und wieder auseinandergenommen werden konnten, um in ihrer »quantitativen Realität« die Veränderung in bezug auf das Dezimalsystem aufzuzeigen. Nun wird nur die Positionsstelle einer Zahl in Betracht gezogen; der Wert der Zahlenstelle ist mit ihrer Plazierung und nicht mit ihrer wirklichen Quantität verknüpft. Lassen Sie uns einen Montessori-Vergleich benutzen. In einer Gesellschaft gibt es einen König, einen Minister, einen Abgeordneten und einen gewöhnlichen Bürger. Alle sind in ihrer Eigenschaft als Menschen gleich und doch verschieden aufgrund ihrer unterschiedlichen Stellung in der Sozialstruktur dieses Landes. Dasselbe trifft auf jede der neun Ziffern zu, die beides darstellen können – die bescheidenen Zahleneinheiten und die gewaltigen Millionen: es ist die von den Ziffern eingenommene Placierung, die ihren Wert ausmacht. Daher benutzen wir ein Material, dessen Unterscheidungsmerkmale eher von der Position abhängen als von der Quantität, und auf diese Art und Weise werden die

Quantitäten in symbolischer Form dargestellt. So beginnt das Kind auf ganz einfache Weise – aber das ist gerade das Große daran –, mit dem Material für Mathematik die Symbolik einzusetzen, genauso wie es Symbolik in bezug auf die Fahne, eine Geste, eine Farbe usw. benützt.

Diese Ebene der Rangordnung geht unendlich weiter, bis und über den Punkt hinaus, wo das Kind nur noch mit Papier und Feder arbeitet. Das bedeutet, daß wir auf die hierarchische Ebene zurückgehen, zum einfachen Zählen, zu den vier Rechenarten mit ganzen Zahlen und mit Dezimalzahlen sowie zur Berechnung von Quadrat- und Kubikinhalten ... Und wie können wir weitergehen? Zu quadratischen Gleichungen, z. B. $x^2 + 12x + 36 = 64$.

Ist damit deutlich geworden, wie andersartig die Annäherung an die Mathematik bei MONTESSORI erfolgt? Man betrachte die Grenze, die jedem Bereich gesetzt ist:

1. Für den ersten Bereich (Zählen) ist es die Zahl zehn (die Grundlage, »b«), aber es ist auch 9000 [= (b–1) »tausend«].
2. Für den zweiten Bereich ist es die Zahl achtzehn [= 2 (b–1)], aber auch einundachtzig [= (b–1)^2].
3. Für den dritten schließlich gibt es keine Grenze!

So ist leicht ersichtlich, daß die Entwicklung in der Mathematik nicht linear ist; sie folgt den verschiedenen psychologischen Gegebenheiten des heranwachsenden Individuums und den damit verbundenen Sensibilitäten und Potentialitäten. Diese besondere Art der Annäherung läßt sich bei allen Gegenständen antreffen: der wichtigste Aspekt ist der, das Kind nicht mit *mehr* von der gleichen Nahrung zu versorgen, sondern die Nahrung zu *ändern*.

Im Hinblick darauf wird das Kind in der Grundschule mit neuen Übungen, Aktivitäten und Materialien versorgt, die ihm die Möglichkeit bieten, in seiner Arbeit mit der Mathematik eine neue Dimension zu erfahren. Man vergleiche die Äußerungen MONTESSORIS in bezug auf die Dimension der Hierarchie:

»Die Erklärungen, die der Lehrer über die Dezimal-Rangordnungen der Zahlen gibt, sind nur eine Einführung, wie die brillante Ankündigung einer Show, bei der man, um anwesend zu sein, das Theater betreten und dann lange Zeit still sitzen muß, und zwar während der Dauer des ganzen Stücks. Das Kind lernt jedoch nicht, indem es Erklärungen anhört, sondern bildet sein eigenes Wissen durch aktive Arbeit, indem es häufig, lange und mit Geduld eine bestimmte Gegebenheit übt, eine Gegebenheit, die es, in einem allgemeinen Sinne, bereits verstanden hat. Und diese Tatsache deutet klar auf eine geistige Haltung hin, die aus einer psychischen Notwendigkeit herrührt, die bis jetzt nicht genügend gehegt wurde.«

Neue Mathematik: »Warum John nicht zählen kann«

Aber die Behandlung der Mathematik in der Montessori-Pädagogik ist auch wegen der Position bemerkenswert, die sie der Neuen Mathematik gegenüber einnimmt, besonders in Hinsicht auf Rechensysteme auf anderen Grundlagen als zehn. Die Montessori-Pädagogik und ihre Einstellung gegenüber der Neuen Mathematik unterscheidet sich kraß von der herkömmlichen Methode in bezug auf Alter und Zielsetzung.

Lassen Sie uns zuerst das Alter in Betracht ziehen. Indem sie die Erfahrung mit der Neuen Mathematik auf eine spätere Altersstufe verschiebt (verglichen mit der derzeitigen Prozedur), betont Maria MONTESSORI die Bedeutsamkeit des Sichaneignens des Rechensystems, das von der Menschengruppe benützt wird, in die das Kind hineingeboren wurde. Jedes neugeborene Kind ist, durch seine bloße Existenz, in seine Umgebung einbezogen. Das Wort »Inkarnation« (eins werden), das stark biblischen Charakter hat, bedeutet Fleisch werden. »*Et verbum caro factum est, et habitavit in nobis*« (Evangelium nach Johannes, Kap. 1, Vers 14: »Und das Wort ward Fleisch und wohnet unter uns«). Aber wenn wir vom Kind sprechen, wovon ist es Fleisch geworden? Von einem Rechensystem, einer Sprache, einem Bündel von Glaubensgrundsätzen, einem Kanon von bestimmten Gebräuchen ... Mit anderen Worten: Das Kind nimmt alle die Komponenten in sich auf, die MONTESSORI als das geistige Territorium einer bestimmten menschlichen Gruppe definiert. Deshalb hat Maria MONTESSORI vorgeschlagen, dem Kind andere Rechensysteme erst in der Grundschule zu bieten, und zwar erst nach dem achten Lebensjahr, während heutzutage allgemein angenommen wird oder wurde, daß schon Vorschulkinder von dieser Art Erfahrung profitieren könnten.

Zumindest in diesem Punkt kann Maria MONTESSORI nicht der Vorwurf des »frühzeitigen Lernens« gemacht werden. In der Tat ist dieser Ausdruck im Zusammenhang mit MONTESSORI fehl am Platz, denn wenn immer das Adjektiv »frühzeitig« das Substantiv »Lernen« qualifiziert, bedeutet es, daß dieser Prozeß herbeigeführt oder gefördert wird zu einem Zeitpunkt, der früher ist als normal, d. h. früher als zu seiner üblichen oder natürlichen Zeit. Daraus folgt, daß »frühzeitiges Lernen« seinem Wesen nach antimontessorianisch ist und daß es keinen Grund gibt, dieses Wort »frühzeitig« zu benützen, um eine Aktivität zu bezeichnen oder zu unterstützen, die auf psychologischem Gebiet einer Art Nahrung entspricht, für die das Kind auf ganz natürliche Weise empfänglich ist.

Ebenso ist der neueste Vorwurf, der des »späten Lernens«, unzutreffend, auch wenn es Autoren gibt, die in ihrem übertriebenen Glauben an die Kräfte des kleinen Kindes weiter gehen wollen als MONTESSORI selbst.

Diese Leute, die sich nur auf die dem Kinde innewohnende Kraft konzentrieren (was an sich eine echte Anerkennung des Werks von Maria MONTESSORI bedeutet), betrachten nur eine Seite des Problems und vergessen die andere Seite, die wirklichen Bedürfnisse des Kindes. Für das kleine Kind besteht ein fundamentales Bedürfnis nach Sicherheit, und wir vermitteln dem kleinen Kind Sicherheit, wenn wir ihm nur eine Wahrheit für jeden Aspekt der Realität geben. Wir wollen nicht vergessen, daß die Periode der frühen Kindheit nicht eine Phase der freien Wahl ist, sondern eine Phase des Absorbierens, der Inkarnation.

In diesem Zusammenhang erinnere ich mich des Falles einer Mutter, die ihren zwei kleinen Kindern (drei und vier Jahre alt) zu Gefallen sein wollte, indem sie ihnen beim Essen die Wahl überließ – ob Reis oder Spaghetti – und ihnen auch die Wahl der Farbe anheimstellte – »rot« (für das Kind bedeutet das Tomatensoße) oder »weiß« (das bedeutet nur Butter). So hatte jedes Kind vier Möglichkeiten: weißer Reis, roter Reis, weiße Spaghetti, rote Spaghetti. Nachdem jedes Kind entschieden hatte, was es wollte (ein Kind wählte bezüglich Farbe oder Substanz oft etwas anderes als das andere), begann die Mutter das Essen zu bereiten. Wenn jedoch der Augenblick des Essens kam, stießen die Kinder mit nahezu zwangsläufiger Sicherheit ihre Entscheidung um. Wenn das Problem nur die Farbe betraf, konnte die Mutter einfach heißes Wasser benützen, um die nicht gewünschte Farbe zu entfernen; sie hatte größere Schwierigkeiten, wenn es um die Substanz selbst ging. Aber das wirkliche Problem lag darin, daß die Kinder zu jung waren, um mit dieser Art der freien Wahl zurechtzukommen. Der Wunsch der Mutter, ihren Kindern diese Freiheit zu gewähren, machte sie aufgrund ihres Mangels an innerer Sicherheit nur unglücklich und unsicher. Wenn man den Kindern verschiedene Rechensysteme zu einem zu frühen Zeitpunkt anbietet, führt das zu denselben Resultaten wie in unserem Beispiel mit Reis oder Spaghetti, rot oder weiß.

Im Dienst des Menschen

Lassen Sie uns jetzt die Montessori-Einstellung zur Neuen Mathematik im Hinblick auf die Zielsetzungen betrachten. Wir müssen Ziel und Zweck der verschiedenen Rechensysteme in einem allgemeinen Sinne klar herausstellen, um zu sehen, welche wir, als Montessorianer, akzeptieren können und welche nicht.

Es kann nicht unser Ziel sein, den Kindern die technische Fertigkeit zu vermitteln, mit den verschiedenen Zahlensystemen umzugehen, wie dies von einigen Leuten vorgeschlagen wird. Diese Leute benützen Gründe der

Praktikabilität, der Wirtschaftlichkeit und besonders der technikbezogenen Produktion, da unsere technologisch bereits so fortgeschrittenen Industrien immer mehr und mehr Arbeiter benötigen, die in der Lage sind, elektronische Maschinen zu bedienen. Das führt zu der Behauptung, daß die Schule im Dienst der Industrie steht und nicht im Dienst des Menschen.

Im Gegensatz dazu wird das Erlernen der verschiedenen Rechensysteme (gewöhnlich vom binaren zum hexadezimalen System mit dem Dezimalsystem als Grundlage) in der Montessori-Schule mit dem Ziel erarbeitet, dem Kind die Leistungen der Generationen von Menschen, die vor uns waren, nahezubringen (Erforschung der Vergangenheit), die Leistungen der menschlichen Gesellschaft, der wir angehören (Bewußtwerdung der Gegenwart), und die der Ketten von Generationen, die auf uns folgen werden (Ausblick in die Zukunft). Oberstes Ziel dieser Forschung ist es, im Kind ein Gefühl der eigenen Würde als menschliches Wesen wachzurufen, im Verein mit einem Gefühl der Dankbarkeit den Menschen gegenüber, die uns vorangegangen sind, und für die Gaben, die sie uns hinterlassen haben.

Wir wollen dem Kind die Tatsache bewußtmachen, daß jedes Zahlensystem eine künstliche Konstruktion ist, die von einer bestimmten Gruppe von Menschen erfunden wurde, und daß eine solche Erfindung das Resultat einer Übereinkunft darstellt, die zwischen den Menschen dieser bestimmten Gruppe erreicht wurde. Als Ergebnis helfen wir dem Kind zu begreifen, daß jedes Zahlensystem ganz einfach eine der Komponenten jener »Supranatur« ist, die im Laufe der Zeit vom Menschen im Zuge seiner Zivilisationsentwicklung aufgebaut wurde.

Wenn dieses Lernen also, vom technischen Standpunkt aus, das Ziel verfolgt, beim Kind das Verständnis für das Dezimalsystem zu verstärken, so tendiert es vom psychologischen Standpunkt aus dazu, beim Erwachsenen die leidenschaftliche Ablehnung anderer Kulturen unmöglich zu machen. Das verhilft zur Förderung von Toleranz und verhindert Rassismus in allen seinen Formen. Jedes Zahlensystem darf lediglich als einer der gewöhnlichen Aspekte des täglichen Lebens und daher als Antwort auf eine der fundamentalen Bedürfnisse des Menschen betrachtet werden, in eben der Weise, wie Nahrung, Kleidung, Unterkunft, Fortbewegung und Selbstverteidigung fundamentale Bedürfnisse darstellen, deren angemessene Befriedigung in einer Montessori-Schule gelernt wird – so daß wir letztlich nicht wissen, ob wir Mathematik oder Geschichte betreiben. Nur wenn wir uns den verschiedenen Rechensystemen aus dieser Perspektive nähern, wird jedes dieser Systeme (wie kompliziert auch immer) gesehen als ein Gebiet, das nicht isoliert, das nicht ohne Verbindung zur Wirklichkeit ist, von der es eigentlich ein Teil ist.

Zivilisationen der Vergangenheit

Nach der Montessori-Methode lernen die Kinder die Art und Weise kennen, wie die Mayas und die Azteken (beide Systeme basierten auf der Grundzahl zwanzig), die Babylonier und andere ältere Kulturvölker gerechnet haben.

Das babylonische Rechensystem hat sechzig als Grundzahl. Das bedeutet, daß man neunundfünfzig Einheiten abzählen muß, bevor wir die »zehn« des Systems in unserem Sinne erreichen. Wenn wir also zählen – 1, 2, 3, 4, 5, 6, 7, 8, 9 –, stoßen wir bald an eine Grenze. Wir können die Großbuchstaben des Alphabets zu Hilfe nehmen – A, B, C ... Y, Z –, aber Z entspricht erst der fünfunddreißigsten Einheit; so können wir also fortfahren, indem wir die kleinen Buchstaben benützen – a, b, c, ... v, w, x –, und schließlich x + 1 = 10. Und erst diese »zehn« steht für eine Menge von Gegenständen im Sinne der Zahl sechzig.

Das ägyptische Hieroglyphensystem

In der Schule beginnen wir jedoch mit dem System der ägyptischen Hieroglyphen, weil, trotz grundlegender Unterschiede, dieses Zahlensystem dem unseren nähersteht, da die Ägypter die Zahl Zehn als Grundeinheit verwendeten.

»Laßt uns uns in Zeit und Raum selbst orientieren ... Wir sind jetzt in Ägypten, und wir sind in der Zeit um fünftausend Jahre zurückgegangen. Der mächtige König Menes hat gerade die beiden Königreiche von Ober- und Unterägypten in einem einzigen Land Ägypten vereint, mit seiner ›schwarzen Erde‹ des Niltals und seiner ›roten Erde‹ der sie umgebenden Wüste. Die neue Hauptstadt ist Memphis, die ›Weiße Mauer‹, und in dieser neuen Stadt, an den Denkmälern aus weißem Granit, meißeln einige Steinmetzgehilfen unter der Leitung eines kundigen Schreibers fremdartige Zeichen in den Stein. Laßt uns hingehen und sie betrachten, aber ganz still, und mit großer Ehrfurcht, denn wenn einer dieser Handwerker einen kleinen Fehler macht, dann ist seine Strafe der Tod.«

In Wirklichkeit jedoch ist unser Stillesein dazu da, dieser großen Zivilisation der Vergangenheit, der Größe des Menschen und der Menschheit, der wir angehören, Respekt zu erweisen.

»Laßt mich nun etwas über diese Hieroglyphen erzählen. Das Sinnbild für ›eins‹ ist ein Finger, ein Teil des Körpers des Menschen, und erst später bedeutet dieses Symbol eine Anzahl (und markiert damit den Übergang von der Unteilbarkeit zum instrumentalen Rechnen).

Zehn wird durch eine Faust dargestellt: dem Symbol für Kraft und Stärke, wie es auch heute bei gewissen politischen Bewegungen auftaucht. Aber zehn wird auch dargestellt durch den Abdruck einer Ferse, ... wie er im Schlamm oder Sand zurückbleibt. Wiederum haben wir den menschlichen Körper: das erste Symbol deutet auf die Kraft des Menschen und das zweite auf den Körperteil, auf dem der Körper ruht, und vielleicht aus diesen Gründen wurden die Symbole benützt, um die Zahl darzustellen, auf der das System basiert.

Ein Flachsknäuel oder ein Wollbüschel oder eine Kupferkette ist das Sinnbild für die zweite Macht der zehn.

Eintausend wird durch die Lotosblume dargestellt, das Sinnbild für Ägypten, *die* Blume, wie die Ägypter sie nannten (könnt ihr euch noch an die Montessori-Lektion erinnern über die Funktion des bestimmten Artikels?). Könnt ihr nicht diese weißen Nymphaea sehen, wie sie auf dem schlammigen Wasser des Flusses schweben? Schaut mit mir, da sind tausend dieser Lotusblüten wie Tupfer entlang den Ufern des Nils. Die gleiche Zahl wird auch durch einen Kometen dargestellt, ein Komet, dessen Schweif aus lauter kleinen Sternen zu bestehen scheint, aus eintausend kleinen Sternen, die alle zusammenströmen quer über das Firmament.

Die vierte Kraft von zehn wird dargestellt durch einen Hirtenstab. Der sieht aus wie das Zepter eines Königs und entspricht im Christentum dem Bischofsstab, der ja ein Seelenhirte ist.

Ein Frosch oder eine Kaulquappe ist das Symbol, um die fünfte Kraft der Zehn darzustellen: das Abbild der Kaulquappe sollte offensichtlich bedeuten, daß diese Zahl so groß war wie die Anzahl dieser Tiere im Schlamm.

Die Million wird dargestellt durch einen Mann, der seine Arme hochhält, genauso wie es Kinder tun (und wie wir es tun, wenn wir noch nicht zu verklemmt sind), wenn sie mit dieser natürlichen und spontanen Geste ihr Gefühl des Staunens und die Freude ihrer Herzen ausdrücken wollen. Es ist offensichtlich, daß diese Hieroglyphe sehr anschaulich die Million ausdrückt, gerade weil eine so große Anzahl von Dingen in der Lage war, dem Menschen, der vor fünftausend Jahren lebte (und der keine Erfahrung der Geldentwertung hatte), ein Gefühl echten Staunens zu entlocken. Tatsächlich hat im ägyptischen Alphabet, bevor es als Zahlensymbol benützt wurde, diese Hieroglyphe bedeutet ›sich in höchstem Maße freuen‹, d. h. so glücklich zu sein, als ob man ›den Himmel mit den Fingern berührte‹. Wiederum haben wir den menschlichen Körper, dieses Mal den ganzen Menschen, und den Ausdruck seiner Freude.«

Jenseits der Mathematik

Dieses Bündel von Hieroglyphen – was für ein Bild kann es in unserer Phantasie erwecken? Alles ist Ägypten: eine Geschichte vom Nil und der schwarzen Erde, durch die der Fluß fließt.

Wir haben eine Landschaft gesehen, die beherrscht wurde vom Wasser und vom Schlamm, Schlamm, auf dem wir vielleicht Fußabdrücke sehen können von Menschen, die die Saat aussäen. Wir haben die blauen Flachsblumen gesehen und die weißen Lotusblüten, und wir haben die Tiere gesehen. Wir haben Produkte aus der Hand des Menschen gesehen: geschmiedetes Metall, tierische und Pflanzenfasern, gesponnen, gewebt oder geflochten. Wir haben den Kometen am Himmel gesehen.

Da ist das Land, das Wasser, da ist der Himmel und die Dinge, die zu diesen Elementen gehören; über allem ist der Mensch, in seiner Größe stets gegenwärtig, in seiner natürlichen Umgebung tätig, an der Arbeit für seine Zivilisation.

Eben dies heißt Mathematik, Geschichte, Geographie, Naturwissenschaft, Sprachen studieren: es bedeutet, die ganze Welt der Kultur erforschen.

Bibliographie

MONTESSORI, MARIA: *The Absorbent Mind.* The Theosophical Publishing House, Adyar, 1961; dt. *Das kreative Kind. Der absorbierende Geist.* Freiburg ³1975.
MONTESSORI, MARIA: *The Secret of Childhood.* Orient Longmans, Bombay 1958; dt. *Kinder sind anders.* Stuttgart ⁹1971.
MONTESSORI, MARIA: *Psico Aritmética.* Barcelona 1934; ital. *Psicoaritmetica.* Mailand 1971.
MONTESSORI, MARIO: *The Human Tendencies and Montessori Education.* Association Montessori Internationale, Amsterdam 1966.
ERVIN, M. S., und OSGOOD, CH. E.: *Second Language Learning and Bilingualism.* Indiana Univ. Press, Bloomington 1965.

ANS HEIJENK (Amsterdam)

Übungen in der Mathematik

Es ist in pädagogischen Kreisen bekannt, daß man in den Montessori-Kindergärten den Kindern Gegenstände anbietet, deren Kenntnis es ihnen erleichtert, ihre Umgebung mit größerer Intensität zu erfassen. Zu diesen Gegenständen gehört das sogenannte Sinnesmaterial, das die Möglichkeit einschließt, bestimmte Eigenschaften der Gegenstände sinnlich zu erfahren, z. B. Farbe, Gewicht, räumliche Dimensionen. In fast jedem einzelnen Stück dieses Materials ist eine Eigenschaft in ihrer Steigerung verkörpert, so daß sich äußerste Kontraste abzeichnen. Dadurch erfährt das Kind während der Beschäftigung mit diesen Materialien, daß zwischen den einzelnen Gegenständen einer Reihe eine Beziehung besteht. Durch den Umgang z. B. mit dem »Rosa Turm« merkt es aufgrund des Vergleiches zweier Kuben, daß es feststellen kann: »Dieser Würfel ist größer als jener«, oder: »Jener Würfel ist kleiner als dieser.« Diese Beziehung kann sich das Kind an vielen Teilen des Materials zueigen machen.

Außerdem bemerkt es z. B., daß sich, wenn wir das Endglied einer Reihe oder mehrerer Teile wegnehmen, die Eigenschaften verlagern. Nimmt man bei der »Braunen Treppe« das dünnste Prisma fort, so ist das nächste das dünnste.

Es gibt zahlreiche Variationen bei der Arbeit mit dem Sinnesmaterial, anhand derer das Kind erfährt, was Beziehung und Relativität bedeuten. Diese Feststellungen sind sehr wichtig, weil die Fähigkeit zur Abstraktion sich auf der Basis konkreter Erfahrungen entwickelt.

Es kommt noch etwas dazu: Viele Teile des Materials bestehen aus der Einheit von jeweils zehn Einzelstücken, und manchmal ergibt sich die Maßeinheit von 1 cm bis zu 10 cm. So ist im Sinnesmaterial ein indirekter Weg zur Abstraktion und zur Mathematik vorgezeichnet.

Sobald sich die Sprache des Kindes entwickelt, lernt es auch schon einige Zahlwörter kennen. Sie werden wahlfrei angewandt und erscheinen zunächst nicht in ihrer numerischen Reihenfolge. In der Kenntnis der »Numerischen Stangen« und der »Spindeln« wird ihm die richtige Vorbereitung für die nächsthöhere Stufe geboten: die Kenntnis der Reihenfolge der Zahlen, d. h. Zählen unter Benutzung des Dezimalsystems.

Spindeln und goldenes Perlenmaterial

Wenn das Kind mit dem direkten Material für den Aufbau des Dezimalsystems, dem »Goldenen Perlenmaterial« arbeitet, wird es der Funktion und der Bedeutung unseres Zahlensystems inne. Es zählt 10 einzelne Perlen, die 10 Perlen einer Perlenstange, die 10 Stangen, die ein Quadrat bilden, die 10 Hunderter in einem Kubus. Nach der ersten Darbietung folgen viele Parallelübungen, bei denen auch die Ziffern benutzt werden. Dabei sind Gemeinschaftsübungen von Bedeutung, wobei das Kind die Funktion des Dezimalsystems, das Wesen von Addition und Multiplikation, von Subtraktion und Division kennenlernt. Diese Übungen scheinen die Lösungen von Rechenaufgaben darzustellen, aber ihre Bedeutung beruht auf dem Eindruck, den das Kind bei den verschiedenen Operationen mit dem Perlenmaterial gewinnt.

Für die individuelle Beschäftigung mit derartigen Erfahrungen gibt es weitere Lehrmittel. Nach einer solchen Hantierung bekommt das Kind Material, mit dem es einfache rechnerische Aufgaben zu lösen vermag. Bei der Addition sind die Summanden nicht größer als 9, bei der Subtraktion ist der Minuend nicht größer als 18, der Subtrahend nicht größer als 9. Es gibt auch ein Material für das Einmaleins. Bei der Division ist der Dividend höchstens 81, der Divisor nicht größer als 9. Das Material ist erweitert durch Tabellen mit entsprechender Aufgabenstellung.

Während dieser Arbeit entdeckt das Kind Beziehungen zwischen Zahl und Zahlenreihe, Gesetzmäßigkeiten in den Zahlen, die arithmetische Reihe etc., und es gewinnt Sicherheit in rechnerischen Operationen.

Es werden auch Rechenaufgaben mit größeren Anforderungen durchgeführt. Das dazugehörige Material ist so eingerichtet, daß verschiedene rechnerische Kategorien mit verschiedenen Farben gekoppelt sind, nach Einheiten geordnet: Einer-grün, Zehner-blau, Hunderter-rot. Die Arbeitsweise gestaltet sich derart, daß das Kind nach der individuellen Übung soviel Verständnis und Fähigkeit erworben hat, daß es die vier Grundrechnungsarten versteht und diesbezügliche Aufgaben zu lösen vermag, häufig sogar ohne Lehrmittel.

Parallel zu den oben angegebenen Bildungsmöglichkeiten wird dem Kind Gelegenheit gegeben, mit Zahlenreihen, Potenzen etc. umzugehen, um eine den Forderungen der Grundschule entsprechende Vorbereitung für das Studium von Mathematik, Geometrie und Algebra zu erlangen.

Durch die Arbeit mit dem Montessori-Rechenmaterial kann das Kind sich auf das spätere Mathematikstudium vorbereiten. Das Wesen der Mathematik ist die Entdeckung von Gesetzmäßigkeiten, Strukturen und Modellen. Sie ist eine praktische Kunst, die man durch »Tun« beherrschen lernt. Deshalb soll man den Kindern in Kindergarten und Grundschule möglichst viel Gelegenheit bieten, anhand der Lehrmittel Entdeckungen zu machen, die das Verständnis der Mathematik anbahnen. Über solche Entdeckungen und Erfahrungen muß man mit den Kindern reden, die Ausdrucksweise der Mathematik ist exakter als die der Umgangssprache. Deshalb muß der Erzieher, wenn er mit dem Kind über seine Arbeit mit dem Sinnesmaterial (das so reichlich Gelegenheit zur Entdeckung von Gesetzmäßigkeiten bietet) spricht, genaue Bezeichnungen wählen.

Dazu einige Zitate aus MONTESSORI-Büchern:

»Unsere Lehrmittel, die zur Unterstützung des Studiums, z. B. im Gebiet der Mathematik, abstrakte Begriffe in konkreter Form darstellen, machen es möglich, daß man während des Denkens hantieren kann, der Denkinhalt ist im Material verkörpert, es begleitet den Gedankengang. Es stellt also die Verwirklichung einer geistigen Hygiene dar.« *(Durch das Kind in eine neue Welt)*

»Das Ziel ist innerlich: das Kind übt sich im Beobachten, im Vergleich, es bildet sich ein Urteil und beginnt zu argumentieren und Schlüsse zu ziehen. Und aus der unbeschränkten Wiederholung der Übung, der Aufmerksamkeit und der Intelligenz fördert es seine Entwicklung.« *(Handbuch)*

Durch den Umgang mit dem Montessori-Material entwickelt das Kind also seine Erfahrungen. Sie erweitern sein Verständnis, und dieses Verständnis regt es zu neuen Aktivitäten an.

Die Art der Darbietung durch den Erzieher

Ehe man einem Kind eine Darbietung mit dem Montessori-Material gibt, muß man sich entsprechend vorbereiten. Der Erzieher muß genau wissen, mit welchem Ziel das Material benutzt wird und wie es von den Kindern gebraucht werden soll. Wenn sie mit dem Material arbeiten, geht es nicht um das direkte Resultat, das durch eine Arbeit erreicht wird, z. B. die Ziffernbildung durch entsprechende Karten. Wichtiger für die Entwicklung des Kindes ist es, Einblick in die Darstellung und Bildung von Zahlen zu gewinnen.

Orientiert man sich in der Arbeit mit dem Montessori-Material am äußeren Ziel, verfehlt man seinen wirklichen Wert. Viele Teile des Materials und der Übungen muß man in einer bestimmten Reihenfolge darbieten, weil die Erfahrung mit einer bestimmten Sache das Verständnis der darauffolgenden vorbereitet. So kann man z. B. eine Addition mit dem »Rechenrahmen« nur dann ausführen, wenn die Zahlenbildung mit dem »Rechenrahmen« bereits bekannt ist. Andererseits ist es jedoch möglich, wenn ein besonderes

Interesse des Kindes vorliegt, eine Subtraktion vor der Addition auszuführen. Oder: bei den geometrischen Figuren gibt es viele Möglichkeiten, Figuren mit identischer Oberfläche festzustellen.

Eine Darbietung geben bedeutet, den Umgang mit dem Material ganz genau demonstrieren. Dabei soll man nicht fragen, auch dann nicht, wenn man des vollen Verständnisses des Kindes gewiß ist. Zuweilen kann man einen Auftrag geben, aber nur dann, wenn die vorausgegangene Arbeit eine richtige Durchführung gewährleistet. Man läßt das Kind alleine arbeiten:
a) nachdem man jede einzelne Handlung genau gezeigt hat;
b) wenn man sicher weiß, daß zwischen dem Kind und dem Material ein echter Kontakt zustande gekommen ist.

Eine Darbietung ist gelungen, wenn das Kind längere Zeit adäquat mit dem Material arbeitet. Durch eine solche Aktivität wächst das tiefere Verständnis, besonders wenn die Arbeit Gelegenheit bietet, latent vorhandene Probleme zu lösen. Darum soll das Kind sich z. B. selbst Rechenaufgaben stellen. Wenn wir dem Kind die Aufgaben geben, drängen wir ihm eine bestimmte Reihenfolge auf. Erweist es sich jedoch als notwendig, Aufgaben anzubieten, so soll das Kind die Reihenfolge der Lösung selbst bestimmen. Man schreibe jede Aufgabe auf eine kleine Karte.

Das Material wird falsch benutzt:
a) wenn die Darbietung ungenau war;
b) wenn der Erzieher die Bedeutung des Materials nicht genau kennt;
c) wenn das Material zur Vorführung oder Erklärung verwandt wird.

Der Erzieher kann das Kind hindern, Entdeckungen zu machen:
a) wenn bei entsprechendem Gebrauch des Lehrmittels Variationen ausgeschlossen bleiben;
b) wenn durch fortdauernde Kontrolle die Konzentration gestört wird;
c) durch das Aufdrängen von Aufgaben;
d) durch Korrekturen während der Arbeit des Kindes, wodurch es seine Selbständigkeit einbüßt.

Literaturverzeichnis:

MONTESSORI, Maria: *Psico Aritmética.* Barcelona 1934; ital. *Psicoaritmetica;* Mailand 1971.
MONTESSORI, Maria: *The Advanced Montessori-Method;* Bd. II, Madras 1965.

MARGARETE AURIN (München), MARIA DESCH-
LE (München), BRIGITTE SCHUMANN (München),
LORE ANDERLIK (München) und ROSEMARIE
FREY (München)

Anpassung einiger Montessori-Materialien an das behinderte Kind

Unsere Überlegungen betreffen die Anpassung der Montessori-Materialien im Kinderzentrum München an das mehrfach und verschiedenartig behinderte Kind. An die Kinder wird, wie an die Erzieher, generell die Anforderung »Anpassung« gestellt, gleich ob ein Kind behindert ist oder nicht.
Als vor zehn Jahren Prof. HELLBRÜGGE mit dem Wunsch an uns herantrat, einen Kindergarten einzurichten, in dem mehrfach und verschiedenartig behinderte Kinder gemeinsam mit gesunden Kindern gefördert werden, zweifelten wir nicht daran, daß dies mit Hilfe der Montessori-Pädagogik und bei Anwendung des Montessori-Materials durchführbar wäre. Die Praxis würde lehren, ob und welche Schwierigkeiten zu überwinden wären.
So kamen die ersten behinderten Kinder in unseren Montessori-Kindergarten. Wie sich der Anfang vollzog, ist in Kapitel III (s. S. 217 ff. des vorliegendes Bandes) beschrieben.

Hilfe für das hörbehinderte Kind

Für das erste behinderte Kind Christoph, das eine starke Hörbehinderung und einen großen Sprachrückstand aufwies, war das Kinderhaus-Material geeignet und ausreichend. Besonders mußten wir auf sein Hörvermögen und auf kleine und gezielte Schritte der Sprachanbahnung achten. In jedem Materialbereich der Montessori-Pädagogik wird die Wortbildung geübt. Als Beispiel: bei den Übungen des praktischen Lebens benennen wir die Begriffe, z. B. Reis, Bohnen, Messing etc., und die Tätigkeiten: Löffeln, Schütten, Putzen ...
In jedem Sinnesmaterial liegt auch Sprachbildung, z. B. im rosa Turm: groß – klein; groß – größer – am größten; klein – kleiner – am kleinsten.
Im mathematischen Bereich wird gelernt, die Ziffern zu benennen und die Quantitäten wie 36, 570 etc. zu zählen.
Die geometrischen Bezeichnungen: Dreieck, Kreis, Fünfeck etc. Ei, Kugel, Kubus ... und andere werden ebenfalls zu sprachlichen Begriffen.
Als Sprachmaterial für die Sprachanbahnung sind eine Fundgrube z. B.

die Sandpapierbuchstaben, das bewegliche Alphabet, die Buchstabenkästen usw.
Der Logopädin, bei welcher Christoph Therapie erhielt, fiel der Wert des Montessori-Materials sofort auf, und sie baute es in ihre Therapie ein.

Hilfe für das spastisch gelähmte Kind

Das zweite behinderte Kind Hans, das in die erste Integrationsgruppe kam, litt an einer schweren spastischen Behinderung. Wir vergessen nie den ersten Besuch mit seinem Vater in der Mittagszeit, als alle Kinder fort waren. Inmitten unserer Besprechung wurde eine der Autorinnen ans Telefon gerufen und sagte beim Hinausgehen, daß Hans sich inzwischen beschäftigen dürfe.

Als sie zurückkam, fand sie ein glückliches Kind, aber einen aufgeregten Vater vor, denn Erbsen, Bohnen und Reis lagen verschüttet auf Tisch und Fußboden. Sie tröstete den Vater mit dem Hinweis, daß Hans ganz große Bohnen im Kindergarten zum Löffeln erhalten würde.

So paßten wir einige Materialien der Übungen des praktischen Lebens Hans' Bewegungsmöglichkeiten an. Es standen fortan z. B. im Regal große Schüsseln mit großen Bohnen und großem Löffel, große Kannen zum Gießen etc.

Beim Sinnesmaterial operierte Hans nur mit den größeren Teilen des rosa Turms, der Einsatzzylinder usw. Es fanden sich meistens Kameraden, die die kleineren Teile übernahmen. Es entwickelten sich dadurch Hilfsbereitschaft, schnelle Gemeinsamkeiten und Freundschaften. Das goldene Perlenmaterial für das Dezimalrechnen konnte er nur visuell wahrnehmen. Er konnte damit nicht richtig hantieren. Das erste Zählen vollzog sich mit den Spindelkästen, mit großen gleichen Knöpfen und mit Bällen.

Hilfe für das sehbehinderte Kind

Zwei stark sehbehinderte Kinder hatten wir zwei Jahre in der Gruppe. Ein vierjähriges Mädchen, Kind blinder Eltern, hatte noch geringe Sehreste. Es operierte nach und nach mit all unseren Materialien. Ihr Vater war viel bei uns und hatte großes Interesse an unseren Beschäftigungen. Auf Wunsch besorgten wir ihm diverse Farbtäfelchen. Er kerbte sich in den Holzrahmen bestimmte Zeichen ein, anhand deren er sich die Farben merkte. Er hat sich in der Benennung nie geirrt und übte mit seiner Tochter und kontrollierte deren Farbkenntnisse.

Das zweite sehbehinderte Kind war ein fünfjähriger Bub, der leider nur ein Jahr im Kindergarten blieb. Angeblich aufgrund von Impfung gegen Kinderlähmung erblindete er ganz und kam in die Blindenschule. Seine liebsten Beschäftigungen im Kindergarten waren die Farbtäfelchen. Zu unserer größten Überraschung legte er von sich aus sogar die Schattierungen richtig. Für uns war das ein Phänomen!

Für alle Entwicklungsstörungen und Lernbehinderungen fanden wir im Montessori-Material die rechte Hilfe. Es mußte überlegt werden, welche Zwischenstufen und Zwischenschritte eingelegt werden mußten, und welche vertiefenden »Spiele« – die auch zur Materialarbeit gehören – länger, auch in größerer Anzahl nötig waren.

Voraussetzung zur Anpassung

Die Lehrkraft bereitet für das Kind eine Umgebung vor, in der die Fähigkeiten des Kindes individuell aufgebaut werden können. Die systematische Anordnung des Materials im Regal und seine Handhabung vermitteln eine indirekte Führung und bereiten das Kind unbewußt auf andere weitere Lernschritte vor.

Da im Material eine Schwierigkeit jeweils isoliert angeboten wird, ist der Ablenkungsfaktor gering, und das Kind kann sich auf eine Schwierigkeit konzentrieren. Durch Materialeinführung werden die konkreten Erfahrungen am Material mit den abstrakten Begriffen verbunden.

Die im Material eingebaute Fehlerkontrolle hilft dem Kind, sich selbst zu kontrollieren und zu korrigieren. Es wird dadurch unabhängiger von der Lehrkraft.

Als letztes seien noch die Freiheit und die Grenzen der Materialarbeit erwähnt: das Kind wählt sich selbst eine Arbeit (oder mit Hilfe der Lehrkraft) und bestimmt selbst die Arbeitsdauer. Durch Wiederholung wird das Kind sicher und verbessert sich. Die Grenzen werden zum Wohl des einzelnen oder der Gemeinschaft gesetzt und eingehalten.

Spezielle Bedürfnisse verschieden behinderter Kinder müssen erkannt und berücksichtigt werden. Das Material wird durch kleine Schritte noch mehr detailliert, wenn die Abstraktionsfähigkeit nur schwierig erreicht werden kann.

Das Kind stellt nach eigenen Möglichkeiten Übungen zusammen, die vom Erzieher aufgegriffen werden. Dann erst wird das Material angepaßt, wobei aber Sinn und Zweck des Materials dieselben bleiben.

Verwirrungen durch die Materialanpassung müssen ausgeschaltet werden. Alle Kinder, gleichgültig, ob gesund oder behindert, sollten nach

Möglichkeit mit dem gleichen Material arbeiten, sonst entsteht eine Vielzahl von Materialien für jede Behinderungsart. Das würde bedeuten, daß ein Material mehrfach in verschiedenen Ausführungen im Raum zur Verfügung stehen müßte. Das Material wird gegebenenfalls auch anders dargeboten, beinhaltet aber dieselben Lernziele.

Das zur Zeit von der Firma NIENHUIS angefertigte Material entspricht wohl den Anforderungen der Montessori-Pädagogik, kann aber schwerlich in so mannigfaltiger Art produziert werden, wie es die verschiedenen Behinderungen erfordern. Hier liegt der zentrale Ausgangspunkt der notwendigen gemeinsamen Arbeit von Ärzten, Psychologen, Pädagogen und Praktikern zur Förderung – und möglicherweise auch Heilung – unserer Behinderten.

Einige Hilfen für spastisch gelähmte Kinder: die Übungen des praktischen Lebens

Man achte besonders auf große Löffel, große Knöpfe, die für das Kind in der Form »griffig« sind; handliche Tabletts mit höherem Rand, größere Kannen und Schüsseln, eine Antirutschunterlage, die auch gleich unter das Tablett geklebt werden kann. Als kleine, vorgebaute Schritte sind z. B. beim

Schleifenbinden zu empfehlen: Rahmen mit nur einer Schleife, Ränder breit, aus knitterfreiem Material, der Stoff soll dick aber weich sein, denn der Spastiker will etwas in der Hand haben. Rahmen mit zwei oder drei Schleifen, dann erste NIENHUIS-Rahmen mit fünf anbieten.

Zopf flechten: Dicke Stränge, aus weichem Stoff angefertigt, in dreierlei Farben; später dicke Wollsträhnen, zuletzt dünne Wollfäden.

Knöpfe: Große, griffige Knöpfe in eine Dose mit einem Schlitz fallen lassen; einen Knopf durch zwei Scheiben mit Schlitz führen; Tasche mit zwei großen Knöpfen öffnen (eine Überraschung ist drinnen); Rahmen mit drei Knöpfen, NIENHUIS-Rahmen.

Sinnesmaterial

Geheimnisvoller Beutel: Größere Gegenstände hineinstecken.
Sortierübungen: Dasselbe beachten. Vorschlag: Haselnüsse, Walnüsse, Paranüsse.
Tastsäckchen: Haben alle gleiche Farbe, aber verschiedenen Grobinhalt zum Fühlen und Paaren.
Geometrische Kommode: Deren Einsätze und die der Blattkommode erhal-

ten unten eine kleine Metallplatte. Ein handlicher Stempel wird mit einem Magnet versehen und dient zum Aus- und Einsetzen der Formen.

Mathematisches Material

Das Perlenmaterial hat in früheren Jahren die Firma NIENHUIS in größeren Perlen gut handlich angefertigt.
Die Ziffern fertigen wir in größeren Brettern an, die eine sichere Führung gewähren.

Hilfen für das sehbehinderte Kind

Die *visuellen* Unterschiede im Material müssen weitgehend durch *taktile* Reize ersetzt werden.
Falttücher: Wir nähten grobe, erhabene Linien hinein, die das Kind fühlen kann.
Zopfflechten: Jeder Strang wurde in einem gut fühlbaren, aber extrem unterschiedlichen Material angefertigt.
Buchstaben: Anstatt Sandpapier wurde samtartiges Tuchmaterial verwendet, das sich angenehm weich anfühlt.
Memory: Paaren oder Finden von extrem verschiedenen Stoffen und Gegenständen, wie Pelz, Knöpfe, Ketten ... in kleinen Rahmen befestigt.

Hilfe für das geistig behinderte Kind

Für geistig behinderte Kinder muß mehr von der Außenwelt in den Raum gebracht werden und vom Material die Begriffe wieder auf die Gegenstände der Außenwelt, zum Beispiel: ein Stein vom Hof.
Wir geben eine Darbietung der Tasttafeln, mit denen das Kind den Begriff ertastet und dann auch benennen lernt: rauh-glatt. Dann wird zum Beispiel ein glatter Stein, eine rauhe Rinde in den Raum geholt. Danach üben wir die Begriffe in der Natur. Auf dem Spielplatz suchen wir jetzt verschiedene Möglichkeiten, um diese Begriffe wieder zu erfassen und anzuwenden. Dadurch klammert sich das Kind nicht an die Tasttafeln, sondern das Material wird Hilfe zum Leben, ein »Schlüssel zur Welt« (Maria MONTESSORI).
Für die Anpassung des Montessori-Materials ergeben sich folgende

Schlußfolgerungen:

1. Das Material wird anders dargeboten, beinhaltet aber dieselben Lernziele.
2. Das Material wird durch kleine Schritte noch mehr detailliert, wenn die Abstraktionsfähigkeit nur schwierig erreicht werden kann.
3. Das Kind stellt nach eigenen Möglichkeiten Übungen zusammen, die vom Erzieher aufgegriffen werden müssen.

Gefahren für die Anpassung können entstehen, wenn

1. das Kind ungenügend beobachtet wird;
2. wenn das bereits bestehende Material nicht genügend ausgeschöpft wird;
3. wenn das Material, das für ein bestimmtes Kind angefertigt wurde, kritiklos auf ein anderes, ähnlich behindertes Kind übertragen wird;
4. wenn bei einem Material, das für eine bestimmte Behinderung angepaßt wird, das Prinzip der Isolation einer bestimmten Schwierigkeit vernachlässigt wird;
5. wenn Spielzeug, das im Handel erhältlich ist, verwendet wird.

Abschließend sei bemerkt, daß die vorstehenden Ausführungen nur kleine Hinweise auf unsere Montessori-Einzeltherapie, deren Prinzipien, Grundlagen und Aufgaben geben können. Es ist notwendig, unsere bisherigen Erfahrungen kritisch zu betrachten. Wir fühlen uns auf dem Gebiete der Montessori-Therapie und Kleingruppentherapie noch im Bereich der Forschung und Erprobung, wenngleich wir bereits mit den bisherigen Kenntnissen vielen Kindern helfen können.

PAUL OSWALD und GÜNTER SCHULZ-BENESCH
(Münster)

Einige Hinweise zur Montessori-Literatur

Maria MONTESSORI hat nicht primär das Leben einer pädagogischen Schriftstellerin geführt. Ihr Wirken, zumal nach den Erlebnissen im ersten Kinderhaus von »San Lorenzo«, ist eher als das einer pädagogischen Missionarin zu kennzeichnen. In Vortragsreisen und internationalen Kursen überschreitet sie von Anfang an die Grenzen des nationalen italienischen und des europäischen Raumes in dem steten Bemühen, überall ihre Botschaft von der »Entdeckung« des Kindes zu dessen Wohl und zu dem der »Einzigen Nation«, der Menschheit, zu verbreiten.
Sie ist dabei so sehr Rednerin, daß der Mehrzahl der von ihr bekannten bzw. hinterlassenen Texte Mitschriften von Reden zugrunde liegen. Je nach dem jeweiligen Zweck dieser Reden – öffentliche Vorträge oder Kursusvorträge der Montessori-Ausbildung – sind sie einmal mehr von der leidenschaftlichen Rhetorik des Appells bestimmt oder ein andermal mehr von der ruhigeren Darstellung ihrer Erkenntnisse und deren praktischer Konsequenzen.
Als charakteristische entgegengesetzte Beispiele mögen das aus öffentlichen Vorträgen (Genf 1932, Brüssel, Amsterdam 1936, Kopenhagen 1937, London 1939) hervorgegangene Buch *Frieden und Erziehung* und das aus dem »theoretischen« Vortragspart eines Ausbildungskursus entstandene Buch *Das kreative Kind – der absorbierende Geist* (Ahmedabad, Indien 1944/45) genannt werden.
Es war selten die Absicht MONTESSORIS, systematisch ihre Theorie darzustellen. Dieser relative Mangel an Systematik und die große Zahl und Verstreutheit der Texte bzw. Mitschriften waren Mitursache mancher zählebiger Mißdeutungen ihres Werkes und bereiten der wissenschaftlichen Diskussion bis heute Schwierigkeiten. Dennoch hat MONTESSORI durch ihr so charakteristisches Verfahren des öffentlichen Appells und der intensiven, bis in die letzten Details gehenden Ausbildungskurse für Erzieher vielleicht erfolgreicher dem Ziel der Veränderung der pädagogischen Praxis in aller Welt gedient, als sie es als pädagogischer Autor im üblichen Sinne hätte tun können.
Der aufgeschlossene Leser auch unserer Tage kann sich schwerlich dem Ernst und der Überzeugungskraft ihrer Aussagen entziehen, die hinsichtlich der unsere Gegenwart dringlich bestimmenden Probleme oft überraschende Aktualität gewinnen: der Probleme einer normalen Entwicklung

des Kindes in persönlicher Freiheit, einer »schlüssel«-haften »vorbereiteten Umgebung« und Sozialität, des Zusammenhangs zwischen Erziehung und Frieden für die künftige Weltzeit der »Einzigen Nation«, der »kosmischen« Dimension des Lebens der Menschen.

Neue Aspekte der Montessori-Forschung

Die seit der Eröffnung des Kinderhauses in »San Lorenzo«, also seit siebzig Jahren andauernde literarische Auseinandersetzung um die Montessori-Pädagogik hat dementsprechend in jüngerer Zeit interessante neue Aspekte erbracht. Zwar werden partiell ältere, vornehmlich aus idealistischer erziehungswissenschaftlicher Richtung stammende Beurteilungen – z. B. über den »Biologismus« MONTESSORIS – wiederholt; doch ergeben sich, u. a. aufgrund verbesserter Quellenlage, sehr zu beachtende neue historisch-biographische und empirische Beiträge. Ein Bericht über den Stand der Montessori-Forschung müßte heute diese Breite und methodische Vielseitigkeit der jüngsten Forschungsarbeiten darstellen, die der Eigenart des Werkes MONTESSORIS angemessen erscheinen. Ist es doch in eigentümlicher Spannung zwischen wissenschaftsoffener Nüchternheit und enthusiastischem Engagement angesiedelt.

Bevor im folgenden die in deutscher Sprache erschienenen Bücher MONTESSORIS inhaltlich näher charakterisiert und einige wichtige Sekundärschriften vorgestellt werden, soll nachdrücklich betont werden, daß in den letzten Jahren Diskussion und praktische Realisierung der Montessori-Pädagogik in vielen Ländern der Welt einen erheblichen Aufschwung genommen haben, dessen literarischer Niederschlag hier aber nicht diskutiert werden kann.

Kurze Charakteristik der wichtigsten Primär- und Sekundär-Literatur zur Montessori-Pädagogik in deutscher Sprache (in der Reihenfolge der Ersteditionen durch M. MONTESSORI)

I. Primärliteratur

1. *Die Entdeckung des Kindes;* hrsg. von P. OSWALD und G. SCHULZ-BENESCH, Freiburg 1969, 4. Aufl. 1974 (346 Seiten).

Dieses Buch ist eine Übersetzung der von MONTESSORI überarbeiteten Ausgabe letzter Hand ihres ersten pädagogischen Werkes aus dem Jahre

1909, das ursprünglich den Titel *Il metodo della pedagogia scientifica applicato all' educazione infantile nelle case dei bambini* führte und in deutscher Übersetzung unter dem Titel *Selbsttätige Erziehung im frühen Kindesalter* 1913 in Stuttgart erschienen war. Während die deutschen Neudrucke bis zum Einbruch des Nationalsozialismus unverändert dieser ersten Auflage folgten, hatte MONTESSORI das Werk bei der dritten Auflage von 1918 bereits erheblich überarbeitet und diese Überarbeitungen bis zum Jahre 1950 fortgesetzt. Von der fünften Auflage des Jahres 1950 an hatte MONTESSORI auch den ursprünglichen Titel geändert in *La scoperta del bambino*, dem die neue deutsche Ausgabe mit der Übersetzung *Die Entdeckung des Kindes* folgt. Darüber hinaus macht diese neue deutsche Ausgabe die in den verschiedenen Auflagen vorgenommenen Veränderungen in ihrer zeitlichen Aufeinanderfolge durch Anmerkungen am Rande deutlich.

Dieses Werk MONTESSORIS, das sie zuerst, von ihren Freunden gedrängt, im Jahre 1909 in wenigen Wochen niedergeschrieben und teilweise wohl auch nach schon vorliegenden Teildarstellungen zusammengestellt hatte, ist nach wie vor von grundlegender Bedeutung für die Kenntnis ihrer Pädagogik. Es ist zum einen ein Bericht über die Entstehungsgeschichte ihrer Arbeit, zum anderen eine Darstellung ihres didaktisch-methodischen Vorgehens in den von ihr gegründeten Kinderhäusern und eine Beschreibung der dabei verwandten Arbeitsmittel. Die allgemeinpädagogischen und wissenschaftstheoretischen Reflexionen erscheinen dabei nur als Implikationen der überwiegend praxisbeschreibenden Darstellung. Dabei muß noch einmal daran erinnert werden, daß es sich, auch wenn von Schreib-, Lese- und Rechendidaktik die Rede ist, hier nur um die Arbeit mit Kindern zwischen drei und sechs Jahren handelt.

2. *Schule des Kindes. Montessori-Erziehung in der Grundschule;* Freiburg 1976 (351 Seiten).

Dieses Buch ist die Neuübersetzung von MONTESSORIS zweitem bekanntem pädagogischen Werk, das 1916 unter dem Titel *L'autoeducazione nelle scuole elementari* erschienen und 1926 als *Montessori-Erziehung für Schulkinder* in (stellenweise gekürzter) deutscher Übersetzung herausgekommen war.

Es handelt sich dabei jeweils nur um den ersten, theoretischen Teil des zweibändigen italienischen Werkes. Der zweite, Schulpraxis und -material detailliert schildernde Teil blieb beide Male aus verlegerischen Gründen unübersetzt; zumal er inzwischen durch die Fortentwicklung der Montessori-Praxis in manchen Passagen auch überholt ist.

Dieses Buch kann als eines der wenigen systematischen Werke M. MONTESSORIS bezeichnet werden. Es geht aber nicht von einem Axiom aus, sondern von einer konkreten Erfahrung: jener Begebenheit im Kinderhaus von San Lorenzo, bei der ein kleines Mädchen sich in ungewöhnlicher Konzentration mit einem der Arbeitsmittel beschäftigte und die als »Montessori-Phänomen« in die Literatur eingegangen ist (S. 69 ff.). Die Beobachtung dieser »Polarisation der Aufmerksamkeit« mit ihrer Wirkung auf die personale und soziale Entwicklung des Kindes, die für MONTESSORI grundlegende Bedeutung für ihre ganze Pädagogik erhielt, bildet in diesem Buch den Ausgangspunkt für die von ihr inspirierte Durchreflexion der Dimensionen der Psyche – Intellekt, Wille, Gefühl, Glaube – und der Bereiche der Kultur – Sprache, Mathematik, Naturwissenschaft, Kunst usw. –, ebenso aber auch für die Ausführungen über die diesem pädagogischen Ansatz gemäße Haltung der Erzieherin und die ihm entsprechende Vorbereitung der Umgebung.

So stellt dieses Buch eine große Bereicherung für das Verstehen der pädagogischen Konzeption MONTESSORIS in anthropologischer und didaktischer Hinsicht dar.

3. *Kinder, die in der Kirche leben;* hrsg. und übersetzt von Helene HELMING, Freiburg 1964 (247 Seiten).

Das Buch führt den Untertitel *Die religionspädagogischen Schriften Maria Montessoris.* Es vereinigt fünf ursprünglich selbständige Schriften, die zwischen 1922 und 1949 in verschiedenen Ländern (Italien, Frankreich, England, Niederlande) erschienen sind. Die Übersetzerin hat einige Kürzungen vorgenommen, die aber nicht näher bezeichnet sind.

Der fünfte Teil des Buches bringt grundlegende Gedanken MONTESSORIS zur theologischen Deutung der Kindheit. Die vier ersten Teile enthalten Berichte und didaktisch-methodische Anregungen für die Religionspädagogik in Kindergarten und Grundschule. MONTESSORIS Religionspädagogik knüpft primär an die Liturgie an, die sie als »die pädagogische Methode der katholischen Kirche« bezeichnet.

Abgesehen von allgemeinen Prinzipien, die für alle Religionen gelten, bezieht sich MONTESSORIS Religionspädagogik entsprechend ihrer eigenen Konfession auf die Einführung in den katholischen Glauben.

4. *Das Kind in der Familie;* 2., überarb. Auflage, Stuttgart 1954 (93 Seiten).

Das Büchlein enthält sechs Vorträge, die Maria MONTESSORI 1923 in Brüssel gehalten hat. Es erschien zuerst in deutscher Sprache in Wien 1923. Erst

1936 kam eine italienische Ausgabe heraus. Die zweite deutsche Auflage aus dem Jahre 1954 wurde nach der italienischen Ausgabe überarbeitet.

Der Titel des Büchleins ist dem zweiten, zugleich auch umfangreichsten Vortrag entlehnt. Die Überschriften der anderen Vorträge lauten: »Das Neugeborene«, »Allgemeines über meine Methoden« (darin ist besonders die Rede vom »Phänomen der Polarisation der Aufmerksamkeit«), »Der Charakter des Kindes«, »Die Umgebung des Kindes« und »Die neue Lehrerin«.

Diese kurzen Beiträge bringen jeweils Wichtiges in einer gewissen Abrundung zu dem in der Überschrift genannten Problem und eignen sich von daher gut für einen ersten Zugang zu den Ideen MONTESSORIS.

5. *Kinder sind anders;* Stuttgart 1952, 9. Aufl. 1971 (303 Seiten).

Dieses 1952 in erster Auflage in Deutschland erschienene Buch ist die Übersetzung von *Il segreto dell' infanzia,* Mailand 1950, dem 1936–38 mehrere leicht variierende Editionen in verschiedenen Sprachen vorangegangen waren.

Wieder handelt es sich nicht um eine systematische Abhandlung, sondern um locker aneinandergereihte Kapitel, überarbeitete Nachschriften von Vorträgen, in denen MONTESSORI die Andersartigkeit des kindlichen Menschseins herausarbeitet, wie sie sich in seiner spontanen Aktivität, seinem Bewegungsdrang, den »sensiblen Perioden«, seiner unbewußten Geistigkeit usw. äußert, vom Erwachsenen aber so selten gesehen und berücksichtigt wird und dann zu den vielen Komplikationen im Verhältnis zwischen Erwachsenen und Kindern führt.

In diesem Buch geht es nicht um schulpädagogische, didaktische oder methodische Fragen, sondern um Erziehungsfragen, wie sie sich aus einem (um es mit modernen Begriffen zu sagen) sozial-integrativen oder autoritären Verhältnis zwischen Erwachsenen und Kindern ergeben.

6. *Von der Kindheit zur Jugend;* hrsg. und eingeleitet von P. OSWALD, Freiburg 1966, 2. Aufl. 1973 (133 Seiten).

Das Buch stellt die Übersetzung eines (von Georgette J. J. BERNARD) in französischer Sprache herausgegebenen Werkes dar. Zwar gab es schon einzelne Vorträge aus den dreißiger Jahren, die Teilprobleme des Buches behandelten; als Ganzes erschien es aber erst 1948 unter dem Titel *De L'Enfant à L'Adolecent* in Paris.

In dieser Schrift gibt MONTESSORI einen Überblick über die Phasen der

Entwicklung des Kindes und Jugendlichen und die Prinzipien für die Fortsetzung ihrer Pädagogik für die Altersstufe von 12–18 Jahren mit einem Ausblick auf die Universität. Besonders interessant sind in diesem Buch die konkreten Beispiele für MONTESSORIs Konzept einer umfassenden »kosmischen Erziehung« und der sogenannte »Erdkinderplan«, der Entwurf der Einrichtung und des Lehrplans für eine Art Landerziehungsheim als der von ihr konzipierten vorbereiteten Umgebung für die Zeit der Pubertät und Adoleszenz. Da MONTESSORI die Erziehungs- und Schularbeit mit Kindern und Jugendlichen dieser Altersstufen nicht mehr selbst praktisch erprobt hat, hat das Ganze, trotz der Anregungen, die davon ausgehen können, eher Entwurfscharakter.

7. *Das kreative Kind. Der absorbierende Geist;* hrsg. von P. OSWALD und G. SCHULZ-BENESCH, Freiburg 1972, 3. Aufl. 1975 (275 Seiten).

Der Titel des italienischen Originals lautet *La mente del bambino*, Mailand 1952, das selbst aber die Überarbeitung einer ersten englischen Ausgabe mit dem Titel *The Absorbent Mind*, Adyar-Madras 1949, ist. MONTESSORI wurde durch die Kriegsereignisse in Indien festgehalten, hat dort aber intensiv pädagogisch arbeiten können. Frucht dieser indischen Jahre ist dieses umfassende Buch, das wieder auf Niederschriften von Kursusvorträgen zurückgeht. In ihrem späteren Leben hat MONTESSORI ihr Interesse in besonderer Weise der frühen Kindheit und deren Bedeutung für die angemessene menschliche Entwicklung zugewandt, aus der Erkenntnis heraus, daß das Kind selbst der »Baumeister des Menschen« ist. In diesem personalen Selbstaufbau dokumentiert sich für MONTESSORI einerseits die scheinbare Mangelsituation des Menschenkindes, das als »psychischer Embryo« ohne angeborenes Kulturerbe auf die Welt kommt, andererseits seine Erhabenheit über alle Tiere, weil es kraft seines »absorbierenden Geistes« dieses Aufbauwerk eines mündigen Kulturmenschen in einer freiheitlichen Gesellschaft als schöpferisches Selbstwerk zu vollbringen vermag, sofern ihm von der Erwachsenengeneration nur eine lebendige Kulturumgebung präsentiert wird.

MONTESSORI beschreibt in diesem Buche die einzelnen Aspekte dieses anthropologischen Aufbaus: Bewegung, Sprache, Intelligenz, Charakter, Sozialität usw.

Das Buch wird abgerundet durch sehr konkrete an die Erzieherin gerichtete Anweisungen für die praktische Verwirklichung einer so begründeten Pädagogik und die Überwindung typischer Anfangsschwierigkeiten.

8. *Über die Bildung des Menschen;* hrsg. von P. OSWALD und G. SCHULZ-BENESCH, Freiburg 1966 (96 Seiten).

Diese kleine Schrift ist die Übersetzung des letzten von Maria MONTESSORI selbst herausgebrachten Buches mit dem Originaltitel *La formazione dell' uomo,* Mailand 1949.
 Es geht in dieser Schrift um den »Prozeß der Bildung der Personalität« des Kindes, wie MONTESSORI ihn versteht. Abgesehen von allen didaktisch-methodischen Einzelheiten gibt MONTESSORI hier noch einmal einen Überblick über ihr zentrales anthropologisch-pädagogisches Anliegen in seiner gesellschaftlichen Bedeutung. Man könnte dieses Büchlein als »Schwanengesang« der bedeutenden Pädagogin bezeichnen.

9. *Frieden und Erziehung;* hrsg. von P. OSWALD und G. SCHULZ-BENESCH, Freiburg 1973 (143 Seiten).

Es handelt sich bei diesem Buch um die erweiterte Ausgabe einer 1949, aus Anlaß des Vorschlags MONTESSORIs für den Friedensnobelpreis, unter dem Titel *L'educazione e pace* erschienenen Schrift (1932–1939 gehaltene Vorträge) über den Zusammenhang von Frieden und Erziehung.
 MONTESSORIs Engagement für den Frieden in der Welt und den Beitrag der Erziehung für seine Verwirklichung ist in Deutschland lange unbekannt geblieben. Es entfaltet sich in diesem Buch dem Leser in immer neuen Variationen.
 Für MONTESSORI wurzelt aller Krieg letzten Endes in den Charakterverbiegungen, deren Grund von den herrschsüchtigen Erwachsenen in der Kindheit gelegt wird. Frieden aber, sofern er nicht nur das zeitweilige Aufhören des Krieges, sondern der Dauerzustand einer Harmonie auf der Basis von »Gerechtigkeit und Liebe« ist, kann dementsprechend nur durch eine Erziehung begründet werden, die dem Kinde in selbstloser Liebe den Raum bereitet, in dem es durch »Arbeit in Freiheit« das Aufbauwerk seines rechten Menschseins zu leisten vermag. Wo das geschieht, ist dieses individuelle Werk zugleich ein Beitrag zur Verwirklichung der »Einzigen Nation«, der Einheit der ganzen Menschheit in Frieden, zur Erfüllung des »kosmischen Auftrags« des Menschen, der Mitarbeit an der Schöpfung. MONTESSORIs oft leidenschaftliches Engagement für den Frieden nimmt in diesen Vorträgen mitunter utopische Züge an, empfängt seine Korrektur aber aus ihrem Gesamtwerk mit seinen konkreten Praxisanweisungen.

II. Sammelschriften

1. *Grundgedanken der Montessori-Pädagogik;* zusammengestellt von P. OSWALD und G. SCHULZ-BENESCH, Freiburg 1967, 4. Aufl. 1975 (158 Seiten).

Aus der Erfahrung, daß MONTESSORIS Aussagen in ihren Schriften immer wieder um einige Grundgedanken kreisen, daß es aber andererseits für den Anfänger nicht immer leicht ist, diese Grundideen aus dem manchmal überwuchernden Rankenwerk herauszuschälen (zumal diese Grundideen zum Teil auch auf verschiedene Bücher verteilt sind), haben die Herausgeber wichtige Stellen aus dem Schrifttum MONTESSORIS nach solchen signifikanten Schlüsselbegriffen ausgewählt und zusammengestellt wie z. B. »psychischer Embryo«, »absorbierender Geist«, »Freiheit«, »vorbereitete Umgebung« usw.

Da sie ferner der Auffassung sind, daß die pädagogische Theorie MONTESSORIS immer in Verbindung mit ihrer Praxis gesehen werden muß, daß manche Gedanken erst durch die Praxis ihre rechte Deutung finden, haben die Herausgeber anschauliche Schilderungen der Montessori-Praxis in Kinderhaus, Schule und Gymnasium angeschlossen.

Abgerundet wird das Ganze durch eine kurze Biographie MONTESSORIS. So kann diese Schrift für ein erstes Bekanntwerden mit Leben, pädagogischen Ideen und Praxis MONTESSORIS gute Dienste tun.

2. *Maria Montessori, Texte und Diskussion;* hrsg. von Winfried BÖHM, Bad Heilbrunn 1971 (175 Seiten).

Es handelt sich um einen der Bände »Pädagogischer Quellentexte«, wie sie für die Seminararbeit an den wissenschaftlichen Hochschulen herausgegeben werden.

BÖHM hat hier meist kurze geschlossene Texte MONTESSORIS über Probleme ihrer Pädagogik, die zum großen Teil bisher in Deutschland nicht veröffentlicht waren, und neun Beiträge zur Diskussion der Montessori-Pädagogik aus dem deutschen und internationalen Raum zusammengestellt. Die Texte MONTESSORIS sind nach fünf Gesichtspunkten wie »Grundbegriffe«, »anthropologische Aspekte« usw. geordnet. Die Diskussionsbeiträge sind meist relativ kurz und bieten gute Möglichkeit zum Einstieg in die Beschäftigung mit MONTESSORIS Werk. Ein kommentierendes Nachwort des Herausgebers schließt das Bändchen ab.

3. *Montessori für Eltern. Eine Auswahl aus dem Werk Maria Montessoris;* hrsg. von P. OSWALD und G. SCHULZ-BENESCH, Ravensburg 1974 (Ravensburger Elternbücher, Bd. 53/54, 270 Seiten).

Die Herausgeber des Bandes haben für einen breiteren Leserkreis aus den Schriften MONTESSORIS Abschnitte ausgewählt, zusammengestellt und kommentiert. Es handelt sich ausnahmslos um andere Texte als in den *Grundgedanken der Montessori-Pädagogik*. Charakterisiert ist die Schrift durch die streng systematische Anordnung in vier Kapiteln: Anthropologische Aussagen MONTESSORIS, Verhältnis des Erwachsenen zum Kind, Darstellung der praktischen Vorschläge bzw. pädagogischen Realisierungen, universale Bedeutung von Kindheit und Erziehung.

III. *Sekundärliteratur*
(in der Reihenfolge der Ersterscheinung)

Es werden hier nur die wichtigsten, nach dem Zweiten Weltkrieg in Deutschland erschienenen Schriften in ihrer zeitlichen Reihenfolge behandelt.

1. Paul OSWALD. *Das Kind im Werke Maria Montessoris.* In *Pädagogik der Gegenwart*; hrsg. von Erich FELDMANN, Band 2, Mülheim/Ruhr 1958 (96 Seiten).

Abgesehen von einigen Zeitschriftenaufsätzen erschien diese Schrift als erstes Buch über die Montessori-Pädagogik nach der langen durch Nationalsozialismus, Krieg und Nachkriegszeit bedingten Pause.
Das Buch ist in seinem ersten Teil der Versuch einer Systematisierung der Pädagogik MONTESSORIS gemäß ihrer impliziten Anthropologie. Im zweiten Teil werden pädagogische Ideen und Praxis MONTESSORIS gemäß den Entwicklungsphasen in Kindheit und Jugendalter dargestellt.

2. Helene HELMING. *Montessori-Pädagogik;* Freiburg 1958, 8. Aufl. 1975 (179 S. Text und 20 S. Bildanhang).

Ein halbes Jahr nach dem erstgenannten Buch erschien im Herbst 1958 dieses Buch von Helene HELMING. Es führt den Untertitel: *Ein moderner Bildungsweg in konkreter Darstellung*. Dieser Untertitel zeigt, daß es hier nicht auch um eine Systematisierung der Pädagogik MONTESSORIS geht. Aufgrund ihrer jahrzehntelangen Bekanntschaft mit der pädagogischen

Theorie und Praxis MONTESSORIS hat die Autorin in locker gereihten Kapiteln (hierin dem Vorgehen MONTESSORIS in manchen ihrer Schriften gleichsam angeglichen) die Hauptanliegen dieser Pädagogik dargestellt und auf dem Hintergrund eines christlichen Menschen- und Weltverständnisses in oft tiefgründiger Weise gedeutet.

Der bedachtsame Leser kann hier eine erhellende konkrete Vorstellung von der Pädagogik Maria MONTESSORIS gewinnen, die durch die beigefügten Bilder noch bereichert wird.

3. E. M. STANDING. *Maria Montessori. Leben und Werk;* Stuttgart o. J. (1959, 330 S.); Oberursel a. Taunus o. J. (1970, 222 S.).

Das Buch ist aus dem Englischen übersetzt. STANDING, der ebenfalls über Jahrzehnte hin mit Maria MONTESSORI selbst und ihrer Pädagogik in Kontakt gestanden hat, versteht es, in guter angelsächsischer Manier, fast im Plauderton und ohne allen wissenschaftlichen Ballast dem Leser das Wichtigste aus dem Leben und der Pädagogik MONTESSORIS so darzubieten, daß dieser zum Schluß doch ein recht umfassendes und treffendes Bild von beidem hat.

So eignet sich dieses Buch besonders für den Nichtfachmann oder den Anfänger, der erst einmal einen Überblick und Gesamteindruck gewinnen möchte.

4. Anne FISCHER-BUCK. *Naturgemäße Erziehung. Ein Vergleich der Lehre von Pestalozzi und Montessori, angewandt auf die heutige psychologische Pädagogik;* Bonn 1959 (291 S.).

Die Autorin behandelt im ersten Teil jeweils »Natur des Menschen« und »naturgemäße Erziehung« bei PESTALOZZI und MONTESSORI und vergleicht die Ergebnisse miteinander. In einem zweiten Hauptteil gibt sie dann eine Darstellung einer psychologischen Pädagogik, für die ihr als Musterbeispiel die Pädagogik MONTESSORIS dient.

Es handelt sich hier um eine einseitig »naturalistische« Deutung, die MONTESSORIS Werk recht auswählend interpretiert.

5. Günter SCHULZ-BENESCH. *Der Streit um Montessori;* Freiburg, 1. Aufl. 1961 (336 S.), 2. Aufl. 1962 (224 S.).

Das Buch umfaßt vier voneinander relativ unabhängige Teile, von denen der dritte und vierte (der Anhang) in der 2. Auflage vom Verlag aus ökonomischen Gründen erheblich gekürzt wurden.

Der erste Hauptteil, dem das Buch auch seinen Titel verdankt, bringt eine eingehende »Untersuchung über die hauptsächlichen Diskussionspunkte der literarischen Kritik« der Montessori-Pädagogik: den Naturalismus (den biologischen und theologischen), den Intellektualismus und den Individualismus.

Der zweite Teil handelt von »Montessoris persönlichem Verhältnis zu Religion und Kirche« und gibt außerdem eine kritische Darstellung von MONTESSORIS Religionspädagogik.

Der dritte Teil brachte in der 1. Aufl. »Nachforschungen über Einfluß und Geschichte der Montessori-Pädagogik in den verschiedenen Ländern«, wovon in der 2. Aufl. nur die Ausführungen über Deutschland geblieben sind.

Der vierte Teil enthielt in der 1. Aufl. eine umfassende internationale Bibliographie der Primär- und Sekundärliteratur zur Montessori-Pädagogik, wovon in der 2. Aufl. die Bibliographie der Primärliteratur erhalten blieb, während von der Sekundärliteratur nur die im Werk zitierte blieb.

6. Brigitte van VEEN-BOSSE. »Konzentration und Geist«; in: Th. HAGENMAIER – W. CORRELL – B. van VEEN-BOSSE, *Neue Aspekte der Reform-Pädagogik;* Heidelberg 1964 (58 S.).

Diese gegenüber ihrem ursprünglichen Umfang etwas gekürzte Arbeit trägt den Untertitel »Die Anthropologie in der Pädagogik Maria Montessoris«.

Im Gegensatz zu der weitverbreiteten naturalistisch-positivistischen Interpretation der Pädagogik Maria MONTESSORIS wird diese hier im Sinne des existenzphilosophischen Ansatzes der Pädagogik bei BOLLNOW ganz vom Geist her als dem »letzten Bezugszentrum« gedeutet, wie er sich vor allem im Phänomen der Polarisation der Aufmerksamkeit offenbart.

Daß eine solche Deutung MONTESSORIS möglich ist, wenn wir sie auch für einseitig halten, ist wohl ein deutlicher Hinweis darauf, daß auch die soviel häufigere naturalistisch-positivistische nicht zutreffend sein kann, sondern die angemessene Deutung wohl zwischen den beiden Extremen zu suchen ist.

7. Winfried BÖHM. *Maria Montessori;* Bad Heilbrunn 1969 (363 S.).

In dem Untertitel dieses Buches – *Hintergrund und Prinzipien ihres pädagogischen Denkens* – klingt das Ziel bereits an, das BÖHM sich mit seiner Arbeit gestellt hat und das er noch einmal ausführlicher so umgrenzt: »vor dem biographischen und geistesgeschichtlichen Hintergrund der wissenschaftlichen Orientierung MONTESSORIS und deren Einfluß auf die Prinzipien ihres pädagogischen Denkens nachzuspüren«.

In den weiteren Ausführungen interpretiert er MONTESSORI dann näher von der sogenannten »Bauplantheorie« (128) aus; er rückt sie in die Nähe der »reformpädagogischen Bewegung vom Kinde aus« (185), sieht bei ihr »einseitig den Entwicklungsgesichtspunkt« (187) betont, hebt ihre »Affinität zur theosophischen Weltinterpretation« (189) hervor und deutet den Begriff der Normalität als »vom Medizinischen her geprägtes Denkschema« (106). Das BÖHMsche Buch gewinnt dadurch an Bedeutung, daß es, nachdem die internationale Bibliographie in der 2. Aufl. bei SCHULZ-BENESCH entfallen ist, ein umfangreiches Literaturverzeichnis von 150 S. bringt, das das von SCHULZ ergänzt, vor allem die von diesem nicht mehr erfaßten letzten zehn Jahre aufarbeitet.

8. *Montessori;* hrsg. von Günter SCHULZ-BENESCH; Darmstadt 1970, Band CC der Reihe »Wege der Forschung« der Wissenschaftlichen Buchgesellschaft (411 S.).

Aus der großen Fülle der Beiträge zur wissenschaftlichen Diskussion der Montessori-Pädagogik von den Anfängen bis in die unmittelbare Gegenwart (1910–1968) hat der Herausgeber 23 Beiträge ausgewählt, die eine angemessene Orientierung über Gegenstand und Breite der Diskussion und ihre Wortführer (z. B. DEWEY, PETERSEN, SPRANGER, BOLLNOW usw.) im nationalen und internationalen Raum, die Aktualität dieser Diskussion über den ganzen Zeitraum hin und die dabei bezogenen kontroversen Standpunkte geben.

9. Paul OSWALD. *Die Anthropologie Maria Montessoris;* Münster 1970 (ca. 60 S.).

Gemäß dem doppelten möglichen Verhältnis zwischen Anthropologie und Pädagogik bringt das Buch in seinem ersten Teil den Beitrag MONTESSORIS zur Anthropologie, wie er sich ihr im erzieherischen Umgang erschlossen hat.

Im zweiten Teil wird dementsprechend die der Pädagogik MONTESSORIS implizite Anthropologie im Sinne einer »Leitbildanthropologie« herausgearbeitet.

Ein dritter Teil schließlich bringt eine Interpretation der kleinen Schrift MONTESSORIS *Über die Bildung des Menschen* unter diesen anthropologischen Gesichtspunkten.

10. Mario M. MONTESSORI (jun.). *Erziehung zum Menschen. Montessori-Pädagogik heute;* München 1977 (156 S.).

Mario MONTESSORI (jun.), Enkel Maria MONTESSORIS und praktizierender Psychotherapeut, stellt insbesondere die Verbindungen zwischen den pädagogischen und psychoanalytischen Theorien heraus. Auf diesem Hintergrund machen die einzelnen Studien des Buches auf eine spezifische, überzeugende und gelegentlich auch überraschende Weise die Aktualität der Montessori-Pädagogik deutlich. Die Schrift füllt eine Lücke in der Sekundärliteratur zur Montessori-Pädagogik.

11. Hildegard HOLTSTIEGE. *Modell Montessori. Grundsätze und aktuelle Geltung der Montessori-Pädagogik;* Freiburg–Basel–Wien 1977 (190 S.).

Angestoßen durch die gegenwärtige Diskussion um den Anteil von Anlage und Umwelt bei der Persönlichkeitsentwicklung, untersucht Hildegard HOLTSTIEGE die Montessori-Pädagogik als »Modell« für eine mögliche Antwort auf diese Fragen; und zwar in Theorie und Praxis.

Ausgehend von der Frage nach dem Ziel der Erziehung bei MONTESSORI erörtert sie in systematischer Gründlichkeit die Prinzipien der Verwirklichung dieses Ziels (sensible Perioden, Beschäftigungsmaterialien, vorbereitete Umgebung, Erzieherfunktion usw.), gipfelnd in der Interpretation des Phänomens der Polarisation der Aufmerksamkeit als dem eigentlichen »Schlüsselphänomen« dieser Pädagogik. Dabei nimmt sie immer wieder Bezug auf entsprechende aktuelle Gegenwartsprobleme der Pädagogik und diskutiert den Beitrag MONTESSORIS zu ihrer möglichen Lösung.

Kennzeichnend für das Buch ist die hochschuldidaktische Intention der Autorin, die sich in der sehr differenzierten Gliederung, den Zusammenfassungen am Ende eines jeden Kapitels, dem Register usw. niederschlägt.

Nachtrag

Auf dem Montessori-Kongreß 1977 in München wurden zwei interessante Neuerscheinungen zur Montessori-Pädagogik bekannt, eine dritte kurz darauf im Herbst. Da sie in unseren vorstehenden Betrachtungen zur Montessori-Literatur bei den Seminaren des Kongresses naturgemäß noch nicht berücksichtigt werden konnten, mögen die folgenden Hinweise auf diese Bücher aufmerksam machen und sie kurz charakterisieren.

1. Theodor HELLBRÜGGE. *Unser Montessori Modell;* München 1977 (304 S.).

Eine faszinierende Darstellung der Rückübertragung montessorischer Erziehungsideen und -praxis auf Kinder mit Behinderungen! Gerade da bekannt ist, daß MONTESSORI seit ihren Arbeiten im ersten »Kinderhaus« im Elendsviertel von San Lorenzo (1907) selbst nicht mehr speziell für behinderte, sondern ausdrücklich nur noch für die »normalen« Kinder gewirkt hat, erscheint die Idee dieser Rückübertragung bzw. verwandelnden Anpassung der Montessori-Pädagogik auf eine integrierte Erziehung behinderter und nichtbehinderter Kinder von größtem Interesse. Auf der Grenze zwischen Medizin, Heilpädagogik und Erziehungswissenschaft wird das Buch zweifellos von den genannten Disziplinen auch nach »Schwachstellen« befragt werden. Seine hohe Bedeutung besitzt es aber im Unterschied zu vielen »aktuellen« pädagogischen Büchern schon heute: es ruht in seiner Substanz auf pädagogischer Realisierung auf, die höchste Beachtung und Anerkennung verdient. Hierin sehe ich die wichtigste Analogie zu MONTESSORIS eigenem Werk. (Auf die im Kongreßbericht abgedruckten Ausführungen des Autors Theodor HELLBRÜGGE sei an dieser Stelle ausdrücklich hingewiesen.)

2. Rita KRAMER. *Maria Montessori. Leben und Werk einer großen Frau.* (Mit einem Vorwort von Anna FREUD); München 1977 (372 S.).

Im Unterschied zu einigen schon vorhandenen biographischen Ansätzen, die sich aber meist auf bestimmte Lebensabschnitte MONTESSORIS oder spezielle inhaltliche Aspekte ihrer Pädagogik beschränkten, liegt mit Rita KRAMERS Werk erstmals der Versuch einer »vollständigen« Lebensbeschreibung der großen italienischen Pädagogin vor. Das Buch bringt – im wesentlichen chronologisch vorgehend – eine Unzahl zum Teil höchst interessanter und oft unbekannter Details in das Bild MONTESSORIS ein, das im ganzen jedoch eigentlich vom phänomenalen Anfangserfolg der Pädagogin und dem ursprünglichen theoretisch-praktischen Komplex ihrer »neuen« Pädagogik her betrachtet wird. Wenn hier auch im gegebenen Rahmen auf Einzelheiten verzichtet werden muß, seien doch einige grundsätzliche kritische Anmerkungen gemacht:

Das Werk KRAMERS stützt sich in für europäische Verhältnisse ungewöhnlichem Umfang auf Zeitungszitate ab, was nicht wundert, da KRAMER selbst aktive Journalistin ist. Abgesehen von wenigen soliden Quellengruppen (u. a. aus MONTESSORIS Familie) ist die unverhältnismäßig berücksichtigte Berichterstattung und Beurteilung von psychoanalytischer Seite (vgl. besonders die zahllosen Zitatstellen und Hinweise von österreichischen US-Immigranten) ebenso auffällig wie der Mangel der Abstützung auf wichtige bisherige wissenschaftliche Untersuchungen. KRAMERS Arbeit ist trotz der vorherrschenden journalistischen Schreibweise (vgl. z. B. die Geschichte der Mutterschaft MONTESSORIS) eine wahre Fundgrube für jeden an MONTESSORI interessierten Leser. Die Darstellung bleibt dabei trotz ihrer angedeuteten »Leichtigkeit« stets besser als die (oft psychoanalytisch gefärbte) Deutung. Dafür möge ein abschließendes Beispiel Zeugnis geben: Nachdem KRAMER den Beitrag MONTESSORIS zum pädagogischen Fortschritt auf die frühen Jahre ihres Wirkens »festschreibt« und das spätere »starre Festhalten« an einer »unveränderlichen« Praxis beklagt, berichtet sie selbst gegen Ende des Buches quasi versehentlich, wie die alternde MONTESSORI »die Idee des ›Stillens auf Verlangen‹ vorwegnahm, wie so viele Praktiken der Kindererziehung, lange ehe ihre ärztlichen Kollegen soweit waren« (327). Bei breiterer Quellenbasis wäre der Verfasserin gewiß nicht MONTESSORIS höchst bedeutsame Altersbemühung um die »Kosmische Erziehung« so weitgehend entgangen, einer wirklich verändernden Arbeit, der MONTESSORI sich tatsächlich bis zum Lebensende widmete. Es ist allerdings sehr die Frage, ob mit dem wachsenden zeitlichen Abstand von den Geschehnissen und wachsendem Verlust an Zeugen und Quellen eine über KRAMERS außerordentlich fleißige Arbeit hinausgehende, in allem wissenschaftlich seriöse Biographie so bald zustande kommen wird.

3. Paul SCHEID/Herbert WEIDLICH (Hrsg.). *Beiträge zur Montessori-Pädagogik 1977*; Stuttgart 1977 (164 S.).

Das Buch bringt eine Reihe interessanter Aufsätze von Autoren verschiedener wissenschaftlicher Disziplinen und aus der Praxis: W. BÖHM, H. ELSNER, J. ESCHE, G. FLORES D'ARCAIS, Th. HELLBRÜGGE, P. OSWALD, H. RÖHRS, D. RÜDIGER, K. RÜHL, P. SCHEID, G. SCHULZ-BENESCH, H. WEIDLICH. Es ist nicht möglich, an dieser Stelle Einzelheiten aus den unterschiedlich ansetzenden Artikeln zu vermerken und zu kommentieren. Wohl aber sollte versucht werden, nach Grundkonsens oder -dissens der Ansichten der Autoren über die Montessori-Pädagogik zu fragen. Als zusammenfassende Antwort dürfte vielleicht gesagt werden, daß allgemeine Übereinstimmung über die positive Realität, ja Aktualität der Montessori-Pädagogik oder mindestens einzelner ihrer Beiträge besteht. Dissens deutet sich – wie könnte es in der wissenschaftlichen Diskussion anders sein – in stark von den jeweilig angewandten Untersuchungsmethoden bestimmten Hypothesen oder Folgerungen an. Nur im Ansatz sind im vorliegenden Band Hinweise auf empirische Untersuchungen enthalten (obwohl es inzwischen einige solcher Arbeiten gibt). Dies hängt jedoch mit der Entstehungsweise des Buches aus Tagungen und Kontakten der Deutschen Montessori-Gesellschaft in Frankfurt/Main zusammen. Um so erfreulicher ist es, daß die Herausgeber den Autoren aus der Montessori-Praxis Raum gegeben haben. So ist ein höchst interessanter Sammelband entstanden!

Günter SCHULZ-BENESCH

Literaturliste

Primär- und Sekundärliteratur zur Montessori-Pädagogik in deutscher Sprache, Editionen nach dem 2. Weltkrieg in der Reihenfolge des Erscheinens.

I. Primärliteratur

MONTESSORI, M.: *Kinder sind anders*. Stuttgart 1952, 9. Aufl. 1971.
MONTESSORI, M.: *Das Kind in der Familie*. Hrsg. Deutsche Montessori-Gesellschaft. Stuttgart 1954.
MONTESSORI, M.: *Kinder, die in der Kirche leben*. Hrsg. H. HELMING. Freiburg 1964.
MONTESSORI, M.: *Grundlagen meiner Pädagogik und weitere Aufsätze*. Hrsg. B. MICHAEL. Heidelberg 1965.
MONTESSORI, M.: *Über die Bildung des Menschen*. Hrsg. P. OSWALD und G. SCHULZ-BENESCH. Freiburg 1966.
MONTESSORI, M.: *Von der Kindheit zur Jugend*. Hrsg. P. OSWALD. Freiburg 1966, 2. Aufl. 1973.
MONTESSORI, M.: *Die Entdeckung des Kindes*. Hrsg. P. OSWALD u. G. SCHULZ-BENESCH. Freiburg 1969, 4. Aufl. 1974.
MONTESSORI, M.: *Das kreative Kind. Der absorbierende Geist*. Hrsg. P. OSWALD u. G. SCHULZ-BENESCH. Freiburg 1972, 3. Aufl. 1975.
MONTESSORI, M.: *Frieden und Erziehung*. Hrsg. P. OSWALD u. G. SCHULZ-BENESCH. Freiburg 1973.
MONTESSORI, M.: *Schule des Kindes*. Hrsg. P. OSWALD u. G. SCHULZ-BENESCH. Freiburg 1976.

II. Sekundärliteratur

OSWALD, P.: *Das Kind im Werke Maria Montessoris*. Mülh./Ruhr 1958.
HELMING, H.: *Montessori-Pädagogik*. Freiburg 1958, 8. Aufl. 1975.
STANDING, E. M.: *Montessori. Leben und Werk*. Hrsg. P. SCHEID. Stuttgart o. J. (1959). Oberursel o. J. (1970).
FISCHER-BUCK, A.: *Naturgemäße Erziehung. Ein Vergleich der Lehre von Pestalozzi und Montessori, angewandt auf die heutige psychologische Pädagogik*. Bonn 1959.
SCHULZ-BENESCH, G.: *Der Streit um Montessori*. Freiburg 1961, 2. Aufl. 1962.
v. VEEN-BOSSE, Br.: »Konzentration und Geist. Die Anthropologie in der Pädago-

gik M. Montessoris.« In: HAGENMAIER, Th., CORRELL, W., van VEEN-BOSSE, Br.: *Neue Aspekte der Reformpädagogik.* Heidelberg 1964.
OSWALD, P., u. G. SCHULZ-BENESCH: *Grundgedanken der Montessori-Pädagogik.* Freiburg 1967, 4. Aufl. 1975.
JORDAN, H.: *Mehr Freude mit Kindern.* Hrsg. P. SCHEID. Freiburg 1968.
BÖHM, W.: *Maria Montessori. Hintergrund und Prinzipien ihres päd. Denkens.* Bad Heilbrunn 1969.
OSWALD, P.: *Die Anthropologie Maria Montessoris.* Münster 1970.
SCHULZ-BENESCH, G.: *Montessori,* »Wege der Forschung«, Bd. 200. Darmstadt 1970.
BÖHM, W. (Hrsg.): *Maria Montessori. Texte und Diskussion.* Bad Heilbrunn 1971.
HAINSTOCK, E. G.: *Montessori zu Hause. Die Vorschuljahre.* Freiburg 1971.
HAINSTOCK, E. G.: *Montessori zu Hause. Die Schuljahre.* Freiburg 1973.
OSWALD, P., u. G. SCHULZ-BENESCH: *Montessori für Eltern.* Ravensburg 1974.
OREM, R. C.: *Montessori heute.* Hrsg. P. OSWALD u. G. SCHULZ-BENESCH. Ravensburg 1975.
HOLTSTIEGE, H.: *Modell Montessori.* Freiburg 1977.
MONTESSORI, M. M.: *Erziehung zum Menschen. Montessori-Pädagogik heute.* München 1977.

III. Frühdiagnostik, Frühtherapie, Frühpädagogik und integrierte Erziehung im Kinderzentrum München

THEODOR HELLBRÜGGE (München)

Child Development als Grundlage eines neuen Weges der Behindertenhilfe

Unter dem Begriff »Child Development« werden im internationalen Sprachgebrauch alle Forschungen zusammengefaßt, die sich mit der Entwicklung des Kindes befassen. Die Forschungen betreffen alle Lebensbereiche und schließen morphologische, funktionelle und mehr und mehr auch ethologische Kriterien ein. Entsprechend sind an den Forschungen Pädiater, Pädo-Psychologen und Pädagogen interessiert und beteiligt.

Unser neuer Weg der Behindertenhilfe in München basiert auf Erkenntnissen beim gesunden Kind. Vor ungefähr fünfzehn Jahren begannen wir die Entwicklung gesunder Säuglinge und Kleinkinder zu studieren, welche außerhalb der Familie in Tagesstätten oder Heimen aufgezogen wurden. Bei diesen Studien wandten wir gemeinsam mit PECHSTEIN erstmalig eine Entwicklungsdiagnostik an, welche die wichtigsten psychomotorischen Funktionen im Säuglingsalter durch ethologische Kriterien meßbar macht.

Die Münchener Funktionelle Entwicklungsdiagnostik ist eine ethologische Diagnostik

Für diese Diagnostik wurden Verhaltensweisen zusammengestellt, die erkennen lassen, daß die verschiedenen Funktionsbereiche in bestimmten Lebensmonaten von gesunden Kindern sicher beherrscht werden. Im Rahmen einer Längsschnittstudie[*], die gemeinsam mit LAJOSI, SCHIRM, BEINROTH, EDER, LUDWIG u. a. durchgeführt wird und nunmehr über sechs Jahre läuft und als »Münchener Längsschnittstudie« an 1500 Kindern praktiziert wird, konnte diese ethologische Diagnostik so weit verbessert werden, daß sie als »Münchener Funktionelle Entwicklungsdiagnostik« breiten Eingang in die Praxis der Kinderärzte und Kinderpsychologen unseres Landes gefunden hat (HELLBRÜGGE u. a., 1978).
Diese ethologische Diagnostik umfaßt die in Tabelle 1 aufgeführten Funktionsbereiche.
Neue diagnostische Begriffe wurden eingeführt, die den Entwicklungszustand des Kindes zum Ausdruck bringen. Dabei wurde an den Funk-

---

[*] In dieser Studie ist das Institut für Soziale Pädiatrie klinischer Partner des Instituts für Medizinische Datenverarbeitung der Gesellschaft für Strahlen- und Umweltforschung (Direktor: Prof. Dr. H. J. LANGE).

tionsbereich entsprechend internationaler Gepflogenheit jeweils der Begriff -alter angefügt.

Tabelle 1:

Krabbeln	–	Krabbelalter
Sitzen	–	Sitzalter
Laufen	–	Laufalter
Greifen	–	Greifalter
Perzeption	–	Perzeptionsalter
Sprechen	–	Sprechalter
Sprachverständis	–	Sprachverständnisalter
Sozialentwicklung	–	Sozialalter

Im Rahmen dieser ethologischen Entwicklungsdiagnostik wurde erstmalig für die kinderärztliche und kinderpsychologische Praxis auch die präverbale Sprachentwicklung und die frühe Sozialentwicklung des jungen Säuglings systematisch in die Entwicklungsdiagnostik einbezogen. Tabelle 2 zeigt beispielhaft die Verhaltensweisen des Sprechalters im ersten Lebensmonat, Tab. 3 die Verhaltensweisen des Sozialalters. Die jeweiligen diagnostischen Begriffe werden in Monatswerten definiert und zu einem Entwicklungsprofil zusammengestellt.

Tabelle 2: Sprechalter

11.–12. Monat	Erste sinnvolle Silbe
Ende 10. Monat	Dialog: Lautlich richtige Nachahmung gekonnter Silben
Ende 9. Monat	Deutliche Doppelsilben
Ende 8. Monat	Flüstern
6.–7. Monat	Plaudern: Aneinanderreihung verschiedenartiger deutlicher Silben bei wechselnder Lautstärke und Tonhöhe
Ende 5. Monat	Rhythmische Silbenketten
Ende 4. Monat	Blasreiblaute (w-artig) Lippenverschlußlaute (m, b) Juchzen
Ende 3. Monat	Erste Silbenketten rrr-Ketten
Ende 2. Monat	Kehllaute: e-che, ek-che, e-rrhe
Ende 1. Monat	Vokallaute zwischen a und ä, häufig mit h verbunden (ä, a, ähä, hä)
Neugeborenes	Schreien bei Unlustempfindungen

Als *Normwerte* bezeichnen wir ein Minimum an Verhaltensweisen, über die 90 % der gesunden Kinder in einem bestimmten Lebensmonat verfügen. Dieses Verfahren hat den Vorteil, daß bei einem Rückstand in den

Funktionen auch alle Grenzfälle einbezogen werden. Umgekehrt werden 90 % der Eltern beim Vergleich mit diesen Grenzwerten erfreut feststellen, daß ihr Kind in der einen oder anderen Funktion weiter entwickelt ist.

Tabelle 3: Sozialalter

11. – 12. Monat	Es reicht der Bezugsperson einen Gegenstand, wenn es durch Gesten oder Worte dazu aufgefordert wird
9. – 10. Monat	Deutliches Fremdeln
Ende 8. Monat	Reagiert freudig auf Versteckspiel hinter Möbeln
Ende 7. Monat	Verfolgt eingehend Tätigkeiten der Bezugsperson
Ende 6. Monat	Benimmt sich gegenüber Bekannten und Unbekannten unterschiedlich
4. – 5. Monat	Lacht stimmhaft, wenn es geneckt wird
Ende 3. Monat	»Soziales Lächeln«
Ende 2. Monat	Fixiert ein bewegtes Gesicht und folgt ihm
Ende 1. Monat	Beim Erblicken eines Gesichtes hält es einen Augenblick inne
Neugeborenes	Beruhigt sich, wenn es auf den Arm genommen wird

Die Entwicklungsprofile gesunder Kinder liegen deutlich über den »Normwerten«

Die Zusammenstellung zu einem Entwicklungsquotienten, wie dies in der psychologischen Diagnostik üblich ist, hat sich als nicht zweckmäßig erwiesen, weil nicht alle psychomotorischen Funktionen sich gleichmäßig entwickeln, und unter Umständen bei einem Rückstand sogar ein falsches Bild entsteht.

Abbildung 1 zeigt das Entwicklungsprofil eines gesunden Kindes. Im Alter von fünf Monaten verfügt es über ein Krabbelalter, Sitzalter, Perzeptionsalter, Sprech- und Sozialalter von 6 Monaten und ein Lauf- und Greifalter von 7 Monaten.

Abbildung 2: Ein anderes gesundes Kind weist im chronologischen Alter von 12 Monaten ein Krabbel- und Sitzalter von 12 Monaten, ein Laufalter, Greifalter, Perzeptionsalter von 7 Monaten, ein Sprechalter von 6 Monaten, ein Sprachverständnis- und Sozialalter von 7 Monaten auf.

Das chronologische Alter bezieht sich grundsätzlich auf das Gestationsalter. Nicht der Geburtstermin, sondern die Schwangerschaftsdauer ist demnach für die Berechnung des chronologischen Alters entscheidend. Ein um 8 Wochen zu früh geborenes Kind ist im Rahmen dieser Diagnostik entsprechend wie ein 8 Wochen jüngeres Kind in seinem Alter und entsprechend seiner Entwicklung einzustufen.

Beispiel für das Ausfüllen des Formblattes

Entwicklungsdiagnostische Untersuchung

für das Säuglingsalter und das 2. Lebensjahr:
Entwicklung der Statomotorik, der Hand-, Perzeptions-, Sprach- und Sozialentwicklung

von Th. Hellbrügge, J. Pechstein, D. Menara, R. Reiner-Schamberger und S. Stünkel

Name, Vorname: **B. Andrea**   ♂ (♀)   Geburtsdatum: **12. 7. 75**

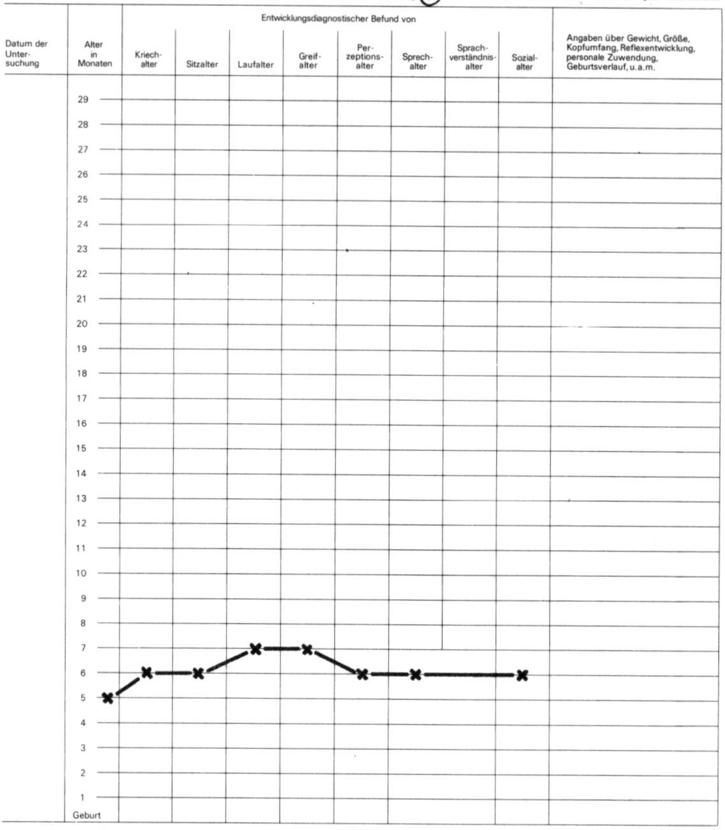

Entwicklungsdiagnostischer Befund von

Datum der Untersuchung	Alter in Monaten	Kriech-alter	Sitzalter	Laufalter	Greif-alter	Per-zeptions-alter	Sprech-alter	Sprach-verständnis-alter	Sozial-alter	Angaben über Gewicht, Größe, Kopfumfang, Reflexentwicklung, personale Zuwendung, Geburtsverlauf, u.a.m.

Beurteilung: **Gesunder, 5 Monate alter Säugling**

Arztstempel

Unterschrift

© 1971, Verlag FORTSCHRITTE DER MEDIZIN Dr. Schwappach & Co., 8035 Gauting, Postfach 220

Abbildung 1

Beispiel für das Ausfüllen des Formblattes

Entwicklungsdiagnostische Untersuchung

von Th. Hellbrügge, J. Pechstein, D. Menara, R. Reiner-Schamberger und S. Stünkel

für das Säuglingsalter und das 2. Lebensjahr:
Entwicklung der Statomotorik, der Hand-, Perzeptions-, Sprach- und Sozialentwicklung

Name, Vorname: **K. Daniel** ♂ ♀) Geburtsdatum: **30.9.68**

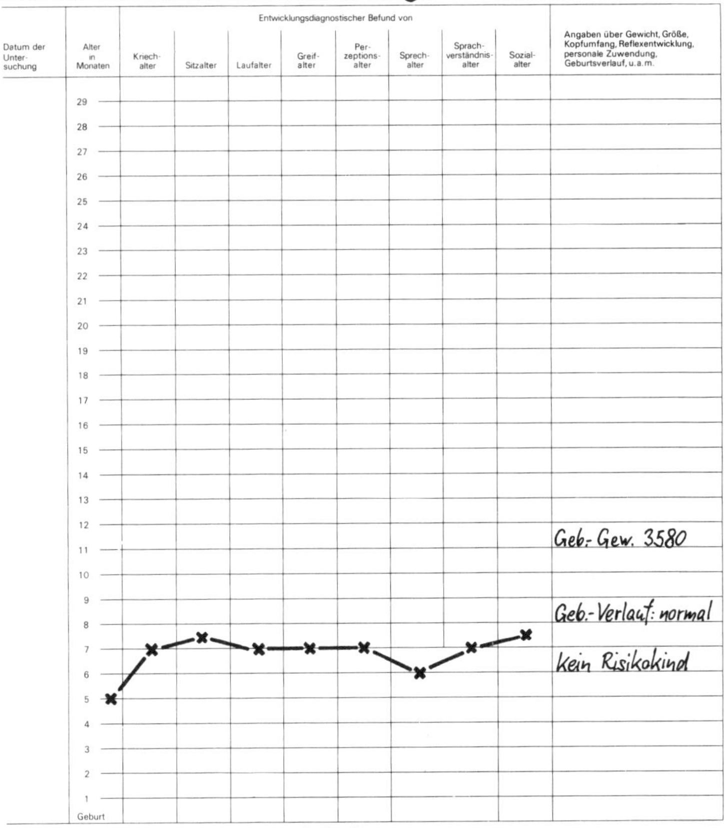

Datum der Untersuchung	Alter in Monaten	Entwicklungsdiagnostischer Befund von						Angaben über Gewicht, Größe, Kopfumfang, Reflexentwicklung, personale Zuwendung, Geburtsverlauf, u.a.m.
		Kriech-alter	Sitz-alter	Lauf-alter	Greif-alter	Per-zeptions-alter	Sprach-alter	Sprach-verständnis-alter	Sozial-alter	

Eingetragen (handschriftlich):
- Geb.-Gew. 3580
- Geb.-Verlauf: normal
- kein Risikokind

Beurteilung: **Gesunder Bub, sehr lebhaft**

Arztstempel

Unterschrift

© 1971, Verlag FORTSCHRITTE DER MEDIZIN Dr. Schwappach & Co., 8035 Gauting, Postfach 220

Abbildung 2

Heimkinder weisen Rückstände in der Sozial- und Sprachentwicklung auf

Mit dieser Diagnostik haben wir mehrere tausend Säuglinge in Tagesstätten und Heimen untersucht, die außerhalb der Familie in Wechselpflege aufgezogen wurden. Dabei stellte sich schon nach kurzer Zeit ein geradezu dramatisches Ergebnis heraus. Schon nach wenigen Wochen zeigten die Heimkinder einen Rückstand vor allem in der Sprach- und Sozialentwicklung. Dieser Rückstand war um so stärker ausgeprägt, je länger die Kinder in institutionalisierter Pflege weilten.

Einige Beispiele mögen dies erklären:

Abbildung 3 zeigt das Entwicklungsprofil eines völlig gesunden Säuglings. Im chronologischen Alter von 8$^{1}/_{2}$ Monaten besteht ein leichter Rückstand in den motorischen Funktionen, aber bereits ein extremer Rückstand im Sprech- und Sozialalter.

Abbildung 4 und 5 zeigen Entwicklungsprofile gesunder Säuglinge, die über längere Zeit in einem Heim aufwuchsen.

Das völlig gesunde Kind *(Abb. 5)* hat im Alter von 15 Monaten einen deutlichen Rückstand im Greifalter, noch stärker im Perzeptionsalter, noch mehr im Sprechalter, aber einen extremen Rückstand im Sozialalter.

Abbildung 6 zeigt eine Längsschnittbeobachtung eines völlig gesunden Kindes. Im Alter von 3 Monaten erfüllte es in allen psychomotorischen Funktionen die Mindestverhaltensweisen, in der Sozialentwicklung war es besser. Mit der Aufnahme in ein Heim prägte sich das Deprivations-Syndrom stärker aus. Man erkennt im Alter von 21 Monaten den extremen Rückstand vor allem in der Sozial- und Sprachentwicklung – das charakteristische Bild des Deprivations-Syndroms, für das wir viele hundert ähnliche Beispiele haben.

Im chronologischen Alter von 12$^{1}/_{2}$ Monaten besteht nur ein geringer Rückstand in der Grobmotorik und ein stärkerer in der Feinmotorik, aber ein extremer Rückstand in der Sozial- und Sprachentwicklung. Im chronologischen Alter von 12$^{1}/_{2}$ Monaten haben diese Funktionsbereiche nur den Entwicklungsstand von 5 Monaten.

Durch eine Querschnittsuntersuchung in einem heilpädagogischen Heim konnten wir gemeinsam mit BECKER-FREYSENG, MENARA und SCHAMBERGER diese Befunde bei insgesamt 66 Säuglingen deutlich machen. Man erkennt, daß mit zunehmendem Aufenthalt im Heim die Sozial- und Sprachentwicklung extrem beeinträchtigt sind, daß dabei die Sozialentwicklung noch stärker in Mitleidenschaft gezogen ist als die Sprachentwicklung *(Abbildung 7,* siehe S. 47).

Diese Ergebnisse deckten – in dieser Präzision wohl erstmalig – auf, wie ein Deprivations-Syndrom entsteht, wie in erster Linie die Sprach- und So-

Beispiel für das Ausfüllen des Formblattes

Entwicklungsdiagnostische Untersuchung

von *Th. Hellbrügge, J. Pechstein,*
D. Menara, R. Reiner-Schamberger und *S. Stünkel*

für das Säuglingsalter und das 2. Lebensjahr:
Entwicklung der Statomotorik, der Hand-, Perzeptions-, Sprach- und Sozialentwicklung

Name, Vorname: A. B.   ♂(♀)   Geburtsdatum: 13. 7. 66

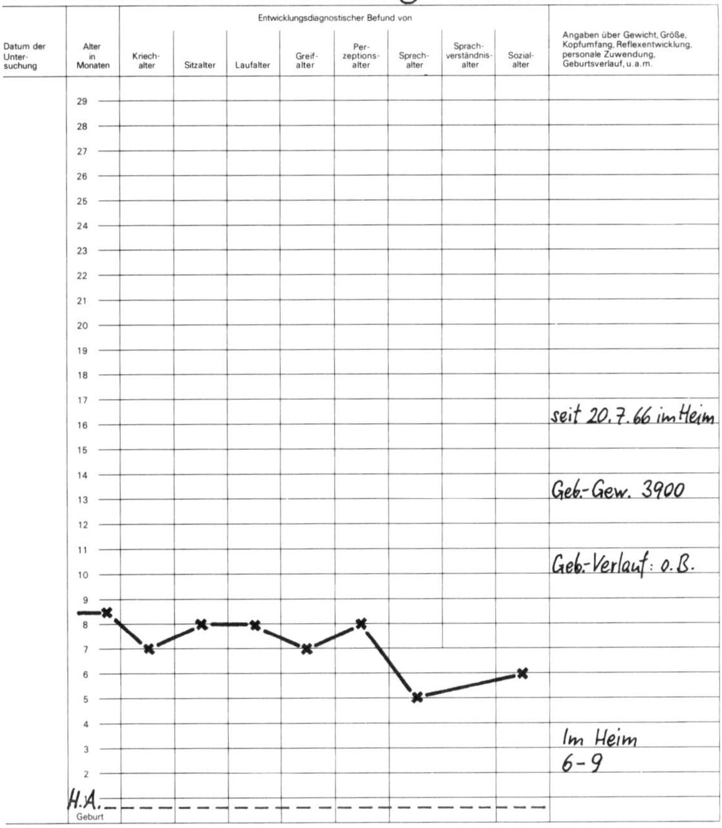

Entwicklungsdiagnostischer Befund von

Datum der Untersuchung	Alter in Monaten	Kriech-alter	Sitzalter	Laufalter	Greif-alter	Per-zeptions-alter	Sprach-alter	Sprach-verständnis-alter	Sozial-alter	Angaben über Gewicht, Größe, Kopfumfang, Reflexentwicklung, personale Zuwendung, Geburtsverlauf, u. a. m.

seit 20.7.66 im Heim

Geb.-Gew. 3900

Geb.-Verlauf: o. B.

Im Heim
6-9

H.A. Geburt

Beurteilung: _____

Arztstempel

Unterschrift

© 1971, Verlag FORTSCHRITTE DER MEDIZIN Dr. Schwappach & Co., 8035 Gauting, Postfach 220

Abbildung 3

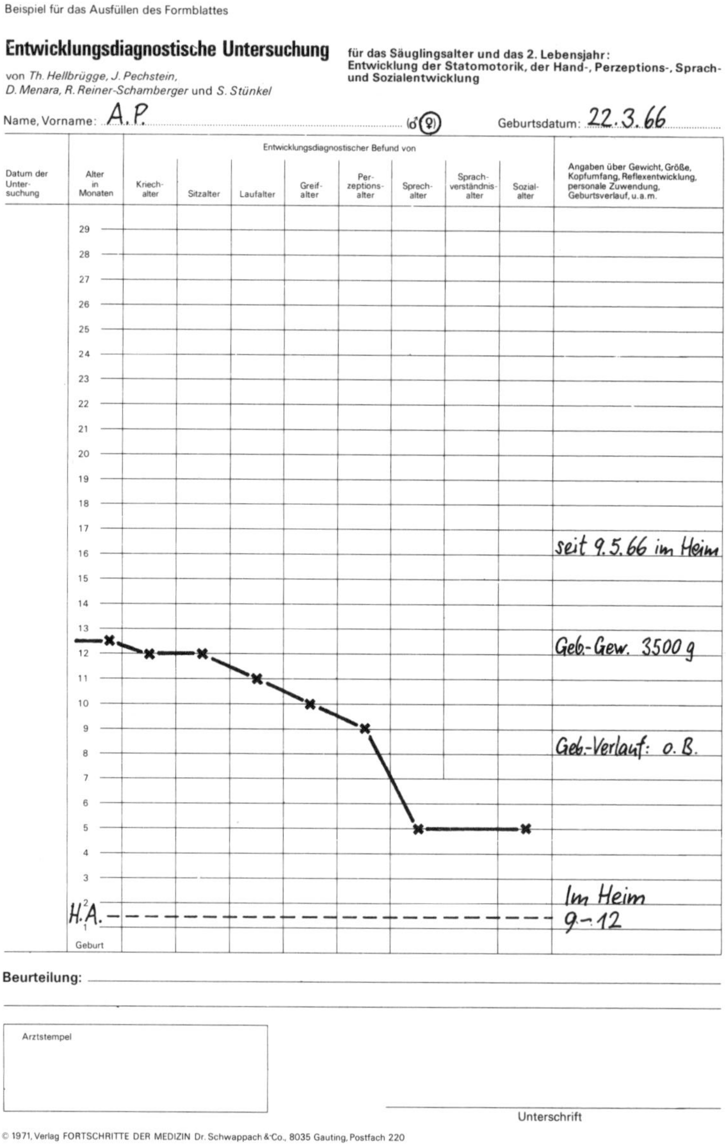

Beispiel für das Ausfüllen des Formblattes

Entwicklungsdiagnostische Untersuchung

für das Säuglingsalter und das 2. Lebensjahr:
Entwicklung der Statomotorik, der Hand-, Perzeptions-, Sprach- und Sozialentwicklung

von Th. Hellbrügge, J. Pechstein, D. Menara, R. Reiner-Schamberger und S. Stünkel

Name, Vorname: A. P.   ♂ (♀)   Geburtsdatum: 22.3.66

Datum der Untersuchung	Alter in Monaten	Kriech- alter	Sitzalter	Laufalter	Greif- alter	Per- zeptions- alter	Sprach- alter	Sprach- verständnis- alter	Sozial- alter	Angaben über Gewicht, Größe, Kopfumfang, Reflexentwicklung, personale Zuwendung, Geburtsverlauf, u.a.m.

seit 9.5.66 im Heim

Geb.-Gew. 3500 g

Geb.-Verlauf: o. B.

Im Heim
9 – 12

H.A.

Geburt

Beurteilung: _____

Arztstempel

Unterschrift

© 1971, Verlag FORTSCHRITTE DER MEDIZIN Dr. Schwappach & Co., 8035 Gauting, Postfach 220

Abbildung 4

Beispiel für das Ausfüllen des Formblattes

Entwicklungsdiagnostische Untersuchung

von *Th. Hellbrügge, J. Pechstein,
D. Menara, R. Reiner-Schamberger* und *S. Stünkel*

für das Säuglingsalter und das 2. Lebensjahr:
Entwicklung der Statomotorik, der Hand-, Perzeptions-, Sprach- und Sozialentwicklung

Name, Vorname: .... (♂; ♀)   Geburtsdatum: ....

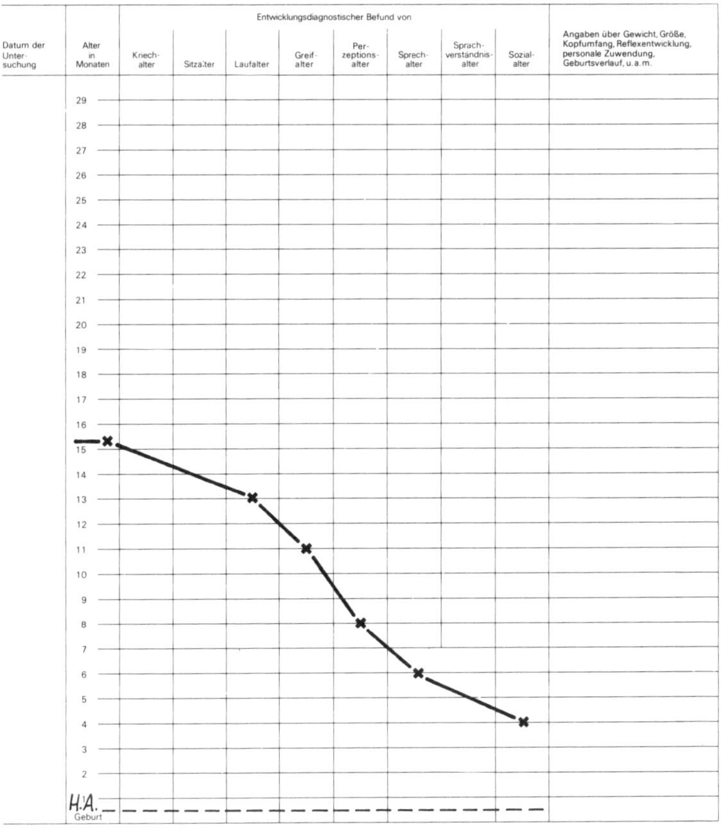

Datum der Untersuchung	Alter in Monaten	Entwicklungsdiagnostischer Befund von						Angaben über Gewicht, Größe, Kopfumfang, Reflexentwicklung, personale Zuwendung, Geburtsverlauf, u. a. m.
		Kriechalter	Sitzalter	Laufalter	Greifalter	Perzeptionsalter	Sprechalter	Sprachverständnisalter	Sozialalter	

Beurteilung: _____

Arztstempel

Unterschrift

© 1971, Verlag FORTSCHRITTE DER MEDIZIN Dr. Schwappach & Co., 8035 Gauting, Postfach 220

Abbildung 5

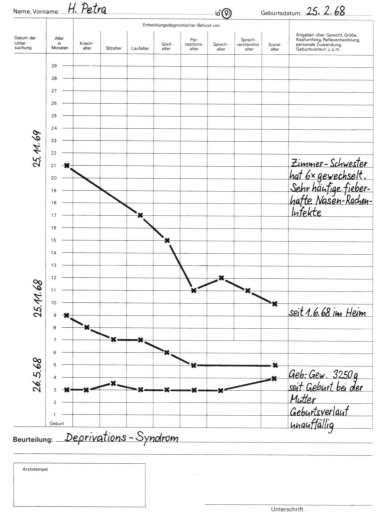

Abbildung 6

zialentwicklung betroffen sind und wie es schließlich zu einer Pathologie der Sozialentwicklung kommt, die dann zu einem sozialen Krankheitsbild führt.

Soziosen als soziale Krankheit

Um dieses Krankheitsbild von allen landläufigen sogenannten Verhaltensstörungen abzugrenzen, haben wir einen neuen Begriff eingeführt. In Anlehnung an bestehende Begriffe wie »Neurosen« und »Psychosen« sprechen wir von »Soziosen«. Dieser Begriff deckt auf, daß diese soziale Krankheit eine soziale Ursache hat und sich in Symptomen äußert, die die Sozialentwicklung betreffen. Die Hauptzeichen einer Soziose sind Aggressions- und Provokationstendenzen und soziale Apathie, die Vorzeichen Distanzlosigkeit, Überängstlichkeit und pathologische Trotzigkeit.

Die betroffenen Kinder sind in ihrer personalen Selbständigkeit so weit zurückgeblieben, daß sie unfähig sind zu spielen, sich zu konzentrieren, unfähig auch, in der Schule selbständig zu arbeiten.

Hinweis auf einen neuen Weg der Behindertenhilfe

Mit diesen Erkenntnissen glaubten wir vor zehn Jahren, den Hinweis auf einen neuen Weg der Behindertenhilfe in Händen zu haben. Wenn schon völlig gesunde Kinder in Institutionen der Massenpflege so schwer in ihrer Sozial- und darüber hinaus in ihrer Sprachentwicklung beeinträchtigt wurden, um wieviel mehr mußten behinderte Kinder in solchen Institutionen beeinträchtigt werden. Umgekehrt: Welche Chancen boten sich für behinderte Kinder, wenn das Schwergewicht der Hilfe auf der Sozialentwicklung lag und von der Sozialentwicklung her die Therapie angesetzt wurde.

Dies bedeutete, die Familie, die Eltern und Geschwister systematisch als Therapeuten einzusetzen. Dies bedeutete für die Fachkräfte die Aufgabe, die Eltern zu dieser Aufgabe anzuleiten und zu befähigen.

Weiterhin hatten wir – ohne dies beabsichtigt zu haben – in der »Münchener Funktionellen Entwicklungsdiagnostik« ein Instrument der Frühdiagnostik für mehrfach behinderte Kinder entwickelt. Wir konnten im ersten Lebensjahr Rückstände im Krabbeln, Sitzen, Laufen, Greifen, in der Perzeption, im Sprechen, im Sprachverständnis und in der Sozialentwicklung messen, und zwar bereits in einer Zeit, bevor diese Funktionen völlig ausgeprägt waren.

Um dieses Instrument der Frühdiagnostik als Grundlage einer entsprechenden Frühtherapie deklarieren zu können, sei auf einige Gesetzmäßigkeiten der kindlichen Entwicklung hingewiesen.

Warum in der Frühentwicklung des Kindes eine einmalige Chance für die Frühtherapie liegt

Unter Entwicklung versteht die Kinderheilkunde seit den grundlegenden Ausführungen von M. von PFAUNDLER das Zusammenspiel von Wachstum und Differenzierung. »Wachstum« ist der Ansatz von Körpermasse durch Zellvergrößerung oder Zellvermehrung, »Differenzierung« ist die Spezialisierung bestimmter Zellen, Organe, Organsysteme und Funktionen.

Zwischen Wachstum und Differenzierung bestehen enge Zusammenhänge, weil notwendigerweise bei allen höher entwickelten Lebewesen Wachstum mit Differenzierung verbunden sein muß. Mit zunehmender Differenzierung wird aber das Wachstum gebremst. Sobald der Zustand der Enddifferenzierung, also der Reife erreicht ist, hört das Wachstum auf.

Für die Entwicklungsdiagnostik und Entwicklungstherapie lassen sich diese Zusammenhänge in drei charakteristischen Vorgängen erklären: Präzision, Plastizität, Prägung.

Präzision bedeutet, daß die Entwicklung wie eine Präzisionsuhr abläuft. Bestimmte Entwicklungsstadien sind durch typische Merkmale sowohl im morphologischen Aufbau als im funktionellen Ablauf und in ihren Verhaltensweisen gekennzeichnet. Diese Zeichen sind derart eindeutig, daß auch in der funktionellen Diagnostik bestimmte Entwicklungsstufen so charakteristische Kennzeichen aufweisen, daß man sie zur Diagnostik benutzen kann.

Plastizität bedeutet, daß in den frühen Entwicklungsstadien infolge der ungehemmteren Wachstumsprozesse eine große An- und Umpassungsfähigkeit, auch Umwandlungsfähigkeit besteht. Mit zunehmender Differenzierung geht sie mehr und mehr verloren. Wenn ein morphologischer Endzustand erreicht ist, ist diese Plastizität kaum mehr vorhanden. In diesem Potential liegt eine bislang noch kaum genützte Chance der Korrektur angeborener oder früherworbener Schäden, wenn nicht sogar ihrer Heilung. Wir erleben es täglich, daß beispielsweise in den frühen Entwicklungsstadien nicht geschädigte Gehirnzellen so trainiert werden können, daß sie kompensatorisch Funktionen von erkrankten oder ausgefallenen übernehmen.

Der Begriff der *Prägung* schließlich, wie er von dem Verhaltensbiologen LORENZ stammt, sagt aus, daß in bestimmten Entwicklungsphasen Umwelteinflüsse eine besonders einprägende Wirkung ausüben. Damit bestätigt die moderne Verhaltensforschung das, was Maria MONTESSORI vor Jahrzehnten als »sensitive« Perioden bezeichnete. Prägung bezeichnet den von außen einwirkenden Vorgang, sensitive Perioden die Bereitschaft zur Prägung.

Prägende Phasen sind in der funktionellen Entwicklung maßgebend für Erfolge und Mißerfolge jeder Therapie. So ist beim hörgeschädigten Kind die frühzeitig einsetzende Sprachtherapie entscheidend dafür, ob es verstummt und deswegen zeitlebens in seiner Sprachentwicklung und darüber hinaus in seiner gesamten Persönlichkeitsentwicklung zurückbleibt.

Auch in der Sozialentwicklung gibt es eine sensitive Periode

Aus neurophysiologischen Untersuchungen wissen wir, daß die prägende Phase bzw. die sensitive Periode für das binokulare Sehen etwa mit 3 Jahren 6 Monaten abgeschlossen ist. Dies bedeutet, daß eine Schielbehandlung ihre größten Erfolge nur in dieser Zeitspanne hat.

Auf der Grundlage unserer Erkenntnisse, daß die Sozialentwicklung der Funktionsbereich ist, der am meisten von der Umwelt abhängig ist, haben wir versucht, die sensible Phase in der Sozialentwicklung näher zu präzisieren. Maria MONTESSORI erkannte, daß das Kleinkind einem inneren Bauplan folgend, spezifische Kenntnisse spielend erwerben kann und zu bestimmten Zeiten auf gewisse Umwelteinflüsse hochempfindlich reagiert.

Wir haben Adoptivkinder im Rahmen einer Längsschnittuntersuchung systematisch weiter verfolgt: Alle Kinder hatten ihre ersten Lebensjahre in Heimen verbracht und wiesen, obwohl sie bereits seit einiger Zeit in Familien aufwuchsen, ausnahmslos tiefgreifende Störungen in ihrer sozialen Entwicklung auf. Durch systematischen Einsatz der Eltern als Therapeuten haben wir versucht, das Deprivations-Syndrom dieser Säuglinge bzw. die Soziose der Kleinkinder zu behandeln.

Als Ergebnis sei hier festgehalten, daß von den Kindern, die erst nach dem dritten Lebensjahr adoptiert wurden, lediglich ein Drittel innerhalb der ersten Jahre die gefühlsmäßige Unterscheidung nahestehender und nichtnahestehender Personen erlernt hatte.

Als Folge dieser Tatsache müssen wir wohl annehmen, daß für die restlichen zwei Drittel dieser Kinder aller Wahrscheinlichkeit nach die sensitive Phase der Sozialentwicklung, auch wenn sie noch die Chance gehabt hätten, tragende Bindungen aufzunehmen, unweigerlich verstrichen ist. Es drängt sich der Gedanke auf, daß auch die Sozialentwicklung eine sensible Periode hat.

Eine frühe Entwicklungstherapie bringt überraschende Erfolge

Zieht man aus diesen Erkenntnissen der modernen Entwicklungsforschung die Konsequenzen, dann ergibt sich für die Behindertenhilfe, daß die Frühtherapie insbesondere im Säuglingsalter eine noch nicht genügend genutzte Chance bietet. Hier findet die Behandlung im Entwicklungsstadium der größten Plastizität statt. Hier setzt sie für die meisten Funktionsbereiche in der sensiblen Phase ihrer jeweiligen Entwicklung an.

Auch für die Frühtherapie gibt die Münchener Funktionelle Entwicklungsdiagnostik wichtige Anhaltspunkte.

In dem Kapitel »Münchener Funktionelle Entwicklungsdiagnostik als Basis der Münchener Entwicklungstherapie« wird R. SCHAMBERGER über Einzelheiten der Entwicklungstherapie berichten. Hier sei am Beispiel eines behinderten Kindes mit Deprivations-Syndrom erläutert *(Abbildung 8)*, daß die Entwicklungstherapie dort auf der Basis des diagnostizierten Entwicklungsrückstandes einsetzen muß.

Hierfür zwei Beispiele:

Das Kind K. P. wurde bei der Geburt in ein Heim aufgenommen. Außer seinem Geburtsgewicht war dort lediglich bekannt, daß es durch Sectio caesarea, also mittels Kaiserschnitt, entbunden wurde. Dieses Kind wurde zufällig von uns entdeckt bei unseren Heimuntersuchungen. Wir nahmen es in unsere Intensivpflegestation auf. Im Alter von 19 Monaten hat dieses Kind ein extremes Deprivations-Syndrom:

Laufalter 11 Monate, Greifalter 10 Monate, Perzeptionsalter 5 Monate, Sprechalter 5 Monate, Sozialalter 4 Monate.

Auf der Station wurde das Kind einer Schwester anvertraut, die ähnlich einer Therapie über die Mutter, allein dieses Kind behandelte. Die Entwicklungstherapie setzte ein auf der Entwicklungsstufe eines 4 Monate alten Säuglings. Das heißt, das Kind wurde gefüttert, gewickelt, auf den Arm genommen und angesprochen, wie ein Säugling normalerweise mit 4 Monaten. Die therapeutischen Programme ergaben sich aus dem Entwicklungsrückstand der entsprechenden psychomotorischen Funktionen *(Abb. 8)*.

Nach drei Monaten Behandlung durch eine konstante Therapeutin sahen wir eine überraschende Besserung, vor allem im Bereich der Perzeption, der Sprach- und Sozialentwicklung.

Eine intensive Entwicklungstherapie, die allerdings voraussetzt, daß eine konstante Therapeutin gefunden wird, die dabei mütterliche Eigenschaften entwickelt, zeigt nicht nur überraschende Behandlungserfolge, sondern deckt gegebenenfalls auch bis dahin unbekannte weitere Störungen auf. In *Abbildung 9* wird dies erkennbar. Durch die Entwicklungstherapie wurde

deutlich, daß bei diesem Kind eine motorische Störung im Sinne der cerebralen Bewegungsstörung vorlag. Daher der Rückstand vor allem in der Laufentwicklung. Er schält sich heraus, weil die übrigen Funktionsbereiche durch die intensive Entwicklungstherapie deutlich gebessert werden konnten.
Das Kind S. G. wurde zu früh geboren. Es lag bis zum 4. Monat in der Klinik, kam dann in ein Heim. Im Alter von 20 Monaten sahen wir ein schweres Deprivations-Syndrom:
Laufalter 16 Monate, Greifalter und Perzeptionsalter 11–12 Monate, Sprechalter 6 Monate, Sozialalter 8 Monate.
Nach intensiver Entwicklungstherapie von 3 Monaten Dauer durch ein und die gleiche Schwester erlebten wir, daß sich das Kind in allen Funktionen besserte. Allerdings blieb das Sprechalter deutlich zurück. Dies legte den Verdacht auf eine Hörstörung nahe. Durch Anpassen eines Hörgerätes und intensive Sprachtherapie konnte auch bei diesem Kind ein weiterer therapeutischer Effekt in der Sprachentwicklung erzielt werden.

Bei Vorliegen spezifischer Störungen werden spezielle Behandlungsmethoden eingeblendet

Diese Ergebnisse lassen verstehen, daß die Münchener Funktionelle Entwicklungsdiagnostik nicht nur eine mehrdimensionale Frühdiagnostik erlaubt, sondern auch die Basis für eine mehrdimensionale Frühtherapie darstellt.
Einige Hinweise über die frühe Entwicklungstherapie bei Säuglingen mit psychomotorischer Retardierung sowie über die Entwicklungstherapie bei geistig behinderten Kindern sind den entsprechenden Kapiteln dieses Bandes zu entnehmen, die von S. COULIN und E. HEISS-BEGEMANN geschrieben wurden.
Bei Vorliegen einer pathologischen Grobmotorik ist der Einsatz der Physiotherapie indiziert. Wir haben zu diesem Zweck Jahre hindurch die Methode nach BOBATH-KÖNIG benutzt, sehen aber bei Säuglingen mit Präspastik und Präathetose eine eindeutige Überlegenheit der speziellen krankengymnastischen Methode nach VOJTA. Die Grundlage für diese Therapie ist die Kinesiologische Diagnostik nach VOJTA. Sie erlaubt, eine cerebrale Bewegungsstörung bereits zu diagnostizieren, bevor die spastische Lähmung, die Athetose oder die Ataxie endgültig ausgebildet ist. Diese Vorstadien werden im Kinderzentrum München zentrale Koordinationsstörungen genannt. Näheres darüber berichtet H. BAUER in dem entsprechenden Kapitel.

Beispiel für das Ausfüllen des Formblattes

Entwicklungsdiagnostische Untersuchung

von Th. Hellbrügge, J. Pechstein,
D. Menara, R. Reiner-Schamberger und S. Stünkel

für das Säuglingsalter und das 2. Lebensjahr:
Entwicklung der Statomotorik, der Hand-, Perzeptions-, Sprach- und Sozialentwicklung

Name, Vorname: ..... K. P. .... (♂ ♀)   Geburtsdatum: 5.7.66

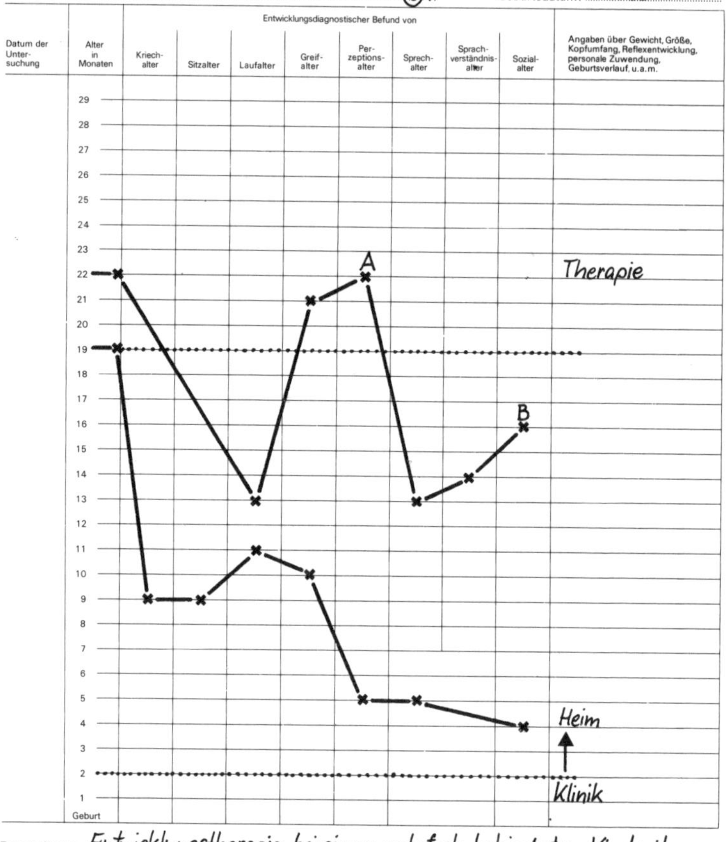

Entwicklungsdiagnostischer Befund von

Datum der Untersuchung	Alter in Monaten	Kriech-alter	Sitzalter	Laufalter	Greif-alter	Per-zeptions-alter	Sprech-alter	Sprach-verständnis-alter	Sozial-alter	Angaben über Gewicht, Größe, Kopfumfang, Reflexentwicklung, personale Zuwendung, Geburtsverlauf u. a. m.

(Graph with markings: A — Therapie; B; Heim ↑; Klinik)

Beurteilung: Entwicklungstherapie bei einem mehrfach behinderten Kind mit cerebraler Bewegungsstörung und Deprivationssyndrom

Arztstempel

Unterschrift

© 1971, Verlag FORTSCHRITTE DER MEDIZIN Dr. Schwappach & Co., 8035 Gauting, Postfach 220

Abbildung 8

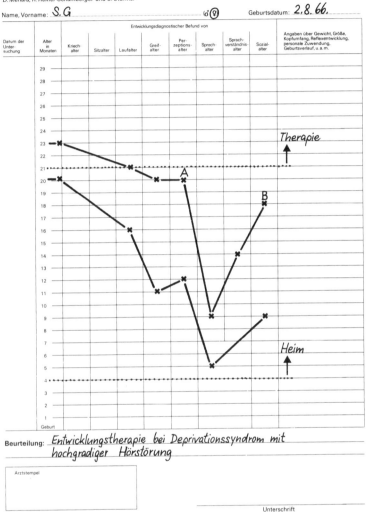

Abbildung 9

Bei Störungen der Feinmotorik ist die Ergänzung durch die Beschäftigungstherapeutin notwendig. Hier haben wir in den vergangenen Jahren erfolgreich bei älteren Kindern die Elemente der Montessori-Pädagogik als Einzeltherapie eingesetzt. Einige Hinweise auf diese spezielle Art der Ergotherapie werden in dem Kapitel »Praktische Hinweise zur Montessori-Einzeltherapie« von B. SCHUMANN, wenn diese Therapie als Kleingruppentherapie bei mehrfach und verschiedenartig behinderten Kindern eingesetzt wird, auch in dem Kapitel von L. ANDERLIK gegeben.

Bei Störungen der Sprach- und Sprechentwicklung nehmen wir die Hilfe der Logopädin in Anspruch. Über spezielle Erfahrungen in der frühen Sprachtherapie bei geistig behinderten Kindern wird in diesem Band in dem entsprechenden Kapitel von A. WEIKERT einiges mitgeteilt.

Eltern sind die wichtigsten Therapeuten

Bei Störungen der Sozialentwicklung ist es notwendig, die Eltern in die Therapie einzubeziehen, wie überhaupt das gesamte Konzept entscheidend darauf beruht, die Eltern als Kotherapeuten zu gewinnen. Hier hat sich die Verhaltenstherapie beim behinderten Kind als weit erfolgreicher erwiesen als eine analytische Spieltherapie, wenngleich wir letztere im Rahmen der emotionalen Erziehung nicht missen wollen.

Voraussetzung für den Einsatz der Eltern als Kotherapeuten ist oftmals eine intensive Arbeit mit den Eltern. Über ein solches Elterntraining bei Eltern mehrfach und verschiedenartig behinderter Kinder finden sich Hinweise in dem Kapitel von E. SEUS-SEBERICH. Nicht selten sind die Verhaltensstörungen aber so schwer, daß eine stationäre Verhaltenstherapie beim behinderten Kind indiziert ist. Eine solche Therapie, über die in dem Kapitel (Seite 275 ff.) von U. BRACK berichtet wird, dauert oftmals mehrere Monate. Dabei ergeben sich auch bei schwerstbehinderten Kindern zum Teil überraschende Erfolge.

Da alle Behandlungen unter Mitwirkung der Eltern erfolgen, kommt der Erziehungsberatung – wenn möglich durch einen erfahrenen klinischen Psychologen – besondere Bedeutung zu. Die Eltern müssen genauestens darüber aufgeklärt werden, wie sie sich ihrem behinderten Kind und dessen gesunden Geschwistern gegenüber zu verhalten haben. Nur wenn es gelingt, sie in kleine (überschaubare) Programme so sicher einzuweisen, daß der Behandlungsplan reibungslos in den normalen Tagesablauf der Familie mit eingeht, ist ein optimaler Erfolg zu erwarten. Das erfordert von allen Seiten Zeit und Geduld.

Die soziale Eingliederung des behinderten Kindes in Kindergarten und Schule ist ein vordringliches Problem

Die Bedeutung der Sozialentwicklung führte dazu, der sozialen Integration und der Sozialisation verschiedenartig und mehrfach behinderter Kinder eine entscheidende Bedeutung zuzumessen. Ein glücklicher Zufall führte mich dabei auf die Möglichkeiten der Montessori-Pädagogik. So haben wir unserem Kinderzentrum von Anfang an einen Montessori-Kindergarten eingegliedert mit dem Ziel, die sozialen Lernprozesse kleiner Kinder zu vertiefen. Meiner Vorstellung nach sollte das gesunde Kind durch die Anwesenheit eines behinderten Kindes angeregt werden zu helfen. Das behinderte Kind sollte lernen, sich helfen zu lassen.

Über erste Erfahrungen mit integrierter Erziehung gesunder mit mehrfach und verschiedenartig behinderten Kindern, wie sie in unserem Montessori-Kinderhaus auch für die Montessori-Pädagogik erstmalig gewonnen wurden, berichtet M. AURIN in dem entsprechenden Kapitel dieses Bandes. Zur sozialen Integration mehrfach und verschiedenartig behinderter Kinder gibt M. DESCHLE nähere Erläuterungen. Die gemeinsame Erziehung gesunder mit mehrfach und verschiedenartig behinderten Kindern erwies sich als so erfolgreich, daß auf Wunsch der Eltern vor nunmehr 6 Jahren die Montessori-Schule errichtet wurde.

Auf die vielfältigen Schwierigkeiten, aber auch auf die einzigartigen Erfolge dieses Projektes wurde in dem Buch *Unser Montessori-Modell* hingewiesen, das soeben zu diesem Kongreß erschienen ist. Einige Hinweise über die sozialen Interaktionen in der Montessori-Schule, über psychopädagogische Fragen zur integrierten Erziehung gesunder und behinderter Kinder sowie über den Einsatz der Montessori-Pädagogik bei mehrfach und verschiedenartig behinderten Kindern in der Montessori-Sonderschule finden sich in dem Kapitel von B. OCKEL, W. GUFLER und H. VOSS-RAUTER.

Die Hilfe in der Montessori-Pädagogik muß ausgebaut werden

Alle diese Erfahrungen lassen sich dahingehend zusammenfassen, daß in der Montessori-Pädagogik eine bislang noch keineswegs ausgeschöpfte Hilfe für mehrfach und verschiedenartig behinderte Kinder liegt. Es gehört für den Kinderarzt zu den merkwürdigen Phänomenen, daß solche Hilfen am Ende des 20. Jahrhunderts neu entdeckt werden müssen, nachdem sie bereits zu Beginn dieses Jahrhunderts von Maria MONTESSORI nach intensivem Suchen aufgedeckt worden sind. Ich denke an die Elemente der physiologischen Erziehung der Schwachsinnigen, wie sie, in mancher Hinsicht vorwegnehmend, von ITARD und SEGUIN bereits um die Mitte des vorigen Jahrhunderts schriftlich fixiert und praktiziert worden sind.

So dürfen wir feststellen, daß in der Montessori-Pädagogik zwar vielfältige Hilfen liegen, daß diese aber aus sonderpädagogischer Sicht neu erarbeitet werden müssen. Ein Beispiel dafür gibt J. HAUSER für das blinde Kind, wenn er über Ergänzungen des Montessori-Materials berichtet.

So stellen wir Ihnen im folgenden ein Konzept der Frühdiagnostik, Frühtherapie und frühen sozialen Eingliederung mehrfach und verschiedenartig behinderter Kinder vor, wie es aufgrund von Untersuchungsergebnissen bei gesunden Kindern im Institut für Soziale Pädiatrie und Jugendmedizin der Universität München erarbeitet wurde und im Kinderzentrum München praktiziert wird.

In dieses Konzept ist die Montessori-Pädagogik als ein wesentliches Element der Frühtherapie und der frühen sozialen Eingliederung integriert worden. Dabei hoffen wir, daß insbesondere die soziale Integration mehrfach und verschiedenartig behinderter Kinder auch andernorts als ein entscheidendes Element der Behindertenhilfe erkannt wird.

Nur wenn es uns gelingt, das wie auch immer behinderte Kind so früh wie möglich ausfindig zu machen, es so früh wie möglich zu behandeln und vor allem in die Gesellschaft des Kindes und die des Erwachsenen einzugliedern, werden wir unser Anliegen erfüllt sehen. Dabei ist uns das Kind wichtiger als eine spezifische Behinderung, und das Schwergewicht unserer Bemühungen liegt auf der Sozialisation und der Sozialentwicklung; dies bedeutet Erziehung zur Selbständigkeit und zur Hilfe.

Literaturverzeichnis

AINSWORTH, M.D.S.: »The Effect of Maternal Deprivation: A Review of Findings and Controversy in the Context of Research Strategy«; in: Deprivation of Maternal Care: *Wld Hlth Org. Publ. Hlth Pap. 1954,* Nr. 14.
BAYLEY, N.: »Mental Growth During the First Three Years. A Developmental Study of Sixty-one Children by Repeated Tests«. *Genet. Psychol. Monogr. 1933,* Nr. 14.
BOWLBY, J.: *Maternal Care and Mental Health. Wld Hlth Org. Monogr. Ser. 1951,* Nr. 2.
BOWLBY, J.: *Bindung. Eine Analyse der Mutter-Kind-Beziehung.* München: Kindler, 1975.
BRUNET, C., LÉZINE, J.: *Le développement psychologique de la première enfance,* 3. Auflage. Paris: Presses Universitaires de France, 1951.
BÜHLER, C., HETZER, H. (Ed.): *Kleinkindertests,* 1. Auflage. Leipzig: Johann Ambrosius Barth, 1932; 4. Auflage. Berlin, Heidelberg, New York: Springer, 1977.
BURIAN, K.: »Die Problematik der frühkindlichen Hörstörung«. *Hexagon ›Roche‹* 5, Nr. 3, 1-8 (1977).
CREUTZFELD, O., HOFFMANN, A.: »Die sensitive Phase für die Entwicklung binocularer Sehfunktionen«. *Kinderarzt 7,* 993-996 (1976).
CÜPPERS, T., DODEN, W., GÖRTZ, H., HOLLWICH, F., JAENTSCH, P., KLEMM, O., MACKENSEN, O., SACHSENWEGER, R. (Ed.): *Schielen, Pleoptik, Orthoptik, Operation.* Stuttgart: Enke, 1961.
DAMBORSKÁ, M.: *Vývoj a výchova kojence v ústavnim prostředi.* Prag: Stàtni Zdravotnické Nakladatelství, 1967.
FRANKENBURG, W. K., DODDS, J. B.: »The Denver Developmental Screening Test«. *J. Pediat. 71,* 181-191 (1967).
GESELL, A. L., AMATRUDA, C. S.: *Developmental Diagnosis; Normal and Abnormal Child Development,* 2. Auflage. New York: Hoeber, 1947.
GREGG, N.McA.: Congenital Cataract Following German Measles in the Mother. *Trans. ophthal. Soc. Aust. 3,* 35-46 (1941).
GRIFFITHS, R.: *The Abilities of Babies.* London: University of London Press, 1967.
HELLBRÜGGE, T. (Ed.): *Fortschritte der Sozialpädiatrie,* Vol. 1, *Probleme des behinderten Kindes.* München, Berlin, Wien: Urban & Schwarzenberg, 1974.
HELLBRÜGGE, T. (Ed.): *Fortschritte der Sozialpädiatrie,* Vol. 2, *Kindliche Sozialisation und Sozialentwicklung.* München, Berlin, Wien: Urban & Schwarzenberg, 1975.
HELLBRÜGGE, T., MENARA, D., LAJOSI, F., SCHAMBERGER, R.: *Fortschritte der Sozialpädiatrie,* Vol. 4, *Münchener »Funktionelle Entwicklungsdiagnostik«.* Ed. T. Hellbrügge. München, Berlin, Wien: Urban & Schwarzenberg, 1977.
HELLBRÜGGE, T., MENARA, D., REINER, R., STÜNKEL, S.: »Funktionelle Entwicklungsdiagnostik im 2. Lebensjahr.« *Fortschr. Med. 89,* 558-562 (1971).
HELLBRÜGGE, T., PECHSTEIN, J.: »Entwicklungsphysiologische Tabellen für das Säuglingsalter«. *Fortschr. Med. 86,* 481-483, 608-609 (1968).
HELLBRÜGGE, T., VON WIMPFFEN, J. H. (Ed.): *Die ersten 365 Tage im Leben eines Kindes. Die Entwicklung des Säuglings.* München: TR-Verlagsunion, 1974.
HESS, E. H.: *Prägung. Die frühkindliche Entwicklung von Verhaltensmustern bei Tier und Mensch.* München: Kindler, 1973.
HOFFMANN, K. P.: Kritische Phasen in der Entwicklung des binokularen Sehens bei jungen Katzen. *Kinderarzt 7,* 989-990 (1976).

ILLINGWORTH, R. S.: *The Development of the Infant and Young Child, Normal and Abnormal*, 3. Auflage. Edinburg, London: Livingstone, 1966.
LENZ, W.: »Das Thalidomid-Syndrom«. *Fortschr. Med. 81*, 148-155 (1963).
LORENZ, K.: *Über tierisches und menschliches Verhalten*. München: Piper, 1966.
LÖWE, A.: Gehörlose, ihre Bildung und Rehabilitation; in: *Gutachten und Studien der Bildungskommission*, Vol. 30, Sonderpädagogik 2, Gehörlose, Schwerhörige, pp. 15-171. Ed. Deutscher Bildungsrat. Stuttgart: Klett, 1974.
PECHSTEIN, J.: *Umweltabhängigkeit der frühkindlichen zentralnervösen Entwicklung*. Schriftenreihe aus dem Gebiete des öffentlichen Gesundheitswesens, Heft 34. Stuttgart: Thieme, 1974.
VON PFAUNDLER, M.: Biologisches und allgemein Pathologisches über die frühen Entwicklungsstufen; in: *Handbuch der Kinderheilkunde*, 3. Auflage, Vol. 1, pp. 12-44. Ed. M. von Pfaundler, H. Schlossmann. Leipzig: Vogel, 1923.
SCHMID-GIOVANNINI, S.: *Sprich mit mir*. Berlin: Marhold, 1976.

HARTMUT BAUER (München)

Kinesiologische Diagnostik nach VOJTA

Zur Frühdiagnostik zentraler Koordinationsstörungen

Einleitung

Um die normalen Bewegungsabläufe in der Motorik – auch Kinesiologie benannt – eines Säuglings verstehen zu können, muß die Grundkenntnis der Entwicklung des Menschen bis zur Aufrichtung und Fortbewegung vorausgesetzt werden.

Lassen Sie mich zum Verständnis der Darstellung der Kinesiologie nach VOJTA, die zur Diagnostik sowohl des Entwicklungsstandes als auch der abnormen Entwicklung geeignet ist, einen Grundriß der normalen Entwicklung abzeichnen.

Grundriß der normalen Säuglingsentwicklung

INGRAM hat versucht, das erste Lebensjahr entwicklungsmäßig in die einzelnen Lebensvierteljahre zu unterteilen, wobei er ein *erstes* und ein *zweites* Beuge- und Streckstadium zugrunde legt.

Für jedes Lebensvierteljahr lassen sich bestimmte positive Meilensteine der Aufrichtung oder der Fortbewegung in der Entwicklung abzeichnen.

Im ersten Lebensvierteljahr verharrt der Säugling unter dem Einfluß bestimmter Primitivreflexe in einer passiven Beugeschablone (*Abb. 1*). In dieser Phase der Entwicklung ist lediglich eine reflektorische Fortbewegung möglich. Nach VOJTA ist dies das Stadium der reflexveranlagten Fortbewegung.

Im zweiten Lebensvierteljahr entwickelt sich der Beginn der bewußten Kontaktaufnahme mit der Umwelt. Das bedeutet, daß die primitiven reflexgesteuerten Reaktionen erlöschen müssen, um eine durch die Willkürmotorik bedingte Stütz- und Fortbewegungsfunktion zu erreichen. In dieser Phase erreicht das Kind die Aufrichtung des Schultergürtels über den Ellenbogenstütz. Mit Hilfe dieser Stützfunktionen ist die Aufrichtung des Kopfes und die optische Kontaktaufnahme mit der Umwelt sichergestellt. Es tritt, wie GESELL bereits früher beschrieben hatte, die Hand-Mund-

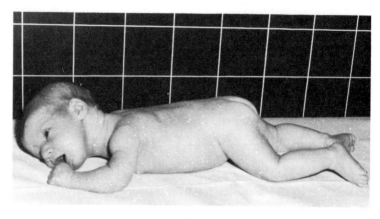

Abb. 1

Auge-Koordination und die Greiffunktion der Hand in Erscheinung. Am Ende des zweiten Lebensvierteljahres versucht das Kind, die Beine unter den Rumpf heranzuziehen, um sich auf eine Fortbewegung bzw. den Vierfüßlerstand vorzubereiten (Abb. 2).

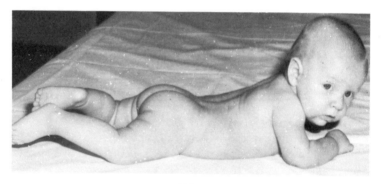

Abb. 2

Wenn diese Funktionen in Kraft getreten sind, ist auch das Drehen über die Seite bis zum Vierfüßlerstand sowie, bei Vorstreckung der Arme, das Robben gewährleistet.

Das dritte Lebensvierteljahr ist die Vorbereitungsstufe der ersten menschlichen Fortbewegung im eigentlichen Sinne. Um krabbeln zu können, muß das Kind die Möglichkeit haben, die Beine unter den Rumpf zu

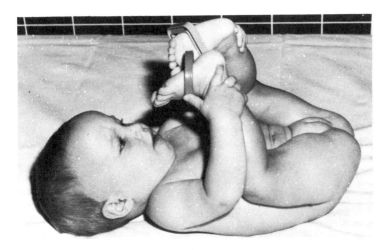

Abb. 3

bringen sowie alternierend die Beine in dieser Hüftbeugung und Kniestreckbewegung ablaufen lassen zu können.

Bei einem gesunden Säugling kann man, wenn er in der Rückenlage liegt, erkennen, daß er mit den Füßen spielen, die Füße sogar mit der Hand greifen und sie, gemäß einem Koordinationsschema, in den Mund stecken kann. Dies geschieht alles unter der gezielten optischen Kontrolle (*Abb. 3*).

Deutlich wird dabei auch die Verzahnung der geistigen und motorischen Entwicklung. Ich verweise hierbei auch auf die Testmöglichkeit durch die funktionelle Entwicklungsdiagnostik.

Im vierten Lebensvierteljahr tritt die Aufrichtung und der Beginn des freien Gehens in Erscheinung (*Abb. 4*).

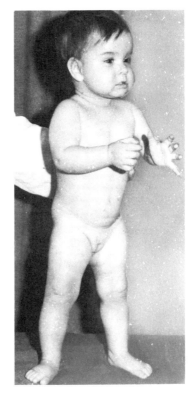

Abb. 4

Bedeutung für die kinesiologische Diagnostik

Dies bedeutet, daß

die Stehreaktion des Säuglings ausgebildet sein muß, d. h. daß die eigentliche Stützfunktion der Hand abnimmt und auf die Beine und die Füße verlagert wird, während die Arme zur vollen Greiffunktion differenziert werden.

Dies bedeutet, daß in diesem Abschnitt des Lebens auch zum ersten Mal das Sitzen sowie das Stehen mit Festhalten möglich wird. Kann sich ein Säugling in der Vertikalen mit Hilfe seiner Arme hochziehen und entsprechend fixieren, so ist er ebenfalls in der Lage, zunächst eine seitliche und dann eine Vorwärtsbewegung der Beine durchzuführen.

Ist die Stützfunktion der Beine und des Beckengürtels sowie des Rumpfes soweit vorbereitet, daß eine genaue Vertikale erreicht ist, erlischt die Bedeutung der Arme für die Fortbewegung, und ein freies Stehen und Laufen ist ermöglicht.

Faßt man nun den Bewegungsablauf der Beine, Arme und des Rumpfes aus den verschiedenen Stadien zusammen, so kann man zusammenfassend zunächst sagen:

a) Im ersten Lebensvierteljahr zeigt sich an allen Extremitäten eine passive Beugung;
b) im zweiten wird aktiv ein Beugestadium eingenommen, insbesondere an den Beinen, während eine erste Streckantwort der Arme erscheint. Diese Streckantwort der Arme ist wesentlich für die Aufrichtung über den Schultergürtel;
c) im dritten macht sich die Streckung aus dem Beckengürtel heraus bemerkbar;
d) im vierten ist die vollständige Streckung in allen Extremitäten vollendet.

Diagnostik durch Lagereaktionen nach VOJTA

V. VOJTA ist es nunmehr zu verdanken, daß man verschiedene, in der Neurologie längst bekannte Untersuchungsmethoden in einem Standardschema zusammengestellt hat, mit deren Hilfe man in der Lage ist, zu jedem Zeitpunkt des Kalenderalters innerhalb des ersten Lebensjahres den tatsächlichen Entwicklungsverlauf des Säuglings festzustellen bzw. Abweichungen von der Norm festzuhalten.

Wir verändern dabei – dreidimensional gesehen – die Lage des Körpers mit allen seinen Extremitäten und erwarten jeweils für das entsprechende Kalenderalter die entsprechende Beuge- oder Streckhaltung der Extremitäten und des Rumpfes.

Dabei interessieren uns vor allem zwei Kriterien:

1. Nimmt der Säugling diese seinem Kalenderalter entsprechende Haltung ein, oder bleibt er hinter den Erwartungen zurück;
2. zeigt der Säugling evtl. eine falsche Antwort in der Reaktion seiner Extremitäten auf die Lageveränderung?

Im letzteren Fall würde das bedeuten, daß eine Fehlsteuerung im Bereich des zentralen Nervensystems vorliegt und die Entwicklung des Säuglings evtl. abnorm verläuft.
Finden wir von der Norm abweichende Reaktionen, so nennen wir dies eine zentrale Koordinationsstörung.
Zur Zeit sind sieben standardisierte Lagereaktionen in der Entwicklungskinesiologie bekannt. Wir unterscheiden

1. die Traktionsreaktion, das Hochziehen des Säuglings aus der Rückenlage an den Händen und am Unterarm;
2. die axillare Hängereaktion, das Halten des Säuglings am Rumpf in normaler vertikaler Stellung;
3. die LANDAU-Reaktion, eine Schwebereaktion in Bauchlage, streng horizontal;
4. die horizontale Hängereaktion nach COLLIS, ein Hochheben des Säuglings an Arm und Bein von der Unterlage in streng horizontaler Ebene;
5. die Seitkippreaktion nach VOJTA, ein Kippen des Rumpfes im freien Raum aus der normalen vertikalen Situation in die Horizontale;
6. die Kopfabhangreaktion nach PEIPER und ISBERT, durch Vertikalisierung des Körpers mit Kopf nach unten an beiden Beinen;
7. die Kopfabhangreaktion nach COLLIS, die Vertikalisierung des Körpers mit Kopfabhang an einem Bein.

Typische Lagereaktionen

In sämtlichen sieben Lagereaktionen erwarten wir im Verlaufe des ersten Lebensvierteljahres im Bereich der Arme die uns bekannte Moro-artige Massenbewegung mit Handöffnung; im Bereich der Beine eine passive Beugehaltung (*Abb. 5*).
Im zweiten Trimenon, also dem ersten Beginn der Aufrichtung, erwarten wir im Bereich der Arme eine aktive Beugung, im Bereich des Rumpfes eine deutlichere Streckung im gesamten Wirbelsäulenbereich und im Bereich des Beckengürtels und der Beine eine aktive Beugung in allen Gelenken bzw. beginnende Stützung der Füße in der Vorbereitung zur Aufrichtung (*Abb. 6*).
Im dritten Lebensvierteljahr sollte eine vollständige Streck- und Stützfunktion mit geöffneten Händen im Bereich der Arme in Kraft getre-

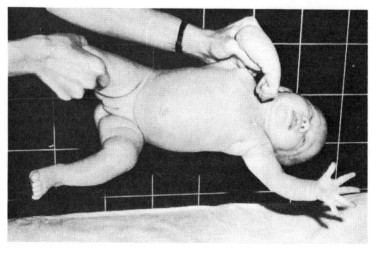

Abb. 5

ten sein. Der Rumpf sollte sich bereits in der Vertikalisierung, d. h. der vollständigen Streckung befinden. Die Beine sollten die Beugehaltung verlassen und bereits in eine Streck- und Stützfunktion übergehen können (*Abb. 7*).

Im vierten Lebensvierteljahr sollten diese beschriebenen Funktionen ab-

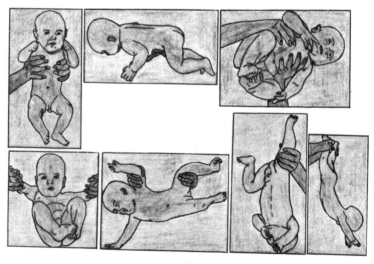

Abb. 6

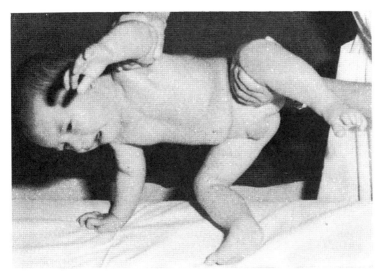

Abb. 7

geschlossen sein, d. h: die lockere Streckung im Sinne der Standreaktion der Beine sollte voll ausgebildet sein, die Arme sollten bereits die eigentliche Stützfunktion verlassen haben und als vollständiges Greiforgan funktionieren.

Die abnormen Reaktionen

Andererseits ist es natürlich möglich, daß unabhängig vom Lebensalter eine abwegige Reaktion beobachtet werden kann:
a) Steife Streckung oder steife Beugung der Arme mit Zurückziehen des Schultergürtels statt lockerer Beugehaltung und geöffneter Hand;
b) im Bereich des Rumpfes Überstreckung oder völliges Durchhängen und
c) im Bereich der Beine eine sehr zähe Beugung oder sogar steife Streckung mit Einwärtsdrehung der Beine und Spitzfußstellung (*Abb. 8*).

Diese beschriebenen Muster sind nirgendwo als normal in unserer Entwicklung zur Vertikalisierung zu verzeichnen. Im Gegenteil, diese Streck- und Beugeschablonen sind in der Symptomatologie der cerebralen Parese bekannt, sei es nun die Spastik, die Hypotonie, die Athetose oder die Ataxie.

Wenn nun diese abnormen Reaktionen unabhängig vom Kalenderalter

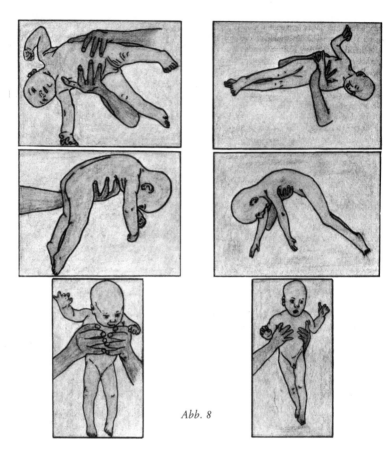

Abb. 8

erscheinen, so stellen sie für uns die ersten Alarmzeichen einer abnormen Entwicklung mit der Bedrohung einer cerebralen Parese dar, d. h. es besteht eine Fehlsteuerung der Reaktionsfähigkeit des ZNS. Hinzu tritt das Überdauern verschiedener Primitivreflexe über das Kalenderalter hinaus.

Zusammenfassend kann man sagen, daß in der pathologischen Entwicklung aller Extremitäten eine relativ stereotype Antwort zu finden ist.

a) Beugehaltung des Armes mit Fausthaltung;
b) Streckhaltung des Armes mit Fausthaltung;
c) Streckhaltung der unteren Extremitäten mit Spitzfußstellung.

Es wäre natürlich vermessen zu sagen, daß, weil wir diese Symptomatologie von der cerebralen Parese her kennen, ein pathologischer kinesiologischer Ablauf einer oder mehrerer Lagereaktionen bereits eine Parese bedeutet. Es ist lediglich der objektive Beweis für eine Störung der zentralen

Koordination im komplizierten Steuerungssystem unseres Stammhirnbereiches.

Wir haben nunmehr das Ausmaß dieser gestörten Reaktionsfähigkeit klassifiziert: Finden wir von den sieben Lagereaktionen

a) 2–3 gestörte, so sprechen wir von einer *leichtesten* zentralen Koordinationsstörung;
b) bei 4–5 abnormen Reaktionen von einer *leichten* zentralen Koordinationsstörung;
c) bei 6–7 gestörten Lagereaktionen von einer *mittelschweren* zentralen Koordinationsstörung und zusätzlich
d) bei einer schweren Tonusstörung (Schlaffheit oder Steifheit) von einer *schweren* Koordinationsstörung.

Wir betrachten neben diesen Lagereaktionen die spontane Motorik und die neurologischen Kriterien hinsichtlich der Primitivreflexe.

Aus dieser Gesamtbeobachtung können wir ableiten, ob es sich um minimale Störungen der Reaktionsfähigkeit handelt, oder ob eine tatsächliche Bedrohung im Sinne der cerebralen Parese für das Kind besteht.

Aufgrund des empirischen Materials von vielen tausend Untersuchungen sind wir in der Lage, mit aller Klarheit feststellen zu können: Kinder mit mittelschweren und schweren Koordinationsstörungen sind schwer bedroht; aus diesen rekrutieren sich die uns allen bekannten Spastiker oder anderen Cerebralparetiker.

Für die Praxis bedeutet das, daß diese Kinder möglichst früh erfaßt werden müssen. Frühdiagnostik bedeutet für uns Untersuchung während der ersten zehn Lebenstage, spätestens am Ende der vierten Lebenswoche mit möglichst dann baldigem Behandlungsbeginn zwischen der 4. und der 12. Lebenswoche.

Wenn uns dies in vollem Ausmaß möglich wäre, würde es sich unseres Erachtens bei adäquater Behandlung erübrigen, Heime und Berufsbildungsinstitutionen für normal intelligente Spastiker aufzubauen. Denn: Mit Hilfe der krankengymnastischen Frühtherapie gelingt es in einer Zeit von 4–9 Monaten, eine völlige motorische Normalisierung und Harmonisierung zu erzielen.

REGLINDIS SCHAMBERGER (München)

Münchener Funktionelle Entwicklungsdiagnostik als Basis der Münchener Entwicklungstherapie

Hervorragende Beobachter des Kindes und begabte Pädagogen, zu denen in ganz besonderer Weise Maria MONTESSORI zu zählen ist, waren sich immer bewußt, daß alle Erziehung und Förderung vom jeweiligen Entwicklungsstand des Kindes ihren Ausgang nehmen muß. Der psychophysische Organismus ist für seine Entwicklung auf Reize von außen angewiesen, vermag sie jedoch nur insoweit zu verarbeiten, als sie seinem Entwicklungsstadium entsprechen. Liegt das Reizangebot zu hoch, so kann es nicht genutzt werden, ja sogar von Schaden sein. Liegt es unter dem jeweiligen Entwicklungsniveau des Kindes, so löst es keinen Entwicklungsanreiz aus und setzt keinen Entwicklungsfortschritt in Gang.

Diese Gesetzmäßigkeit ist beim behinderten Kind in noch viel stärkerem Maße zu beachten, da es viel weniger als das nicht behinderte Kind in der Lage ist, sich aus dem Angebot der Umwelt die ihm adäquaten Anregungen selbst auszuwählen. Therapie beim behinderten Kind muß daher darin bestehen, ihm gleichsam maßgeschneiderte Entwicklungsanstöße zu bieten.

Die Durchführung einer solchen Therapie erfordert im wesentlichen zwei Voraussetzungen: zum einen detaillierte Kenntnisse über den kindlichen Entwicklungsverlauf als solchen, zum anderen die Feststellung des jeweiligen individuellen Entwicklungsstandes beim zu therapierenden Kind. Die Münchener Entwicklungstherapie geht von diesen beiden Prinzipien aus. Als Grundlage hierfür verfügt sie über die »Münchener Funktionelle Entwicklungsdiagnostik«. Sie dient ihr als Instrument, um den jeweiligen Entwicklungsstand des Kindes zu erfassen. Gleichzeitig skizziert sie den normalen Entwicklungsverlauf in den ersten drei Lebensjahren.

Um eine Grundlage für die Therapie behinderter Kinder zu gewinnen, würde es allerdings nicht genügen, einen globalen Maßstab für die Entwicklung, beispielsweise einen allgemeinen Entwicklungsquotienten, zu ermitteln bzw. den Entwicklungsverlauf durch eine grobe Skala wiederzugeben. Denn so vielfältig die Aspekte kindlicher Entwicklung sind, so verschiedenartig sind auch die Störungs- und Behinderungsmöglichkeiten. Nur deren detaillierte Diagnostik macht auch eine adäquate Behandlung möglich. Der »Münchener Funktionellen Entwicklungsdiagnostik« wurde daher ein differenziertes Konzept zugrunde gelegt. Sie unterscheidet sich von anderen entwicklungsdiagnostischen Verfahren vor allem durch eine wesentlich weitergehende Aufgliederung in einzelne Funktionsbereiche.

Prinzipien der Münchener Funktionellen Entwicklungsdiagnostik

Im ersten Lebensjahr wurde der vorrangigen Bedeutung der Motorik Rechnung getragen, indem diese durch drei gesonderte Bereiche repräsentiert wird: Krabbeln, Sitzen und Laufen. Die übrigen Funktionsbereiche im ersten Lebensjahr sind:

> Greifen;
> Perzeption;
> Lautäußerungen und Sprechen;
> Sprachverständnis
> und Sozialentwicklung.

Das zweite und dritte Lebensjahr ist untergliedert in

> Statomotorische Entwicklung;
> Sensomotorische Entwicklung
>   mit Schwerpunkt Handmotorik
>   und Schwerpunkt Wahrnehmungsverarbeitung;
> Sprachentwicklung mit Schwerpunkt Sprache
>   und Schwerpunkt Sprachverständnis;
> Sozialentwicklung mit Schwerpunkt Kontaktverhalten
>   und Schwerpunkt Selbständigkeit.

Die fortlaufenden Forschungen zur »Münchener Funktionellen Entwicklungsdiagnostik« zeigen, daß in Zukunft eher noch eine weitergehende Differenzierung notwendig sein wird.

Für jeden dieser Bereiche wird ein Entwicklungsalter bestimmt, das im ersten Lebensjahr in Monaten, im zweiten und dritten Lebensjahr in Quartalen angegeben wird. Von dem Anliegen ausgehend, in erster Linie diejenigen Kinder zu erfassen, die einer Therapie bedürfen, wurde in der »Münchener Funktionellen Entwicklungsdiagnostik« zunächst ein Mindestverhalten, d. h. ein Wert von 90 %, als Norm angesetzt. Mittlerweile sind für das zweite und dritte Lebensjahr auch 25 %-, 50 %- und 75 %-Werte ablesbar.

Schwerpunkte der Therapie

Die Ergebnisse, die in den einzelnen Funktionsbereichen ermittelt werden, werden in einem Entwicklungsprofil graphisch dargestellt. Bei einem normal entwickelten Kind liegen die Werte in der Regel über der Mindestnorm, also über der Linie des chronologischen Alters. Im Rahmen der Frühdiagnostik und Therapie behinderter und von Behinderung bedrohter Kinder kommt im Entwicklungsprofil den Abweichungen, die unter der Mindestnorm liegen, besondere Beachtung zu. Daraus läßt sich ablesen, wo die Schwerpunkte der Behinderung liegen. Dann wird nach möglichen Zusammenhängen zwischen diesen Schwerpunkten gefragt. Daraus lassen sich differentialdiagnostische Hinweise entnehmen, die für den therapeutischen Ansatz ganz entscheidend sein können. So kann ein Sprachentwicklungsrückstand beispielsweise mit einer pathologischen Motorik, mit einer Hörstörung, mit einer geistigen Behinderung oder auch mit einer Störung der sozial-emotionalen Entwicklung in Zusammenhang stehen. Jede dieser Ursachen stellt sich im Entwicklungsprofil anders dar.

Für den Therapeuten ist die Betrachtung der Zusammenhänge zwischen den einzelnen Funktionsbereichen aus einem weiteren Grund von Bedeutung. Die Komplexität der Entwicklung kann es nämlich erforderlich machen, zuerst einen Bereich anzugehen, der auf den ersten Blick als gar nicht so therapiebedürftig erscheint, der jedoch eine Hilfsfunktion für einen anderen besitzt und daher Vorrang erhält. Beispielsweise sind viele Fertigkeiten der Selbständigkeit von bestimmten motorischen Voraussetzungen abhängig, die dem Kind dann gegebenenfalls erst vermittelt werden müssen.

Schließlich kann aus dem Entwicklungsprofil auch abgelesen werden, welche Funktionen zur Kompensation herangezogen werden können. Bei einem blinden Kind etwa stellt sich die Frage, ob das Greifen und Tasten in verstärktem Maße zur Wahrnehmung benutzt und ausgebildet werden kann. Bei gleichzeitiger cerebraler Bewegungsstörung kann es zum Beispiel sein, daß dies nicht möglich ist.

Vor allem bei mehrfach behinderten Kindern gibt das Entwicklungsprofil einen raschen Überblick, welche Kompensationsmöglichkeiten in Frage kommen.

Eine so differenzierte Entwicklungsdiagnostik erlaubt es, nicht nur eine Summe einzelner Behinderungen zu therapieren, sondern auch die vielfältig verknüpften Entwicklungszusammenhänge zu berücksichtigen, ohne dabei auf der Ebene allgemeiner Anregungen stehenzubleiben.

Richtschnur für den Therapieaufbau

Die »Münchener Funktionelle Entwicklungsdiagnostik« dient aber nicht nur dazu, die Ausgangsbasis für die Therapie festzustellen; sie bildet überdies auch die Richtschnur für den Therapieaufbau. Entwicklungstherapie hat zum Ziel, dem Kind zu möglichst normalen Lebensfunktionen zu verhelfen, die ihm erlauben, in unserer Gesellschaft mit anderen Menschen so zusammenzuleben, daß es sich als angenommenes und sinnvolles Glied der Gemeinschaft fühlt. Daraus ergibt es sich, daß die therapeutischen Schritte am normalen Entwicklungsverlauf orientiert sind. Als Markierungspunkte des Entwicklungsverlaufes in den einzelnen Funktionsbereichen dienen die Items der »Münchener Funktionellen Entwicklungsdiagnostik«. Um therapeutische Übungen daraus abzuleiten, müssen sie in ihre funktionellen und inhaltlichen Komponenten zerlegt werden. Beispielsweise muß beim »Perlen auffädeln« gefragt werden, welcher Teil des komplexen Bewegungsablaufes vom Kind noch nicht beherrscht wird. Liegt es etwa an der noch mangelnden Differenzierung des Greifens, an zu geringer Dosierung der Bewegung oder fehlender Zielgerichtetheit? Oder ist das Zusammenspiel beider Hände noch nicht so ausgeprägt, daß es dem notwendigen Wechsel zwischen Festhalten und Loslassen gewachsen ist? Je nach Behinderungsgrad müssen derartige Teilkomponenten herausgelöst und in kleinen Schritten gesondert geübt werden. Ferner müssen möglichst vielfältige analoge Übungsaufgaben gefunden werden, die in ihrer Funktion dem angestrebten Entwicklungsschritt entsprechen.

Weitere Hinweise zur Entwicklungstherapie

Die Entwicklungstherapie würde Gefahr laufen, sich in mancherlei Details zu verlieren, würde sie nicht immer wieder durch eine erneute Entwicklungsdiagnostik kontrolliert und koordiniert. Diese Kontrolluntersuchungen dienen dem Zweck, sich nicht nur Rechenschaft über den Erfolg abzulegen, sondern auch aufgrund des Entwicklungsprofils die therapeutische Basis immer wieder neu zu bestimmen. Dadurch sollen Einseitigkeiten vermieden und dem Kind eine möglichst harmonische Entwicklungsförderung zuteil werden. Sind mehrere Therapeuten beteiligt, so müssen auch diese untereinander koordiniert und ihre Aufgaben aufeinander abgestimmt werden. Nur durch eine enge Kooperation aller Beteiligten können optimale Ergebnisse erzielt werden. Basis dieser Koordination und Kooperation bildet die »Münchener Funktionelle Entwicklungsdiagnostik«.

Es dürfte deutlich geworden sein, daß die Entwicklungstherapie grundsätzlich bei allen Arten und Kombinationen von Behinderungen anwendbar ist. Bei bestimmten Störungen muß sie selbstverständlich durch spezifische Therapien ergänzt werden. Trotz des systematischen Aufbaus erweist sie sich als flexibel und anpassungsfähig an Art und Grad der Behinderung und an die individuellen Gegebenheiten des Kindes.

Eine Therapie im Säuglings- und Kleinkindalter kann nur über die engsten Bezugspersonen des Kindes, in der Regel also über die Eltern, erfolgen. Anderenfalls würde ihr die wichtigste Basis für eine positive Entwicklung des Kindes, der konstante Kontakt und die Bindung an eine mütterliche Person, entzogen. Daher ist der Therapeut nur Vermittler, die Durchführung der Therapie bleibt den Eltern vorbehalten.

Der Erfolg einer derartigen gezielten und systematischen Entwicklungstherapie konnte mittlerweile exemplarisch an Kindern mit Down-Syndrom nachgewiesen werden. Von mir durchgeführte Untersuchungen an 151 Down-Syndrom-Kindern zwischen null und drei Jahren brachte bei den Patienten, die eine frühe Entwicklungstherapie erhalten hatten, einen signifikant besseren Entwicklungsstand als bei jenen, die ohne Therapie geblieben waren.

Die Vorteile der Entwicklungstherapie, und damit auch ihre Effizienz gegenüber manch anderen Methoden der Frühförderung, sind sicherlich darin zu sehen, daß sie in der »Münchener Funktionellen Entwicklungsdiagnostik« eine differenzierte diagnostische Grundlage, Koordinationsbasis und Richtschnur für die Therapie besitzt.

Literaturverzeichnis

COULIN, S., E. HEISS-BEGEMANN, G. KÖHLER, F. LAJOSI, R. SCHAMBERGER: *Münchener Funktionelle Entwicklungsdiagnostik für das 2. und 3. Lebensjahr.* Experimentalfassung 1977.
HELLBRÜGGE, Th., u. F. LAJOSI: »Zur Systematik der ›Funktionellen Entwicklungsdiagnostik‹.« *Kinderarzt* 4, 149–151, 1973.
LAJOSI, F., Th. RAUTENSTRAUCH, I. BEINROTH, M. BÄR, D. MENARA, R. SCHAMBERGER, H. WARNER: »Zur Diagnostik des ›Sitzalters‹.« *Kinderarzt* 4, 209–215, 1973.
LAJOSI, F., Th. RAUTENSTRAUCH, I. BEINROTH, M. BÄR, D. MENARA, R. SCHAMBERGER, H. WARNER: »Zur Diagnostik des ›Greifalters‹.« *Kinderarzt* 4, 352–362, 1973.
MENARA, D., R. SCHAMBERGER, F. LAJOSI: »Zur Diagnostik des ›Sprechalters‹.« *Kinderarzt* 4, 647–654, 1973.
MENARA, D., R. SCHAMBERGER, F. LAJOSI: »Zur Diagnostik des ›Sozialalters‹.« *Kinderarzt* 4, 28–32, 1974.
RAUTENSTRAUCH, Th., F. LAJOSI, M. BÄR, I. BEINROTH, D. MENARA, R. SCHAMBERGER, H. WARNER: »Zur Diagnostik des ›Laufalters‹.« *Kinderarzt* 4, 276–282, 1973.
RAUTENSTRAUCH, Th., F. LAJOSI, M. BÄR, I. BEINROTH, D. MENARA, R. SCHAMBERGER, H. WARNER: »Zur Diagnostik des ›Krabbelalters‹.« *Kinderarzt* 4, 154–159, 1973.
SCHAMBERGER, R., D. MENARA, F. LAJOSI, Th. RAUTENSTRAUCH: »Zur Diagnostik des ›Perzeptionsalters‹.« *Kinderarzt* 4, 494–498, 1973.

SCHAMBERGER, R., D. MENARA, Th. HELLBRÜGGE, F. LAJOSI: »Zur Diagnostik des ›Sprachverständnisalters‹.« *Kinderarzt* 4, 740–743, 1973.
SCHAMBERGER, R., D. MENARA: »Das Entwicklungsprofil in der Funktionellen Entwicklungsdiagnostik.« *Kinderarzt* 2, 122–125, 1974.
SCHAMBERGER, R.: »Entwicklungsdiagnostik und Entwicklungstherapie bei Kindern mit Morbus-Down-Syndrom.« *Mschr. Kinderheilkunde* 121, 314–315, 1973.
SCHAMBERGER, R.: »Funktionelle Entwicklungsdiagnostik und Therapie bei geistig behinderten und mehrfach behinderten Kindern.« In: *Frühe Hilfen – wirksamste Hilfen.* Band 1, Schriftenreihe Lebenshilfe, Marburg 1975.
SCHAMBERGER, R.: *Frühtherapie bei geistig behinderten Säuglingen und Kleinkindern.* Weinheim 1978.

SONJA COULIN (München)

Frühtherapie von Kleinkindern mit emotionalen Störungen

Skizze einer Interaktionstherapie

Verhaltensstörungen und die oft dahinter vermuteten emotionalen Störungen sind immer auch Entwicklungsstörungen. Das Kind signalisiert damit, daß es sich nicht so entwickeln kann, wie es seinen Anlagen angemessen wäre. Es signalisiert auch, daß der kommunikative Austausch mit seiner Umwelt gestört ist, daß es nur eingeschränkt reagieren und deshalb die Umweltreize nicht optimal nutzen kann.

Als verläßliche Mittel der Diagnostik solcher Störungen sind bereits bekannt:

1. *Ärztliche* und *psycho-soziale Anamnese,* die Aufschluß darüber gibt, ob die Entwicklungsbedingungen für Mutter und Kind bisher eher förderlich oder erschwerend waren.
2. Die »Münchener Funktionelle Entwicklungsdiagnostik«, die Aufschluß darüber gibt, ob die entscheidenden Etappen der normalen emotionalen und sozialen Entwicklung durchlaufen wurden.

Rahmenbedingungen für die Interaktionsdiagnostik von Mutter und Kind

Um den zur Zeit noch wirksamen Bedingungen für eine emotionale Störung auf die Spur zu kommen und zugleich therapeutische Aufschlüsse zu erhalten, muß man »unter die Lupe« nehmen, wie die Formen des Austausches aussehen, die sich zwischen den Bezugspersonen und dem Kleinkind entwickelt haben. (Im folgenden Text steht für Bezugsperson stets: Mutter.) Als günstige Rahmenbedingungen können die folgenden Fakten gelten:

1. Das Kind ist 1–2 Stunden nach einer Mahlzeit trocken und nicht müde.
2. Mutter und Kind sitzen auf dem Fußboden. Der Therapeut sitzt so, daß der Großteil des Raumes für Mutter und Kind frei zugänglich ist, oder er sitzt hinter der Einwegscheibe eines Beobachtungsraumes. (Die Mutter ist für das Kind auf dem Fußboden leichter zugänglich; sie signalisiert damit dem Kind Bereitschaft, auf »seiner Ebene« zu spielen.)
3. Die Mutter wird gebeten, zunächst etwa 20 Minuten wie gewohnt mit ihrem Kind zu spielen. Der Therapeut interveniert in dieser Zeit sowenig

wie möglich. In dieser Zeit des »normalen Spiels« ist es in der Regel möglich, einige der Gesetzmäßigkeiten des bisher eingespielten Interaktionsmodus wahrzunehmen.

4. Nach dieser Zeit des »normalen« Spiels ist eine kleine Pause ratsam, in der Mutter und Therapeut über das Spiel sprechen können.
5. Die Mutter wird erneut gebeten, mit dem Kind zu spielen. Sie erhält diesmal den Rat, etwa ½ Stunde lang nur zu versuchen, die Bedürfnisse des Kindes wahrzunehmen und darauf befriedigend zu reagieren. Sie enthält sich in dieser Zeit aller Versuche, dem Kind Aufträge zu erteilen oder es zu bestimmten Aktivitäten anzuregen. Sie ist aktiv nur insoweit, als es nötig ist, den vom Kind ausgehenden Anregungen zu entsprechen bzw. Hilfestellung zu geben, um das Spiel in Gang zu halten. Diese Instruktion klingt sehr einfach. Sie einzuhalten ist für viele Erwachsene schwierig. Es ist empfehlenswert, der Mutter schon zu Beginn zu sagen, daß »es leicht klingt, aber eigentlich recht schwierig ist«, was der Mutter das Gefühl vermittelt, daß sie eigentlich etwas Anspruchsvolles tut.
6. Der Therapeut gibt während der Zeit des »nichtstrukturierten« Spiels gelegentlich Hilfestellung, wenn die Mutter Schwierigkeiten hat, die Signale des Kindes zu erfassen und sie adäquat zu beantworten. Er dosiert diese Hilfen vorsichtig, um die Mutter nicht zu überfordern. In der Regel überläßt er es jedoch der Mutter, ihr gemäße Verhaltensweisen zu entwickeln, und gibt ihr Zeichen der Anerkennung, wenn sie besonders einfühlsam reagiert.
7. Auf dem Boden liegt Spielzeug bereit, das ein Spiel zu zweit fördert. Es ist erstaunlich, welch breites Spektrum an Interaktionen ein Ball provozieren kann.
8. Es ist ideal, wenn die Interaktions-Diagnostik mit *beiden* Elternteilen durchgeführt werden kann. Um den Diagnostiker nicht zu überfordern, sind zunächst getrennte Beobachtungen von Mutter–Kind und Vater–Kind empfehlenswert. Sehr aufschlußreich, jedoch wegen der komplexen Interaktionen oft sehr schwierig mitzuverfolgen und wegen möglicher Spannungen zwischen den Eltern oft konfliktreich sind Beobachtungen von Vater–Mutter–Kind.

Grundlagen einer Interaktionstherapie

Ein derartig konzipierter diagnostischer und zugleich therapeutischer Rahmen erhöht die Wahrscheinlichkeit, daß Defizite des Kindes auf seiner Verhaltensebene sichtbar werden. Es wird beobachtbar, welche Verhaltensweisen das Kind gelernt hat bzw. bei seinem Versuch entwickeln mußte, mit diesen Defiziten zu leben oder sie teilweise zu kompensieren. Während die Verhaltensweisen des Kindes in der Zeit des »normalen« Spiels oft unauffällig in Erscheinung treten, tauchen in der Zeit des von der Mutter nur minimal strukturierten Spiels Verhaltensweisen des Kindes besonders häufig und deutlich auf, die auf Bedürfnisse schließen lassen, deren Erfüllung in der gewohnten Interaktion zu kurz kommt.

Es ist im Rahmen dieser kurzen Skizze nicht möglich, einen vollständigen Überblick über Interaktionsphänomene zu geben, die einen Schluß auf *defizitäre* bzw. *pathogene* Entwicklungsbedingungen zulassen. Der Anschaulichkeit halber sollen einige Verhaltensweisen aufgeführt werden:

1. Die Mutter nimmt die meist non-verbal vermittelten Informationen und Wünsche häufig nicht wahr und reagiert nicht darauf.
2. Die Mutter ist dem Verhalten des Kindes gegenüber weitgehend indifferent und reagiert selten und schlecht vorhersagbar.
3. Die Mutter nimmt nur einige Signale des Kindes wahr, reagiert auf nebensächliche unangemessen und läßt für das Kind bedeutsame außer acht.
4. Die Mutter nimmt die vom Kind ausgehenden Signale wohl war, kann die Erfüllung der dahinterstehenden Bedürfnisse aufgrund eigener Schwierigkeiten aber nur schlecht oder gar nicht zulassen, z. B. Wünsche des Kindes nach Hautkontakt, Nähe, Zärtlichkeit, Eigenständigkeit.
5. Die Mutter hemmt sehr viele Aktivitäten des Kindes, vermutlich aus eigenen Ängsten heraus, und wird den Explorations- und Expansionsbedürfnissen des Kindes wenig gerecht.
6. Die Mutter gibt selbst viele Anregungen, läßt eigene Aktivitäten des Kindes aber kaum zu. Dem Kind bleibt sehr oft nur übrig, auf diese Anregungen zu reagieren.

Aufbau und Ziele der Interaktionstherapie

Sobald mit Hilfe der Beobachtung von »normalem« und wenig strukturiertem Spiel Annahmen darüber möglich sind, in welchen Bereichen für das Kind Defizite bestehen, kann mit regelmäßig stattfindender Interaktionstherapie begonnen werden. Sie ist identisch mit den Bedingungen des diagnostischen Rahmens – mit einer einzigen Veränderung: die Mutter beschränkt sich darauf, im Spiel mit ihrem Kind Signale wahrzunehmen und eher zu reagieren als dem Kind von sich aus Anregungen zu geben. Nach jeder Interaktionstherapie oder vor der darauffolgenden Sitzung sprechen Mutter und Therapeut zusammen durch, was das Kind in der Stunde auszudrücken und zu erlangen versuchte. Gleichzeitig gibt der Therapeut der Mutter Hilfen, damit sie über ihr Verhalten und die eigene emotionale Beteiligung sprechen kann.

Es sind in der Regel mehrere Sitzungen mit dem Therapeuten nötig, weil die Mutter anfangs noch Unterstützung braucht, wenn sie angemessene Reaktionsformen entwickeln und gleichzeitig gefühlsmäßig im Lot bleiben soll. Sehr oft beginnen Mütter nach einer Weile von selbst, zu Hause und damit ohne Therapeuten solche »Spielstunden« einzurichten. Damit erhöht sich die Wahrscheinlichkeit, daß der veränderte Interaktionsmodus sich weiter stabilisiert und in andere Bereiche überträgt.

Ziel der Interaktionstherapie ist es, zu einer Interaktionsform zwischen Mutter und Kind zu kommen, die sowohl den Bedürfnissen des Kindes als auch den emotionalen Möglichkeiten der Mutter gerecht wird. Die Mutter lernt mit Hilfe des Therapeuten, neue Verhaltensweisen aufzubauen – ein Prozeß, der in der Regel mit erhöhtem emotionalem Streß einhergeht. Die bisher eingeschliffenen Reaktionsformen der Mutter ihrem Kind gegenüber hatten eine stabilisierende Funktion bei ihren Versuchen, ihre eigene emotionale Balance zu halten. Die therapeutische Intervention hat zur Folge, daß sie dieses Verhaltensrepertoir nicht mehr wie bisher einsetzen kann, was verunsichernde Wirkung hat. Ihre Identität als Mutter, die allein schon durch die Störungen des Kindes und den Besuch beim Therapeuten in Frage gestellt wird, wird durch die Bedingungen der Therapie zusätzlich erschüttert. In dieser Phase erhöhter Angst und Belastung ist es Aufgabe des Therapeuten, die Mutter durch begleitende Gespräche emotional zu stützen, sie durch Aufzeigen von zusätzlichen Faktoren, die zur Störung beigetragen haben, etwas zu entlasten und die auftretenden Konflikte durchzusprechen. Mit dieser Form der Hilfestellung wird es der Mutter leichter, den Bedürfnissen ihres Kindes in Bereichen, in denen ihr das bisher nur schlecht gelang, allmählich besser gerecht zu werden. Mit fortschreitender Veränderung und Verbesserung der Interaktion wächst in der Regel die emotionale Ausdrucksfähigkeit von Kind und Mutter. Der befriedigende Austausch hat Verstärkerwirkung für die auf beiden Seiten neu entwickelten Verhaltensweisen.

Häufig ist es Müttern erst im Rückblick möglich, über ihr früheres Verhalten und ihre in der Regel eingeschränkte emotionale Ausdrucksfähigkeit zu reflektieren und deren Einfluß auf das Kind zu erkennen. Erst die neuerworbene erhöhte Sicherheit der Mutter, dem Kind gerecht werden zu können, scheint die Distanz dem eigenen früheren Verhalten gegenüber möglich zu machen. Gleichzeitig erhöht sich bei der Mutter das Selbstbewußtsein in ihrer Mutterrolle.

Die Störungssymptomatik des Kindes läßt nach Umstrukturierung der Interaktion in der Regel nach bzw. verschwindet häufig von selbst, sobald der neue Interaktionsmodus stabil genug und das Defizit des Kindes aufgeholt ist.

Kriterien für den Therapieerfolg

Als weitere Kriterien für eine positive Wendung in der Interaktion können folgende Merkmale dienen, die oft schon nach einigen Wochen beobachtet werden können:
- Das Kind sucht häufiger Nähe und Zärtlichkeit;
- Abbau diffuser Ängstlichkeit, weil die Eltern als angstreduzierende Agenturen vom Kind verläßlich eingesetzt werden können und in ihrer Erzieherfunktion weniger angsterzeugend als bisher wirken;
- verspätetes Einsetzen von im 1. Lebensjahr oft ausgefallener Fremdenfurcht, gekennzeichnet von deutlicher Ablehnung von Hautkontakt mit Fremden und gleichzeitiger Hinwendung zu den Eltern über mehrere Wochen hinweg;
- Ansteigen der spontanen Sprachäußerungen;
- konfliktfreieres Artikulieren von Wünschen und größere Frustrationstoleranz;
- größere Eigenständigkeit und Ausdauer im Spiel.

Wenn über eine Therapieform berichtet wird, ist ein Wort zur Indikation nötig:

Eine Interaktionstherapie ist besonders angebracht bei Kindern, die – aus welchen Gründen auch immer – im emotionalen Defizit bzw. in einer pathogenen Interaktionsform leben: Da das Kind bestimmen kann, mit welchen Reizen der Umwelt es sich auseinandersetzen will, ist sie auch bei Kindern mit auffälligem neurologischem Befund und sekundären emotionalen Störungen geeignet, wenn zusätzlich auf Reduzierung und klare Strukturierung der apersonalen Reize (z. B. Spielzeug) im Raum geachtet wird.

Es ist bei der Klientel des Hauses bisher nur selten nötig gewesen, eine Mutter von dieser Form der Therapie auszuschließen. Bei besonders stark gestörten Persönlichkeitsstrukturen ist allerdings begleitende Psychotherapie für die Mutter alleine ratsam und der Interaktionstherapie förderlich.

EVA HEISS-BEGEMANN (München)

Entwicklungstherapie bei geistig behinderten Kindern

Eine der möglichen Frühförderungsmethoden, die in den letzten Jahrzehnten entstanden sind, ist die Entwicklungstherapie, wie sie im Kinderzentrum München praktiziert und ständig weiterentwickelt wird. Gekennzeichnet ist diese Therapie durch folgende Eigenschaften:

- sie setzt praktisch bei der Geburt oder zumindest in den ersten Lebensmonaten ein;
- sie basiert auf der »Münchener Funktionellen Entwicklungsdiagnostik« und erhält dadurch feste Therapierichtlinien;
- die Therapieschwerpunkte sprechen mehrere Bereiche der allgemeinen Entwicklung an.

Wie bei allen Fördermaßnahmen geht man auch bei der Entwicklungstherapie von dem Postulat aus, daß diese Bemühungen die Leistungsfähigkeit, die Selbständigkeit und die Integrierbarkeit von Geistigbehinderten in unsere Gesellschaft erhöhen, wobei das Ziel nicht vergessen werden darf, Geistigbehinderten ein glücklicheres, in ihren Augen lebenswertes und sinnvolles Leben zu ermöglichen.

Eine weitere Frage ist die, mit welchen Voraussetzungen und Eigenarten man bei der Therapie geistig behinderter Kinder rechnen muß und kann, obwohl es sich hierbei um eine äußerst heterogene Personengruppe handelt. Trotzdem lassen sich bestimmte Symptome herauskristallisieren, die in jeweils unterschiedlichen Ausprägungen auftauchen können und für die individuelle Therapie bedeutungsvoll sind: Beeinträchtigungen des Gedächtnisses führen zu mangelnden Kenntnissen und verstärken das Vergessen schon gelernter Fertigkeiten; Aufmerksamkeit und Konzentrationsfähigkeit sind häufig durch Stimmungsschwankungen oder ein Verhalten gestört, das von Apathie bis Erethismus reicht. Weitere Schwierigkeiten können sich aus der erhöhten Rigidität und somit aus der mangelnden Flexibilität, aus der reduzierten Generalisierungsfähigkeit und der geringeren Lerngeschwindigkeit ergeben.

Bevor ich auf Grundzüge der Entwicklungstherapie bei geistig behinderten Kindern eingehe, möchte ich an dieser Stelle betonen, daß diese Therapie erst dann optimal verläuft, wenn die Kooperation von Ärzten, Psychologen und verschiedenen Therapeuten wie Logopäden, Physiotherapeuten, Ergotherapeuten etc. gewährleistet ist. Um einen größtmöglichen

Therapieerfolg zu erreichen, sollte das Kind zum einen durch den Arzt gesundheitlich stabilisiert sein, zum anderen sollten die therapiebedürftigen Funktionen von den jeweils kompetenten Therapeuten übernommen werden, so z. B. der grobmotorische Bereich von Physiotherapeuten.

Basis der Entwicklungsdiagnostik

Eine weitere Voraussetzung für den Beginn der Entwicklungstherapie sind die Resultate der durchgeführten Funktionellen Entwicklungsdiagnostik, deren Prinzipien und Grundgedanken bereits dargestellt wurden. Aus der Entwicklungsdiagnostik bekommt man Aufschluß über den *Entwicklungsstand* des Kindes in den einzelnen Funktionen (Krabbeln, Sitzen, Laufen, Handmotorik, Wahrnehmungsverarbeitung, aktives Sprechen, Sprachverständnis, Kontaktverhalten, Selbständigkeit) und somit Anhaltspunkte darüber, bei welchem Entwicklungsalter und auf welchen Bereichen mit der Therapie eingesetzt wird.

Das *Profil* gibt dabei wesentliche Informationen, welche Bereiche des Kindes schwächer oder stärker retardiert sind, so daß *Therapieschwerpunkte* gesetzt werden können. Hier ist erneut auf die Verzahnung der Funktionen hinzuweisen.

Da die Funktionelle Entwicklungsdiagnostik momentan bis ins 3. Lebensjahr reicht, ist der *Entwicklungsverlauf* der verschiedenen Fähigkeiten in groben Zügen bekannt; der Therapeut hat Kenntnisse über den jeweils nächsten *Entwicklungsschritt*, bzw. die fälligen Therapieziele sind gesteckt. Je nach Lerngeschwindigkeit des Kindes kann dieses Ziel in kleinere Vorübungen untergliedert oder gleich ganz als Aufgabenprinzip trainiert werden.

Die eigentliche Therapie erfolgt dann im *häuslichen Bereich* durch eine oder eventuell mehrere *vertraute Personen*, die bei den regelmäßigen Sitzungen durch den Therapeuten Anweisungen und Erklärungen über die anfallenden Übungen bekommen und, wenn nötig, als Kotherapeuten selbst trainiert werden.

Als *Erfolgskontrolle* für die zu Hause regelmäßig durchgeführten Übungen dient dem Therapeuten und der Bezugsperson wiederum die Entwicklungsdiagnostik, die gleichzeitig Grundlage für das nächste Trainingsprogramm ist.

Hinweise zur methodischen Durchführung

Mit dem eben Dargestellten ist das Prinzip der Entwicklungstherapie inhaltlich festgelegt. Im weiteren will ich auf die *methodische* Durchführung eingehen, wobei kurz auf einige wesentliche Lerngesetze zurückgegriffen werden muß.

Am erfolgreichsten bei der Entwicklungstherapie haben sich Maßnahmen der *Verhaltenstherapie* erwiesen. Danach lernen geistig behinderte Kinder, indem sie sofort nach einer erwünschten Verhaltensweise eine kleine, sehr gefragte Belohnung – eine primäre Verstärkung – oder Lob, Anerkennung und Zuwendung seitens der Bezugsperson – eine sekundäre Verstärkung – bekommen. Unerwünschte oder falsche Verhaltensweisen werden ignoriert.

Eine andere, etwas aufwendigere Möglichkeit, geistig behinderten Kindern eine bestimmte Fertigkeit beizubringen, ist die des Lernens mit *Versuch und Irrtum*. Im konkreten Fall läßt man das Kind mit dem gewünschten Spielzeug so lange hantieren, bis es die Lösung selbst findet, wofür ein geistig behindertes Kind zusätzlich verstärkt wird.

Bei Kindern mit relativ hoher Imitationsbereitschaft, wie es beim Morbus-Down-Syndrom häufig der Fall ist, läßt sich das Lernen durch *Nachahmung* gut praktizieren. Hierbei wird ein möglichst gleichaltriges oder etwas älteres Kind so in die Entwicklungstherapie einbezogen, daß es dem geistig behinderten Kind die verlangte Fertigkeit vormacht und dafür belohnt wird. Auf diese Weise wird das behinderte Kind angeregt, sich in gleicher oder zumindest ähnlicher Weise zu verhalten.

Welche Methode auch immer gewählt wird: der Therapeut oder Kotherapeut sollte die Übungsphase immer mit einem *erfolgreichen Erlebnis* beenden, damit die Gesamtmotivation des Kindes erhöht wird. Insgesamt sollte bei der Aufstellung des Therapieplanes berücksichtigt werden, welche Arten des Lernens und welche Kombination für den jeweiligen Entwicklungsstand und die Behinderungsart des Kindes eine optimale Vorgehensweise versprechen.

Zum Therapieplan

Haben wir uns gerade vergegenwärtigt, auf welche Weise ein geistig behindertes Kind einzelne Übungen lernen kann, so müssen wir uns jetzt überlegen, wie ein Therapieplan gestaltet wird, um die oben genannten Symptome Geistigbehinderter am wirksamsten anzugehen. Aus eigener Erfahrung wissen wir, daß uns eine Tätigkeit wesentlich mehr Spaß macht und besser bewältigt werden kann, wenn wir sie uns *selbst gewählt* haben; dieser Punkt sollte in den Übungssitzungen auch bei geistig behinderten Kindern möglichst eingehalten werden.

Außerdem wird eine Arbeit in einer *entspannten Umgebung,* eventuell in Gegenwart einer freundlichen Bezugsperson, leichter erledigt. Um einem geistig behinderten Kind ein solches Üben zu ermöglichen, sollte der Kotherapeut oder die Bezugsperson vor Beginn der Therapie auf die Möglichkeit wechselnder Mitarbeit, Leistungsschwankungen, Trotzphasen und andere Erschwernisse hingewiesen werden, damit Enttäuschungen und somit Spannungen vermieden werden.

Beim Zusammenstellen des Therapieplans und auch in den Therapiesitzungen wird jeweils ein Detail-Übungsprinzip, z. B. gezieltes Loslassen, im Auge behalten, und dieses Prinzip wird mit verschiedenen Materialien, z. B. Klötzen, Bällen, Knöpfen etc., spielerisch geübt. Auf diese Weise wird versucht, die *Rigidität* zu mildern und eine größere Flexibilität des behinderten Kindes zu erreichen. Zum anderen läßt sich dabei feststellen, ob das Kind diese Übung generalisiert und den angestrebten Entwicklungsschritt tatsächlich vollzogen hat. Einer endgültigen *Generalisierung* kann man erst sicher sein, wenn beim Spontanspiel des Kindes Elemente der Übungen auftauchen.

Ein weiterer Effekt der Materialmodifizierung, der zusätzlich durch die abwechslungsreiche Gestaltung des Therapieplans erreicht werden kann, liegt darin, daß man die Häufigkeit des möglichen *Perseverierens* reduziert. – Da ein geistig behindertes Kind leichter *ermüdbar* ist und Gelerntes *rascher vergißt,* wird die tägliche Übungszeit in mehrmalige kürzere Intervalle geteilt, wodurch die Forderungen an die Leistungsfähigkeit des Kindes angepaßt werden. Hat man eine solche optimale Übungszeit gefunden, so kann man sie langsam steigern und damit die *Konzentrationsfähigkeit* etwas erhöhen; auch hier muß ständig das Problem der Über- und Unterforderung beachtet werden.

Insgesamt lassen sich bei der Durchführung der Entwicklungstherapie folgende Aspekte zusammenfassen:

– Optimal wird die Entwicklungstherapie im Rahmen einer Gesamtförderung des geistig behinderten Kindes durchgeführt;
– der Beginn der Therapie fällt in die ersten Lebensmonate;
– die »Funktionelle Entwicklungsdiagnostik« gibt Informationen über den Entwicklungsstand des Kindes in allen neun Funktionen und über die Behinderungsschwerpunkte; sie setzt außerdem Therapieziele und dient als Erfolgskontrolle;
– methodisch sind in die Entwicklungstherapie mehrere Lernprinzipien eingebaut;
– verschiedene Maßnahmen können die Leistungsbereitschaft des geistig behinderten Kindes positiv beeinflussen: die Übungssituation sollte entspannt und reizarm

sein und regelmäßig stattfinden; das Kind soll in guter, wacher Verfassung und zum Üben motiviert sein; die Aufgaben sollen möglichst in die dafür sensible Phase des Kindes fallen; die Lernschritte sollen klein und der Lerngeschwindigkeit des Kindes angepaßt sein; das Übungsmaterial soll variiert werden, und das Übungsprogramm soll abwechslungsreich sein und spielerisch dargeboten werden.

Weitere Probleme

Abschließend möchte ich auf einige Probleme hinweisen, auf die man zwangsläufig stößt, wenn man die Entwicklungstherapie durchführt.

Da die »Funktionelle Entwicklungsdiagnostik« als Grundlage für die Entwicklungstherapie ein sehr differenziertes Konzept darstellt, ist es für Therapeuten äußerst schwer, wenn nicht unmöglich, den Diagnostik-Items analoge, anbahnende Therapieaufgaben zu finden, welche andererseits die begleitende Diagnostik nicht stören. Werden Diagnostik-Items direkt als Übungen übernommen, so kann das u. U. dazu führen, daß der kindliche Fortschritt in Wirklichkeit geringer ist als bei der Messung mit der Funktionellen Entwicklungsdiagnostik.

Ein weiteres Problem ist die Mitarbeit der Eltern oder Bezugspersonen als Kotherapeuten; fehlt diese, so braucht man mit der Therapie gar nicht erst anzufangen. Da in den meisten Fällen der Beginn der Entwicklungstherapie in die Phase des elterlichen Schocks über die Geburt eines behinderten Kindes fällt, müssen die Eltern zuerst von Notwendigkeit und Nutzen der Therapie überzeugt und zur zuverlässigen Kooperation motiviert werden. Erst wenn sich bei den Eltern dieser Prozeß vollzogen hat und das Kind mit seiner Behinderung akzeptiert wird, ist die Mitarbeit der Eltern in etwa gewährleistet.

Andere Schwierigkeiten entstehen bei der häuslichen Durchführung der Therapie. Teilweise ist aus zeitlichen Gründen ein fester, regelmäßiger Übungsrhythmus der Bezugsperson nicht möglich; auch kann häufig wegen der räumlichen Verhältnisse die erwünschte Reizarmut bei der Therapie nicht eingehalten werden.

Anhand dieser in aller Kürze dargestellten Aspekte läßt sich erkennen, daß die Entwicklungstherapie zwar ein relativ fixes, komplexes System darstellt, jedoch auf jedes einzelne Individuum und dessen Umgebung abgestimmt werden muß.

Literaturhinweise

Frühe Hilfen – Wirksamste Hilfen. Bericht der 8. Studientagung der Bundesvereinigung Lebenshilfe für geistig Behinderte e. V.; Band 1; *Schriftenreihe Lebenshilfe;* Marburg/Lahn 1975.

COULIN, S., E. HEISS-BEGEMANN, G. KÖHLER, F. LAJOSI und R. SCHAMBERGER: *Durchführungs- und Auswertungsrichtlinien der Münchener Funktionellen Entwicklungsdiagnostik für das 2. und 3. Lebensjahr.* München 1976 (in Bearbeitung).

HELLBRÜGGE, Th. (Hrsg.): *Die ersten 365 Tage im Leben eines Kindes.* München 1973.

SCHAMBERGER, R.: »Entwicklungsdiagnostik und Entwicklungstherapie bei Kindern mit Morbus-Down-Syndrom.« *Monatsschrift für Kinderheilkunde* 121, S. 314–315; 1973.

ANNE WEIKERT (München)

Sprachanbahnung bei geistig behinderten Kindern

Eine Sprachtherapie bei geistig behinderten Kindern kann nur dann erfolgreich sein, wenn sie ihm Rahmen der allgemeinen Entwicklungstherapie vor sich geht und nicht »isoliert« durchgeführt wird.

Zunächst ist durch eine gründliche *ärztlich-psychologische* Untersuchung der genaue Entwicklungsstand des Kindes festzustellen. Anhand des – auf diese Weise ermittelten – *Entwicklungsprofils* müssen dann die normalen Funktionen weiterentwickelt, Ausfälle jedoch phasenspezifisch nachvollzogen werden.

Auch bei geistig behinderten Kindern ist der »natürliche« Sprachaufbau anzustreben; es darf keine Stufe der Sprachentwicklung – ohne Schaden für die sprachliche Weiterentwicklung – ausgelassen werden.

Von Anfang an muß die *Umwelt* in die Therapie miteinbezogen und Verständnis für die Behinderung des Kindes geweckt werden. Es gilt, die Eltern als Kotherapeuten zu gewinnen, d. h. ihnen zunächst zu helfen, ihr behindertes Kind anzunehmen, und auf die richtige Erzieherhaltung hinzuwirken, die das Kind weder verwöhnt noch überfordert.

Oft muß auch der großen Erwartungshaltung und dem ungeduldigen Drängen auf »Sprache« entschieden entgegengewirkt werden. Schwere, nur mühsam wieder abzubauende Verhaltensstörungen können sonst die Folge sein.

Eine konsequente, liebevolle Führung ist von ausschlaggebender Bedeutung.

Das Kind muß seinen Platz *in* der Familie haben und sich dort geborgen fühlen. Dann können sich bei intensiver – insbesondere *verbaler* – Zuwendung *emotionale Ansprechbarkeit* und *Kontaktfähigkeit* entfalten, auf die es so *sehr* ankommt. Bevor mit *gezielter* Sprachanbahnung begonnen werden kann, müssen *Blickkontakt* und *Imitationsfähigkeit* angebahnt bzw. intensiviert werden.

Blickkontakt kann erreicht werden bei den täglichen Verrichtungen: in der Essens-Situation, beim An- und Ausziehen, beim Spiel, vor allem bei Kontakt- und Versteckspielen. Ebenso muß das *Imitationsverhalten* des Kindes entsprechend gefördert werden; zunächst die Imitation von *Gesten*. Oft brauchen geistig schwerbehinderte, passive Kinder selbst zur einfachen Imitation – wie Händeklatschen – Unterstützung. Zuerst müssen dem

Kinde die Hände geführt, nachher nur noch leicht die Arme angehoben werden, ehe es von sich aus zur Nachahmung kommt.
Jedes erwünschte Verhalten wird zunächst konsequent belohnt. Grundsätzlich sollen dabei materielle Verstärker mit sozialen gepaart werden. Die Unterstützungen und systematischen Belohnungen werden allmählich wieder ausgeblendet.

Gefördert wird die Gestik-Imitation auch durch ein rhythmisch-musikalisches Angebot wie Kinderlieder, Krabbelverse, Neckspiele usw. Die Förderung der Gestik-Imitation ist deshalb so wichtig, weil sie meist auch die *verbale* Imitation anregt.

Der Aufbau des Sprachverständnisses

Beim Aufbau des Sprachverständnisses werden dem Kinde zuerst Personen und Gegenstände seiner nächsten Umgebung vertraut und bewußt gemacht. Es soll sie mit möglichst allen Sinnesorganen erfahren. Was zum festen Begriff werden soll, muß gezielt nahegebracht werden, d. h. möglichst zur selben Zeit unter gleichbleibenden äußeren, reizarmen Bedingungen, jedoch mit entsprechendem Aufforderungscharakter; es muß deutlich artikuliert und stets die gleiche Bezeichnung verwendet werden. Dabei soll der zu benennende Gegenstand in Mundnähe gehalten werden, um das Mundbild mitzuvermitteln.

Je nach der Schwere der geistigen Behinderung bedarf es einer kürzeren oder längeren Zeit, bis das *Symbolverständnis* in Erscheinung tritt.

Zur Festigung und allmählichen Erweiterung des Wortschatzes kommt es durch ständig wiederholtes Frage-und-Antwort-Spiel und gezieltes Geben und Nehmen: »Wo ist...? Da ist...« oder »Gib...! Nimm...!«

Hierbei wird von zwei bekannten Gegenständen zunächst einer ausgewechselt, dann kommt ein dritter hinzu usw.

Zur Festigung des Sprachverständnisses dienen weiter Zuordnungsübungen:

Zuordnung gleicher Gegenstände zu gleichen;

Zuordnung von Gegenstand zu Bild – dabei sind zuerst nur klare Einzelabbildungen zu bevorzugen bzw. Bilderbücher mit jeweils nur einem Gegenstand auf jeder Seite.

Zuordnung von Bild zu Bild – anhand von verschiedenen Bildpaaren.

Das Ablösen vom Gegenständlichen und das Erkennen des bereits Erlernten im Bilde fällt oft schwer. Entsprechend lange muß auf dieser Stufe verharrt werden.

Da für das Kind zunächst nur das Konkrete faßbar ist, müssen Begriffe auf anschauliche Weise geübt werden. So wird z. B. das Gehen, Essen, Trinken, Schlafen zuerst vom Kinde selbst ausgeführt, dann muß es im Spiel die »Puppe« tun.

Ebenso wie die *Verben* werden auch die *Adjektive* vermittelt. So werden die Begriffe groß und klein, dick und dünn, rund und eckig dem Kinde dadurch nahegebracht, daß es die Gegenstände sehen, in die Hände nehmen und betasten kann, um deren Beschaffenheit schließlich durch das Greifen zu »be-greifen«. Genauso werden die Empfindungen für warm und kalt, naß und trocken, hell und dunkel vermittelt durch Händeeintauchen in heißes oder kaltes Wasser, durch Befühlen von nassen oder trockenen Sachen, durch Gehen in hellen oder dunklen Räumen.

Auch *Präpositionen* können auf dieselbe Weise dargestellt werden, indem das Kind das auf und unter, vor und hinter oder neben zuerst selbst ausführen muß, später im Spiel mit der Puppe, die auf den Tisch, unter oder neben den Tisch gesetzt wird.

Alles bereits Erworbene muß aber durch ständiges Wiederholen immer wieder gefestigt werden.

Zum Erwerb und zur Festigung neuer Begriffe trägt auch die Ausführung zunächst kleiner, später komplexerer Aufträge des Alltags mit bei.

Der ganze Tagesablauf soll mit stets situationsbezogenen, kurzen, einfachen Sätzen begleitet werden.

Die Sprachverständnisübungen bzw. die ganze Therapie sollen in den Tagesablauf eingebaut werden, ohne damit das Kind über Gebühr zu beanspruchen. Das Kind soll täglich gezielt angeregt, aber nicht ständig gefordert werden.

Sehr früh muß dem Kinde auch das *Körperschema* vermittelt werden durch geeignete Liedtexte, durch Zeigen und Benennen der einzelnen Körperteile, der eigenen wie auch der der Bezugsperson.

Entsprechende *Sinnesübungen* schließen sich an: ich sehe, ich höre, ich fühle ...

Die motorische Sprachentwicklung

Bei der motorischen Sprachentwicklung muß beachtet werden, daß ein wichtiges Training der Sprechmuskulatur in der *Lallphase* mit ihrem starken konsonantischen Charakter liegt. Im lustbetonten Spiel versucht man, zunächst Laute aus dem Kinde herauszulocken. Zuerst werden alle, später nur noch erwünschte Laute verstärkt und Silbenketten daraus gebildet. Das Nachahmen und Wiederholen kindlicher Vitalfunktionen – wie Lachen, Weinen, Husten, Niesen, Lippensprudeln – regt ebenfalls die frühe Sprachentwicklung an.

Bei älteren Kindern sollte die Lallphase in Form sinnvoller Silbenimitation bzw. Lautmalerei nachgeholt werden. Derartige Lallinhalte können bereits mit Gegenständen, Tieren und Empfindungen in Zusammenhang gebracht und auch in Bewegungsspiele eingebaut werden. Lautäußerungen können auch erzielt und gefördert werden mit technischen Hilfsmitteln wie Vibratoren. Auf den Überraschungseffekt bei den Vibrationstechniken sprechen bei vorsichtiger Einführung hyperaktive, aber auch ganz passive Kinder oft gut an.

Bei geistig schwerbehinderten Kindern kann – analog der Gestik-Imitation – auch die Laut-Imitation verhaltenstherapeutisch durchgeführt werden.

Nach der Lallphase wird in besonderen Spielsituationen mit verschiedensten Überraschungsmomenten die *Sprechfreudigkeit* angeregt und das Kind zum *Benennen* von Personen und Gegenständen gebracht, so z. B. durch das Auftauchen eines Gegenstandes aus einem Sack oder im Ausschnitt eines Pappkartons oder durch Rufen eines verschwundenen Gegenstandes.

Die Stubstantiva, die das Kind bereits beherrscht, werden dann mit einer Tätigkeit in Verbindung gebracht – genau wie bei den Sprachverständnisübungen – und die Tätigkeiten bei der Ausführung benannt. Dasselbe geschieht mit den Adjektiven und Präpositionen.

Eine sehr lange Zeit kann es nun dauern, um vom *Einwortsatz* zum *Mehrwortsatz* zu kommen. Mit kurzen, abgeschlossenen, kindgemäßen Bildbeschreibungen soll dann das Kind weiter angeregt und gefördert werden. Geeignet sind z. B. der Erste Brockhaus, das Kinderlexikon *Mein buntes Bilderbuch A–Z*, die Hamburger- oder Eckel-Bildserie, die Ravensburger Sprechlernspiele, die Werscherberger-Sprachfibeln, die Schüttler-Janikula-Mappen oder auch das Anlegen einer Sammlung von Bildern von besonderen, gerade erlebten Ereignissen des Kindes bzw. der Familie. Hierbei können einfache Handzeichnungen oder Bilder mit der Polaroidkamera Anwendung finden.

Mit *gezieltem Satzaufbau* wird erst begonnen, wenn das Kind bereits in ungegliederten Mehrwortsätzen bzw. im Telegrammstil spricht. Es ist wichtig, eine Frage und die darauffolgende Antwort zu festigen, ehe mit der zweiten Frage begonnen wird. Diese soll wiederum – zur Festigung des

Satzmusters – mit der ersten vermischt gestellt werden. Dabei hat sich die Unterstützung durch »optische Signale« bewährt. Es dürfen aber nicht nur Antworten, sondern es müssen – mittels verteilter Rollen – auch Fragen geübt werden.

Bei der *Verbesserung der Artikulation* muß in ganz langsamem Tempo mit sehr viel Geduld vorgegangen werden. Anzubahnende Laute sind immer *multisensorisch* – optisch, taktil und akustisch – zu unterstützen.

Die einzelnen Laute werden nicht isoliert, sondern immer im Spiel angebahnt. Ein neuer Laut soll nach Möglichkeit aus einem anderen, bereits gefestigten, benachbarten herausgearbeitet werden. Stets ist dabei der Weg des geringsten Kraftaufwandes zu wählen.

Zu beachten ist noch, daß die einzelnen Stufen des Sprachaufbaues immer ineinander übergreifen und deshalb nicht isoliert angegangen werden können. Oft müssen jedoch therapeutische Schwerpunkte gesetzt werden.

Begleitende Maßnahmen

Zu den *begleitenden Maßnahmen des Sprachaufbaues* gehört vor allem die *Weckung der akustischen Aufmerksamkeit,* die *Verlängerung der akustischen Merkfähigkeitsspanne* und die *Erziehung zum differenzierten Hören*: Unterscheidung von bekannten Stimmen, Geräuschen des Alltags, Tierstimmen, verschiedene spielerische Hörübungen, Einsatz Orffscher Musiktherapie usw. Die akustischen Übungen sind besonders geeignet, auch die *Konzentrationsfähigkeit* zu steigern.

Da fast alle geistig behinderten Kinder eine mehr oder weniger ausgeprägte Konzentrationsschwäche haben, muß die Konzentrationsfähigkeit gerade bei diesen Kindern besonders gefördert werden. Hierzu dient die Erweiterung von Spiel- und Übungssituationen: das zunehmend längere Ansehen eines Bilderbuches, soziale Spiele, Übungen des täglichen Lebens, Zuordnungsübungen, Ausführen von zunehmend komplexeren Aufträgen, feinmotorische Übungen.

Die Konzentrationsspanne kann auf diese Weise systematisch erweitert werden. Es muß jedoch dabei auf die rasche Ermüdbarkeit des Kindes Rücksicht genommen werden.

Bei geistig schwerstbehinderten Kindern erweist sich häufig ein »Konzentrationstraining« als notwendig.

Übungen der Motorik

Als unterstützende Maßnahme bei der Sprachanbahnung ist das gezielte Training der *Grob- und Feinmotorik* von ganz besonderer Bedeutung. Durch die Schulung der Grob- und Feinmotorik wird auch die Motorik der Sprechmuskulatur günstig beeinflußt, ebenso das Sprachzentrum durch die Dominanz einer Hand. Durch Turnen, Schwimmen und Rhythmik kann die Grobmotorik gebessert werden. Für die Verbesserung der Feinmotorik eignen sich besonders Fingerspiele, Übungen des praktischen Lebens aus der Montessori-Therapie oder Übungen des Frostig-Programms.

Da die Eßwerkzeuge gleichzeitig Sprechwerkzeuge sind, muß der *Mundmotorik* von Anfang an besondere Aufmerksamkeit gewidmet werden. Zur Aktivierung der Sprechmuskulatur und als sprachvorbereitende Übungen dienen die verschiedensten Lippen- und Zungenspiele wie Lippensprudeln, Schlecken, Schmatzen, Schnalzen und Blas- und Pusteübungen.

Häufig bestehende Trink- und Eß-Schwierigkeiten können beseitigt werden mit Hilfe der sogenannten *Mundtherapie*. Durch einen speziellen Handgriff an Kiefer und Mundboden können die Kinder zum Kauen gebracht und durch Erlernen des Saugens – mittels eines Röhrchens – Lippenaktivität und Lippenschluß gefördert werden.

Diese Therapieziele werden oft nur mühsam erreicht und erfordern vom Kind und vom Therapeuten entsprechende Geduld.

Notwendige Erfolgserlebnisse

Für die gesamte Sprachtherapie ist das *Erfolgserlebnis* ausschlaggebend. In dem Bemühen, etwas zu erreichen, leistet das Kind oft Schwerarbeit. Es soll daher belohnt werden. Vor allem aber soll das Kind erfahren, daß es sich lohnt, sich *sprachlich* auszudrücken.

All diese Ausführungen können nur als Richtlinien aufgefaßt werden und müssen für jedes Kind individuell abgewandelt und entwickelt werden.

Trotz größter Bemühungen der Eltern und des Therapeuten wird für den *Erfolg* der Sprachtherapie letzten Endes die Schwere der geistigen Behinderung den Ausschlag geben.

Da die Sprache eine der höchsten und differenziertesten Funktionen des Menschen ist, werden gerade auf diesem Gebiet immer noch die größten Ausfälle zu finden sein.

Wenn jedoch das geistig schwerbehinderte Kind so weit kommt, daß es seine Gedanken und Gefühle ausdrücken, in Worte fassen und mit der Umwelt sprachlichen Kontakt aufnehmen kann, dann lohnt sich der jahrelange und mühevolle therapeutische Einsatz.

Schematische Darstellung der Sprachanbahnung bei geistig behinderten Kindern

a) *Voraussetzungen:*   Ärztlich-psychologische Diagnose
             Umwelteinbeziehung
             Eltern als Kotherapeuten
             Erzieherverhalten

b) *Sprachverständnis:*   Kontaktfähigkeit
             Imitationsfähigkeit
             Begriffsbildung
             Wortschatzerweiterung
             Satzverständnis

c) *Sprachaufbau:*   Lallen
             Lautmalerei
             Einwortsatz
             Zweiwortsatz
             Ungegliederter Mehrwortsatz
             Gezielter Satzaufbau
             Artikulation

d) *Unterstützende Maßnahmen:* Akustische Aufmerksamkeit
             Konzentration
             Grob- und Feinmotorik
             Mundmotorik
             Erfolgserlebnis

Literaturverzeichnis

ASCHENBRENNER, Hannes: *Sprachheilpädagogik.* München–Wien 1975, S. 287.
FROSTIG, Marianne: *Frostig-Test und Frostig-Therapieprogramm.* Dortmund 1972.
HARBAUER, Hubert: *Geistig Behinderte.* Stuttgart 1971, S. 96.
HELLBRÜGGE, Theodor: »Entwicklungsphysiologische Tabellen für das Säuglingsalter«. FdM-Tabellen für die Praxis, Nr. 11 und 14, 1968. In *Fortschr. Med.* 86, 481, 607 (1968).

HELLBRÜGGE, Theodor und Mitarbeiter: »Funktionelle Entwicklungsdiagnostik im zweiten Lebensjahr«. FdM-Tabellen für die Praxis, Nr. 13/1971; in: *Fortschr. Med. 89,* 558–562 (1971).

KOLZOWA, Mariela: »Das Wort wird Signal«. In: *Kinderarzt,* Nr. 5, 1975.

KOLZOWA, Mariela: »Untersuchungen zur Sprachentwicklung«. In: *Kinderarzt,* Nr. 6 und 7, 1975.

MÜLLER, Helen: »Sprachstörungen bei cerebraler Bewegungsstörung und ihre Behandlung – ›Behinderte Kinder‹ – Früherkennung – Behandlung – Rehabilitation.« *Bundeszentrale für gesundheitliche Aufklärung,* Köln 1971.

ORFF, Gertrud, WEIKERT, Anne: »Erste Erfahrungen mit dem Orff-Schulwerk.« In *Das behinderte Kind,* Heft 1, 1972.

RETT, Andreas: *Das hirngeschädigte Kind.* Wien–München 1972, S. 166.

SEEMANN, Miloslav: *Sprachstörungen bei Kindern.* Berlin 1969, S. 423.

WEIKERT, Anne und WERNER, Anneliese: »Die Betreuung des sprachbehinderten Kindes – ›Behinderte Kinder‹ – Früherkennung – Behandlung – Rehabilitation.« *Bundeszentrale für gesundheitliche Aufklärung,* Köln 1971.

WEIKERT, Anne: »Sprachanbahnung bei geistig behinderten Kindern. Vortrag (unveröffentlicht), Brixen 1972, Herbst-Seminar-Kongreß für Sozialpädiatrie.

WURST, Franz: *Sprachentwicklungsstörungen und ihre Behandlung.* Wien 1973, S. 212.

UDO BRACK (München)

Die Indikation stationärer Verhaltenstherapie beim behinderten Kind

Etwa seit der Jahrhundertwende hat eine Bewegung schnell an Boden gewonnen, die unter der Sammelbezeichnung »Psychotherapie« heute einen großen Anteil an der Versorgung kranker Menschen hat. In den letzten dreißig Jahren wurde jedoch das traditionelle psychotherapeutische Vorgehen in wachsendem Maße der Kritik unterzogen. Diese Kritik hat mehrere Ansatzpunkte: Zum einen hat sich die klassische Psychoanalyse FREUDS in eine Vielzahl von Schulrichtungen aufgespalten, deren jede über die adäquate Methode zur Therapie psychischer Störungen zu verfügen vorgibt; dementsprechend interpretieren auch die Patienten den Sinn und die Ursache ihrer Symptome häufig in Abhängigkeit von der Schulmeinung ihres Therapeuten.

Zum anderen war damit natürlich auch eine entsprechende Theorienvielfalt verbunden. Betrachtet man die Fülle der Interpretationen, die die verschiedenen Zweige der Tiefenpsychologie zur Erklärung neurotischen Verhaltens anbieten, so sind diese derartig heterogen, daß der unbefangene Beobachter den Eindruck einer fast beliebigen spekulativen Argumentation bekommt.

Zum dritten schließlich betrachtete die Tiefenpsychologie die Art des Erwerbs neurotischen Verhaltens als sehr verschieden von derjenigen des anderen, »normalen« Verhaltens. Damit wurde eine gewaltsame Trennung von Therapie und Pädagogik vollzogen: Die Behandlung von Störungen lag in den Händen des – meist ärztlich vorgebildeten – Therapeuten, die Erziehung und Förderung des seelisch gesunden Kindes wurde dem Lehrer überlassen.

Aus diesen und anderen Gründen hat eine neue Therapierichtung das Feld der Behandlung psychischer Störungen betreten, deren Wurzeln in der Verhaltenspsychologie liegen und die versucht, aus den früheren Fehlern zu lernen.

Ziele und Möglichkeiten der Verhaltenstherapie

Ziel der Verhaltenstherapie ist es zunächst, einen Konsens über das richtige therapeutische Vorgehen zu erzielen, und zwar dadurch, daß allein der empirische Nachweis der Wirksamkeit einer therapeutischen Intervention zum Maßstab ihrer Bewertung gemacht wird. Damit ist auch die Möglichkeit einer Reduktion der Theorienvielfalt gegeben: Indem nämlich versucht wird, aus den empirischen Daten über die Beeinflussung von Verhalten allgemeine Gesetze über das Entstehen und Verschwinden von Verhaltensweisen, d. h. Gesetze des Lernens und Verlernens, zu erschließen, entsteht eine Basis für die Verständigung verschiedener therapeutischer Ansätze. Zugleich erlauben es diese Lerngesetze, Psychotherapie und Pädagogik wieder auf einen gemeinsamen Boden zu stellen: beide arbeiten darauf hin, Verhalten zu modifizieren, d. h. alte Verhaltensweisen in neue zu überführen.

Wenn nun die Verhaltenstherapie in einem relativ mechanistischen System versucht, Verhalten durch Konsequenzen zu beeinflussen und mit verschiedenen Umweltreizen zu verknüpfen, dann zieht sie häufig Kritik über die Beschränktheit ihres Vorgehens auf sich. Diese Kritik ist sicher insofern berechtigt, als die Erforschung der Lerngesetze noch am Anfang steht, insofern der theoretische Hintergrund einer stetigen weiteren Differenzierung bedarf; andererseits aber ist zu betonen, daß die Verhaltenstherapie offen ist für die Aufnahme eines jeden psychotherapeutischen oder pädagogischen Prinzips, sofern es nur eine ausreichende empirische Fundierung aufweisen kann.

Da die Verhaltenstherapie – vor allem beim behinderten Kind – versucht, in konkreten Programmen praktisches Verhalten einzuüben, ist ihr zentrales Arbeitsfeld die natürliche Umwelt des Kindes. Das bedeutet, daß im Normalfall die Eltern oder andere Bezugspersonen wie Kindergärtnerin oder Lehrerin Übungen gezeigt bekommen, die sie zu Hause, im Kindergarten oder in der Schule durchführen. In kurzen Abständen werden diese Übungen vom Therapeuten kontrolliert und korrigiert. Während Therapie in der Klinik oder im Zimmer des Therapeuten das Verhalten des Patienten immer erst in einer gewissermaßen künstlichen Umwelt ändert und danach dafür sorgen muß, daß die erworbenen Fertigkeiten in den natürlichen Lebensraum des betroffenen Menschen übertragen werden, hat die beschriebene Methode, ambulant direkt in den problematischen Situationen des Alltags zu therapieren, den Vorteil, ohne eine derartige, oft langwierige Generalisationsphase auszukommen.

Dennoch stößt die ambulante Verhaltenstherapie bisweilen an Grenzen, die es geraten erscheinen lassen, ein Kind stationär für einen längeren Zeitraum in die Klinik aufzunehmen und dort die therapeutisch notwendigen Maßnahmen zu ergreifen. Das ist immer dann der Fall, wenn gewisse Bedingungen nicht erfüllt sind, die für den Erfolg ambulanter Therapie Grundvoraussetzungen darstellen: In manchen Fällen sind keine bzw. keine adäquaten *Bezugspersonen* des Kindes vorhanden; etwa dann, wenn ein behindertes Kind eines Förderungsprogrammes bedarf, seine Eltern aber intellektuell nicht in der Lage, psychisch gestört oder einfach nicht willens sind, die entsprechenden Übungen regelmäßig durchzuführen. Natürlich wird solchen Kindern langfristig meist nur dann ausreichend geholfen werden können, wenn es gelingt, sie in eine angemessene soziale Umwelt, d. h. in Pflege oder Adoption zu geben.

Das geschieht aber aus Gründen der Gesetzgebung, der Rechtsprechung und vor allem der mangelnden Flexibilität und Einsicht der Behörden kaum je vor Ablauf des Zeitraumes von einem, zwei oder mehr Jahren. Da die Förderungsfähigkeit der Kinder jedoch mit zunehmendem Alter stark nachläßt, ist Eile geboten: Die Klinik des Münchener Kinderzentrums nimmt daher immer wieder Kinder auf, die von ihren Eltern nicht gefördert oder therapiert werden können; die Zimmerschwestern, die auch die täglich notwendigen Übungen mit dem Kind durchführen, spielen dann die Rolle der Bezugspersonen, bis eine geeignete Pflege- oder Adoptivfamilie gefunden ist; diese übernimmt dann auf ambulantem Wege die weitere therapeutische Betreuung des Kindes.

Notwendige stationäre Diagnostik und Therapie

Aber auch wenn Eltern gewillt und in der Lage sind, Übungsprogramme zu Hause durchzuführen, kann die Komplexität des Problems eine stationäre Verhaltenstherapie indiziert erscheinen lassen.

Das ist dann der Fall, wenn zur *Diagnose* der Störung längere Verhaltensbeobachtungen und die Durchführung einer größeren Anzahl psychologischer Tests vonnöten sind. Wenn etwa ein Kind auffallend aggressiv ist, ohne daß in Gesprächen mit den Eltern ein Anlaß dafür gefunden werden kann; oder wenn ein Kind in der Sprache und beim Spiel bizarres Verhalten an den Tag legt, das aber bei kurzen ambulanten Besuchen nur selten beobachtet werden kann; oder wenn sich die Kindergärtnerin beklagt, daß sich ein Kind bei verschiedenen Gruppenaktivitäten total zurückziehe und damit eine Beobachtung des Kindes in verschiedenen sozialen Situationen nötig ist.

In der Klinik des Kinderzentrums kommt hinzu, daß neben dem Psychologen auch der Arzt, die Physiotherapeutin, die Beschäftigungstherapeutin usw. das Kind untersuchen und deshalb die Erstellung einer Gesamtdiagnose sehr zeitraubend ist.

Aber auch die *Therapie* kann so komplex oder anstrengend sein, daß sie im Rahmen eines stationären Aufenthaltes durchgeführt werden muß.

Wenn auf aggressives, autoaggressives oder provokatives Verhalten eines Kindes jedesmal in einer ganz bestimmten Weise reagiert werden soll, das

Verhalten aber pro Tag mehrere hundertmal auftritt, sind Eltern in der häuslichen Atmosphäre überfordert. Sie würden einen entsprechenden Therapieplan nicht befolgen, Schuldgefühle entwickeln oder die Therapie als ungeeignet bezeichnen. Hier besteht bei einer stationären Aufnahme die Möglichkeit, die anfangs sehr intensiven Maßnahmen durch geschultes Personal durchführen zu lassen und, sobald die Störung geringer und damit der Therapieplan leichter einzuhalten ist, das Programm an die Eltern zu übergeben.

Ähnlich verhält es sich, wenn vielfältige Therapien angezeigt sind. Kaum einer Mutter wird es gelingen, dreimal täglich anstrengende Physiotherapie und daneben eine Sprachförderung, ein Programm zum Aufbau von Spielverhalten und ein solches zur Beseitigung des Bettnässens parallel durchzuführen. Hier erscheint es sinnvoll – und das ist eine der Aufgaben der Klinik des Kinderzentrums –, während einer klinischen Intensivtherapie diejenigen Verhaltensweisen, die eine Entwicklungsförderung am meisten stören (wie etwa Unruhe, Unkonzentriertheit, mangelndes Spiel, Aggressionen oder Provokationen), massiv anzugehen und dann den Eltern ein zu Hause leicht durchführbares Programm zur Förderung retardierter Funktionen mitzugeben.

Probleme der stationären Therapie

Natürlich bringt die stationäre Aufnahme von Kindern über einen längeren Zeitraum eine Fülle von Fragen mit sich, die sich vor allem mit der emotionalen Belastung des Kindes und mit der ökonomischen Vertretbarkeit solcher Klinikaufenthalte befassen.

Was die wirtschaftliche Seite angeht, so ist stationäre Verhaltenstherapie zwar sehr personalintensiv und deshalb teuer. Andererseits lassen sich damit oft langjährige ambulante Therapien, Heimeinweisungen, Schulschwierigkeiten usw. verhindern, so daß insgesamt sicher eine Entlastung der Kostenträger zu prognostizieren ist.

Das emotionale Problem der Klinikaufnahme wird häufig dadurch zu lösen versucht, daß die Mutter mitaufgenommen wird. Dieser Weg wird in Zukunft noch verbessert werden müssen, vor allem auch in bezug auf die Integration der Mütter in die Arbeit auf der Station. Darüber hinaus ist es nur wenigen Müttern möglich, für längere Zeit die Familie und den Haushalt zu verlassen, um mit einem Kind in der Klinik zu wohnen.

Hier wie im gesamten Bereich stationärer Verhaltenstherapie sind Modelle zu erarbeiten, die flexibel genug sind, um auf die verschiedensten familiären Konstellationen und therapeutischen Aufgaben einzugehen.

Literaturverzeichnis

CRAMER, M., und GOTTWALD P. (Hrsg.): *Verhaltenstherapie in der Diskussion.* Sonderheft der »Mitteilungen der GVT e.V.«, Tübingen 1974.
GIBSON, D., und BROWN, R. J. (Hrsg.): *Managing the severely retarded.* Springfield, ill., 1976.
GOTTWALD, P., und REDLIN, W.: *Verhaltenstherapie bei geistig behinderten Kindern.* Göttingen 1972.
HARING, N. G., und BROWN, L. J. (Hrsg.): *Teaching the severely handicapped.* New York 1975.
KANFER, F. H., und PHILLIPS, J. S.: *Lerntheoretische Grundlagen der Verhaltenstherapie.* München 1975.
REDLIN, W.: *Verhaltenstherapie. Möglichkeiten und Grenzen ihrer Anwendung.* Bern/Stuttgart/Wien 1977.
SCHULTE, D., und KEMMLER, L.: »Systematische Beobachtung in der Verhaltenstherapie.« In SCHULTE, D. (Hrsg.): *Diagnostik in der Verhaltenstherapie.* München/Berlin/Wien ²1976.

ELFRIEDE SEUS-SEBERICH (München)

Erziehungsberatung der Eltern behinderter Kinder bei ihrem Einsatz als Kotherapeuten

1. Begründung der Kotherapeutenkonzeption

Der Einsatz der Eltern als Kotherapeuten ihrer behinderten Kinder ist ein wesentliches Kennzeichen des Kinderzentrums München. Es gründet sich auf die Konzeption, behinderte Kinder in der »natürlichen Umwelt« zu fördern, also vornehmlich in der Familie. Die wissenschaftliche Grundlage dieser Konzeption bilden die Untersuchungen zur Prävention der Pseudodebilität in Massenpflegeeinrichtungen, die an der damaligen Forschungsstelle für soziale Pädiatrie und Jugendmedizin der Universität München durchgeführt wurden.

Die Ergebnisse dieser Untersuchung machen deutlich, daß nichtbehinderte Säuglinge und Kleinkinder, die in Heimen oder unter heimähnlichen Bedingungen aufwuchsen, schon nach kurzer Zeit erhebliche Entwicklungsrückstände in den wichtigsten Funktionen der Sprach- und Sozialentwicklung aufweisen und nach längerer Zeit das Bild behinderter Kinder bieten. Sie weisen ein »Deprivationssyndrom« auf (vgl. HELLBRÜGGE 1973; PECHSTEIN 1974). Um behinderte Kinder durch eine Förderung in heimähnlichen Institutionen nicht noch zusätzlich zu schädigen, entstand als Alternative das Konzept einer umfassenden mehrdimensionalen Diagnostik und Therapie, »wobei im Mittelpunkt aber immer die Förderung des Kindes durch das Elternhaus, unterstützt durch eine umfassende Erziehungsberatung, steht« (HELLBRÜGGE 1973, S. 64).

Der Vorteil dieses Ansatzes liegt nicht nur in der Vermeidung des Deprivationssyndroms durch Konstanthaltung der Bezugspersonen und der Umwelt; er trägt darüber hinaus auch wesentlich zur Generalisierung und Stabilität der Therapieerfolge bei.

In der verhaltenstherapeutischen Literatur wird häufig die Therapie in der »natürlichen Umwelt« (THARP und WETZEL 1969) beschrieben, die sich aufgrund der lerntheoretischen Forderung, »auffälliges Verhalten« sei »dort pädagogisch oder therapeutisch anzugehen, wo es auftritt« (EISERT und BARKEY 1975), entwickelte.

2. Darstellung der Konzeption Eltern als Kotherapeuten

Eltern werden in diesem Sinne als Kotherapeuten bei fast allen Formen von Behinderungen und kindlichen Verhaltensstörungen eingesetzt (vgl. HAWKINS 1966; ZEILBERGER 1968; LEARY 1967; WAHLER et al. 1965, 1969; und vor allem PATTERSON 1968, 1969a und b, 1970, 1972. Ausführliche Literaturanalysen finden sich bei INNERHOFER und MÜLLER 1974 und SCHMITZ 1976). THARP und WETZEL berichten von fehlender Konstanz des Therapieerfolgs in Fällen, in denen die natürliche Umwelt nicht einbezogen worden war. In einer empirischen Untersuchung konnte SATZGER (1976) im Rahmen einer bisher unveröffentlichten Diplomarbeit nachweisen, daß die Erfolge einer Therapie durch die Mütter langfristig stabiler blieben als die einer Therapie durch Fachleute.

Der Einsatz der Eltern als Kotherapeuten sieht in der Regel so aus, daß aufgrund einer genauen mehrdimensionalen Diagnostik des behinderten Kindes von den einzelnen Therapeuten Pläne zur Therapie erarbeitet werden. Die Durchführung dieser Therapien wird dann mit den Eltern eingeübt und anschließend schrittweise durch die Fachkräfte kontrolliert und erweitert. Die Eltern übernehmen also die Rolle des Therapeuten des behinderten Kindes und werden dazu von Fachkräften angeleitet und ausgebildet. Über die einzelnen Schritte dieser Anleitung der Eltern und über das Problem der Motivierung hat SCHMITZ (1976) ausführlich berichtet.

3. Grenzen dieser Konzeption

Der Einsatz von Eltern als Kotherapeuten wirft eine Reihe von Problemen auf. Eines dieser Probleme betrifft die Motivierung der Eltern zur Mitarbeit. So werden extrem hohe Abbruchraten genannt (vgl. Übersichten von SCHULZE 1974 und SCHMITZ 1976). Ein weiteres Problem, insbesondere bei behinderten Kindern, ist die Tatsache, daß die Übernahme der Therapie durch die Mutter das Verhältnis Mutter–Kind belasten kann, da die Mutter eine möglicherweise dem Kind wenig angenehme Therapie durchführen muß. Die Erziehungssituation ist bei behinderten Kindern ohnehin schon relativ schwierig; sie kann durch die Übernahme von Therapien noch weiter erschwert werden.

Zur Überwindung dieser Schwierigkeiten brauchen die als Kotherapeuten eingesetzten Eltern fachliche Hilfe.

4. Die theoretischen Grundlagen einer Erziehungsberatung der Eltern behinderter Kinder

Bei der Erziehungsberatung der Eltern gehen wir von einer Reihe von Faktoren aus, die das Verhalten des Kindes beeinflussen:

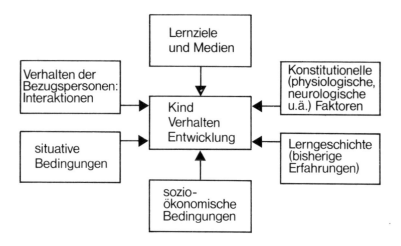

Dabei berücksichtigen wir bei der Beratung vor allem die Bereiche, die durch die Mitarbeit der Eltern verändert werden können, also den Bereich des Verhaltens der Bezugspersonen und den Bereich der Situation; damit ist die räumliche und zeitliche Struktur der Umgebung des Kindes gemeint.

Interaktionen Eltern–Kind

Entscheidenden Einfluß auf das Verhalten und die Entwicklung des Kindes hat die Interaktion von Mutter und Kind. Einen guten Einblick in diese Problematik bietet das Referat von HETHERINGTON und MARTIN (in QUAY und WERRY 1970). Eine Reihe von experimentellen Untersuchungen (z. B. ROSENTHAL et al. 1959) zeigen den Zusammenhang zwischen bestimmten Formen elterlichen Verhaltens und Störungen der Kinder auf.

Bei behinderten Kindern besteht die Gefahr, daß durch bestimmte Formen der Eltern-Kind-Interaktion sekundäre Schädigungen im Sinne von Verhaltensauffälligkeiten zur ursprünglichen Behinderung hinzukommen (vgl. VON BRACKEN 1972).

Unseren Erfahrungen nach beklagen sich sehr viele Eltern behinderter

Kinder über solche zusätzlichen Verhaltensprobleme wie Negativismus, Provokationen, Aggressionen, grundlose Albernheiten, Rückzug und Passivität, Ängste, Eß- und Schlafschwierigkeiten, Unselbständigkeit, Geschwisterrivalität, die häufig u. a. in der Interaktion Eltern–Kind begründet sind.

Auf die Bedeutung situativer Bedingungen weist INNERHOFER (1977) hin. So gelang ihm durch räumliche und zeitliche Umstrukturierungen eine erhebliche Verbesserung des Arbeits- und Sozialverhaltens mehrfachbehinderter Kinder in einer Klasse der Sonderschule der »Aktion Sonnenschein«. Inhaltlich haben sich bei der Erziehungsberatung der Eltern behinderter Kinder lerntheoretisch orientierte Konzeptionen nach unseren Erfahrungen am besten bewährt; dies wird auch durch zahlreiche Untersuchungen im amerikanischen Raum bestätigt.

5. Formen der Erziehungsberatung von Eltern behinderter Kinder

Zunächst müssen wir zwei Formen des Einsatzes der Eltern als Kotherapeuten unterscheiden. Im ersten Fall erhalten die Eltern Therapieprogramme, die sie nach einer Einübungsphase anstelle des Therapeuten mit ihren Kindern durchführen sollen. Hier bestehen keine weiteren Schwierigkeiten in der Beziehung des behinderten Kindes zu seinen Eltern. In diesen Fällen wird sich die begleitende Erziehungsberatung auf Elterngespräche beschränken können. Im zweiten Fall ist das Verhalten der Eltern selbst eine Ursache für zusätzliche Störungen und Probleme mit dem Kind.

Hier ist das Ziel der Erziehungsberatung eine Verhaltens- und Einstellungsänderung der Eltern. In diesen Fällen reichen Gespräche mit den Eltern meistens nicht aus. Hier setzt die Notwendigkeit für ein gezieltes Training der Eltern ein, wozu bereits einige Verfahren beschrieben wurden (z. B. PATTERSON, INNERHOFER u. a.).

Diese Verfahren unterscheiden sich nach der Dauer, nach Zielgruppen, dem Grad der Standardisierung und schließlich darin, ob sie für Einzel- oder Gruppensituationen konzipiert wurden.

Im Kinderzentrum entwickelten wir sowohl Verfahren des Einzeltrainings von Eltern (vgl. SCHMITZ 1976) als auch Verfahren des Elterngruppentrainings (vgl. INNERHOFER 1977).

Das Elterneinzeltraining

Das Elterneinzeltraining findet meist in der Laborsituation, d. h. in einem Beobachtungsraum mit Einwegscheibe statt. Häufig wird die *Cueing*-Methode (SCHMITZ 1976) angewandt. Dabei befinden sich Eltern und Kind im Beobachtungsraum, und zwar in einer als problematisch geschilderten Situation. Der Therapeut beobachtet das Verhalten der Eltern hinter der Einwegscheibe und gibt zur Korrektur akustische oder visuelle Signale. Günstig erweist sich dabei der Einsatz von Sprechfunkgeräten, mittels derer die Mutter durch einen Hörer im Ohr direkte Anweisungen des Therapeuten erhalten und befolgen kann.

In manchen Fällen verwenden wir die Technik des Videofeedback. Hier wird die Situation von Mutter und Kind gefilmt und anschließend besprochen.

Das Elterngruppentraining

Als besonders günstig und motivierend hat sich das Training in der Gruppe herausgestellt. Hier entwickelten wir – in Zusammenarbeit mit dem M.P.I. für Psychiatrie – ein Trainingsprogramm zur Einstellungs- und Verhaltensänderung der Eltern, das sich bisher als besonders effektiv, motivierend und ökonomisch erwies.

Dieses Münchner Trainingsmodell und einige seiner Ergebnisse sollen hier beschrieben werden. Es dauert vier halbe Tage, wobei meist vier Eltern teilnehmen. Voraussetzung für die Lösung eines Problems ist die genaue Wahrnehmung des Problems. Am Anfang eines jeden Trainings stehen daher Beobachtungsübungen. Von jeder anwesenden Mutter wird ein Problem mit dem Kind im Rollenspiel dargestellt, mit dem Videorekorder aufgezeichnet und anschließend im Ablauf genau beobachtet und beschrieben. Interpretationen und Verbesserungsvorschläge werden zurückgestellt.

In einer zweiten Phase sollen die Eltern lernen, den Zusammenhang von Umwelt und Verhalten zu sehen. Die Vermittlung geschieht wiederum in Form eines Spiels. Zwei Teilnehmer erhalten die Aufgabe, einen kleinen Vortrag zu halten. Einer der beiden bekommt die soziale Verstärkung der Trainer, dem anderen wird die Zuwendung entzogen.

Die Gefühle und das Verhalten dieser Teilnehmer werden ebenso wie die Formen der sozialen Zuwendung und Bestrafung anhand der Videofilme analysiert. Ebenso werden die Wirkungen verschiedener Hilfestellungen im Spiel sichtbar gemacht und analysiert. Ziel ist es zu erarbeiten, welche

Formen der Hilfe zur Selbständigkeit führen und welche diese eher verhindern.

Schließlich werden mit Hilfe der bisher gelernten Begriffe die Probleme des ersten Tages analysiert. Dabei werden zunächst die Ziele durchdacht. Die genaue Explizierung der Ziele macht z. B. Überforderung oder unangemessene Zielvorstellungen der Eltern sichtbar und damit veränderbar.

Die bisherigen Reaktionen der Eltern auf das Verhalten der Kinder und die Formen der Hilfestellung werden festgehalten. Häufig erhalten wir das Muster, daß Eltern auf die kleinen Schritte der Kinder in Richtung des erwünschten Zieles nicht reagieren, sondern ihre Aufmerksamkeit hauptsächlich den unerwünschten Verhaltensweisen zuwenden, häufig in strafender Form. Der Effekt ist eine Verstärkung dieser – unerwünschten – Verhaltensweisen und eine Löschung der erwünschten sowie der Aufbau von Abwehr. Häufig wird zuviel und ineffektive Hilfe gegeben.

Ein Teil der Analyse gilt der Umwelt des Kindes. Häufig steht nach unseren Erfahrungen die Umgebung des Kindes im Widerspruch zum Erziehungs- oder Therapieziel. Beispiele hierfür sind Übungen, die Konzentration erfordern und in einer lauten, ablenkenden Umgebung durchgeführt werden, oder eine zu lange Dauer der Übungssituationen. Aufgrund der Analyse werden Lösungsvorschläge erarbeitet und sofort im Rollenspiel erprobt und eingeübt. Diese Übungen werden wie in der Einzelsituation durch Anweisungen, Vormachen oder Videofeedback unterstützt.

6. Bisherige Ergebnisse

Eine ausführliche Darstellung von Ergebnissen des Elterneinzeltrainings von behinderten Kindern wurde von SCHMITZ (1976) gegeben.

Bei 21 geistig schwerstbehinderten Kindern konnte durch ein vom Therapeuten erarbeitetes Programm, das von den Müttern durchgeführt wurde, der Aufbau des Blickkontakts erreicht werden.

In einem zweiten Trainingsprogramm wurde bei 18 geistig behinderten Kindern ein Eßtraining durch die Eltern durchgeführt. 16 Mütter waren absolut erfolgreich, bei einem Kind war der Erfolg nicht stabil, und bei einem Kind wurde das Training von den Eltern nicht zu Ende geführt, da sie befürchteten, das Kind könne zu dick werden.

Die Ergebnisse eines weiteren Versuches, bei dem 33 Mütter geistig schwerbehinderter Kinder ein Sprachtrainingsprogramm durchführten, sind noch nicht veröffentlicht (SCHMITZ 1976).

Die Erfahrungen beim Elterngruppentraining ergaben eine Ausfallquote von 0%. Hier wurden vor allem Interaktionsprobleme behandelt.

Genaue Verhaltensbeobachtungen bei vier behinderten Kindern ergaben, daß die Selbständigkeit der Kinder bei den Hausaufgaben durch ein Elterngruppentraining von durchschnittlich 19,97 % auf 49,8 % erhöht werden konnte (BUCHHOLZ u. a. 1977).

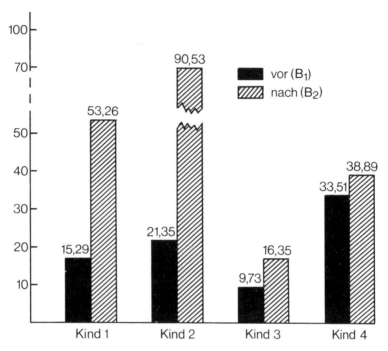

Eine Befragung von 28 Eltern, die vor durchschnittlich zehn Monaten ein Elterngruppentraining mitgemacht hatten, zeigte folgende Ergebnisse:

Problem existiert nicht mehr:	14,8 %
Problem verbessert:	70,4 %
Problem unverändert:	0 %
Problem verschlechtert:	0 %
Andere Einstellung zu dem Problem:	14,8 %

Alle Eltern würden es für sinnvoll halten, an einem solchen Training noch einmal teilzunehmen, wenn sie es nicht schon getan hätten; 92,6 % ohne jede Einschränkung und 7,4 % mit Einschränkungen.

Die im Rollenspiel erarbeiteten Lösungen waren in allen Fällen auf die tatsächliche Situation zu übertragen; sie waren in 46,4 % der Fälle teilweise, in 53,6 % der Fälle gut durchzuführen.

Wir können aufgrund dieser Ergebnisse sagen, daß sich das Training und die Erziehungsberatung von Eltern behinderter Kinder bei ihrem Einsatz als Kotherapeuten bewährt hat. Damit ist die Förderung des Kindes in seiner natürlichen Umwelt eine sinnvolle und für das Kind sehr bewährte Alternative zur Heimunterbringung.
Unsere Erfahrungen legen nahe, diese Form der Behindertenhilfe auch gesetzlich in den Förderungsmöglichkeiten behinderter Kinder durch das Bundessozialhilfegesetz zu verankern.

Literaturverzeichnis

BUCHHOLZ, W., GUFLER, W., und SEUS-SEBERICH, E.: »Verhaltensmodifikation in einem Schulversuch.« In: CRAMER, M., GOTTWALD, P., und KEUPP, H.: *Verhaltensmodifikation in der Schule*. Sonderheft I/1977 der Mitteilungen der GVT. München 1977.
EISERT, H. G., und BARKEY, P.: »Beratung in der Schule unter dem Aspekt der Verhaltensmodifikation.« In: ARNHOLD, W. (Hrsg.): *Texte zur Schulpsychologie und Bildungsberatung*. Braunschweig 1975.
HAWKINS, R. O., PETERSON, R. F., SCHWEID, E., u. BIJOU, S. W.: »Behavior therapy in the home: Amelioration of problem-parentchild relations with the parent in a therapeutic role.« *J. Exp. Child Psychol.* 4, 99–107, 1966.
HELLBRÜGGE, Th.: »Das behinderte Kind aus der Sicht des Kinderzentrums.« In: HELLBRÜGGE, Th. (Hrsg.): *Probleme des behinderten Kindes. Fortschr. d. Sozialpädiatrie*; Bd. 1. München 1973.
HETHERINGTON, F. M., und BARCLAY, M.: »Family Interaction and Psychopathology in Children.« In: QUAY, H. C., und WERRY, J. S. (Hrsg.): *Psychopathological Disorders of Childhood*. New York 1972.
INNERHOFER, P., und MÜLLER, G. F.: »Elternarbeit im Rahmen der Verhaltenstherapie. Eine Literaturübersicht.« In: GOTTWALD, P., und EGGETMEYER, A. (Hrsg.): *Elternarbeit in der Verhaltenstherapie*. Sonderheft I/1974 der Mitteilungen der GVT 7–59; München 1974.
INNERHOFER, P. (Hrsg.): *Verhaltensänderung – Beobachtung – Interaktionsanalyse. Das Münchner Trainingsmodell (MTM)*. Berlin - Heidelberg 1977.
O'LEARY, K. D., O'LEARY, S., und BECKER, W. C.: »Modification of a deviant sibling interaction pattern at home.« *Behav. Res. Ther.* 5, 113–120, 1967.
PATTERSON, G. R., und GULLION, M. E.: *Living with children. New methods for parents and teachers*. Champaign, Ill., 1968.
PATTERSON, G. R., RAY, R. S., und SHAW, D. A.: »Direct intervention in families with deviant Children.« *Oregon Research Institute Research Bulletin*, 8, No 9, 1969.
PATTERSON, G. R.: »Teaching parents to be behavior modifiers in the classroom.« In: KRUMBOLTZ, J. D., u. THORESEN, C. E. (Hrsg.): *Behavioral Counseling: Cases and tequniques*. New York 1969.
PATTERSON, G. R.: »Behavioral intervention procedures in the classroom and in the home.« In: BERGIN, A. E., und GARFIELD S. L. (Hrsg.): *Handbook of psychotherapy and behavior change: An empirical analysis*. New York 1971.

PATTERSON, G. R.: »Reprogramming the families of aggressive boys.« In: THORESEN, C. E. (Hrsg.): *Behavior modification in education.* 72nd Yearbook, National Society for the Study of Education, 1972.
ROSENTHAL, M. J., FINKELSTEIN, M., und ROBERTSON, R. E.: *A study of mother-child-relationships in the emotional disorders of children.*
SATZGER, M.: *Mütter als Kotherapeuten ihrer legasthenen Kinder.* Unveröff. Diplomarbeit; Universität München, 1976.
SCHMITZ, E.: *Kotherapeuten in der Verhaltenstherapie.* Weinheim und Basel 1976.
SCHULZE, B.: »Analyse der Literatur zum Elterntraining unter dem Aspekt der Kooperation der Eltern.« In: GOTTWALD, P., und EGGETMEYER, A. (Hrsg.): *Elternarbeit in der Verhaltenstherapie;* Sonderheft I/74 der Mitteilungen der GVT, München 1974.
THARP, R. G., und WETZEL, R. J.: *Behavior Modification in the Natural Environment.* New York 1969.
WAHLER, R. G., WINKEL, G. H., PETERSON, R. F., und MORRISON, D. C.: »Mothers as behaviors Therapists for their own children.« *Behav., Res. a. Therapy,* 3, 113–124, 1965.
WAHLER, R. G.: »Oppositional children: A quest for parental reinforcement control.« *J. Appl. Behav. Anal.* 2, 159–170, 1969.
ZEILBERGER, J., SAMPEN, S., und SLOANE H. N.: »Modification of a childs problem behaviors in the home with the mother as therapist.« *J. Appl. Behav. Anal.* 1, 47–53, 1968.

MARGARETE AURIN (München)

Das erste Montessori-Kinderhaus mit integrierter Erziehung in München

Erfahrungen bei den Kindern

In diesem November sind es zehn Jahre, daß Professor HELLBRÜGGE bei einem längeren Besuch in meinem eigenen Kindergarten in Garmisch sagte: »Das muß ich für meine behinderten Kinder haben.«

Die Richtigkeit dieses Wunsches leuchtete mir wohl ein, hatte ich doch die Aussage Maria MONTESSORIS gelesen: »Viele Kinderärzte sehen in den von uns unterhaltenen Schulen wirkliche Heilstätten, wohin man Kinder schickt, wenn sie an funktionellen Erkrankungen leiden, die jedem gewöhnlichen Heilverfahren trotzen, und wo überraschende Erfolge erzielt werden können[1].« Auch an die folgende Bemerkung MONTESSORIS wurde ich erinnert: »Mehr oder weniger machen die psychischen Krankheiten die Kinderärzte reich[2].«

Doch für die Münchner Aufgaben standen vorerst noch keine weiteren Montessori-Pädagogen zur Verfügung, und wie viele Schwierigkeiten praktischer Art mochte es noch geben? Dennoch entschloß ich mich, diesen Versuch zu wagen, weil ich von seiner Notwendigkeit überzeugt war. So begann die Verwirklichung der Idee: behinderte Kinder zusammen mit gesunden zu erziehen.

Die »vorbereitete Umgebung« eines Montessori-Kindergartens wurde geschaffen, und ich begann im August 1968 mit 8 bis 10 gesunden Kindern, die ja meine wichtigsten Helfer sein sollten; im Laufe der Zeit wuchs diese Gruppe auf 15 gesunde und 6 behinderte Kinder an. Allerdings mußten auch die Gesunden sich erst »normalisieren«. Zu meiner eigenen Vorbereitung habe ich seinerzeit wieder in den Büchern meiner Lehrerin Maria MONTESSORI studiert, welche Hinweise sie für die Tätigkeit mit behinderten Kindern gibt. Ihre erzieherische Grundhaltung kennzeichnet MONTESSORI folgendermaßen: »Man muß verstehen, in der Seele des Kindes den darin schlummernden Menschen anzusprechen[3].« Und sie führt dazu aus: »Ich spürte, daß ich einiges von der Kraft, die ich besaß, fortgab, was man als Ermutigung, Trost, Liebe, Achtung bezeichnet, das sind Hebel für die Seele des Menschen, und je eifriger sich jemand in diesem Sinne bemüht, desto nachhaltiger erneuert und stärkt er das Leben um sich herum[4].«

Christoph hat eine Innenohrschwerhörigkeit

Bis Oktober hatte sich die Gruppe so weit entwickelt, daß wir nach dieser Vorarbeit an die Aufnahme behinderter Kinder denken konnten. So kam der fünfjährige Christoph zu uns. Die für jedes Kind – ob gesund oder behindert – unerläßliche medizinische und psychologische Untersuchung war vorher in unserem Zentrum durchgeführt worden. Christophs Diagnose lautete:

Innenohrschwerhörigkeit, die erst beim Vierjährigen erkannt wurde. Bis dahin war er als geistig behindert eingestuft. Mit 4 1/2 Jahren wurde das erste, noch nicht optimale Hörgerät angepaßt, und die erste Sprachanbahnung folgte mit Hilfe dieses Gerätes.

Mit den Kindergarten-Kindern wurde vorher in ganz natürlicher Art über den neuen Freund gesprochen, und es wurde auch darauf hingewiesen, daß man nicht an der Schnur seines Hörgerätes ziehen dürfe.

Christoph brachte zu seinem Glück und zu unserer Hilfe aus der Nachbarschaft seine quicklebendige fünfjährige Freundin Karin mit. Diese setzte sich gleich zu uns; doch Christoph nicht, er kauerte sich in eine Ecke. Kein Locken von Karin half, erst recht nicht das der anderen Kinder, meines schon gar nicht. Wenn ich mich näherte, floh er in eine andere Ecke. Ohne die »kleine Assistentin« Karin hätte ich Christoph schwerer helfen können. Ich bat sie, immer mal zu Christoph zu gehen, ihm ihre Zeichnungen zu zeigen oder was sie geknetet hatte. Beim Frühstück jedoch setzte sich Christoph zu Karin an den Tisch, das Essen erschien ihm selbstverständlich. Nach Beendigung des Frühstücks zog er sich in die schützende Ecke zurück.

So ging es ungefähr acht Tage, bis ich es wagte, zu fragen, ob ich auch an seinem Tisch frühstücken dürfe. Karin bejahte, Christoph schwieg, blieb aber sitzen. Schritt für Schritt vollzog sich die Annäherung. Einige Hausbesuche trugen entscheidend zur Verbesserung des Kontaktes bei. Die Ecke im Kindergarten war nach einigen Wochen vergessen. Christoph saß nun mitten unter den übrigen Kindern und beschäftigte sich mit Karin. Langsam konnte ich mit den Materialdarbietungen beginnen, und Christoph zeigte eine rasche Auffassungsgabe.

Neue Kinder oder Erwachsene erregten keine Furcht mehr bei ihm, auch nicht ein Fotograf, der eines Tages kam. Als ein Bild von ihm und mir in der Zeitung erschien, freute er sich unbändig; er ließ es den ganzen Tag nicht los und nahm es sogar mit ins Bett.

Die erste Sprachanbahnung geschah daheim und im Kindergarten; dabei waren seine besten Helfer die Kinder. Die Sprachtherapeutin kam anfangs in den Kindergarten, da Christoph hier vertraut war. Bald aber wuchs seine innere Sicherheit und sein Zutrauen, so daß er in die Sprachabteilung des Hauses gehen konnte.

Christoph wechselte nach zwei Jahren Kindergarten in unsere Montessori-Schule über. Laut Schulbericht zeichnete er sich durch große Konzentration und Zielstrebigkeit aus. Die Schule tat das Ihre. Christoph schaffte nach vier Jahren den Übergang in ein Privatgymnasium, das er bis heute besucht. Seine Beurteilungen dort sind gut, Latein ist sein Lieblingsfach, von Anfang an brachte er eine 1, in Mathematik eine 2, in Deutsch steht er zwischen 3 und 4, denn Sprache ist immer noch aufzuholen.

Sein Hobby ist Fußballspielen.

Hans leidet an einer spastischen Lähmung

Ein anderer Fall von integrierter Erziehung:

Eines Nachmittags kam ein Vater, der Hilfe für seinen körperbehinderten Sohn suchte. Die Mutter war bei der Geburt gestorben. Die Diagnose lautete:

Spastische Lähmung an allen vier Extremitäten, sprachbehindert. Pränataler Geburtsschaden durch Nabelschnurstrangulierung.

Mit den Kindern in der Gruppe hatte ich vorher den Eintritt von Hans besprochen und sie eingeweiht, daß er kranke Füße und steife Hände hätte und nicht gut laufen und greifen könne. Sie zeigten sich verständnisvoll und äußerten: »Dann fassen wir ihn an, wir halten ihn, wir bringen ihm seine Sachen...«

Als Hans kam, war er durchaus nicht ängstlich; er setzte sich zu uns, und einige Kinder brachten ihm die größten Kuben des rosa Turms. Er konnte damit umgehen, auch wenn der Turm mit ausholenden Bewegungen gebaut wurde, schief war und umfiel. Kein Kind bemängelte dies. Es war, wie Maria MONTESSORI es schildert: »Unter den Kindern besteht eine offensichtliche Form von Brüderlichkeit, die auf einem höheren Gefühl beruht, das Einheit in der Gruppe schafft. In einer Umgebung, in der sich die Gefühle auf einem hohen Niveau befinden und die Kinder normalisiert sind, wird eine Art Anziehung geschaffen. So wie sich die Größeren den Kleineren zuwenden und umgekehrt, so werden die normalisierten Kinder von den neu ankommenden angezogen, und diese wieder von den bereits eingewöhnten[5].«

Hans entdeckte dann von sich aus andere Würfel, die Tausender; für ihn waren es große Bauwürfel, die er greifen konnte. Er holte sich einen nach dem anderen und baute sich langsam in der Nähe des Regals eine Reihe von Würfeln an der Wand entlang, dann im rechten Winkel eine Reihe. Ich ließ ihn gewähren, aber einige Kinder, »alte Kindergartenhasen«, wollten ihm zeigen, »wie man mit diesen Würfeln sinngemäß Reihen untereinander legen kann«. Er wehrte heftig ab, sie zögerten und sahen mich fragend an. Ich riet ihnen zu warten und bei Hans zunächst mal einfach zuzusehen. Dies taten einige, für etliche war es uninteressant. Hans baute ein Rechteck, setzte sich hinein und sagte: »Bett«. Das verstanden wir. Zum Frühstück kam er von sich aus an einen Tisch; nach der Beendigung ging er wieder in sein »Bett«. Er schlief keine Minute; er saß einfach da und beobachtete alle Vorgänge im Raum. Offensichtlich wollte Hans zunächst aus sicherer Perspektive selbst beobachten, was die anderen taten, bevor er selbst aktiv wurde. Am nächsten Morgen holte sich Hans wieder einen Tausender nach dem anderen, baute dasselbe große Rechteck und setzte sich hinein. Auf die Frage eines Kindes: »Bist du wieder im Bett?«, schüttelte er den Kopf und sagte: »Kahn.«

Hans beobachtete weiter einige Tage vom Tisch aus. Dann legte er eines Morgens die Würfel in abgestuften Reihen von 1 bis 10, wie er dies beobachtet hatte. Ein Junge schaute zu, rückte die Reihen gerade, holte auch die Holzziffern, legte sie dazu und las sie Hans vor. Diese Tätigkeit blieb für einige Zeit Hans' Lieblingsbeschäftigung. Später entdeckte er die Farbtäfelchen; die kleinen Kästen konnte er selbst auf seinen Platz tragen. Als der große Kasten der Farbschattierungen an die Reihe kam, wurde es problematisch. Hans wußte sich zu helfen, setzte den Kasten auf den Sitz eines Kufenstuhls, stützte sich auf die Lehne und schob ihn zu seinem Tisch. Das imponierte den anderen Kindern sehr und war für sie eine nachahmenswerte Idee. So begann ein lustiges »Schlittenfahren« beim Materialholen, wozu natürlich nicht genügend Platz war. Ich mußte mit der Gruppe eine Lösung überlegen, und wir kamen überein, daß wir diese Erfindung nur Hans allein zugute kommen lassen müßten, denn schließlich hatte er diesen Einfall gehabt.

Weitere behinderte Kinder kamen hinzu

Eine feste Freundschaft entwickelte sich zwischen Hans und der neueintretenden Liesl, die einen frühkindlichen Hirnschaden erlitten hatte, wodurch eine Lernbehinderung und Dysgrammatismus eingetreten waren. Sie konnte aber ganz normale Bewegungsabläufe durchführen und nahm Hans manchen Weg ab. Er hingegen unterrichtete und korrigierte sie. Unermüdlich strebten beide Kinder danach, es den anderen gleichzutun, und die anderen erkannten ihre kleinen Erfolge an.

Hans und Liesl wechselten gemeinsam in unsere Montessori-Schule über. Hans kam nach vier Jahren in eine seiner Behinderung angemessene Sonderschule, wo er heute noch ist. Sein Lieblingsfach ist Erdkunde, er erhielt darin die Note 1; die weiteren Leistungen sind befriedigend. Er hat Aussicht, in die Realschule überzuwechseln. Liesl ist in einer öffentlichen Schule für geistig Behinderte leider nicht glücklich. Sie durfte zwei Klassen überspringen, fühlt sich aber immer noch nicht ausgelastet.

Aus Zeitmangel kann ich leider die anderen Behinderten, die in unserem integrierenden Kindergarten dazukamen, nur kurz erwähnen. Albrecht litt an einer Hemiplegie und war Linkshänder. Aus Altersgründen besuchte er leider nur ein Vierteljahr den Kindergarten, da der Vater auf den Schulbesuch drängte. Dort zeigten sich Schwierigkeiten durch Konzentrationsmangel. Heute besucht er im zweiten Jahr ein Privatgymnasium, auf dem er sich ernsthaft mitzukommen bemüht; sein Fleiß wird besonders anerkannt.

Maxi war trotz seiner mehrfachen Behinderungen ein fröhliches Kind voll Lerneifer. Seine Diagnose: spastische Tetraplegie, Mikrocephalus, hör- und sehbehindert. Er besuchte zwei Jahre den Kindergarten und fünf Jahre unsere Modellschule und mußte dann in eine städtische Sonderschule überwechseln, die ihm nicht sonderlich behagt. Seine Stärke ist Mathematik, ein Fach, in dem er die Note 2 aufweist. Die Mutter hat mir wiederholt versichert, wieviel sie von und durch dieses Kind gelernt hat.

Als letzter Behinderter wurde Konrad in die Gruppe aufgenommen. Seine Diagnose lautete: cerebrales Anfallsleiden, Hirnschädigung, Sprachrückstand, Lernbehinderung. Konrad bemühte sich in den eineinhalb Jahren Kindergarten sehr, aber Autospielen blieb seine Leidenschaft. Daheim liebte er es, Schallplatten anzuhören. Nach vier Jahren in unserer Modellschule kam er in eine Schule für geistig Behinderte, wo Werken sein liebstes Fach ist.

Der erste Montessori-Therapieerfolg

Zuletzt möchte ich von unserem ersten Therapie-Schüler berichten. Er wurde mir mit seiner Mutter an einem Nachmittag von Professor HELLBRÜGGE mit den Worten übergeben: »Tobias hat Schreibschwierigkeiten, infolge leichter Spastizität bestehen motorische Störungen, sehen Sie mal zu, wie da zu helfen ist.«

Tobias besuchte das erste Schuljahr einer privaten Sonderschule, und seine Mutter berichtete mir, daß das kleine »e« und »l« ihm unüberwindliche Schwierigkeiten mit dem Bogen verursachen. Jeder Montessorianer hätte die Sandpapierbuchstaben gegeben, und Tobias ging damit nach meiner Anweisung um. Ich gab ihm »l« und »e« mit nach Hause, denn seine Mutter war mit großer Fürsorge und Geduld seine beste Therapeutin. Nach acht Tagen zeigte mir Tobias mit strahlendem Gesicht viele gut in den Linien geschriebene »l« und »e«. Wir schritten mit den Sandpapierbuchstaben weiter zum »b«, »h«, »k« usw. Tobias kam in einigen Wochen bei einmaligem wöchentlichen Besuch auf diesem Weg bei allen kleinen und großen Schreibbuchstaben um alle Bögen herum.

Dann klagte seine Mutter, daß er keine »Zahlenvorstellungen« hätte. Kein Wunder, wenn er nur Ziffern im Rechenbuch sah und keine konkreten Mengen in die Hand nehmen konnte. Mutter und Sohn staunten, was es da für ein Rechenmaterial im Kindergarten für kleine Kinder gab.

Sie waren sehr interessiert und ganz bei der Sache, als ich sie in unsere mathematischen Materialien und deren Handhabung einführte. Tobias griff und griff, Einer, Zehner, Hunderter, Tausender, und hatte bald »be-griffen«, d. h. er hatte die Zuordnung von Begriff und Gegenstand, den Inhalt des Begriffes und das dekadische System der Zahlen verstanden. Die Ziffern in seinem Schulrechenbuch wurden lebendig, sie stellten für ihn etwas dar. Tobias besuchte auch unsere Montessori-Schule, als die erste Klasse begann.

Nach vier Jahren trat er in eine kleine private Sonderschule ein, wo er sich in einer Klassengemeinschaft von zwanzig Kindern wohlfühlt. Mit seinen Fortschritten sind Schule und Eltern sehr zufrieden.

Seine Passion ist »Abenteuergeschichten schreiben«, und er hat mir ein handgeschriebenes Kapitel geschenkt.

Integrierte Erziehung und ihre Bewährung in einem Montessori-Kindergarten

Ich möchte zusammenfassen: Das Konzept der integrierten Erziehung in kleinen Gruppen – ungefähr zwanzig Kinder, etwa 25 % davon behindert – mit einer Montessori-Lehrkraft und einer Assistentin bewährte sich.

Die Erfahrungen bei der gemeinsamen Erziehung von mehrfach und verschiedenartig behinderten Kindern und gesunden zeigen, daß die Montessori-Pädagogik hier wichtige pädagogische und methodische Hilfen zu geben vermag. Darüber hinaus enthält das Material eine therapeutische Funktion für das behinderte Kind.

Bei den gesunden Kindern entwickelten sich soziale Eigenschaften, wie sie MONTESSORI folgendermaßen beschrieben hat: »Geduld, eine Hemmung der eigenen Impulse; Begriff des Respektierens; Begriff des Wartens; Hilfsbereitschaft, auch von Kindern aus dosiert; Anpassung, notwendig zum Aufbau des gesellschaftlichen Lebens; Liebe, denn erst durch diese findet das Kind zur Selbstverwirklichung[6].«

Bei allen Kindern wuchs das Selbständigkeitsverhalten und das Selbstvertrauen; ihre geistig-seelische Entwicklung wurde allgemein gefördert.

MONTESSORIS Erkenntnis hat sich erneut bewahrheitet: »Das Beispiel einer Gesellschaft, in der die soziale Integration besteht, ist die Gesellschaft der kleinen Kinder, die von den geheimnisvollen Kräften der Natur geleitet sind[7].«

Anmerkungen

[1] MONTESSORI, Maria: *Kinder sind anders.* Stuttgart 1952, S. 252.
[2] MONTESSORI, Maria: *Das kreative Kind.* Freiburg 1972, S. 177.
[3] MONTESSORI, Maria: *Die Entdeckung des Kindes.* Freiburg 1969, S. 31.
[4] MONTESSORI, Maria: *Die Entdeckung des Kindes.* Freiburg 1969, S. 32.
[5] MONTESSORI, Maria: *Das kreative Kind.* Freiburg 1972, S. 208.
[6] MONTESSORI, Maria: *Das kreative Kind.* Freiburg 1972, S. 201.
[7] MONTESSORI, Maria: A. a. O., S. 211.

BRIGITTE SCHUMANN (München)

Praktische Hinweise zur Montessori-Einzeltherapie

Im Juni 1970 begann die Arbeit der Montessori-Therapie am behinderten Kind im Münchner Kinderzentrum. Die Erfahrungen und Erkenntnisse Maria MONTESSORIS werden in dieser Therapie gezielt eingesetzt und auf jedes einzelne Kind und seine Behinderung abgestimmt. Unsere Aufgabe ist es, die Selbständigkeit, das soziale Verhalten und die geistige und körperliche Entwicklung des behinderten Kindes zu fördern, um es auf die gemeinsame Arbeit mit nichtbehinderten Kindern in Kindergarten und Schule vorzubereiten. Wir sind überzeugt, daß der frühe Kontakt zu den gesunden Kindern notwendig und wichtig ist, um die Sozialentwicklung der behinderten Kinder zu festigen, damit sie später in der Lage sind, sich ihren Platz in der Gesellschaft zu sichern.

Die Kinder, die in die Montessori-Therapie kommen, werden von den Ärzten oder Psychologen des Kinderzentrums an uns überwiesen. Es sind Kinder mit mehrfachen und verschiedenartigen Behinderungen. Das Alter der Kinder ist unterschiedlich. Es sollte aber zwischen einem Entwicklungsalter von zweieinhalb und sieben Jahren liegen. Ich möchte hier darauf hinweisen, daß das Entwicklungsalter selten mit dem Lebensalter übereinstimmt. Je jünger die Kinder mit der Therapie beginnen, um so größer wird der Erfolg sein.

Die Mitarbeit der Mutter

Um einen Erfolg bei den Kindern zu erzielen, bedarf es unbedingt der Mitarbeit einer Bezugsperson. Dies ist in der Regel die Mutter. Es ist eine der ersten Aufgaben des Therapeuten, der Mutter die Wichtigkeit ihrer Rolle als Kotherapeutin bewußt werden zu lassen; denn wir sind unbedingt auf ihre Mitarbeit angewiesen, die liebevoll, konsequent und äußerst genau sein muß. Darum ist es notwendig, daß die Mutter während der Therapie anwesend ist. Sie sollte sich zunächst weitgehend zurückhalten und nur beobachten, wie und was die Therapeutin mit ihrem Kind erarbeitet. Natürlich kommt es auch vor, daß die Mutter während der Therapie nicht anwesend ist. Dafür gibt es unterschiedliche Gründe:

Das Kind muß lernen, sich langsam von der Mutter zu lösen. Es muß kleine Entscheidungen und Aufträge allein durchzuführen anfangen, ohne das zustimmende oder hemmende Eingreifen der Mutter.

Es ist aber auch durchaus möglich, daß die Mutter nicht zuläßt, daß sich ihr Kind frei entscheidet und selbständig arbeitet. Sie unterbricht und stört durch Wort, Blick oder Handlung die Arbeit ihres Kindes.

In beiden Fällen muß die Therapeutin dafür sorgen, daß das Kind zu seinem Recht kommt, und die Mutter bitten, den Therapieraum zu verlassen. Hinter einer Einwegscheibe kann die Mutter dann genau beobachten, wie mit ihrem Kind gearbeitet wird. Auf jeden Fall wird die Mutter zu einem klärenden Abschlußgespräch herangezogen. Der mitgegebene Therapieplan, der sich immer auf die Therapiestunde bezieht, soll der Mutter helfen, zu Hause sinnvolle Übungen mit ihrem Kind durchzuführen.

Das regelmäßige Erscheinen zur Therapie ist von größter Wichtigkeit. Im allgemeinen kommen die Kinder wöchentlich oder vierzehntägig für eine Stunde zur Therapie, soweit sie in München oder in der näheren Umgebung wohnen; weiter entfernt wohnende Kinder kommen in unterschiedlichen Abständen.

Ich habe aber auch bei einigen Kindern die Therapie sofort mit zehn Intensivstunden begonnen; d. h. die Kinder kamen zehn Tage lang eine Stunde pro Tag zur Therapie. Die Probleme und Schwierigkeiten (die Gewöhnung an den Therapeuten, die Aufgabe, sich im neuen Raum zurechtzufinden, Aufforderungen nachzukommen usw.), die fast immer zu Beginn einer Therapie auftreten und sich über Wochen hinziehen, da ja zwischen den einzelnen Therapien normalerweise ein bis zwei Wochen liegen, konnten bei diesen Kindern in den eineinhalb Wochen Intensivtherapie abgebaut werden. Auch die Mütter haben einen zusammenhängenden Überblick bekommen, und es fällt ihnen wesentlich leichter, die Funktion der Kotherapeutin zu übernehmen. Nach dieser anfänglichen Intensivtherapie lief die Montessori-Therapie einmal wöchentlich weiter.

Es ist nun nicht so, daß ein Kind unbedingt eine ganze Stunde therapiert wird. Oft ist es dazu weder physisch noch psychisch in der Lage. Die Zeitdauer muß sich immer nach der Belastbarkeit des Kindes richten und kann deswegen wesentlich kürzer als eine Stunde sein. Alle Kinder, die zur Montessori-Therapie kommen, beginnen mit der Einzeltherapie; dann folgt die Gruppentherapie, die mit zwei Kindern beginnt und eine Gruppenstärke bis zu sieben Kindern erreichen kann. Kommen die Kinder aus München oder der näheren Umgebung, sollte der Montessori-Kindergarten und später die Montessori-Schule folgen. Kinder, die aus der Therapie in den Kindergarten überwechseln, bekommen im allgemeinen folgende Übergangslösung. In den letzten drei oder vier Stunden wird die Therapie in den Kindergarten verlegt. Dort lernt das Kind die Kindergärtnerin kennen, den Gruppenraum und die anderen Buben und Mädchen. Es beobachtet sie und darf sich, wenn es mag, an deren Arbeiten und Tun beteiligen. Da das behinderte Kind im Kindergarten das gleiche Material vorfindet wie in der Therapie, hat es schon eine gewisse Sicherheit. In der letzten Stunde bleibt es versuchsweise allein in der Kindergartengruppe. Im allgemeinen haben wir mit dieser schrittweisen Einführung einen guten Erfolg.

Wie aber wird nun in der Montessori-Therapie gearbeitet?

Durch die vorbereitete Umgebung. Der Raum ist so ausgestattet, daß er den Lernbedürfnissen und der spontanen Aktivität des Kindes entspricht, und deshalb fällt es dem Kind leichter, sich selbst ein Material zu wählen. Das Material ist so aufgebaut, daß das Kind selbständig danach greifen kann, um damit zu arbeiten.

Natürlich müssen dabei von Anfang an die unterschiedlichen Behinderungen der einzelnen Kinder berücksichtigt werden. Ein bewegungsfähiges und sehendes Kind kann man auffordern, sich das Material, das ihm spontan gefällt, zu nehmen und zum Tisch zu tragen bzw. auf dem Boden mit einem Teppich zu arbeiten; körperbehinderte Kinder, die nicht laufen können, werden in einem fahrbaren Stuhl durch den Raum geschoben und haben so die Möglichkeit, an das Material heranzukommen, das sie für begehrenswert halten, um es an ihren Tisch zu bringen. Eine Ausnahme machen die blinden Kinder, die erst ganz langsam und allmählich die neue Umgebung kennenlernen müssen, um sich darin frei bewegen zu können. Erst dann können sie mit Hilfe von akustischen Reizen selbst zum Material finden.

Ganz gleich, um welche Übung es sich handelt: der Therapeut muß sie dem Kind langsam und genau zeigen. Es wird nur das Notwendigste gesprochen, damit die ganze Konzentration des Kindes sich auf das Tun richtet.

Nun ist es natürlich nicht so, daß sich jedes Kind sofort selbstverständlich frei im Raum bewegen kann und sich ein Material zum Arbeiten holt. Im Gegenteil, viele Kinder sind sehr schüchtern und ängstlich und brauchen eine längere Anlaufzeit. Erst wenn sich das Kind mit Hilfe des Therapeuten mit der neuen Umgebung vertraut gemacht hat, wird es an das Montessori-Material herangeführt. Wählt sich ein Kind nicht aus eigenem Antrieb ein Material, so muß die Therapeutin das Kind mit dem Material bekanntmachen und es ihm anbieten. Im Laufe der Therapie lernen die Kinder, ihre Arbeit selbst zu wählen; sie bestimmen auch, wie lange sie sich damit beschäftigen wollen. Die Schwierigkeit besteht nun darin, daß das behinderte Kind sich oft heftig weigert, ein neues Material und eine neue Aufgabe anzunehmen. Es bleibt bei dem bekannten Material und der Arbeit, die ihm mit Sicherheit ein Erfolgserlebnis verheißt. Nun muß der Therapeut versuchen, dem Kind das neue Material so begehrenswert als möglich erscheinen zu lassen, und es intensiv mit ihm erarbeiten. Ist das Kind der Aufforderung gefolgt und kam es zu einer wenn auch kurzen Mitarbeit, so darf es als Belohnung anschließend wieder ein Material wählen, das es mag.

Die Haltung des Therapeuten

Auch das behinderte Kind ist in der Lage, durch den logischen Aufbau und die im Material selbst enthaltene Fehlerkontrolle sich selbst zu korrigieren. Die Therapeutin ist nicht dazu da, laufend in die Arbeit des Kindes einzugreifen und sie zu verbessern; sie muß dem Kind vielmehr Zeit lassen, seine Arbeit kritisch zu betrachten und Fehler selbst zu berichten.

Lob und Tadel werden – soweit als möglich – in der Montessori-Therapie eingeschränkt. Jedoch spielt gerade das Lob beim behinderten Kind eine große Rolle. Oft ist es nur ein kurzer Blick oder ein Streicheln, das dem Kind hilft, seine Unsicherheit zu überwinden. Einen großen Erfolg können wir verbuchen, wenn das Kind gelernt hat, seine erworbenen Fähigkeiten aus der Therapiesituation in einer neuen Umgebung sinngemäß anzuwenden. Nehmen wir an, das Kind hat an den dafür vorgesehenen Materialien – z. B. »Rosa Turm« und »Braune Treppe« – die Größenunterschiede und die entsprechende Begriffsbildung (groß–klein, dick–dünn) sicher zu beherrschen erlernt und ist in der Lage, in einer anderen Umgebung und Situation Gegenstände, die völlig anders aussehen als Turm und Treppe, als groß und klein, dick und dünn wiederzuerkennen und zu bezeichnen, so haben wir das Ziel dieser bestimmten Übung erreicht. Diese neuen Erfahrungen, die das Kind gemacht hat, befähigen es dazu, neue Tätigkeiten auszuführen und Entscheidungen selbst zu treffen. Zuerst natürlich nur in ganz kleinen Schritten; aber dennoch ist es ein Weg zur Selbständigkeit. Je öfter dem Kind die Möglichkeit geboten wird, sein Können anzuwenden und es dabei auf die Probe zu stellen, desto sicherer und größer wird sein Selbstvertrauen.

JOHANN HAUSER (München)

Ergänzungen des Montessori-Materials aus der Sicht des Blindenlehrers

15 bis 20 Millionen Erdbewohner sind nach den Schätzungen des Internationalen Rates der Sehgeschädigtenlehrer blind[1], davon zwei Millionen Kinder. Besonders die Kinder sollten ein Anrecht darauf haben, ihre ganz persönlichen psychischen und physischen Anlagen optimal entwickeln zu können. Ein großes Förderungsangebot für diese Entwicklung bietet zweifelsohne das Montessori-Material. Vieles davon kann unverändert übernommen, einiges muß lediglich angepaßt und manche Materialien müssen völlig neu angefertigt werden.

Aus der spezifischen Sicht des Blindenlehrers seien mir die folgenden Anmerkungen gestattet: Nicht alle Menschen, die im Sinne des Gesetzes als blind gelten, sehen tatsächlich nichts mehr. Im Gegenteil, über die Hälfte der Blinden hat zumindest noch optische Wahrnehmungen. Sie erkennen oft noch Grobformen, Farben, sich bewegende Gegenstände etc. Bei der Entwicklung von didaktischem Material muß dieser Sehrest noch gebührend berücksichtigt werden, so daß sich die Anpassung des Materials vorwiegend auf zwei Ebenen vollziehen sollte: der farblichen und der taktilen Kontrastierung.

Blindenpädagogische Grundsätze zur Anpassung des Montessori-Materials

Ich möchte jetzt einige blindenpädagogische Grundsätze für die adäquate Anpassung von Material an das blinde und hochgradig sehbehinderte Kind aufzeigen:

1. *Tastraum*
Die Größe des Materials sollte sich in der Regel auf den Tastraum zweier sich berührender Hände beschränken. Übersteigen die Ausmaße des Materials diese Größenordnung, so verliert das Kind leicht den Überblick. Der haptisch, d. h. tastend wahrnehmende Mensch verspürt einen unwiderstehlichen Drang, das Testobjekt in seiner ganzen Form wahrzunehmen. Die umschließende Handbewegung sollte möglich sein, damit auch die Rückseite erforscht werden kann, sonst ist kein Gesamtbild möglich. Hierfür gibt es im Optischen keine Parallele[2].

2. *Taktiler Kontrast*
Hierzu sei bemerkt, daß sich zwei aneinandergrenzende Flächen oder Linien hinsichtlich ihrer verschiedenen Tastebenen oder -qualitäten (rauh–glatt, dick–dünn, hart–weich, kalt–warm etc.) optimal unterscheiden müssen. Erhabene Punkte oder Linien sind für Blinde deutlich besser zu fühlen als Vertiefungen wie Rillen und Dellen. Der Franzose Louis BRAILLE, der Erfinder der Blindenschrift, bediente sich beispielsweise dieser Erkenntnis und erfand die erhabene Sechs-Punkte-Schrift, die heute auf der ganzen Welt uneingeschränkt anerkannt wird.

3. *Taktile Ästhetik*
Blinde Menschen müssen den Großteil ihrer Wahrnehmungen über den taktilen Sinn gewinnen. Hierbei betone ich, daß es für Blinde ausgesprochen häßliche Tastqualitäten gibt: eine davon ist das Sandpapier. Im Kinderzentrum München (unter der Leitung von Professor HELLBRÜGGE) und an allen anerkannten Blindenschulen Europas wird diese Tastqualität kaum noch verwendet, denn dieses Sandpapier bewirkt beim tastenden Menschen erfahrungsgemäß oft das Gefühl einer psychischen Beklemmung.
Nicht ganz so unangenehm wie Sandpapier ist eine absolut glatte Fläche, wie wir sie beispielsweise bei Hochglanz-Lesefolien vorfinden. Beim Lesen von taktilen Strukturen oder Punktschrift wird aber von der glatten Folie die leichte Schweißabsonderung des Lesefingers nicht aufgenommen, und es entsteht ein unangenehmer Schmiereffekt. Am besten eignet sich eine spezielle, mikroskopisch feinstrukturierte Folie, die die Schweißabsonderungen der Fingerbeere aufnimmt.
Auf runde Grundformen zurückzuführende Raumgestalten sind dem Blinden ebenfalls tastgefälliger als solche, die aus kantigen abgeleitet sind. Darum muß man bei der Adaptierung darauf achten, ein Material ohne scharfe Kanten und Ecken anzubieten[3].

4. *Rutschfestigkeit*
Kleine und bestimmte mehrfachbehinderte Kinder haben noch keine hohe Kontrolle über ihre Feinmotorik. Für sie ist es notwendig, eine rutschfeste Unterlage zu schaffen. Dafür eignen sich besonders Magnetfolien, Filzunterlagen und Weichgummimatten. Wird das Material mit demselben Stoff beschichtet, aus der die Unterlage besteht, so ist ein Verrutschen kaum mehr möglich.

5. *Beschriftung*
Alle Kinder des Modellkindergartens des Kinderzentrums München benutzen ein spezielles Montessori-Alphabet, die adaptierten Sandpapierbuchstaben, die wir auch mit Blindenschriftzeichen versehen haben. Dabei wurde darauf geachtet, daß sowohl die Blinden- als auch die Normalschrift deutlich überdimensioniert sind und somit besonders an die Schulanfänger keine zu großen Ansprüche in bezug auf die haptische Feindifferenzierung gestellt werden.
Zwei positive Nebeneffekte konnten wir damit erzielen: zum einen gewinnen die blinden Kinder eine Vorstellung von der Schrift der Sehenden, und zum zweiten bekommen die nichtbehinderten Kinder ganz beiläufig einen Einblick in die Schreibweise ihrer blinden Mitschüler.
Dies ist in meinen Augen zwar ein kleiner, aber vielleicht nicht einmal unbedeutender Schritt in Richtung Integration.

6. *Farbe*
Für den Amaurotiker – den absolut blinden Menschen – ist eine Information über die Farbe nichtssagend. Wie ich aber in meinen einführenden Worten deutlich herausgestellt habe, besitzen die meisten Blinden noch eine geringe optische Wahrnehmungsfähigkeit. Dieser minimale Sehrest muß unter allen Umständen so lange als möglich erhalten und intensiv geschult werden. Information durch die Farbe kann hier die taktile Wahrnehmung flankierend unterstützen. Es bedarf jedoch kaum der Erwähnung, daß nur stark kontrastierende Farben – etwa die Komplementärfarben Blau/Gelb – Verwendung finden können.
Ganz am Rande sei hier noch erwähnt, daß die Augenärzte heute einhellig die Ansicht vertreten, daß eventuelle Sehreste bei blinden Menschen unbedingt trainiert werden müssen, um sie möglichst lange funktionsfähig zu erhalten. Das Auge wird durch optische Belastungen keinesfalls geschädigt, es können allenfalls Ermüdungserscheinungen auftreten.

Ich konnte in der mir zur Verfügung stehenden knappen Zeit nur einen minimalen Einblick in die Problematik der Adaptierung von Montessori-Material an die Bedürfnisse blinder Kinder geben. Eine Grunderfahrung darf ich zum Schluß meines Referates jedoch noch mitteilen: Mit den im Montessori-Kindergarten des Kinderzentrums München verwendeten adaptierten Materialien hantieren nicht nur die blinden Kinder. Nichtbehinderte benutzen sie ebenfalls, und zwar geradezu mit Vorliebe. Das adaptierte Material spricht die Sinne der Kinder noch intensiver an, sein Aufforderungscharakter ist deshalb größer.

Ich bin stolz darauf, daß ich letztlich kein spezielles Material für Blinde entwickelt habe. Ich habe Material bearbeitet, das *auch* behinderte Kinder benutzen können, und ich sehe somit in meiner Arbeit einen weiteren Schritt in Richtung auf das Ziel, Behinderte in die Gesellschaft Nichtbehinderter eingliedern zu können.

Literaturnachweis

1 *International Council of Educators of Blind Youth (ICEBY)*. Kongreßbericht aus Madrid 1972.
2 Wolfgang METZGER: »Wahrnehmungsphysiologische Probleme Sehgeschädigter – ›Das Gesicht im Kreis der Sinne.‹« In: *Stud. Generale* 10, Heft 6.
3 Karl HAMANN: Dissertation, Berlin 1937.

LORE ANDERLIK (München)

Mehrfach und verschiedenartig behinderte Kinder in der Montessori-Kleingruppentherapie

Behinderte Kinder müssen – genau wie gesunde – lernen, in der Gemeinschaft zu leben. Es wird ihnen jedoch meist kaum Gelegenheit geboten, dies zu üben. Die Behinderung setzt Grenzen, die durch überängstliche Eltern oft noch enger gesteckt werden. Der Kontakt zu Gleichaltrigen fehlt meist ganz; so erfährt das behinderte Kind kaum Rückkopplung, und nie macht es die Erfahrung, daß seine eigene Freiheit an dem Punkt endet, an dem es beginnt, die Freiheit des anderen einzuschränken.

Wir haben deshalb versucht, im Rahmen der Therapie eine Zwischenstufe einzuschalten, ehe das Kind im Kindergarten in die große Gemeinschaft von gesunden Kindern kommt. Wir stellen kleinste Gruppen von 3–8 Kindern zusammen, die im chronologischen und Entwicklungsalter nicht mehr als 2–3 Jahre voneinander entfernt sein sollten, jedoch von möglichst unterschiedlichen Behinderungen betroffen sind. In diesen Gruppen bleibt der enge Kontakt zum vertrauten Therapeuten erhalten, während die Mutter nicht mehr anwesend ist. Sie erhält in dieser Zeit die Gelegenheit, andere Mütter kennenzulernen, und wird gewahr, daß ihr Problem durchaus nicht einzigartig ist. Sie kann mit anderen Müttern Erfahrungen austauschen, und es haben sich sogar schon einige Freundschaften entwickelt.

Teilziele dieser Kleinstgruppen sind:
a) die Lockerung einer allzu engen Bindung an die Mutter;
b) das Erlernen einer positiven Kontaktaufnahme zu anderen Kindern;
c) die Erfahrung eines Feedbacks;
d) die Anfänge der Persönlichkeitsentwicklung;
e) die Rücksichtnahme und Hilfe für den anderen.

Damit dies erreicht wird, ist eine unterschiedlich lange Anlaufzeit nötig, die nicht so sehr von der Behinderung des einzelnen Kindes abhängt als vielmehr von dem bisher Erlebten, von der Art und Weise, wie die Eltern bisher Kontakt zu anderen Kindern ermöglichten oder unterbanden, Ausnahmen bilden hauptsächlich die hirnorganisch gestörten und dadurch psychisch fehlentwickelten Kinder.

Die Art der Kleingruppentherapie

Die erste Kontaktaufnahme erfolgt meist an der Hand der Therapeutin, sie holt das Kind vom Gang in den bereits bekannten Raum, stellt es jedem anderen Kind der Gruppe vor, bemüht sich um die Begrüßung und kümmert sich darum, daß das neue Kind sich an seine Lieblingsbeschäftigung machen kann. Die meisten Kinder verbringen nun einige Stunden mit Schauen, Beobachten, sind zu keinerlei selbständiger Arbeit fähig. Es ist auffallend, wie sich das Verhalten beim Übergang von Einzel- zu Gruppentherapie verändert hat. Die zum Teil schon vorhandene Selbständigkeit ist durch die neue Situation fast aufgehoben. In dieser Phase ist es sehr wichtig, dem Kind persönliche Sicherheit zu bieten: sei es durch die Wahl des Nachbarn, der gerade für dieses Kind interessant, aber keinesfalls beängstigend sein darf, sei es durch die oftmalige Aufnahme von Blick- oder Sprachkontakt durch den Therapeuten.

Im allgemeinen sind unsere Gruppen so eingeteilt, daß sie dem Kindergarten-Rhythmus entsprechen, also zunächst freie Arbeitszeit, dann gelenkte Beschäftigung. Für Brotzeit, Spaziergang, Spiel im Freien u. ä. bleibt in diesem enggesteckten Rahmen keine Zeit.

In der freien Arbeitszeit wählt jedes Kind – wie auch sonst üblich – völlig selbständig Material, Arbeitsplatz und Partner. Solange es sich in der Gruppe noch nicht sicher fühlt, klammert es sich fast ausnahmslos an Material, mit dem es bereits Erfolgserlebnisse hatte. Es läßt sich beobachten, daß diese Zeit des Festhaltens um so schneller überwunden wird, je intelligenter und aufgeschlossener das Kind ist. Je stärker jedoch die geistige Behinderung ist, um so mehr verweilen die Kinder bei ihren alten Tätigkeiten, am liebsten bei den Übungen des praktischen Lebens. Deshalb begannen wir mit der Regel: »Einmal wünschst du – einmal ich.« Die Kinder haben sich sehr gut daran gewöhnt. Wir wünschen uns Tätigkeiten, die geübt werden müssen, oder führen neues Material ein. Die Kinder fordern einfachste Übungen, die wenig Anstrengung erfordern. So wechseln sich Phasen der Konzentration und Anspannung mit Phasen des Ausruhens, der Entspannung, ab. Das Kind bekommt Neues geboten, muß sich damit auseinandersetzen, wird also in seiner Entwicklung ein bißchen geschoben, aber doch nicht überfordert.

Soziale Interaktionen

Neben der *Art* der Beschäftigung achten wir besonders auch auf das *Wie*! Gerade auf dieser Stufe der Entwicklung sind wir darauf bedacht, die Kinder möglichst vielseitig, zunächst paarweise, später in etwas größeren Gruppen, arbeiten zu lassen. Sie sollen lernen, sich gegenseitig zu helfen, sehen lernen, wenn ein anderer etwas benötigt, und auch selbst Hilfe erbitten. Der Flinkere muß warten lernen, bis z. B. der Spastiker den Würfel hält; der Langsamere muß sich beeilen, er bemerkt, daß es sonst seinem Kameraden langweilig wird. Das geistig behinderte Kind kann sich bücken, etwas aufheben und erfährt dabei Selbstbestätigung, wenn sich sein bewegungsgestörter Nachbar freundlich bedankt.

Ebenso schwer wie das Miteinander- ist das Nebeneinander-Arbeiten. Die meisten Kinder sind gewöhnt, alleine zu arbeiten, wobei besonders bei konzentrationsschwachen möglichst alle Störfaktoren ausgeschaltet sind. Der Tisch ist leer, es werden nur die notwendigen Gegenstände zurechtgelegt. Es ist ruhig im Raum. Und nun der Gegensatz in der Gruppenstunde: am gleichen Tisch sitzen mehrere Kinder, jedes hat anderes Material, einige laufen umher und sind dabei gar nicht so leise. Es ist die Situation, die es später im Kindergarten vorfindet und in der es lernen muß, sich zu konzentrieren. Wir helfen, indem wir wiederum zu bereits gut bekannten Tätigkeiten anregen und das Kind bitten, uns nach einem kleinen Teilerfolg herbeizuholen und uns das Ergebnis zu zeigen. Diese winzigen Schritte werden langsam vergrößert, bis das Kind in der Lage ist, eine selbstgestellte Aufgabe alleine zu lösen.

Läßt die Konzentration der Kinder nach, folgt das gemeinsame Spiel. Das Angebot richtet sich sowohl nach der Art der Behinderung als auch nach der Anpassungsfähigkeit der Kinder. Solange sich ein hörbehindertes Kind noch nicht an die Gruppe gewöhnt hat, kann ich nicht erwarten, daß es auch nur eine Minute stillsitzt, wenn etwas besprochen wird. Es ist ihm langweilig, es steht auf und sucht sich eine Beschäftigung, ganz so, wie es in der freien Arbeitszeit erwünscht ist. Es ist ein recht schwieriger Lernprozeß, bis es verstanden hat, daß dieses sonst richtige Verhalten in diesem Augenblick stört, daß es sich jetzt gedulden muß. Dabei hilft es sehr, wenn die Gespräche nicht am leeren Tisch geführt werden, sondern wenn passende Gegenstände darauf ausgebreitet liegen. Das Kind kann dann etwas betrachten und befühlen, und es fällt ihm auch leichter, mit dieser Hilfe das eine oder andere Wort zu verstehen.

Als Grundregel gilt: *Alle Kinder müssen sich irgendwie beteiligen können!*

In dieser Zeit des Sich-Anpassens ist es noch nicht möglich, einem Kind deswegen eine Sonderstellung einzuräumen, weil es aufgrund seiner Behinderung eine bestimmte Tätigkeit nicht durchführen kann. Im Kindergarten jedoch, wenn es voll integriert ist, leidet das einzelne Kind nicht mehr darunter; es hat – im Gegenteil – oft sogar Spaß daran. In unserer Gruppe sollen die Kinder Freude am gemeinsamen Spiel finden. Die Ansatzpunkte sind deshalb so einfach und unkompliziert, daß jeder mitmachen kann. Sehr beliebt sind Finger- und Versteckspiele der unterschiedlichsten Art; später folgen kleine Kreisspiele und einfachste Gesellschaftsspiele. Es wird viel gesungen, stets in Begleitung von Triangeln oder Klanghölzern, weil ja jedes Kind mitmachen will. Ziel aller dieser Übungen: das Kind muß lernen, abzuwarten, bis es an der Reihe ist, aufzupassen, auch wenn es im Augenblick nicht aktiv sein kann, einfachste Regeln einzuhalten. Und dies alles möglichst aus eigenem Antrieb.

Anfang und Ende jeder Gruppenstunde sind gleich: Die Kinder begrüßen sich und verabschieden sich voneinander und auch von uns durch Handgeben, Blickkontakt und – soweit möglich – auch verbal. Gerade dieses Einüben der einfachsten Höflichkeitsformen fördert das Gruppenempfinden sehr.

Die Eltern beobachten die Gruppe durch eine Einwegscheibe. Sie sehen, wie neues Material angeboten und wie Hilfestellung geleistet wird, und verhalten sich zu Hause ähnlich. Nach jeder Gruppenstunde folgt ein kurzes Gespräch mit den Müttern.

In den fünf Jahren seit Beginn unserer Gruppentherapie konnten wir die unterschiedlichsten Verhaltensweisen beobachten. Besonders auffallend waren dabei verhaltensgestörte Kinder, die durch ihre ungestümen, abrupten Bewegungen und Äußerungen, die völlig unvorhersehbar waren, andere ängstigten. Dies betraf besonders zwei mongolide Kinder, die derart eingeschüchtert wurden, daß sie einen riesigen Rückschritt machten: sie klammerten sich erneut an die Mutter, waren absolut unfähig, sich im Beisein des anderen Kindes zu konzentrieren, auch wenn dies gerade still in einer anderen Ecke des Zimmers saß, und näßten wieder ein. In beiden Fällen dauerte es sehr, sehr lange, bis der alte Stand wieder erreicht war. Deshalb überlegen wir sehr genau, welches Kind in welche Gruppe paßt, und führen das verhaltensgestörte Kind nach Möglichkeit erst dann ein, wenn die anderen sich bereits wohl und sicher fühlen.

MARIA DESCHLE (München)

Soziale Integration bei mehrfach und verschiedenartig behinderten Kindern im Kindergarten

Seit Oktober 1971 bin ich im nach Maria MONTESSORI geführten Modellkindergarten von »Aktion Sonnenschein« tätig. Aufgrund dieser Erfahrung möchte ich zeigen, daß die Montessori-Pädagogik sich zur sozialen Integration von mehrfach und verschiedenartig behinderten und gesunden Kindern ausgezeichnet eignet.

Das vorliegende Referat beschäftigt sich im ersten Teil vorwiegend mit den Problemen der Gruppengründung und im zweiten mit Schwierigkeiten, denen der Erzieher dabei gegenübersteht.

Die Gruppenbildung

Behinderte Kinder werden erst im Kinderzentrum betreut, bevor sie in eine Gruppe aufgenommen werden. Durch die Montessori-Therapeutin werden sie auf die Kindergartengruppe vorbereitet. Das bedeutet, daß sie bereits durch ein bestimmtes Sozial- und Arbeitsverhalten und aufgrund ihrer Materialkenntnisse den nichtbehinderten Kindern gegenüber an Selbstvertrauen und Sicherheit gewonnen haben.

Sie werden von der ihnen vertrauten Montessori-Therapeutin und den Eltern in die Kindergartengruppe mit nichtbehinderten Kindern eingegliedert. Die Verweildauer des Kindes, der Eltern und der Therapeutin ist immer unterschiedlich. Sie entspricht den Fähigkeiten des Kindes.

Wichtig ist, daß der Erzieher für einige Tage dem neueinzugliedernden Kind mehr und der Gesamtgruppe weniger Zeit zukommen läßt. Kamen mehrere behinderte Kinder zur gleichen Zeit, so konnte ich kaum den gehäuften Schwierigkeiten gerecht werden, sie einerseits sowohl in räumlicher als auch in sozialer Hinsicht an die neue Umgebung anzupassen und andererseits das Kennenlernen und Akzeptieren der neuen Kinder und ihrer Behinderungen durch die Gruppe anzubahnen.

Die nichtbehinderten Kinder werden von den Eltern im Kindergarten angemeldet. Ehe das Kind in die Gruppe aufgenommen wird, haben Eltern und Kind die Möglichkeit, sich die Integrationsgruppe anzusehen, um eventuelle Sozialbarrieren abzubauen. Nach Zustimmung der Eltern folgt die ärztliche und psychologische Untersuchung hier im Hause, um Fehlentwicklungen, Entwicklungsstörungen oder -verzögerungen noch frühzeitig zu erkennen und, wenn notwendig, zu therapieren.

Die Gruppenzusammenstellung

Die von uns in eine Gruppe aufgenommenen Kinder weisen im allgemeinen Behinderungen folgender Art auf:
1. geistige Behinderungen, meist Morbus-Down-Syndrom;
2. Spina bifida, Hydrocephalus und Lähmungen;
3. cerebrale Bewegungsstörungen, d. h. spastische Lähmungen und Sprachentwicklungsrückstände;
4. Hör- und Sprachstörungen,
5. Körpermißbildungen, z. B. Zwergwuchs;
6. Sehstörungen und Blindheit mit eventuellen cerebralen Bewegungsstörungen;
7. Verhaltensstörungen und Legasthenie.

Die Gesamtgruppe setzt sich aus $2/3$ nichtbehinderter Kinder und $1/3$ mehrfach und verschiedenartig behinderter Kinder zusammen. Dieses Verhältnis hat sich bewährt, da selbst beim Fehlen von einigen nichtbehinderten Kindern immer noch genügend nichtbehinderte in der Gruppe sind.

Aufgrund der Überzahl der nichtbehinderten Kinder haben die behinderten die Möglichkeit, fortgesetzt richtige Verhaltensmuster zu beobachten und nachzuahmen. Wäre dieses Übergewicht nicht gegeben, bestünde die Gefahr, daß die dreijährigen nichtbehinderten Kinder die behinderten zu sehr nachahmen. In dem genannten Verhältnis können sich die behinderten Kinder jedoch wohl fühlen und anpassen. Ihre Fähigkeit zum Sozialkontakt wird somit nicht nur geweckt, sondern auch aufgebaut und weiterentwickelt.

Neben dem erwähnten Problem der richtigen Gruppenzusammenstellung besteht das des verschiedenen Entwicklungsstandes der Kinder.

Die Schwierigkeit ist die, daß bei den weiterentwickelten nichtbehinderten Kindern das intensive Interesse nicht mehr vorwiegend bei den »Übungen des praktischen Lebens« und beim »Sinnesmaterial« liegt. Infolgedessen wenden sie sich anderen aufbauenden Arbeitsmöglichkeiten zu. Die behinderten Kinder stehen jedoch noch am Beginn ihrer Persönlichkeitsentwicklung und brauchen aus diesem Grund viel Ansporn und Nachahmungsmöglichkeiten, Hilfen und Unterstützung.

Ein unterschiedlicher Entwicklungsstand innerhalb der Gruppe, d. h. verschiedene Altersstufen von 3 bis 6 Jahren, ist dabei notwendig, damit alle Bereiche – von den »Übungen des praktischen Lebens« bis zum »Sinnesmaterial«, zum »Sprachmaterial« und zum »mathematischen Material« – eingesetzt werden können. Deshalb sind Kinder in verschiedenem Alter, mit unterschiedlichem Entwicklungsstand und auch mit unterschiedlich langer Kindergartenzeit in der Gruppe.

Wegen der Unterschiede im Hinblick auf die soziale und intellektuelle Leistungsfähigkeit der Gruppenmitglieder kommt dem Erzieher die wichtigste Rolle zu. Er muß den Schweregrad einer Behinderung erkennen, darauf aufmerksam machen und sich selbst überlegen – auch mit den Kindern zusammen –, wie sie kompensiert werden kann. Dadurch gibt der Erzieher ein Vorbild, und die nichtbehinderten Kinder können ihm nacheifern. Ich hebe z. B. nicht einen Zylinder vom Boden auf, der dem blinden Kind vom Tisch fiel, ohne etwas zu sagen, sondern teile dem Kind mit, daß ich den Zylinder wieder aufgehoben habe und gebe ihn ihm zum Fühlen zurück.

Daraus entsteht in der Gruppe das Verständnis für das behinderte Kind, und es tritt ein, was Maria MONTESSORI über gemischte Altersgruppen schreibt. Ich zitiere aus ihrem Buch *Das kreative Kind*:

»Die Klasse wird eine durch Liebe vereinigte Gruppe. Die Kinder lernen untereinander ihre Charaktere kennen und schätzen sich gegenseitig.«

»Die Kleinen sehen, was die Größeren tun, und bitten sie um Erklärungen, die diese ihnen gern geben. Es ist ein regelrechter Unterricht, da die Geistesform des fünfjährigen Kindes dem des dreijährigen so nahe ist, daß das Kleine von ihm leicht aufnimmt, was wir ihm nicht erklären können. Zwischen ihnen besteht eine Harmonie und eine Lehrgabe, wie sie selten zwischen Erwachsenen und Kindern zu finden ist.«

Der Erwachsene hat oft nicht dieses feine Gespür, die Geduld oder die Ausdauer, die gerade ein behindertes Kind braucht. Er hilft manchmal zu oft oder läßt das Kind allein, wenn es die emotionale Zuwendung oder praktische Hilfeleistung des Erziehers braucht.

Die Aufgabe des Erziehers

Der Erzieher hat nicht nur jedes Kind zu respektieren, sein Verhalten auf die Bedürfnisse des einzelnen Kindes abzustimmen, die Umgebung im Kinderhaus vorzubereiten und Materialdarbietungen zu geben; er hat überdies die entscheidende Aufgabe, den nichtbehinderten Kindern in vorsichtiger Weise die Bedürfnisse der Behinderten nahezubringen.

Er darf dabei keine Vorurteile entstehen lassen und muß sich dem Sprachverständnis der einzelnen Gruppenmitglieder anpassen. Es sollte keineswegs der Eindruck entstehen, daß behinderte Kinder vieles nicht tun *wollen* oder, weil sie behindert sind, ohnehin nicht tun *können*. Neben den

Einführungen in die Übungen des praktischen Lebens – wie man sich auf einen Stuhl setzt und wieder aufsteht bzw. herunterkrabbelt – lernt das behinderte Kind auch, wie man sich helfen läßt, trotzdem selbständig wird und bleibt und sein Leben mit der Behinderung zu akzeptieren lernt.

Wir müssen kleinste Fortschritte erkennen lernen und die Gruppe darauf aufmerksam machen, damit alle daran teilhaben.

Erklärt man den Unterschied von Behinderung und Nichtbehinderung ungenügend oder gar nicht, so werden die nichtbehinderten Kinder teilweise überfordert, weil sie dann das Verhalten der Behinderten nicht so recht verstehen können.

Neben dem Aufzeigen der Behinderungen und unserer Art der Hilfeleistung muß der Erzieher Grenzen im Sozial- und Arbeitsverhalten setzen und auf deren Einhaltung achten, denn »Freiheit darf nicht Willkür« sein, sondern muß für das einzelne Kind wie für die gesamte Gruppe die Möglichkeit der persönlichen Entfaltung bieten.

Jedes Kind soll sich in der Gruppe unauffällig verhalten. Doch gerade bei behinderten Kindern muß der Erzieher darauf achten, daß kein Kind von anderen abgelehnt wird. Konflikte können manchmal von der Gruppe selbst ausgetragen werden. Der Erzieher aber muß hilfsbereit zur Seite stehen und, wenn notwendig, die Kinder mit Geduld und Verständnis wieder in die Grenzen weisen.

Auch beim nichtbehinderten Kind tritt häufig ein Problem im Sozialverhalten auf, nämlich dann, wenn seine gutgemeinte Hilfestellung einmal an eine Grenze stößt, an der seine Hilfe dadurch zum Hindernis wird, daß sie das behinderte Kind nicht zur angestrebten Selbständigkeit finden läßt.

Oft höre ich von Außenstehenden, daß unter den Kindern angeblich Neid und Grausamkeit herrschten. Ich finde, daß es dazu nicht kommen muß, wenn die Kinder für die jeweilige Behinderung durch die Aufklärung des Erziehers und Gespräche mit den Behinderten Verständnis gewonnen haben.

Maria MONTESSORI sagte: »Bei den Kleinen gibt es keinen Neid; es kränkt sie nicht, daß die Großen mehr wissen als sie, denn sie fühlen, wenn sie einmal gewachsen sind, wird die Reihe an ihnen sein.«

Hier möchte ich hinzufügen, daß sich auch beim nichtbehinderten Kind – wie beim behinderten Kind – Verhaltensauffälligkeiten oder -störungen einstellen können, und zwar dann, wenn diese Kinder eigentlich mit neuem Material umgehen möchten und der Erzieher diese Bereitschaft übersieht oder das Kind für noch unfähig hält.

Die freie Beschäftigungswahl

Es ist wichtig, daß man auch dem behinderten Kind die freie Beschäftigungswahl ermöglicht. Ich gebe dem Kind eine Einführung in das nächste Material und beobachte. Oft erlebe ich, daß ein behindertes Kind bei den Wiederholungen nicht in der Weise weiterarbeitet wie ein nichtbehindertes Kind, denn es findet seinen eigenen Weg, den ich respektieren, verstehen und fördern muß. Geben wir dem Kind nicht die Möglichkeit einer selbständigen Entfaltung seiner Persönlichkeit, dann können wir den Weg seiner kindlichen Selbstentfaltung stören, weil wir ihm die Motivation zur Aktivität und Kreativität nehmen, durch die es sich selbst aufbaut.

Wir dürfen nicht vergessen, daß auch soziale Integration ein Lernprozeß ist, der vom Lehrer und den Kindern gemeinsam aufgebaut werden muß.

Aus dieser Sicht ergibt sich, daß Probleme der Integration abgebaut und gelöst werden können, wenn wir uns richtig verhalten und bereit sind, den Prozeß abzuwarten.

Abschließend möchte ich ein Gespräch der Kinder zitieren. Zwei nichtbehinderte Mädchen unterhalten sich über einen behinderten Buben. Das jüngere Mädchen fragt das ältere, ob der Bub behindert ist. Das ältere Mädchen gibt zur Antwort: »Nein, der ist blind.« Daraufhin stellt das jüngere Mädchen fest, daß der Bub sich so verhält, daß man kaum erkennen kann, daß er blind ist. »Wir brauchen nur zu klatschen, dann kommt er in die gewünschte Richtung, und weil er nicht sehen kann, geben wir ihm alles in die Hände zum Fühlen oder wir berichten ihm darüber. Es ist genauso, als wenn wir die Augenbinde anhaben würden.«

Dieses Beispiel zeigt uns, daß behinderte Kinder von nichtbehinderten Kindern angenommen und verstanden werden. Die Fähigkeit zum Sozialkontakt wird nicht nur erweckt, sondern auch aufgebaut und weiterentwickelt. Aufgrund des Solidaritätsgefühles wird dann ein »Chaos« zur Harmonie in der Gruppe.

BRIGITTE OCKEL (München)

Die soziale Integration mehrfach und verschiedenartig behinderter Kinder in der Münchner Montessori-Schule

Aus den bisherigen Vorträgen ist ersichtlich geworden, welche Arten von Behinderungen es gibt. Wie wenig abgrenzbar bzw. fließend jedoch der Begriff »behindert« ist, wird in unserer Schule deutlich.

Weil sich hier jeder seinen Bedürfnissen entsprechend betätigen kann und keiner – wie in der Regelschule – dazu verurteilt wird, versagen zu müssen, fällt es Besuchern bei einer Hospitation schwer, die behinderten Kinder überhaupt herauszufinden, wenn es sich nicht gerade um ein spastisch gelähmtes oder ein Kind im Rollstuhl handelt.

Oft wird deshalb gefragt: »Wer ist behindert in Ihrer Klasse?« Und jetzt ergibt sich nicht selten eine sehr paradoxe Situation, denn wenn man das Wort »behindert« wörtlich versteht, müßte die befragte Lehrerin auf jene Kinder hinweisen, die in ihrer Arbeit nicht vorwärtskommen, die Schwierigkeiten haben, Kontakt zu finden, die sich zuviel helfen lassen, die zuviel Bestätigung brauchen, die sich nicht konzentrieren können, die noch nicht gelernt haben, ihre Arbeit frei zu wählen, die ziellos umherschweifen, die für ihre Arbeit noch keine Verantwortung übernehmen können oder die keine Ausdauer bei einer Tätigkeit aufbringen. Nur in einigen Fällen werden die genannten Charakteristika auf die sogenannten »behinderten Kinder« zutreffen. Wer also sind die Behinderten nun wirklich?

Zählt das normal begabte Kind dazu, das zu keiner Konzentration fähig ist, oder das körperbehinderte Kind, das mit unglaublicher Geduld täglich auf seinen bis zum Gesäß reichenden starren Gehschienen sitzt und sich linkshändig die Fähigkeiten des Rechnens und Schreibens erwirbt?

Aus dieser paradoxen Situation ergibt sich, daß der Begriff der »Behinderung« kein statischer Begriff ist und daß jeder von uns von einer Behinderung betroffen werden kann.

Ein schwerhöriges Kind ist so lange schwer behindert, wie es nicht zur Zeit der normalen Sprachentwicklung ein passendes Hörgerät und die notwendige Sprachtherapie erhält, damit es verstehen und sprechen lernen kann. Je früher seine Behinderung erkannt wurde und je früher ihr begegnet werden konnte, um so größer sind die Chancen, daß es später seinen vollgültigen Platz im Berufsleben einnehmen kann.

Viele Kinder, die in den vergangenen Jahren bei uns als Versager aus Regelschulen aufgenommen wurden, haben sich bei uns gut entwickeln können, und manche haben sogar den Übergang ins Gymnasium oder in eine Realschule geschafft. Diese Kinder wurden eindeutig durch die jeweilige Schulsituation behindert. Das ist ein schwerwiegender, aber leider nicht widerlegbarer Vorwurf gegen die Unvollkommenheit unseres heutigen Regelschulsystems.

Es muß unser Bestreben sein, Behinderungen frühzeitig zu erkennen und sie dann mit entsprechenden Maßnahmen zu lindern oder sogar zu beseitigen.

Eine erkannte Behinderung ist nicht selten eine Herausforderung an den Betroffenen. Er muß sich mehr anstrengen, er braucht mehr Ausdauer, er lernt es, mehr Frustrationen zu ertragen. Er wird dadurch kräftiger und widerstandsfähiger.

Es kann sein, daß ein organgeschädigtes Kind, dem rechtzeitig Hilfen gegeben wurden, einem gesunden Kind, das durch eine ungünstige Situation im Elternhaus oder in der Schule nicht die Entwicklungschancen erhielt, die es zur Entfaltung seiner Persönlichkeit benötigt hätte, im späteren Leben überlegen ist.

Warum ist Integration der behinderten Kinder notwendig?

Unser Ziel ist es, Kindern, die nach der augenblicklichen Praxis in eine Sonderschule eingewiesen werden müssen, weil die Regelschule den Bedürfnissen dieser behinderten Kinder nicht gerecht werden kann, bei uns die Möglichkeit zu geben, mit nichtbehinderten Kindern aufzuwachsen und somit die gesellschaftliche Isolation zu vermeiden.

Leben behinderte Kinder in homogenen Gruppen, so verlieren sie den Kontakt mit ihren gleichaltrigen nichtbehinderten Kameraden. Sie erhalten nicht jene vielseitigen Anregungen, die täglich von einer gemischten Gruppe ausgehen. Sie können ihre eigene Behinderung nicht im angemessenen Verhältnis zu den Nichtbehinderten erkennen und akzeptieren lernen. Sie haben auch keine Gelegenheit zu erfahren, daß sie in mancher Weise den nichtbehinderten Kindern ebenbürtig oder sogar überlegen sind.

Andererseits entwickeln die nichtbehinderten Kinder angesichts behinderter ein Fremdverhalten. Sie fühlen sich ihnen gegenüber hilflos, weil sie nicht wissen, wie sie sich bei einer Begegnung verhalten sollen.

Es gilt deshalb, schon frühzeitig bei unseren Kindern das Verständnis für die Bedürfnisse ihrer Kameraden zu wecken. Die Integration der behinderten in die Gruppe der nichtbehinderten Kinder ist eine vordringliche gesellschaftspolitische Aufgabe, die in erster Linie durch die für alle heranwachsenden Menschen obligatorische Schule zu bewirken ist.

Möglichkeiten, Maßnahmen und Grenzen der Integration bei Anwendung der Montessori-Pädagogik

Die Integration beginnt, wie wir gehört haben, im Kindergarten bei den Drei- bis Sechsjährigen, und es waren die Eltern, die nach zweijährigem Kindergartenbesuch ihrer behinderten und nichtbehinderten Kinder darauf bestanden, daß die Integration der behinderten Kinder auch in der Schule fortgesetzt werden sollte.

Die kleinen Kinder erkennen nur die offensichtlichen Behinderungen. Nach einer kurzen Einführung nehmen sie die notwendige Rücksicht und geben die erforderlichen Hilfen. Freundschaften bilden sich ganz spontan.

Manches behinderte Kind hat auch unangenehme Eigenarten. Es sabbert, weil es seinen Speichelfluß nicht halten kann, es kann nicht die Hand reichen wie ein gesundes Kind, es fällt aufgrund seiner spastischen Lähmungen leicht hin, es ist ungeschickt und kommt beim Spaziergang oder beim Spiel nicht so schnell mit. Da brauchen die nichtbehinderten Kinder die Hilfe des Erwachsenen. Er muß ihnen erklären, warum beispielsweise Martin seinen Speichel nicht wie sie halten kann.

In der Schule verschiebt sich die Problemstellung ein wenig, da jetzt das Erlernen der Kulturtechniken wie Lesen, Schreiben und Rechnen in den Vordergrund rückt. Die behinderten Kinder können da oftmals nicht schritthalten. Bei Kreisgesprächen sind sie oft zurückhaltender, weil sie sich nicht so gut ausdrücken und dem Gedankengang nicht rasch genug folgen können.

In der Gesprächsrunde soll jeder drankommen, und wir müssen lernen, auch auf die langsamen Denker und Sprecher zu warten. Die Lehrkraft versucht, in den verschiedenen Situationen immer wieder das Verständnis der Kinder zu gewinnen. Ich möchte Ihnen ein Beispiel aus dem Bericht von Frau GOBBIN vorlesen.

Im vierten Schuljahr planten die Kinder, ein eigenes Theaterstück zu schreiben.
Nun sollte sich jedes der 19 Kinder überlegen, welchen seiner Klassenkameraden es für geeignet hielt, in einem solchen »Dramaturgenteam« positiv mitzuarbeiten. Dann durfte es fünf Namen außer seinem eigenen auf ein Papier schreiben.
Die öffentliche Auszählung dieser geheimen Wahl war ein ausgesprochen spannendes Ereignis. Zettel für Zettel wurde laut verlesen. Bei einigen Kindernamen wuchsen die Strichleinreihen gleichmäßig an, bei anderen kam nur hin und wieder ein Strich dazu. Hier geriet der Stimmenzuwachs ins Stocken, dort holte einer rasant auf. Klaus ritt allen anderen davon. Am Ende der Auszählung hatte er die stolze Summe von 14 Stimmen hinter seinem Namen stehen. Ein verdientes und passendes Ergebnis, denn Klaus war nicht nur intelligent und wortgewandt, sondern auch kameradschaftlich, tolerant und humorvoll.

Ihm folgten Carola mit zehn Stimmen und Christa, Walter und Karin mit je acht Stimmen, ein dramatisches Kopf-an-Kopf-Rennen. Die Gruppe war komplett, das Team »stand«.

Doch so problemlos das auch auf den ersten Blick aussah, es war es keinesfalls. Schon gegen Ende der Auszählung hatte Georg mit unverhohlener Enttäuschung in der Stimme laut, trotz seiner schweren Sprachbehinderung gut verständlich, vor sich hin gesagt: »Ich habe nur zwei Stimmen.«

Ich muß erklären, warum ich mich hier verpflichtet fühlte, helfend einzugreifen.

Georg war körperlich durch seine Spastizität in der Bewegung und Sprache schwer behindert, aber geistig Klaus ebenbürtig. Die Kinder wußten, daß er ihnen leistungsmäßig oft weit voraus war und sehr selbständig dachte und handelte. Wenn Georg mündliche Beiträge gab, war es jedoch für die Klasse oft schwer, die Geduld aufzubringen, ihm zuzuhören, weil man diese Art wartender Konzentration einfach sonst nie üben muß und darum nicht daran gewöhnt ist. Sonst hört man einem Menschen einfach zu und erkennt schnell, ob er Richtiges oder Falsches redet, wiederholt, was andere schon sagten, und selbständig neue Gedanken vorbringt, ob er Ernstes oder Humorvolles von sich gibt. Bei Georg muß man zusätzlich aus zwei, drei mühsam verstandenen Wörtern, zwischen denen einem vielleicht zwei, drei andere Wörter unverständlich bleiben, einen Sinn entnehmen. Rasch versucht man weiterzukombinieren, was er wohl sagen will, und kontrolliert dann an dem, was er wirklich sagt, ob man richtig vorausdachte. Oft spricht er dann ganz andere Wörter, als man erwartete. Man bekommt den Sinn nicht mehr zusammen und ist ratlos, enttäuscht, frustriert. Man muß um Wiederholung bitten, er gibt sie mühsam oder verzichtet resigniert. Manchmal geht man aber auch selbst, obwohl man nichts verstanden hat, freundlich nickend oder ihn bestätigend einfach zum nächsten Punkt des Gespräches über, ohne seinen Beitrag zu würdigen. Trotz aller Bemühung, einen solchen Menschen zu integrieren, obwohl man ihn wirklich mag und ihm seine Situation erleichtern möchte, obwohl man seine Rechte achten will, geht man eben doch manchmal über ihn hinweg, aus Zeitmangel, aus Kraftlosigkeit, aus Ungeduld, aus schwerpunktmäßig woanders liegenden Interessen. Und genau das war hier geschehen.

Georg war genauso wie Klaus geeignet, im »Dramaturgenteam« mitzuarbeiten. Intelligent, phantasiebegabt, humorvoll, wortgewandt, ideenreich, kreativ, dazu kameradschaftlich, partner- und gruppenbezogen, ausdauernd und konzentriert in der Arbeit. Warum hatten die Kinder ihm nur zwei Stimmen gegeben? Sie hatten ihn vergessen, übersehen, übergangen.

Für mich stand fest, daß Georg ins Team mußte. Aber ich konnte es nicht so einfach bestimmen. Wahl war schließlich Wahl. Würde es mir gelingen, die Kinder davon zu überzeugen, daß hier eine Sonderregelung für ein behindertes Kind gerechtfertigt war? Würden auch die Kinder meinen Argumenten folgen, die selbst gerne ins »Dramaturgenteam« gewählt worden wären und sieben oder sechs Stimmen hatten?

Zum Glück bot sich mir ein Trick an. Einige Kinder hatten nämlich nicht aufgepaßt und Kindern ihre Stimme gegeben, die es abgelehnt hatten, im Team mitzuarbeiten. Es waren genau sechs auf diese Weise sinnlos vergebene Stimmen. Wenn man diese sechs Stimmen Georg gab, hatte er die gleiche Stimmenzahl wie drei andere

Kinder des Teams. Dann war nur noch meine Erlaubnis nötig, das Team auf sechs Kinder zu erweitern, denn es war wohl selbstverständlich, daß ich niemanden auffordern konnte, das Team wieder zu verlassen.

Am nächsten Tag hielt ich den Kindern einen kleinen Vortrag über Georgs Problem, über seine den Kindern ja bekannte Fähigkeiten und den Auswirkungen seiner Behinderung, die ihn so leicht in die Gefahr brachten, übersehen und übergangen zu werden. Georg strahlte. Diese Wende der Ereignisse, daß ich mich als sein Anwalt einsetzte, hatte er wohl nicht mehr erwartet. Die Gesichter der anderen Kinder waren ernst, nachdenklich, teilweise bestürzt. Auf meine Frage, ob sie sich vielleicht doch etwas bei ihrer Wahl gedacht und gemeint hätten, daß Georg sich mit seinen Sprechschwierigkeiten in der Gruppe nicht so durchsetzen könnte und die Gruppe aufhielte, schüttelten einige die Köpfe. Bewegung kam in die Klasse erst wieder, als ich fragte, ob sie ihn einfach vergessen hätten. Spontan bejahten sie dies und äußerten überzeugend ihr Bedauern. Mein Jonglierstückchen mit den Stimmen wurde kaum noch zur Kenntnis genommen, dagegen Georg begeistert im Team begrüßt. Am Ende des Schultages verabschiedete sich Georg von mir mit den Worten: »Danke für die Hilfe.«

Die Erfahrung hat uns gelehrt, daß besondere Anstrengungen der behinderten Kinder spontan gewürdigt werden. So klatschen die Kinder, wenn Markus, der schwerhörig ist und mit der Sprache zu kämpfen hat, ein Gedicht aufsagt. Auch die Herstellung sozialer Kontakte nimmt in der Schule einen großen Raum ein.

Helfen und Helfenlassen

Angelos wird mit dem Schulbus gebracht. Vom Schultor läuft er am Rollator bis zur Treppe. Dort muß ihm jemand den Rollator abnehmen. Auch die Schultasche kann er nicht selbst tragen. Angelos muß lernen, um die erforderliche Hilfe zu bitten, und seine Kameraden müssen sehen lernen, welche Hilfen Angelos braucht. Sie dürfen nicht zuviel und nicht zuwenig helfen.

Angelos hat eine schlaffe spastische Lähmung, vor allem in den Beinen. Er hat auch große Mühe beim Schreiben, und er spricht sehr langsam.

Wir suchen einen Freund für Angelos, der sich ein bißchen mehr als die anderen für ihn verantwortlich fühlt. Zuerst ist es Gerhard, ein lernbehindertes Kind, das stolz ist, ihm helfen zu können. Später freundet Martin sich mit ihm an. Martin kommt als Versager aus einer Regelschule zu uns. Es ergibt sich zufällig, daß er neben Angelos sitzt. Martin findet auch Kontakt zu den anderen Jungen. So wird er zum Bindeglied zwischen dem behinderten Angelos und den nichtbehinderten Jungen der Klasse.

Angelos kann auf dem Hof nicht richtig mitspielen, weil er nur auf dem

Dreirad fahren oder am Rollator laufen kann. Es müssen für ihn Spiele erfunden werden, und auch da hilft der Lehrer mit Vorschlägen.

Wenn einer beim Turnen den Ball nicht fangen kann, dann müssen wir im Wettspiel für ihn eine neue Regel erfinden, damit es ihm möglich ist, mitzuspielen.

Relativ leicht ist es, das Verständnis der Kinder zu gewinnen, wenn es sich um körperliche Behinderungen handelt. Schwerer ist es, geistige Schwächen zu erkennen und zu akzeptieren. Aber auch das ist mit einiger Geduld zu erreichen.

Prinzipien der Integration

Diana rennt beim Brennball immer vom Ball weg, wenn gar keine Aussicht besteht, daß sie das nächste Ziel ohne Treffer erreicht. Sie erhält zum Laufen einen Führer. So kann sie vollgültig mitspielen, ohne daß die Partei, in der Diana ist, einen wesentlichen Nachteil hat.

Nur durch solche praktische Übungen kann Integration erreicht werden. Es genügt also nicht, behinderte und nichtbehinderte Kinder zusammen in einer Klasse aufzunehmen. Es genügt auch nicht, nur individuelles Lernen zu ermöglichen. Es bedarf seitens des Lehrers und der Kinder einer aktiven Bewußtwerdung der Probleme.

In unserer Modellschule können viele, auch schwerer behinderte Kinder in eine Gruppe nichtbehinderter Kinder mühelos integriert werden, weil wir Prinzipien anwenden, die es dem einzelnen Kind ermöglichen, selbsttätig, mit seinen eigenen Sinnen und nach eigenem Rhythmus und Tempo lernen zu dürfen.

Die Organisation des Unterrichts in einer Montessori-Schule läßt es zu, daß der Lehrer sich jedem einzelnen Kind widmen und so auch dem behinderten Kind spezielle Hilfen geben kann. Während der täglichen Freiarbeitsphase hat jedes Kind Gelegenheit,

- allein zu arbeiten;
- mit einem Partner zu arbeiten, der mehr als es selbst kann,
  - oder der auf gleicher Stufe steht,
  - oder der weniger als es selbst kann;
- es kann die Lehrerin um eine Lektion bitten;
- es kann bei einer Lektion, die ein anderes Kind erhält, zuschauen,
  - oder es kann Mitschüler bei der Arbeit einfach beobachten.

Die vielfältigen Möglichkeiten, die die Freiarbeitsphase zur Integration der Kinder bietet, können an dieser Stelle nicht entsprechend geschildert werden.

Organisatorische Maßnahmen unseres Modells

Die Klassenstärke liegt bei 20 bis 24 Kindern. Die Kinder bleiben in der Regel vom ersten bis zum vierten Schuljahr bei der gleichen Lehrkraft. Kind und Lehrer haben Zeit, sich aufeinander einzustellen. Erst dann wird entschieden, ob ein Kind noch ein weiteres Jahr in der Grundschule bleibt und dann zu einer neuen Lehrkraft und in eine neue Klasse überwechselt. Es gibt also kein Sitzenbleiben und die damit einhergehenden Schwierigkeiten.

Jedem Klassenlehrer ist ein Assistent zugeordnet, der vornehmlich bei der Betreuung der behinderten Kinder hilft. Dieser Assistent ist in den meisten Fällen ein Praktikant, der nach Abschluß einer Realschule ein sogenanntes Freiwilliges Soziales Jahr ableistet. Daneben ist für die ganze Schule ein klassenübergreifender Sonderschullehrer tätig, der den Klassenlehrer berät, in welcher Weise er Schwierigkeiten des Lernens und des Verhaltens eines Schülers oder Problemen, die die Eltern haben, begegnen kann. Geht es um Verhaltensschwierigkeiten, kann auch der Schulpsychologe zur Beratung herangezogen werden.

Die Praxis hat gezeigt, daß sich unser ursprünglicher Ansatz – die Mischung von behinderten und nichtbehinderten Kindern im Verhältnis 1 : 3 – bewährt hat.

In eine Gruppe von durchschnittlich 21 Schülern nehmen wir fünf verschiedenartig und mehrfachbehinderte und zwei von Behinderung bedrohte Kinder auf. Letztere sind Kinder, die nach Aussage der Erzieher den Anforderungen einer Regelschule voraussichtlich nicht standhalten werden.

Um eine intensive Integration erreichen zu können, wird darauf geachtet, daß in jede Gruppe möglichst Kinder aufgenommen werden, die sehr unterschiedlich behindert sind, damit diese behinderten Kinder ihrerseits keinen Anlaß haben, eine eigene isolierte Kleingruppe zu bilden.

So nehmen wir in eine neue Klasse im günstigsten Fall folgende Kinder auf:

– ein körperbehindertes Kind, das Gehhilfen oder einen Rollstuhl braucht;
– ein seh- oder hörbehindertes Kind;
– ein sprachbehindertes Kind;
– ein lernbehindertes Kind (verschiedenste Ursachen wie Hirnschädigungen oder Anfallsleiden etc.);
– ein Kind mit auffälligen Verhaltensstörungen;
– zwei Kinder, die aus verschiedensten Gründen den augenblicklichen Schulverhältnissen in einer Regelschulklasse nicht gewachsen sein werden, aber durchschnittlich intelligent sind.

Die Grenzen der Eingliederung liegen da, wo das behinderte Kind nicht aus eigener Kraft eine gewisse Strecke des Lernens allein bewältigen kann, weil die Lernhilfen dazu fehlen oder weil es einer kleinen Gruppe bedarf, in der der Lehrer ihm häufiger zur Verfügung steht. In diesem Sinne sind nach unserer bisherigen Erfahrung nicht integrierbar:

– ein völlig taubes Kind;
– ein völlig blindes Kind;
– ein bettlägeriges Kind;
– ein geistigbehindertes Kind, d. h. ein Kind, das weit unter dem normalen Grad der Fähigkeit der Begriffsbildung liegt;
– ein autistisches Kind, d. h. ein Kind, das zur normalen Kontaktaufnahme nicht fähig ist und entweder extrem passiv oder extrem aggressiv ist.

Wir freuen uns, daß Kinder, Eltern und Lehrer auf dem Weg der Integration sichtbare Fortschritte machen konnten, und wir erhoffen uns die Möglichkeit, die Integration der behinderten Kinder im Hauptschulbereich fortsetzen zu können.

Literatur

Bericht über die Schülerjahrgänge 1971–1975 und 1972–1976 in der Privaten Sonderschule der Aktion Sonnenschein. Schulversuch nach Maria Montessori. Sonnenschein Report 1976 (für das Zitat von E. GOBBIN vgl. S. 43–46).

WOLFGANG GUFLER (München)

Psychopädagogische Fragen zur integrierten Erziehung behinderter und nichtbehinderter Kinder in der Montessori-Pädagogik

Das herkömmliche vertikal strukturierte Schulsystem ist in dem Maße ins Kreuzfeuer der Kritik geraten, in dem sich gezeigt hat, wie wenig es in der Lage ist, die Erreichung der von ihm proklamierten Lernziele zumindest für die Mehrzahl der Kinder zu gewährleisten, wie sehr die permanente Leistungsdruckverschärfung – und hier vornehmlich an Grundschulen – von der eigentlichen Aufgabe, nämlich zu unterrichten, abhält und diese auf mehr oder weniger offenkundige Maßnahmen selektiven Charakters beschränkt (vgl. u. a. HENTIG 1976, AAB u. a. 1974, REISER 1976, HOMFELD 1974). Folgt man Untersuchungsergebnissen, die Angstfreiheit als entscheidende Variable für längerfristigen Lernerfolg ansehen (MANDLER u. SARASON 1952, WELLENDORF 1973), so muß man zu dem Schluß kommen, daß durch die derzeitige Organisationsstruktur (additives Nebeneinander von Grund- und Sonderschulen) des Primarbereichs und durch die in den Schulen praktizierten Unterrichtsformen die proklamierten Ziele weitgehend verfehlt werden.

Das Problem läßt sich in vereinfachter Form durch den Kreislauf zwischen der permanenten Anwendung normorientierter Leistungsmessung, dadurch »institutionalisiertem« Leistungsdruck, Schulangst und Leistungsversagen auf seiten des Schülers und der teilweisen oder gänzlichen Selektion durch die Schule beschreiben (vgl. dazu INGENKAMP 1972).

Die Montessori-Schule als humane Alternative

Die Montessori-Schule versteht sich als eine humane Alternative zum herkömmlichen Grund- und Sonderschulwesen, denn
– als integrierte Schule des Primarbereichs kann sie fast völlig auf selektive Maßnahmen verzichten;
– aufgrund weitgehender Individualisierung des Unterrichts und der Lernanforderungen gibt es kein »Durchfallen«;
– anstatt normorientierter Leistungsbeurteilung werden kriterienorientierte Verfahren eingesetzt; die mit negativen Konsequenzen verbundene Notenvergabe entfällt völlig;

– durch freie Unterrichtsformen wird das Kind zur freien, spontanen, von innen her motivierten Arbeit angeleitet.

Die positiven Möglichkeiten der Montessori-Schule im Bereich der sozialen Förderung behinderter und nichtbehinderter Kinder werden in der Regel gesehen und anerkannt. Kritik richtet sich daher gegen den Anspruch der Schule, alle Kinder leistungsmäßig adäquat zu fördern.

Die im folgenden referierte Untersuchung greift diese Kritik auf und setzt sich mit folgenden Fragestellungen auseinander:

1. Arbeiten die Kinder an unserer Schule entsprechend den Lernzielen des für die entsprechenden Grundschulklassen geltenden Lehrplans?
2. Erreichen die Kinder an unserer Schule – trotz weitgehend anders strukturierter Lernsituationen – gleiche oder bessere Ergebnisse im Leistungsbereich?
3. Von welchen situativen Bedingungen hängt der subjektiv erlebte Leistungsanspruch der Kinder ab?

Die Datenerhebung zu diesen Fragen erfolgte über ein in den Unterrichtsablauf integriertes System zur Erfassung und Beurteilung der von den Kindern während der Freiarbeitsphase ausgeführten Arbeiten.

Vor Beginn jeder Arbeit holt sich das Kind ein »Beurteilungskärtchen«. Das Kind füllt das Kärtchen soweit wie möglich selbständig aus. Ergän-

Name:			Datum:	Deutsch	Rechnen	Sachkde.	Material:					
selbst-gewählt	A	Lehrplan										
	B	wie schwer die Aufgabe für mich war										
empfohlen	C	wie gut und schnell ich gearbeitet habe										
	D	wie schön und genau ich gearbeitet habe										
gegeben	E	wie selbständig ich gearbeitet habe										
				1	2	3	4	5	6	7		
demonstriert	allein	zu zweit	Gruppe									

Abb. 1

zende Einträge (z. B. genaue Materialbezeichnungen) werden während der Arbeit vom Lehrer oder dem Lehrerassistenten vorgenommen.

Nach Abschluß der Arbeit wird diese gemeinsam von Lehrer und Kind durchgesprochen und anhand verschiedener Kriterien beurteilt. Die Handhabung des Systems im Unterricht erfüllt damit neben der Datensammlung im Rahmen der Untersuchung weitere wichtige Funktionen:

– Der Lehrer erhält einen exakten Überblick über alle vom Schüler bearbeiteten Materialien. Er kann jederzeit die Leistungen des Kindes mit den im Lehrplan formulierten Kriterien vergleichen (kriterienorientierte Messung) und steuernd eingreifen, wenn das Kind in bestimmten Bereichen entscheidend in Verzug gerät. Die Handhabung des Systems strukturiert den Ablauf des Arbeitsprozesses vor, was sich speziell für behinderte Kinder als vorteilhaft erweist. Die Zuwendung des Lehrers verteilt sich gleichmäßiger auf die einzelnen Kinder, und es wird gewährleistet, daß jedes Kind ein Feedback für angefertigte Arbeiten erhält.
– Für das Kind hat das Holen des Kärtchens Zeichencharakter; es wird damit zum diskriminativen Stimulus für gezielte, absichts- und planvolle Beschäftigung. Nach Beendigung jeder Arbeit wird diese mit dem Lehrer durchgesprochen. Das Kind erhält damit ein sofortiges Feedback. Je unmittelbarer die Konsequenz (Beurteilung), desto wirksamer (produktiver) ist sie. Das Gespräch mit dem Lehrer wirkt als soziale Verstärkung. Durch das Gespräch mit dem Lehrer erfährt das Kind, was von ihm erwartet wird; es ist in der Lage, die ihm angemessenen Maßstäbe zu setzen und eigene Leistungen objektiv einzuschätzen.

Die Definition der Beurteilungskategorien

Die abgeschlossene Arbeit eines Schülers wird anhand von fünf Beurteilungsdimensionen bewertet. Die Dimensionen sind als unabhängig voneinander zu betrachten. Die auf den Kärtchen selbst aufgeführten Definitionen sind kindgemäße Formulierungen. Sie sind nicht als Orientierungshilfe für den Lehrer gedacht. Sie können – so verwendet – zu einer falschen Vorstellung der Beurteilungsdimensionen führen.

A. Lehrplan

Der Lehrplan legt die Reihenfolge der Lernschritte fest. Er gibt Zeitpunkte vor, zu denen bestimmte Aufgaben bearbeitet werden sollen. In der Dimension *Lehrplan* wird durch den Lehrer eingetragen, wie groß der zeitliche Abstand des bearbeiteten Materials zu den Normwerten des Lehrplans ist.

Die Qualität der Ausführung spielt dabei keine Rolle.

Rating			
1	− 2 Jahre	Die Aufgabe sollte schon vor	
2	− 1 Jahr	_____ Jahr(en) bearbeitet worden	
3	− ½ Jahr	sein.	
4	0		
5	− ½ Jahr	Der Lehrplan sieht diese Aufgabe	
6	− 1 Jahr	erst in _____ Jahr(en) vor.	
7	− 2 Jahre		

B. Subjektive Schwierigkeit

Das Kind gibt Auskunft darüber, wie schwer es die Aufgabe empfunden hat. Der Lehrer gibt dabei Orientierungshilfen. Dazu kann in einer ersten groben Einschätzung gefragt werden, ob die Aufgabe *unter*fordert (1, 2), *adäquat* fordert (3, 4, 5) oder *über*fordert (6, 7). Eine weitere Hilfe zur Voreinschätzung besteht für den Lehrer in der Überlegung, ob das Kind bereits über die Kenntnisse und Fertigkeiten verfügt, die zur Bearbeitung der Aufgabe erforderlich sind, oder ob diese erst während der Bearbeitung entwickelt werden sollen. Nach PIAGET (1972) sollen Fälle der ersten Art *Assimilation,* solche der zweiten Art *Akkomodation* heißen. Assimilation beschreibt dabei die kognitiven Prozesse, die bei Aufgaben mit dem Schwierigkeitsindex 1–4 dominieren; das Kind paßt dabei die Umwelt vorhandenen kognitiven Strukturen an. Akkomodation beschreibt die kognitiven Prozesse, die bei Aufgaben mit Schwierigkeitsindex 4–6 dominieren; das Kind verändert seine kognitiven Schemata und entwickelt selbständige Lösungsschritte.

unterfordert	1	äußerst leicht	verspielte Beschäftigung ohne erkennbare Mühe;
	2	sehr leicht	verspielte Haltung überwiegt;
fordert adäquat	3	leicht	Aufgabe wird als problemlos empfunden;
	4	adäquat	Aufgabe fordert, aber überfordert nicht; Kind verfügt über alle notwendigen Kenntnisse und Fertigkeiten;
	5	schwer	schwierige Aufgabe, der das Kind nur mit großer Anstrengung gewachsen ist; es werden selbständig Lösungsschritte entwickelt;

	6	sehr schwer	Aufgabe bringt große Schwierig-
über-			keiten, kann nur mit fremder
fordert			Hilfe bewältigt werden;
	7	zu schwer	Aufgabe kann nicht bewältigt werden; Kind bricht ab bzw. Lehrer veranlaßt den Abbruch.

C. Arbeitshaltung

In dieser Dimension werden keine Informationen für die empirische Auswertung registriert; die Dimension soll dem Lehrer die Möglichkeit geben, dem Kind ein Feedback über Konzentration, über Flüchtigkeitsfehler und eventuell über Störverhalten zu geben. Mit dieser Kategorie kann der Lehrer die Arbeitssituation mit dem Kind besprechen.

1. Äußerst unkonzentriert, ablenkbar, verträumt.
   Kind vermeidet die Beschäftigung mit der bereitliegenden Arbeit oder bricht sie nach Beginn sofort wieder ab; unterbricht häufig; zahlreiche Flüchtigkeitsfehler, Kind reagiert auf alle Störreize bzw. produziert sie von sich aus.
   Gleiches gilt in abgeschwächter Form für die Stufen (2) und (3).
2. sehr unkonzentriert ...
3. etwas unkonzentriert ...
4. Kind bleibt meist bei seiner Tätigkeit; Unterbrechungen beruhen auf starken Außenreizen;
5. gut konzentriert, Kind kann Außenreize ignorieren;
6. sehr konzentriert, Kind arbeitet intensiv;
7. äußerst konzentriert, wach.

D. Präzision

Mit dieser Dimension soll die Arbeit nur unter formalen Aspekten beurteilt werden. Wichtige Urteilsgesichtspunkte sind Form und Ausführung sowie Gliederung der Arbeit. Das Gespräch mit dem Lehrer soll dem Schüler helfen, die formalen Anforderungen, die an eine Arbeit gestellt werden, in Erfahrung zu bringen. Die Kategorie ist eine reine Steuerungskategorie, sie wird nicht empirisch ausgewertet.

1. äußerst ungenau, flüchtig, unübersichtlich
2. sehr ungenau
3. ungenau, unordentlich
4. Arbeit genügt den Ansprüchen
5. ordentlich, exakte Ausführung
6. sehr genau
7. äußerst genau

In der Beurteilung der Dimensionen C und D liegen für den Lehrer gute Verstärkungsmöglichkeiten; in diesem Zusammenhang kann darauf verwiesen werden, daß jede Beurteilung individuell für jedes Kind, unter Abschätzung seiner Fähigkeiten oder – bei Behinderten – seiner Beeinträchtigung, erfolgt.

E. Hilfestellung

Mit dieser Dimension wird beurteilt, ob das Kind im Verhältnis zur Arbeitszeit viel oder wenig Hilfe beansprucht hat; damit ist noch nichts über die Selbständigkeit ausgesagt – auch ein selbständiges Kind wird bei schwierigen Aufgaben häufiger Hilfe benötigen. Die Selbständigkeit ergibt sich jedoch aus einer genauen gemeinsamen Analyse der Dimension »Subjektive Schwierigkeit« und »Hilfestellung«.

1 Kind arbeitet ohne fremde Hilfe überhaupt nicht;
2 fremde Hilfe wird sehr oft benötigt;
3 fremde Hilfe wird oft benötigt;
4
5 fremde Hilfe wird selten benötigt;
6 fremde Hilfe wird sehr selten benötigt;
7 Kind arbeitet ohne Hilfe.

Auswertung

Die Ergebnisse der Untersuchung werden im folgenden exemplarisch an einer dritten Klasse des Modells dargestellt; in die Auswertung gingen sämtliche von den Kindern bearbeitete Materialien aus der ersten Hälfte (Oktober bis Februar) des Schuljahres 1975/76 ein. Beurteilungskriterium für die Dimension »Lehrplan« war der offizielle bayerische Grundschullehrplan. Er wurde auch für die behinderten Kinder angelegt, da von ihnen speziell der zeitliche Abstand zu den nichtbehinderten interessierte.

Die Ergebnisse werden anhand von Abbildung 2 diskutiert.

1. Die nichtbehinderten Kinder orientieren sich in ihren Arbeiten (selbstgewählt und vorgegeben) weitgehend an den Forderungen des Grundschullehrplans; dieses Ergebnis ist im Zusammenhang zu sehen mit zusätzlich durchgeführten Schulleistungstests (vgl. Abb. 3, hier AST 3), bei denen durchschnittliche bis überdurchschnittliche Ergebnisse erzielt wurden.
   Die Ergebnisse berechtigen zu der Aussage, daß nichtbehinderte Kinder

auch im Rahmen integrierter Erziehung und ohne herkömmliche Leistungsdruckmechanismen voll die Anforderungen der Grundschule erfüllen. Da gleiche Lernziele zu annähernd gleichen Zeitpunkten erreicht werden, kann die Schule generell als offen gegenüber normalen Grundschulen gelten; dies gilt sowohl für Wechsel an wie für Wechsel von der Modellschule.

Die behinderten Kinder bearbeiten Materialien und Arbeitsblätter im Durchschnitt ein Jahr später als die nichtbehinderten; zieht man zur Beurteilung den jeweiligen Sonderschullehrplan heran, so liegen sie über oder in der Normbreite.

Für den Bereich Sachkunde erreichen Behinderte fast die Normbreite des Grundschullehrplans; die Basis für eine produktive kooperative Arbeit zwischen Behinderten und Nichtbehinderten ist in diesem Fach am größten.

2. Die Einschätzung der subjektiven Schwierigkeit korreliert hoch mit den objektiven Anforderungen lt. Lehrplan.

Zwischen den Gruppen »behindert« und »nichtbehindert« ergeben sich bei Mittelwertvergleichen keine statistisch signifikanten Unterschiede. Das bedeutet, daß es trotz objektiver Leistungsstreuung in der Klasse eine subjektive Leistungshomogenität gibt; die Tatsache, daß jedes Kind im Unterricht auf seinem Niveau in vergleichbarem Ausmaß gefordert wird, sollte für das allgemeine »Arbeitsklima« in der Klasse von großer Bedeutung sein.

3. Werden die Aufgaben in der Freiarbeitsphase nicht von den Kindern gewählt, sondern durch den Lehrer vorgegeben, so steigen die Werte auf der Skala »Subjektive Schwierigkeit«. Dieser Effekt ist für die behinderten Kinder auch dann sehr deutlich zu sehen, wenn die vorgegebenen Arbeiten ihrem objektiven Anspruchsniveau (Lehrplan) nach niedriger liegen als frei gewählte Aufgaben. Der hier aufgezeigte Effekt läßt sich nur als Leistungsdruckeffekt sinnvoll interpretieren; *freie Arbeitswahl ist demnach ein pädagogisches Prinzip, durch das sich Leistungsdruck entsprechend vermindern läßt.*

4. Das Ausmaß der erforderlichen Hilfestellung korreliert hoch mit der Einschätzung der subjektiven Schwierigkeit; das bedeutet, daß die Kinder Hilfe dann anfordern, wenn sie erforderlich ist, ansonsten jedoch für sich und ohne Lehrer arbeiten. Nimmt man zahlreiche weitere Beobachtungen aufgrund standardisierter Beobachtungsverfahren hinzu, kommt man zu dem Schluß, daß nichtbehinderte und behinderte Kinder – bis auf wenige Ausnahmen – weitgehend selbständig zu arbeiten vermögen.

Zusammenfassung

Diese sowie weitere in den letzten Jahren an unserer Schule durchgeführte Untersuchungen haben gezeigt, daß die integrierte Erziehung behinderter und nichtbehinderter Kinder im Rahmen der Montessori-Pädagogik ohne leistungsmäßige Einbußen möglich ist und daß der freien Organisation des Montessori-Unterrichts – insbesondere der Möglichkeit der freien Arbeitswahl durch das Kind – entscheidende Bedeutung für den Abbau von schulischem Leistungsdruck beizumessen ist.

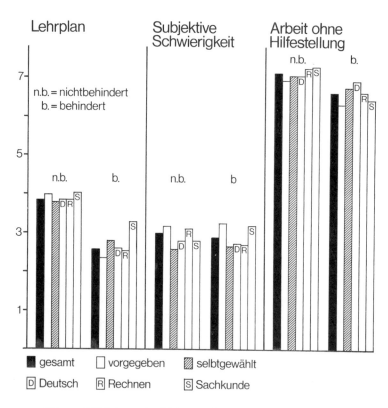

Abb. 2 Objektive und subjektive Belastung behinderter und nichtbehinderter Kinder während der Freiarbeitsphase
  nb = nichtbehindert
  b = behindert

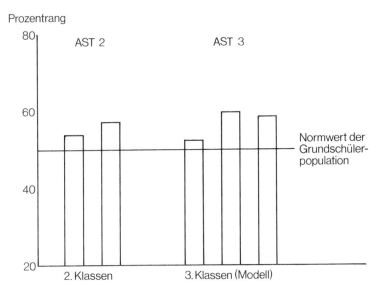

Abb. 3 Ergebnisse des Allgemeinen Schulleistungstests (durchgeführt für alle nichtbehinderten Kinder)

Literaturverzeichnis

AAB, J., u. a.: *Sonderschule zwischen Ideologie und Wirklichkeit.* Juventa Materialien; München 1974.
HENTIG, H.: *Was ist eine humane Schule?* München 1977.
HOMFELD, H. G.: *Stigma und Schule.* Düsseldorf 1974.
INGENKAMP, K. (Hrsg.): *Die Fragwürdigkeit der Zensurengebung.* Weinheim 1972.
MANDLER, G., und SARASON, A.: »A Study of Anxiety and Learning.« In: *Journal abnorm. soc. Psych.* 1952.
PIAGET, J.: *Theorien und Methoden der modernen Erziehung.* Wien/München/Zürich 1972.
REISER, H.: »Sonderschule – oder was sonst?« In: *b. e.* 12/1976.
WELLENDORF, F.: »Konfliktpotential in der Schule.« In: HOFER und WEINERT (Hrsg.): *Pädagogische Psychologie,* Bd. 2; Frankfurt 1972.

HELGA VOSS-RAUTER (München)

Montessori-Pädagogik bei verschiedenartig und mehrfach behinderten Kindern in der Montessori-Sonderschule

Was ich hier sage, sage ich drei Jahre zu früh. Es ist nach meiner Schätzung drei Jahre zu früh, die Erfahrungen, die wir in unseren Sonderschulen für geistig behinderte, für lernbehinderte und verhaltensgestörte Kinder gemacht haben, zu verallgemeinern.

Was uns theoretisch noch nicht ausgereift und praktisch noch nicht vorzeigenswert erscheint, hat dennoch bereits dazu beigetragen, Anregungen zu geben, und so etwas wie eine Diskussion eröffnet. Auch meinen Beitrag heute verstehe ich als einen öffentlichen Diskussionsbeitrag.

Strenggenommen haben wir erst im letzten Jahr angefangen, durchgehend nach Montessori-Prinzipien zu arbeiten. Es waren Voraussetzungen zu schaffen gewesen: Erst vor gut einem Jahr waren alle Klassen mit dem Material ausgestattet. Vor einem Jahr wurde ein berufsbegleitender Ausbildungskurs eingerichtet, der in diesen Tagen abgeschlossen wird. An ihm haben alle Kollegen der elf Sonderklassen gemeinsam mit Kollegen aus den Integrationsklassen teilgenommen, bis auf drei, die schon ausgebildet waren.

Lernend und in enger Theorie-Praxis-Wechselwirkung veränderten wir unsere Schule in Richtung auf eine Montessori-Schule. Während wir die Schule zur Montessori-Schule veränderten, veränderten die Schüler uns.

Zum Beispiel: Als wir verstanden hatten, welche Möglichkeiten das Sinnesmaterial bietet, waren wir alle der Meinung, unsere Kinder müßten das unter allen Umständen nacharbeiten, sofern sie es noch nicht gearbeitet hatten. Jedem geistig behinderten Kind, jedem schwer verhaltensgestörten Kind könne das nur nützlich sein, ohne Rücksicht darauf, wie alt es sei. Ein Teil der Kinder ergriff die Materialien. Ein anderer lehnte sie aggressiv oder ausweichend ab.

Dominik, ein »Verweigerer«

Zu den Verweigerern gehörte Dominik, ein Kind mit schwersten frühkindlichen Deprivationen und entsprechenden Verhaltensstörungen. Wir nahmen lange an, daß wir ihn nicht behalten könnten; er war nicht gruppenfähig, erst recht nicht schulfähig. Zu seinen vielen Stereotypien gehörte es auch, daß er sich mit Zahlen beschäftigte. Wir glaubten, daß er sich durch die Beschäftigung mit dem Sinnesmaterial aus seinem Gefängnis befreien könne. Er überraschte uns damit, daß er eines Tages nur noch schreiben wollte. Er brachte sich selbst in der Schule die Schreibschrift und die Druckschrift bei. Er holte sich gezielt Hilfe von den Erwachsenen und entwickelte eine große Perfektion beim Schreiben der beiden Schriften, später auch beim Lesenlernen. Er verbalisierte sehr präzise und mit Nachdruck seine Lernziele, die er sich selbst stellte: »Ich will jetzt lernen, die Buchstaben zusammenzuziehen, bitte, hilf mir dabei!« Wir vermuten, daß Dominik nicht oder nur sehr schwer aus seinem chaotischen Zustand mit den Ängsten und Zwängen herausgefunden hätte, wenn er nicht die Möglichkeit gehabt hätte, seinem neuen Interesse nachzugehen. Das ist die eine unserer Vermutungen. Die andere ist die, daß Dominik in einem vom Lehrer portionierten Unterricht heute wahrscheinlich weder lesen noch schreiben könnte; seine stark entpersonalisierte und dysgrammatische Sprache hätte sich kaum so differenziert und personalisiert – er könnte wahrscheinlich überhaupt nicht in die Schule gehen. KOLZOWA beschreibt die Auswirkung von sehr differenzierten Handbewegungen auf die Hirntätigkeit und das Sprachniveau bei kleinen Kindern. Da Dominik motorisch hochbegabt ist, hat er möglicherweise die differenzierte Schreibmotorik dazu benutzt, sich zu ordnen und seine chaotische Sprache zu normalisieren.

Dominik steht neben vielen Beispielen aus unserem Schulalltag, die zeigen, wie offen der Lehrer sein muß, daß er gelernte Methoden einerseits abrufbereit im Kopf haben und andererseits fähig sein muß, sie zu vergessen und dem Kind zu folgen.

Montessori-Pädagogik als Entwicklungspädagogik

Montessori-Pädagogik ist Entwicklungspädagogik. Wir sehen uns in Übereinstimmung mit Erkenntnissen der für uns relevanten Wissenschaften, wenn wir davon ausgehen, daß behinderte Kinder im Prinzip sich nicht anders entwickeln als nichtbehinderte. Wir halten uns bewußt, daß die Entwicklung nicht glatt verläuft, sondern ungleichmäßig, daß es Plateaubildungen, Umwege und Rückschläge gibt, daß auch verschiedene Entwicklungsphasen gleichzeitig nebeneinander bestehen können. Aber – das möchten wir nach unseren Erfahrungen verallgemeinern – das behinderte Kind ist wie das gesunde aktives Subjekt seiner Entwicklung, wenn man es aktiv sein läßt, wenn man es Subjekt sein läßt, wenn man es sich entwickeln läßt und dabei auf seine ungleichmäßige Entwicklung Rücksicht nimmt.

Die Montessori-Pädagogik bietet theoretisch und in der praktischen Entfaltung ihrer Methoden die besten Voraussetzungen. Wir können davon ausgehen, daß sie in der Sonderschule ebenso erfolgreich ist wie in der Schule für Gesunde. Wir müssen aber darauf achten, daß wir die Erfahrungen mit den zwei- bis sechsjährigen nichtbehinderten Kindern nicht unmittelbar auf die behinderten übertragen.

Notwendige Flexibilität

Gerade weil wir beim behinderten Kind mit mehr Kombinationen von Entwicklungsstadien der verschiedenen Persönlichkeitsbereiche zu rechnen haben, muß die Montessori-Pädagogik der Behinderten flexibler sein. Ein Beispiel: Ein geistig behindertes Kind, das gar nicht oder wenig spricht, kann sich partiell auf der Stufe eines Säuglings befinden, der auf nonverbale Belebung angewiesen ist. Die häufige Auslösung des Belebungskomplexes durch elementare, unmittelbare Kommunikation ist eine wichtige Voraussetzung für das Erlernen von Sprache. Wir nützen einem solchen Kind wahrscheinlich nicht mit isolierten Lautbildungsübungen, wenn wir ihm nicht auch eine Umgebung vorbereiten, in der es die vorverbale Stufe nachholen kann. Dazu gehören vor allem Wärme und Geborgenheit. In diese Umgebung gehören viele belebende Faktoren, nicht nur das freundliche Klassenzimmer, die Gegenstände des praktischen Lebens, die gezielt ausgewählten didaktischen Mittel zum Aussuchen, sondern auch möglichst viele verschiedene Menschen zum Aussuchen.

Weil die Kinder durch das Zusammensein mit vielen anderen Menschen besser lernen, haben wir dafür gesorgt, daß die verschiedensten Kinder unter einem Schuldach leben und arbeiten können, einerseits die geistig behinderten Kinder, andererseits die lernbehinderten und verhaltensgestörten Kinder, und zwar zusammen mit ihresgleichen und mit den gesunden und behinderten Kindern aus den Integrationsklassen. Wir dulden Besuche von Kindern in anderen Klassen nicht nur, wir regen dazu an, wir arrangieren sie sogar. Die nichtbehinderten und die behinderten Kinder brauchen sich wechselseitig als Modell. Wir haben beobachtet, daß ein ausgeglichenes Morbus-Down-Kind auf ein unausgeglichenes, sogenanntes gesundes Kind beruhigende Wirkung haben kann.

Für ein bestimmtes verhaltensgestörtes Kind aus einer L/V-Klasse ist es zur Zeit wichtig, daß es täglich etwa zwei Stunden in einer Integrationsklasse arbeiten kann, wo das Vorbild der gesunden Kinder ihm hilft, sich besser auf seinen Gegenstand zu konzentrieren. In seiner eigenen Klasse schafft es das nur schwer, und gerade dadurch wird es oft von Stunde zu

Stunde schwieriger. Es kommt meistens aus der anderen Klasse glücklich und locker in seine eigene Klasse zurück. Für eine bestimmte Zeit braucht es beide Klassen.

Änderung der Erziehungsstile

Ein anderes Beispiel: Rolf hat anfangs durch sein verbal aggressives Verhalten und durch das Zerstören von Gegenständen gesunde und behinderte Kinder in Schrecken versetzt und durch seine eigenen Ängste auch verunsichert. Wir erlaubten ihm zu festgesetzter Zeit einen Rundgang durch die Klassen, den er gern machte. Das hat das Herumbrüllen nicht beendet, aber es hat die Ängste der anderen vor ihm – von denen selbst die Erwachsenen nicht ganz frei waren – fast verschwinden lassen. Da Rolf sich noch nicht ändern kann, hat die Schule sich verändert. Die Kinder brachten allmählich Verständnis dafür auf, daß er einen Lernprozeß durchmacht, für den er Zeit braucht und der durch rigides Verhalten von ihrer Seite nur unterbrochen wird. Wir nehmen an, daß diese Kinder – behinderte wie nichtbehinderte – später ein gelasseneres Verhältnis zu angsterzeugenden Randgruppen haben werden. Rolf ist also ihr Lehrmeister.

Ein anderes Beispiel für die Vorteile einer Umgebung mit vielen verschiedenen Menschen: Wir hatten Jutta in eine erste L/V-Klasse aufgenommen. Sie war dort inaktiv, schrie viel, sprach nicht, wollte weglaufen. Wir ließen sie weglaufen und beobachteten, wohin sie strebte: es war die erste Geistigbehindertenklasse. Sie verhielt sich da ganz anders, wir brauchten nur noch die Eltern zu fragen, ob sie mit der richtigen Wahl ihrer Tochter einverstanden waren.

Ich möchte noch darauf hinweisen, daß die bei uns übliche Zusammenarbeit der Lehrer der verschiedenen Schularten die Erziehungsarbeit verbessert, verfeinert.

Separation – ein fundamentaler Irrtum der Sonderpädagogik

Die *Separation* ist einer der beiden fundamentalen Irrtümer der Sonderpädagogik. Der zweite Irrtum besteht darin, daß man jahrzehntelang – besonders in Deutschland – angenommen hat, man müsse unterscheiden zwischen einem wissenschaftsorientierten Unterricht in den höheren Schulen und einer mehr volkstümlichen Bildung in der Volksschule. In der einen sollten die Schüler lernen, zu abstrahieren und höhere Begriffe zu gebrauchen. Die andere sollte eher konkrete Inhalte vermitteln, auf höhere Begriffe verzichten; sie sollte »praktisch« sein. Theodor WILHELM nannte diese zweite Form in seinem Festvortrag zum zehnjährigen Bestehen des Bayerischen Staatsinstituts für Schulpädagogik »spracharme Bildung«. Er sagte weiter: »Daß SPRANGER mit solchen Vorstellungen den ›Eigengeist der Volksschule‹ zu begründen versuchte, ist eine Belastung, mit der die Hauptschule noch heute zu kämpfen hat.« Besonders der Unterricht in den Sonderschulen für die Schwachbegabten basiert auf den konkretistischen Prinzipien der Volksschulbildung; er reduziert die Ansprüche an die Kinder in bezug auf Abstraktion und Begriffsbildung; er engt die Grenzen der Erkenntnis noch mehr ein; er behindert die Kinder.

Maria MONTESSORI hat nie einen Zweifel daran gelassen, daß sie diese Zweiteilung in der Ausbildung verurteilte. Das Training der behinderten Kinder zu höherem Abstraktionsvermögen ist nicht nur möglich, es ist sogar absolut notwendig. Versuchen wir uns zu erinnern, was Abstraktion bedeutet. Abstraktion ist ein Mittel, das uns hilft, die Welt zu ordnen und uns in ihr zurechtzufinden. MONTESSORI nannte ihre didaktischen Gegenstände »materialisierte Abstraktionen«. Es ist nicht zufällig, daß sie diese Gegenstände beim Unterricht schwachbegabter Kinder entwickelt hat. Die Vielfalt der konkreten Formen ist verwirrend, die Welt wird durch Abstraktionen übersichtlicher. Übersicht brauchen die behinderten Kinder mehr als die gesunden. Sie brauchen nicht mehr Begriffe, aber sie sind auf Begriffe dringender angewiesen.

Grammatik und Abstraktion in der Montessori-Sonderschule

Ich möchte daran erinnern, welche Bedeutung in der Montessori-Pädagogik der Grammatik zukommt. In Lehrplänen für Sonderschulen der Schwachbegabten heißt es, daß die Kinder keine Grammatik lernen sollen. Ich habe schon vor Jahren die Erfahrung gemacht, daß schwachbegabte Kinder in besonderem Maße auf die Hilfe der Grammatik angewiesen sind, um Ordnung in die Sprache zu bekommen und um sie besser zu beherrschen. Beim Erarbeiten und beim Benennen der sechs grammatischen Zeiten zum Beispiel machten die Kinder die aufregende Entdeckung, daß man das Leben nach Zeiten einteilen kann – das war für sie neu. Sie betrachteten ihr eigenes Leben anders als vorher. Auch ihr eigenes Leben hat mehr Übersichtlichkeit bekommen, das heißt Ordnung.

Wenn ein schwachbegabtes Kind das Hunderterbrett nicht schafft, kommen manche Lehrer auf den naheliegenden Gedanken, es statt des Hunderterbretts einen Teil davon erarbeiten zu lassen. Dieser naheliegende Gedanke ist falsch. Richtig ist – nach meiner eigenen Erfahrung – nicht die

Reduktion. Richtig ist es, Begriffe einzuführen und zu üben, die das Hunderterbrett stärker ordnen, zum Beispiel die Begriffe »Zeilen« und »Spalten«. Mit Hilfe der neuen Begriffe können die Zahlen bis hundert besser studiert werden: Was verändert sich in den Zeilen, was bleibt gleich, was verändert sich in den Spalten, was bleibt gleich?

Auch wir neigen manchmal dazu, den trinomischen Würfel im Unterricht der Schwachbegabten wegzulassen. Sie brauchen ihn mehr als die Begabten. Er ist mehr als die Veranschaulichung der Formel $(a + b + c)^3$. Er hilft dem undifferenzierten Geist, sich zu differenzieren; dem chaotischen, sich zu ordnen.

Es gibt kein Gebiet – weder in den Natur- noch in den Humanwissenschaften –, das man wegen eines zu hohen Abstraktionsgrades ausklammern müßte. Man kann in Sonderschulen alles unterrichten. Die Abstraktionen müssen nur in materieller Form dargeboten werden – mit mehr Humor gesagt: sie müssen nur konkret genug sein. Man kann das Verdienst von Maria MONTESSORI nicht hoch genug einschätzen, daß sie diesen Grundsatz formuliert und praktische Wege für seine Anwendung erarbeitet hat.

Ich möchte schließen mit einem Satz aus ihrem Buch *Schule des Kindes*, der für unsere Schule die Erziehungstechnik definiert:

»Der Weg, auf dem die Schwachen sich stärken, ist der gleiche wie der, auf dem die Starken sich vervollkommnen.«

IV. Berichte über Aktivitäten in der Montessori-Pädagogik aus verschiedenen Ländern

RICHARD R. SALZMANN (Pound Ridge, New York)

Die Montessori-Pädagogik in den USA

Wie sicherlich bekannt, hat die Montessori-Bewegung in Amerika zwei Blütezeiten gehabt – die eine begann im Jahre 1915; die andere in den späten fünfziger Jahren.
  Die erste fiel zusammen mit der ersten Reise von Maria MONTESSORI in die Vereinigten Staaten und mit der bemerkenswerten Geschichte des großen Eindrucks, den ihre erzieherische Sonderausstellung bei der Weltausstellung in San Franzisko hervorrief. Die Geschichte ist weithin bekannt und oft wiederholt worden. Die Ausstellung über ihre Forschungsarbeit war der Höhepunkt der Gesamtveranstaltung. Hier war eine Gruppe von Kindern, die lernten und arbeiteten, und zwar aus eigenem Antrieb, ruhig und motiviert, was allen, die es sahen, wie ein Wunder vorkam. Die Ausstellung gewann Medaillen und Ehrenzeichen; weit wichtiger war jedoch, daß »die neue Methode der Erziehung von Kindern« eine breite Öffentlichkeit ansprach.
  Eines der Presseorgane, das am eindringlichsten beschrieb, was MONTESSORI zu erreichen versuchte, war das damals weitverbreitete *McClure's Magazine*. Der Herausgeber dieser Zeitschrift plante eine große Öffentlichkeitskampagne. Aber der kommerzielle Aspekt seines Unternehmens stieß Dr. MONTESSORI ab, die von ganzem Herzen an der Integrität ihrer Forschungsarbeit interessiert war. Als Folge bestimmter Erfahrungen mit MCCLURE, der ihr persönlicher Förderer und Manager werden wollte, und wegen einiger anderer unerfreulicher Vorkommnisse verließ Maria MONTESSORI die Vereinigten Staaten, um nie mehr zurückzukehren.
  Trotz alledem begannen sich Montessori-Schulen zu etablieren, und das Unterfangen nahm bis in die zwanziger Jahre hinein einen schnellen Aufschwung, bis dann ein ernster Rückschlag einsetzte. Dieser Rückschlag war auf eine Reihe von Faktoren zurückzuführen.

Rückschläge

Einer davon war die Kommerzialisierung der Montessori-Methode. »Wir können Geld machen«, sagten viele, »wenn wir eine Schule errichten und sie Montessori-Schule nennen.« Keine Rede von einer gründlichen Ausbildung der Lehrer, der Qualität des Lehrmaterials – zumeist einer Mischung aus Material, das auf der Montessori-Methode beruhte, und wertlosem Tand. Was dabei herauskam, konnte erwartet werden. Die gewünschten Ergebnisse kamen einfach nicht zustande. Und das Bild dieser schönen, harmonischen Klasse von Kindern, wie sie zusammen in San Franzisko arbeiteten, wurde verschwommen, abgewertet und schließlich überhaupt verdrängt.

Ein anderer Faktor – vielleicht der entscheidende – war die Rolle von Professor William KILPATRICK von der *Columbia University*. KILPATRICK war damals die höchste amerikanische Autorität auf dem Gebiet des Erziehungswesen, und *Columbia* wurde als Quell der Weisheit betrachtet. Er schrieb ein Buch über MONTESSORI, von der er nichts wußte, und verdammte darin ihre Forschungsarbeit, indem er die tatsächlichen Resultate der Montessori-Schulen herabsetzte oder irreführend beschrieb. Und natürlich konnte die Weisheit, die von so hoher Stelle verkündet wurde, von niemandem ignoriert werden, der ein anerkanntes Mitglied des pädagogischen Establishments bleiben wollte.

Eine Folge davon war, daß in sämtlichen Lehrbüchern über Erziehung, die im Lande erschienen, ungenaue und gekürzte Fußnoten über die Montessori-Methode erschienen. Es ist daher kein Wunder, daß traditionalistische Lehrer, die an den herkömmlichen Universitäten erzogen wurden, niemals die Chance hatten, MONTESSORI richtig zu verstehen.

Der Erste Weltkrieg trug sein Teil dazu bei, daß das Interesse an MONTESSORI nachließ, und die Wirtschaftskrise der dreißiger Jahre erzwang später die Schließung der meisten Montessori-Schulen, so daß schließlich gegen Ende der dreißiger Jahre nur noch eine Handvoll Aufrechter übrigblieb, vielleicht ein halbes Dutzend.

In mancher Hinsicht ist es leicht, die historische Bedeutung eines einzelnen Entschlusses im nachhinein zu beurteilen. Dennoch kann man sich rückblickend fragen, was geschehen wäre, wenn Dr. MONTESSORI von Zeit zu Zeit in die Vereinigten Staaten zurückgekehrt wäre, die Lehrerausbildung und den Schulbetrieb organisiert und überwacht hätte und KILPATRICK und seinem unheilvollen Einfluß entgegengetreten wäre. Der Schaden war jedoch angerichtet, und die erste Welle des Interesses an MONTESSORI war in den USA verebbt.

Die zweite Blütezeit der Montessori-Pädagogik in den USA begann Ende der fünfziger Jahre und war hauptsächlich auf das Interesse und die unermüdliche Arbeit von Nancy RAMBUSCH zurückzuführen. Nachdem sie 1955 einen Montessori-Lehrkurs absolviert hatte, kehrte sie nach New York zurück, organisierte eine Spielklasse in ihrer Wohnung in Manhattan und zog ein Jahr später nach Greenwich, Connecticut. Hier gründete sie die *Whitly*-Schule, die damals die erste neue Montessori-Schule war, die in den USA nach vielen Jahrzehnten neu gegründet wurde. Sie war bald ausreichend finanziert und wurde in kurzer Zeit in pädagogischen Kreisen des ganzen Landes bekannt. Um die Montessori-Arbeit weiterzuentwickeln, mußte die Erziehung von Lehrern erstes und zentrales Ziel sein. 1959 wurde Betty STEPHENSON von A.M.I. gebeten, dieses Programm an der *Whitly*-Schule in die Wege zu leiten. Sie kam aus England und fand im Lehrkörper zwei ausgezeichnete, gutausgebildete junge Montessorianer. Mit ihrer Hilfe organisierte und leitete sie Ausbildungskurse. In eben der Zeit, als sie in Greenwich arbeitete, brachte Betty STEPHENSON die Montessori-Methode an die *St. Joseph's School* in der Bronx, wo sie Klassen leitete, die aus tauben und normalen Kindern bestanden.

Um 1961 war es ersichtlich, daß *Whitly* auf lange Sicht nicht der rechte Ort für eine angemessene Lehrerausbildung war, und Betty STEPHENSON und die A.M.I. akzeptierten daher die Einladung einer interessierten Gruppe in Washington, D. C., wo das *Washington Montessori Institute* gegründet und die erste Dauereinrichtung für eine A.M.I.-Lehrerausbildung organisiert wurde. Während der letzten 15 Jahre hat das W.M.I. über 1000 Volksschullehrer ausgebildet. Es diente außerdem als Ausbildungszentrum für neue Lehrerausbilder und führte noch zwei Kurse durch für das Volksschullehrerdiplom.

Das Washington Montessori Institute *als Zentrum der internationalen Montessori-Arbeit*

In den ersten Jahren war W.M.I. das Zentrum für die internationale Montessori-Arbeit in den USA, und es ist immer noch das größte. Eine interessante Nebentätigkeit war die Arbeit, die W.M.I. durch zwei seiner Mitarbeiter an dem *D. C. Institute* für behinderte Kinder ausführte, wo eine Montessori-Klasse, die aus gehirngeschädigten und normalen Kindern bestand, über mehrere Jahre mit Erfolg geleitet wurde. In der Folge wurden andere Ausbildungsstätten im ganzen Land eingerichtet. Eine der ersten war der Philadelphia-Lehrkurs an der *Ravenhill Academy* unter Leitung von Mater ISABEL EUGENIA. Gleichzeitig organisierte Lena WIKRAMARATNE, die an der *Whitly*-Schule und später in Oklahoma gearbeitet hatte, das A.M.I.-Zentrum in Palo Alto, Kalifornien, und am *Avilla College* in Kansas. Einige Jahre später wurde ein ähnliches Ausbildungszentrum in Atlanta von Mary Jo RADONIS, Ellen BRYAN und Nickie HUGHES aufgebaut. Und so wuchs die Bewegung. Mrs. HAURATH arbeitete in Texas vor ihrem Weggang, um das Mexico-City-Zentrum ins Leben zu rufen. Im Augenblick gibt es in Amerika 13 A.M.I.-Ausbildungszentren – eines in Toronto,

Kanada; das schon erwähnte Mexico-City-Zentrum; Miami; Milwaukee; New Jersey; St. Paul, Minnesota; St. Louis; Los Angeles und das *Edgecliff College* in Cincinnati. Der *Edgecliff College*-Lehrgang ist, so glauben wir, besonders bedeutsam, weil die Montessori-Ausbildung integrierter Bestandteil des Erziehungswesens ist. Absolventen erhalten also nicht nur das A.M.I.-Diplom, sondern ein Zertifikat des Staates Ohio. Im Lauf der letzten sechzehn Jahre haben diese Ausbildungsstätten über 4000 Montessori-Lehrer mit A.M.I.-Diplom ausgebildet. Die meisten dieser Absolventen lehren jetzt an den 1000 A.M.I.-Schulen, die sich mit einem Durchschnitt von 2,5 Klassen pro Schule über das ganze Land erstrecken. Vor einigen Jahren wurde die Nordamerikanische Lehrervereinigung gebildet. Diese Organisation setzt sich zusammen und wird geleitet von ausgebildeten A.M.I.-Lehrern und dient dem Austausch von Gedanken und Erfahrungen, neuen Entwicklungen, Rückblick etc. Sie trägt die Bürde der zentralen Lehrerseminare, die in regelmäßigen Abständen durchgeführt werden.

Amerikanisierung der Montessori-Bewegung

All das ist nicht ohne innere und äußere Probleme erreicht worden, von denen noch viele als Hürden verbleiben, die erst überwunden werden müssen. Eine davon ist die 1963 entstandene Spaltung zwischen der A.M.I. und der amerikanischen Montessori-Gesellschaft. Ich möchte nicht auf die geschichtlichen Hintergründe dieser Entwicklung eingehen, sondern nur darauf hinweisen, daß jede derart gespaltene Energie den Gesamteinfluß nur schwächen kann, den die Montessori-Bewegung sonst haben könnte. Der Hauptunterschied liegt, wie es kürzlich von Mrs. RAMBUSCH ausgedrückt wurde, in einer »Amerikanisierung der Montessori-Bewegung« gegenüber der »Montessori-Bewegung in Amerika«. Der Wortbedeutung nach könnte man diesen Unterschied als zutreffend bezeichnen. Die echte Schwierigkeit ist jedoch eine doppelte. Zunächst einmal ist es schwer, genau zu definieren, was man unter »Amerikanisierung der Montessori-Bewegung« versteht. Wissenschaftliche Mitarbeiter, die die Artikel und Ansprachen durchgearbeitet haben, die sich auf diese Formulierung beziehen, müssen erst noch eine substantielle Erklärung liefern. Wenn damit gemeint ist, daß Kulturen verschieden sind und Sprachen, wirtschaftliche und soziale Werte sich in den verschiedenen Teilen der Welt von Volk zu Volk unterscheiden, dann können wir zustimmen. Aber dabei erhebt sich die Frage, ob solche Unterschiede von derartig zentraler Bedeutung sind für Aspekte wie die universelle Betrachtungsweise, das Konzept der kindlichen

Entwicklung, die vorbereitete Umgebung usw. – all das, was wir eigentlich als das Wesentliche an der Montessori-Methode betrachten.

Eine zweite interne Hürde, die A.M.I. überwinden muß, ist der echte Bedarf an mehr Lehrerbildungszentren und, damit verbunden, die Entwicklung von systematischen Programmen für die Schulung von Ausbildern. Ich könnte gegenwärtig eine Anzahl von Orten nennen, wo solche Zentren baldmöglichst errichtet werden sollten. Darunter wären vielleicht Boston, Dallas, Cleveland usw. – alles Städte, wo bereits genügend Montessori-Arbeit geleistet wird und genug Schulen und genug Interesse vorhanden sind. Was wir in der Zwischenzeit tun, zielt darauf ab, einen beweglichen, nicht ortsgebundenen Kader von Lehrerausbildern aufzustellen, die einen Ausbildungskurs von ein oder zwei Jahren in einem bestimmten Gebiet durchführen, damit wir die Zeit nützen, die für die Schulung von zusätzlichen Lehrerausbildern nötig ist. In diesem Herbst wird ein solcher Plan in Cleveland verwirklicht.

Ein drittes internes Hindernis für das zukünftige Wachstum ist der steigende Bedarf an Lehrern, die an der Elementarschule die Klassen 6 bis 12 unterrichten können. Viele Montessori-Schulen haben sich so weit entwickelt, daß sie jetzt fähig sind, den Lehrstoff der ganzen Volksschule in ihren Lehrplan aufzunehmen. Viele solcher Klassen existieren bereits, hauptsächlich dank jenen Amerikanern, die von der glänzenden Ausbildung, die in Bergamo geboten wird, profitiert haben. Der derzeitige W.M.I.-Kurs für Fortgeschrittene sollte auch dazu beitragen, diesem dringenden Bedürfnis abzuhelfen. In dieser Hinsicht gebührt Dank den für die Volksschule ausgebildeten Lehrern aus Irland, Perugia, Frankreich, Holland usw., die in die USA gekommen sind, um auszuhelfen.

Die Beziehung zum herkömmlichen Schulsystem

Äußerlich gibt es zwei Hindernisse, die besonders schwer sind. In beiden Fällen handelt es sich um das Verhältnis der Montessori-Methode zum herkömmlichen Schulsystem. Dieses Verhältnis war anfangs durch ausgesprochene Feindseligkeit gekennzeichnet; sobald aber dieses System, vor allem in den letzten Jahren, seine ihm innewohnenden Schwächen und Anfälligkeit zu zeigen begann, wurde die Montessori-Pädagogik allmählich als eine Art attraktive Alternative betrachtet, wobei aber das System keineswegs bereit ist, sie in größerem Umfang zu akzeptieren. Es gibt jedoch vereinzelte Durchbrüche. Ich erwähnte den Staat Ohio und unser Zentrum am *Edgecliff College*. Die Stadt Alexandria in Virginia, gerade noch außerhalb des Distrikts von Columbia, begann echte Montessori-Klassen, die von ausgebildeten A.M.I.-Lehrern geleitet werden, in ihr Bildungsangebot aufzunehmen.

Das andere äußere Problem, das sich erst in letzter Zeit gestellt hat, ergibt sich aus der niedrigeren Geburtenrate in den USA und der sehr hohen Arbeitslosigkeit bei den Lehrern der öffentlichen Schulen. Ich möchte hier ein paar interessante statistische Zahlen angeben: In den Jahren zwischen 1961 und 1975 sank die Zahl der Lebendgeburten in den USA von 4,3 Millionen auf 3,1 Millionen. Bei vorsichtigster Schätzung bedeutet dies, daß um das Jahr 1990 35% weniger Studenten die höheren Schulen absolvieren werden. Aber schon jetzt stehen eine Menge von Volksschulbauten leer, und ein Heer von Lehrern ist ohne Arbeit.

Angesichts dieser Fakten und der Tatsache, daß unsere Montessori-Schulen schulgeldpflichtig sind, müßte man annehmen, daß die Anzahl der Montessori-Schulen abnimmt. Sie nimmt jedoch zu; A.M.I.-Lehrer werden weiterhin gesucht.

Als Folge dieses Mißverhältnisses – ein Heer von arbeitslosen Volksschullehrern und ein steigender Bedarf an Montessori-Lehrern – ist unsere Regierung der Auffassung, daß es keinen Grund gibt, warum wir nicht einen arbeitslosen Volksschullehrer nehmen und in eine Montessori-Klasse stecken können. Der mächtige Lehrerverband übt natürlich dahingehend Druck aus. Sein politischer Einfluß darf nicht unterschätzt werden. Kleinkindergruppen drängen auf minimale Zertifikate. Für unsere Zwecke ist jedoch eine vollständige A.M.I.-Ausbildung wesentlich. Die Lehrervereinigungen üben auch Druck auf die Legislative aus, daß das ganze Gebiet der Vorschulerziehung in das öffentliche Schulsystem miteinbezogen wird, um so Stellen für arbeitslose Lehrer zu beschaffen. Wie wir aber wissen, sind Lehrer, die für öffentliche Schulen ausgebildet sind, für die Leitung einer Montessori-Klasse nicht besser gerüstet als ein arbeitsloser Zahnarzt.

Schwierigkeiten durch die amtliche Pädagogik

Damit verbunden ist das Problem der gesetzlichen Regelung der Finanzierung von Tagesaufsicht und damit die Aufstellung von bundesweiten Richtlinien. Die für die Montessori-Pädagogik weitreichendsten Bestimmungen betreffen das zahlenmäßige Verhältnis von Kindern und Aufsichtspersonal. In den herkömmlichen Kindergärten ist, je nach Art und Unterricht, eine große Anzahl von Erwachsenen für wenige Kinder nötig – ungefähr im Verhältnis 1:7 oder sogar 1:4, je nach dem Alter der Kinder. In der Montessori-Schule streben wir jedoch ein anderes Verhältnis an – ein Lehrer für 30 Kinder, mit nur einer Hilfsperson. Wenn solche Richtlinien allgemeingültig und eingeführt werden sollten, dann hätte das schwere finanzielle Auswirkungen auf viele Montessori-Schulen.

Doch das schwerste Hindernis – das sich auf lange Sicht vielleicht als Segen erweisen kann – liegt in der Haltung, die die offizielle Pädagogik in den USA dem Montessori-Ziel der umfassenden Entwicklung der ganzen menschlichen Persönlichkeit gegenüber einnimmt.

Es wäre einfach zu behaupten, daß wir eine materialistische Weltanschauung haben, in der die Eltern für ihre Kinder gesellschaftliches Fortkommen anstreben, damit sie später Geld verdienen, erfolgreich werden und so die Eltern auch noch glorifizieren. Das wäre eine zu billige Vereinfachung. Alle Eltern haben den natürlichen Wunsch, für ihre Kinder »das Beste« zu tun. Sie wissen in Wirklichkeit nicht, was das Beste ist oder wie sie es definieren sollen. So kommen dann so simple Antworten für das »Beste« zustande wie: »Sehen Sie das Kind an, das schon mit vier Jahren lesen kann!« So sind Eltern von der Montessori-Methode oft aus ganz falschen Gründen angezogen, und das ist sicherlich nicht nur eine rein amerikanische Reaktion. Daß Montessori-Kinder grundlegende Fähigkeiten wie lesen und rechnen anscheinend zu einem früheren Zeitpunkt beherrschen, daß sie bei Tests besser abschneiden und daß sie in einer herkömmlichen Schule eine oder zwei Klassen höher eintreten könnten, was eine große Zeitersparnis bedeuten würde – eben das verblüfft viele Eltern. Im Grunde sind es ehrgeizige Wünsche; die Montessori-Pädagogik aber ist nicht ehrgeizig. MONTESSORI strebt die Entwicklung des normalen und des behinderten Kindes gemäß seinen je eigenen Fähigkeiten an. Aber wir leben in einer Wettbewerbskultur, und dies ist Teil der Struktur unserer sozialen Umgebung.

Elternerziehung

Im Mittelpunkt der Montessori-Pädagogik steht die Erkenntnis der großen Kraft, die jedem Kind – ob normal oder behindert – innewohnt, und die Tatsache, daß diese Kraft ihrer Natur gemäß nach außen gerichtet ist, auf andere, auf Gruppen und Gemeinwesen, und daß sie sich, außer in pathologischen Fällen, nicht nach innen wendet, gegen das einsame Individuum. Wir haben diesen mächtigen Einfluß bei der Arbeit mit Kindern im Alter zwischen drei und sechs, den für die Entwicklung entscheidenden Jahren, am Werk gesehen. Doch wissen wir auch, daß der Einfluß der Eltern wenigstens ebenso stark ist wie der, der in der Schule ausgeübt wird. Gleichzeitig vermute ich, daß die dem Kind innewohnende Kraft von der Empfängnis bis zum Alter von drei Jahren vielleicht noch größer ist als die, die wir in der Phase zwischen drei und sechs erlebt haben. Damit erhält die richtige Umgebung im Alter von 0–3 Jahren eine vorrangige Bedeutung. Hier haben natürlich Gruppen wie die Familie eine Schlüsselfunktion für die Zukunft: die ungeheure neue Kraft zu erkennen, die sich in ihrer Mitte entfaltet. Wenn es ein einzelnes Gebiet gibt, das unsere besondere Beachtung verdient, dann sind es diese frühen Jahre – und das erfordert auch eine neue Auffassung der Elternerziehung. Der Weg, der dazu führt, dem Kind zu helfen erwachsen zu werden, führt auch dazu, den Eltern zu helfen. Was dies für unsere Montessori-Pädagogik bedeutet, ist noch keineswegs klar. Aber es scheint eines der Desiderata der Zukunft zu sein.

Vor fast hundert Jahren hat Friedrich NIETZSCHE folgende Formulierung gebraucht:

»Es naht sich, unabweislich, zögernd, furchtbar wie das Schicksal, die große Aufgabe und Frage: wie soll die Erde als Ganzes verwaltet werden? Und *wozu* soll »der Mensch« als Ganzes – und nicht mehr ein Volk, eine Rasse – gezogen und gezüchtet werden? (Aus dem *Nachlaß der Achtzigerjahre*).

»Wie?« und »Wozu?« Plötzlich hat es den Anschein, als hätten diese Fragen in unserer Zeit an Vordringlichkeit noch gewonnen. Die Suche nach einer Antwort ist natürlich mehr als nur ein Gedankenspiel; sie ist, so glaube ich, von höchster Notwendigkeit für die Zukunft unserer menschlichen Rasse und unseres Planeten selbst. Es scheint klar, daß das, was wir kulturellen Fortschritt in die moderne Zeit nannten, sich in einem Tempo entwickelt, das sich die meisten von uns vor wenigen Jahren nicht hätten vorstellen können. Und die Stimmung, in der wir in diese neue Zeit aufbrechen, ist keineswegs optimistisch.

Der französische Staatspräsident, Giscard D'ESTAING, hat dieser Stimmung kürzlich folgendermaßen Ausdruck gegeben: »Alle Wege führen uns in die Katastrophe. Wir sind mitten in einer andauernden Krise...«

Was sich aus dieser Anhäufung von apokalyptischen Ausblicken, deren Zeugen wir in letzter Zeit werden, ergibt, ist jener Waschzettel von Krisen, den wir nur zu gut kennen: von Energie zu Ernährung, von Bevölkerungswachstum zu Wirtschaftswachstum in einer sich neu entwickelnden Welt, die Vergeudung unwiederbringlicher Güter, die Gefahr endgültiger Umweltverschmutzung durch nicht kontrollierte Technologie, die »genetische Revolution« mit ihren faszinierenden und furchterregenden Möglichkeiten, die Frage der Grenzen wissenschaftlicher Forschung, Krisen innerhalb der Familie, die Möglichkeit, die Bombe im Koffer zu produzieren, und das zu einer Zeit, da die Schwachen und Kleinen im Terrorismus das wirksamste Mittel sehen, um ihre politischen Ziele gegenüber den Großmächten durchzusetzen, die Gefahr internationaler Verwicklungen, die Gefahr dieser sich überschneidenden Krisen für die Zukunft der demokratischen Regierungsform und so weiter. Bei der Bewältigung dieser Bedrohungen unserer Zivilisation ist der wichtigste Aspekt die Frage nach den Werten.

Notwendige Änderung der Wertbegriffe und der Erziehungsideale

Professor THAYER vom *Institute for Advanced Studies* in Princeton behauptet: »Wir müssen herausfinden, warum der Mensch sein eigener größter Feind ist, und warum er sich hartnäckig weigert, seine ethische Verantwortung sich selbst und der Zukunft gegenüber zu klären.«

Der Standpunkt, der besagt, daß die Notwendigkeit eines Umsturzes der Wertbegriffe der Angelpunkt der gegenwärtigen Situation ist, wurde am deutlichsten ausgedrückt von Willis W. HARMAN, dem Direktor des erziehungspolitischen Forschungszentrums am Stanford-Forschungsinstitut:

»... Industriegesellschaften im allgemeinen – und unsere Nation im besonderen – werden mit einem grundlegenden Problem konfrontiert, das so tiefgehend und so gefährlich ist, daß die damit verknüpften gesellschaftlichen Probleme (wie z. B. Armut, Arbeitslosigkeit, Inflation, Umweltverschmutzung, Kriminalität, Entfremdung) alle Lösungsversuche vereiteln werden, wenn es nicht zufriedenstellend gelöst wird. Diese Lösung hängt aber ab von einem neuen Wertmaßstab.«

Viele von uns sind aufgewachsen im Bannkreis eines öffentlichen Erziehungssystems, das nicht nur glaubt, daß jeder ein Recht auf eine eigene Meinung hat, sondern daraus auch noch schließt, daß die Meinung eines jeden einzelnen genauso bedeutsam ist wie die des anderen. Als Folge davon ist der moralische Entwicklungsprozeß in der Erziehung verkehrt worden, indem man die Ansicht vertrat, daß alle Werturteile relativ wären. Die Gleichwertigkeit individueller Urteile über Themen von größter moralischer Bedeutung ist ein allgemeiner Trugschluß ungezählter Erziehungsprogramme.

Damit will ich nicht irgendeiner Art von faschistischer Gedankenkontrolle das Wort reden, denn in einem demokratischen System ist es natürlich wichtig, daß jeder sein Recht auf eigene Meinung hat, ganz gleich wie falsch sie auch sein mag. Und er hat ein gesetzliches und politisches Recht, diese Meinung öffentlich zum Ausdruck zu bringen. Aber es gibt keine Entschuldigung, wenn daraus die Annahme abgeleitet wird, daß jedes Urteil von gleicher Gültigkeit sei. Der Grund, warum eine solche Position zum Bankrott führt, ist einfach: Eine demokratische Gesellschaft kann nicht funktionieren, wenn ihre Bürger nicht das Recht nützen, ihr inneres moralisches Gewissen auszubilden, das Teil der inhärenten Möglichkeiten jedes einzelnen von uns ist.

Sicherung der Freiheit

Wenn eine Gesellschaft einmal so sehr abhängig wird vom übertriebenen technischen Fortschritt in Gestalt von Düsenflugzeugen, elektronischen Kommunikationsmitteln und Computern, dann besteht für jeden die Möglichkeit, mit einer Drahtschere oder einfachen Zange diese Gesellschaft zum Stillstand oder zur totalen Vernichtung zu führen. Es gibt keinen Weg, eine solche Störung (z. B. mit Hilfe der Polizei) zu verhindern; unsere Budgets könnten deren Gehälter gar nicht aufbringen, und die freiheitliche Gesellschaft könnte ihrer Allgegenwart gar nicht widerstehen. Unsere Zukunft, unsere Sicherheit und unsere Freiheit hängen von der Entwicklung jener inneren Disziplin ab, von der Maria MONTESSORI gesprochen hat – der Liebe zur Ordnung, Vielfalt, Gerechtigkeit und dem Respekt dem anderen gegenüber, der aus unseren Erfahrungen in Gruppen und Gemeinwesen wie der Familie entspringen kann – Gemeinwesen, die die Vorstellung akzeptieren, daß eine Person nicht für sich allein leben kann, und die diese Ansicht vertreten, weil sie für sie das Zentrum der natürlichen Ordnung der Dinge ist. Im Jahre 1840 schrieb der glänzende Alexis de TOCQUEVILLE:

»Ich glaube, daß die Art von Unterdrückung, von der demokratische Völker bedroht sind, in nichts dem gleicht, was vorher in der Welt existiert hat; unsere Zeitgenossen werden dafür kein Vorbild in ihrer Erinnerung finden. Ich suche vergeblich nach einem Ausdruck, der das wiedergeben könnte, was ich mir vorstelle; die alten Wörter *Despotismus* und *Tyrannei* sind unzutreffend: die Sache an sich ist neu, und da ich es nicht neu benennen kann, muß ich versuchen, es zu definieren. Ich versuche, die neuen Züge aufzuzeichnen, unter denen der Despotismus in der Welt in Erscheinung treten könnte. Das erste, was dem Beobachter auffällt, ist die unzählige Vielfalt von Menschen, alle gleich und einander ähnelnd, alle unaufhörlich bemüht, die kleinlichen und trivialen Vergnügungen herbeizuführen, mit denen sie ihr Leben vollstopfen. Jeder lebt für sich allein und steht dem Schicksal der anderen fremd gegenüber; seine Kinder und seine persönlichen Freunde bedeuten für ihn die ganze Menschheit. Was den Rest seiner Mitbürger betrifft, so ist er ihnen zwar nahe, aber er sieht sie nicht; er berührt sie, aber er fühlt sie nicht; er existiert nur in sich und für sich selbst; und wenn ihm seine Sippe noch verblieben ist, so kann man immerhin sagen, daß er sein Land verloren hat. Über dieser Menschenrasse steht eine große gängelnde Macht, die allein für sich in Anspruch nimmt, ihren Verdienst zu sichern und zu verteilen und über ihr Geschick zu wachen. Diese Macht ist absolut, genau, geregelt, vorausschauend und milde. Sie gliche der Autorität von Eltern, wenn es, wie bei deren Autorität, ihr Ziel wäre, die Menschen für die Menschheit vorzubereiten; sie versucht aber im Gegenteil, sie in einem ständigen Zustand von Kindheit zu belassen; sie ist ganz zufrieden, wenn sich die Menschen freuen, vorausgesetzt sie denken an nichts anderes als an ihre Freude. Für das Glück ihrer Menschen arbeitet eine solche Regierung willig, aber sie hat sich entschlossen, der einzige Vermittler und der einzige Schiedsrichter ihres Glückes zu sein; sie sorgt für ihre Sicherheit, sieht nach dem Nötigen, verschafft ihnen Freuden, regelt ihre wichtigsten Anliegen, leitet ihren Fleiß, reguliert den Besitz, teilt die Erbschaften auf: und schließlich erspart sie ihnen das Denken und die Mühe zu leben.

So wird die Übung der freien Entscheidung des Menschen von Tag zu Tag weniger häufig und weniger nützlich angewendet; dem Willen des Menschen wird ein immer engerer Rahmen zugewiesen und der Mensch allmählich der Möglichkeit beraubt, davon Gebrauch zu machen. Das Prinzip der Gleichheit hat den Menschen auf alle diese Dinge vorbereitet; es hat ihn von vornherein in die Lage versetzt, es als eine Wohltat zu erdulden.

Nachdem so nacheinander jedes Mitglied der Gesellschaft in den Griff genommen und willfährig gemacht worden ist, streckt diese höhere Macht ihren Arm aus nach der ganzen Gemeinschaft. Sie überzieht die Gesellschaft mit einem Netz von kleinen, komplizierten Regeln, die genau und gleichförmig sind, die auch von den unabhängigsten Geistern und den energischsten Charakteren nicht durchdrungen werden können, damit sie sich nicht über die Menge erheben. Der menschliche Wille wird nicht gebrochen, aber aufgeweicht, gebogen und umgeleitet; die Menschen werden selten gezwungen zu handeln, aber sie werden dauernd vom Handeln abgehalten. Eine solche Macht zerstört nicht, aber sie verhindert die Existenz; sie tyrannisiert nicht, aber sie unterdrückt, enerviert, verdummt ein Volk und löscht es aus, bis jede Nation reduziert ist auf eine Herde von furchtsamen und fleißigen Tieren, deren Schafhirte die Regierung ist.

Ich war immer der Meinung, daß Dienstbarkeit in dieser regelmäßigen, ruhigen und milden Form, wie ich sie eben beschrieben habe, leichter als gewöhnlich angenommen mit einigen Formen von äußerer Freiheit verbunden werden und sich sogar unter den Schwingen der Unabhängigkeit eines Volkes etablieren kann.«

In diesen Abschnitten finden wir eine der erstaunlichsten Prophezeiungen der ganzen politischen Literatur. Es ist, um ein ganzes Jahrhundert früher, nicht weniger und nicht mehr als die Vorwegnahme der Realität der totalitären Gesellschaft. Aber es ist mehr als reine Prophetie. Es ist eine Analyse des totalen Staates, die bis jetzt auch von den glänzendsten derzeitigen Fachleuten nicht übertroffen wurde.

Die Zerstörung des Individuums

Was Tocquevilles Analyse so einmalig macht, ist die Tatsache, daß sie sich nicht auf das ersichtlich Schreckliche, das Groteske, das offenkundig Irrationale als das wesentliche Gefahrenelement des totalen Staates stützt. Sie beschränkt sich nicht auf die Brutalitäten, die, wie schrecklich auch immer, von den totalen Herrschern an den von der Masse der Bürger bereits gehaßten Minderheiten oder an den ausgewählten Wenigen praktiziert werden. Sie konzentriert sich nicht auf die zufälligen oder veränderlichen Aspekte.

Das Verdienstvolle an Tocquevilles Analyse ist, daß sie direkt auf das Herz des totalen Staates zielt – die Masse; die breite Masse von Menschen, die niemals gepeitscht, gefoltert, eingesperrt oder gedemütigt, aber dennoch als menschliche Wesen zerstört werden, zermahlen in Überreste von Menschen. Und genial an seiner Analyse ist die Auffassung, daß solch ein totalitärer Staat im Lauf der Geschichte nicht abnorm, sondern eng verknüpft ist mit den Tendenzen, die für so viele als die heilige Grundlage der Rechte des einzelnen Individuums in der heutigen Zeit gelten. Der totale Staat, der das Vakuum ausfüllt, das durch die Auflösung der Institutionen, Gruppen und Vereinigungen, durch die Verkümmerung des ehemals zwischen dem einzelnen und dem Gebieter bestehenden Gemeinsinns entstand – dieser Staat, so scheint es mir, ist die Gefahr, die von vielen übersehen wird.

Natürlich können wir nicht hoffen, daß uns die Montessori-Pädagogik hilft, die Probleme zu lösen, die vor uns liegen, oder daß das Schicksal von sich aus das verhindert, was Tocqueville so fürchtet. Doch besteht die Hoffnung, daß diese Probleme gelöst oder zumindest erleichtert werden können. Und diese Hoffnung gründet sich auf die ungeheure Kraft der kindlichen Möglichkeiten – eines Potentials, dem die Erkenntnis der gegenseitigen Abhängigkeit zugrunde liegt, die Erkenntnis, daß man nicht für sich allein lebt. Wenn wir nur stückweise und langsam dazu beitragen, dann haben wir das Recht, zu hoffen und im Sinne von Maria Montessori zu träumen, daß der Mensch seine Zivilisation ändern kann, wenn er seine eigenen Möglichkeiten und die im Kind schlummernden Kräfte auf diese Aufgabe lenkt.

LENA R. GITTER (Washington)

Das Sonderschulkind

Wie allgemein bekannt, spielt die Lehrerin einer Montessori-Klasse eine entscheidend andere Rolle als die einer normalen Klasse. Dieser Unterschied vergrößert sich jedoch noch erheblich in der Sonderschulerziehung der Kinder, weil hier viel größeres Wissen, Einfühlungsvermögen und Geduld verlangt werden.

Um erzieherisch wirken zu können, muß sie ihre Rolle als Beobachterin und ihre Hauptaufgabe der unauffälligen Hilfestellung besonders sicher beherrschen; sie muß jedes Kind gut genug kennen, um unterscheiden zu können, ob sein Betragen darauf hindeutet, daß es an emotionalen Schwierigkeiten leidet, ob es vielleicht gerade einen ungewöhnlich schwierigen Tag hat und ob es geistige Kräfte entwickelt, die es nur in einer besonders fruchtbaren Periode zeigt. Sie muß sicherlich eine Expertin werden für das, was Maria MONTESSORI die internationale Sprache der Tränen und der Wut nennt, und sie muß das Geschick haben, die nonverbale Sprache zu verstehen, die sich auf den Gesichtern der Kinder und in ihrer Körpersprache ausdrückt. Solches Wissen wird nicht auf einmal erlernt, es erwächst auch nicht aus dem Studium der Zeugnisse oder Testergebnisse, sondern ist eher das Resultat einer einfühlsamen Beobachtung des einzelnen Kindes, die versucht, Verhaltensweisen richtig zu deuten, dabei aber vermeiden muß, daß ein bestimmtes Verhaltensmuster dem Kind aufgedrängt wird, und sei es das der normalen Klassenkameraden. Dies gilt besonders dann, wenn man es mit Sonderschulkindern – körperlich oder geistig behinderten Kindern – in einer Montessori-Klasse zu tun hat. Dann sind Geduld und Ruhe bei der Lehrerin weit wichtiger als das ehrgeizige Streben nach guten Schulergebnissen. Erst wenn sie die Bedeutung der kindlichen Reaktionen und Interessen verstehen gelernt hat, wächst ihr Vermögen, ihm helfen zu können. Diese Rolle der aufmerksam abwartenden Beobachterin ist keineswegs leicht, und sicherlich nicht bei Sonderschulkindern, die die Geduld oft auf eine schwere Probe stellen. Wenn eine Lehrerin jedoch einmal den Lohn erfahren hat, den dieses Verständnis für die besondere Art des Kindes einbringt, ist sie auch willig und in der Lage, sich zu weiterer Geduld und Nichteinmischung zu zwingen, es sei denn, daß der Zusammenhalt und die Harmonie der ganzen Gruppe in Gefahr gerät, was aber selten vorkommt.

Das notwendige Vorbild des Erziehers

In der Sondererziehung tritt die Rolle der Lehrerin als Vorbild für die Kinder mehr in den Vordergrund, denn gestörte oder zurückgebliebene Kinder und schwache Schüler lernen weniger durch sprachliche Kommunikation als durch nonverbale Zeichen und Verhaltensreaktionen. Im allgemeinen ist das Rezept *Zeigen, nicht Erklären* von größter Wichtigkeit. Das bedeutet für die Lehrerin, daß sie die Lektionen der Höflichkeit und guten Sitte wirklich selbst beherrscht, und daß sie selbst das anstrengendste behinderte Kind mit Würde und Respekt behandelt. Sie muß diese Haltung bei ihrer Tätigkeit im Klassenzimmer selbst ausstrahlen, weil sie nur so die Atmosphäre schaffen kann, die unsere Sonderschulkinder brauchen. Diese Rolle stellt große Anforderungen an die Montessori-Lehrerin und ist nicht leicht. Aber nach geraumer Zeit wird sie bei den Kindern Zeichen einer positiven Reaktion auf die Umgebung und sich selbst und ein größeres Selbstvertrauen spüren, und dann erst kann das wirkliche Lernen beginnen.

Das Sonderschulkind kommt nur allzu oft in eine Montessori-Klasse, nachdem es schon wiederholte Mißerfolge in der sogenannten Regelschule oder im Kindergarten hinter sich hat, so daß es, zusätzlich zu seinen schulischen Problemen, auch noch an einem Mangel an gesundem Selbstwertgefühl leidet und sich als wertlos oder sogar als Versager betrachtet. Dieser Mangel an Selbstvertrauen muß aufgehoben werden durch wiederholte Erfolgserlebnisse, zuerst vielleicht auf nicht-schulischem Gebiet, damit sich das Kind als erfolgsfähig begreift.

So kann man diese Kinder, die sozusagen nach Erfolg hungern, etwa in die tatsächliche Hausarbeit im Klassenzimmer einführen. Wenn sie diese Aufgaben genau durchführen, werden sie in die Lage versetzt, diese Fähigkeiten auch zu Hause unter Beweis zu stellen, was ihnen das so bitter nötige Lob ohne Einschränkung einbringt. Gleichzeitig sind diese Pflichten wichtig für die Entwicklung des Verantwortungsbewußtseins, für den Stolz auf die getane Arbeit, die Freude an der geordneten Umgebung und – nicht zuletzt – für die Ausbildung der Koordination von Auge und Hand auf verschiedenen Ebenen, von den einfachen Übungen bis hin zu den immer komplizierteren.

Übungen mit dem Ankleiderahmen

Unter den Übungen des praktischen Lebens, die für die Entwicklung des Sonderschulkindes eine so große Rolle spielen, ragt vor allem die Arbeit mit dem Ankleiderahmen hervor. Sonderschulkinder erreichen schnell das Alter, wo sie beschämt sind, daß sie eine relativ einfache Aufgabe wie das Sich-selbst-Anziehen nicht zustande bringen. Wiederholter Erfolg mit dem Rahmen ermutigt das Kind, das Problem des Anziehens selbst anzupacken, ohne Angst, sich vor anderen zu blamieren. Außerdem werden diese Ankleiderahmen nicht mit einem bestimmten Alter in Verbindung gebracht, in dem man etwas beherrschen soll; es fällt daher dem Kind leicht, ruhig damit zu arbeiten, bis die Fertigkeit beherrscht wird und das Selbstvertrauen da ist. Im Hinblick auf das zurückgebliebene Kind sagt G. TARJAN[*] zutreffend: »Die Erziehung des Zurückgebliebenen muß darauf gerichtet sein, die konkrete Durchführung von gut geübten, einfachen technischen Aufgaben zu erreichen, was oft durch häufiges Wiederholen gelernt werden kann.« Genauso verhält es sich mit diesen Übungen. Durch Übung wird die Auffassungsgabe des Kindes geschärft und seine Muskelkontrolle verbessert, was gleichzeitig sein Selbstbewußtsein hebt.

Übungen für höfliches Benehmen

Eine andere wichtige und für ein gesteigertes Selbstbewußtsein des Sonderschulkindes wertvolle Aufgabe liegt in den Übungen für graziöse Bewegung und höfliches Benehmen. Manieren sind ein äußeres Zeichen für unsere Fähigkeit, uns gemäß den sozialen Maßstäben einer bestimmten Gesellschaft oder einer bestimmten Gruppe unserer Gesellschaft zu bewegen. Sie sind jedoch nicht nur rein äußerliche Zeichen, denn sie haben auch einen beträchtlichen Aussagewert in bezug auf unsere Einstellung Menschen gegenüber, mit denen wir gesellschaftlichen Umgang pflegen. Sie sind ein Schlüssel für unsere Reaktion auf andere Menschen. Manieren sind ein Bindeglied für Menschen der gleichen sozialen Gruppe, Manieren sind ein Schutz gegen Reibungen mit der Gesellschaft im allgemeinen, Manieren sind eine Art Signal, das die Individualität einer Person, die wir treffen, einzuordnen erlaubt.

Normale Kinder lernen allgemein anerkanntes gesellschaftliches Benehmen im Rahmen der Familie, durch Regel und Beobachtung. Kinder aus einfacheren Verhältnissen haben vielleicht die Vorstellung, daß mangelnde Beherrschung guter Manieren sie aus der Gesellschaft ausschließen, oder einzelne Kinder der Klasse, in die sie eingetreten sind, von ihnen fernhalten könnte. Dies gilt auch für das Sonderschulkind, ob es nun geistig zurückgeblieben, emotional gestört oder gehirngeschädigt ist. Man muß ihm das

---

[*] TARJAN, G.: »Rehabilitation of the Mentally Retarded.« In: *Journal of the American Medical Association*, 1964, *187*, S. 867–870.

Betragen zeigen und beibringen, das andere Kinder auf ganze natürliche Weise erlernen. Das Sonderschulkind hängt weitaus mehr als das normale Kind von dem Eindruck ab, den es auf andere macht, weil diese anderen vielleicht Angst und Unsicherheit ihm gegenüber empfinden und nicht wissen, wie sie sich verhalten sollen. Ein einfacher Austausch von allgemeinen Höflichkeiten kann oft andere dahingehend beruhigen, daß das Sonderschulkind auch wirklich in der Lage ist, sich so zu benehmen, wie es von den anderen erwartet wird. Besonders in Klassen mit normalen und behinderten Kindern müssen Lehrer in Gruppensituationen darauf achten, daß eine Atmosphäre wechselseitigen Respektes vorherrscht. Höflichkeit und gutes Benehmen fördern gegenseitiges Verständnis und bilden die Grundlage einer besseren sozialen Entwicklung. Im Leben eines behinderten Kindes sind Augenblicke echter menschlicher Begegnung rar. Daher muß die Lehrerin darauf bedacht sein, daß mit ihr und den anderen Klassenkameraden bei jeder nur möglichen Gelegenheit ein gutes Einvernehmen besteht.

Die allmähliche Entwicklung der Sinnesorgane im Rahmen der sensitiven Perioden ist jeder Montessori-Lehrerin wohl bekannt; für das behinderte Kind aber ist diese Entwicklung noch bedeutsamer als für das normale Kind, das gewöhnlich weit weniger Zeit dafür braucht. Das grundlegende Konzept des Fortschreitens vom Konkreten zum Abstrakten ist von größter Wichtigkeit und kann nicht ausgeklammert werden. Dennoch bietet selbst eine große Ansammlung von anregendem Material noch keine Lerngarantie. Denn das behinderte Kind bereitet oft Probleme, die beseitigt werden müssen, bevor man mit den Übungen beginnen kann. Das eine Kind kann durch das Vorhandensein von überflüssigen Gegenständen leicht verwirrt werden, wie ein anderes durch zu viele Laute und Worte, weil es möglicherweise nicht unterscheiden kann, was wichtig ist und was nicht. Daher muß häufig ein Weg gefunden werden, das vorgeführte Material von seiner Umgebung isoliert zu präsentieren, einen leeren Raum um das Kind herum herzustellen und nur das Material zu zeigen, das gerade gebraucht wird. Sein Tisch sollte von allen Gegenständen, Blumen etc. freigemacht werden, denn alles, was ein normales Kind als angenehmen Hintergrund begrüßt, wird vom behinderten Kind meist als störend empfunden. Die Bewegungen der Lehrerin sollten so ruhig und einfach wie möglich sein, der Stuhl sollte vorsichtig an den Tisch gestellt und dem Kind gezeigt werden, wie es sein Material möglichst reibungslos an seinen Arbeitsplatz bringt. Die Lehrerin sollte sich zusätzlicher Kommentare und Hilfen enthalten und die Anfangsübungen wiederholen, wann immer das nötig ist. Die Lehrerin sollte nur den Hauptzweck des Materials demonstrieren und alle anderen interessanten Variationsmöglichkeiten außer acht lassen.

Die Dreistufenlektion

Die Dreistufenlektion, wie sie ursprünglich von SEGUIN für seine Arbeit mit retardierten Kindern entworfen wurde, ist für das Sonderschulkind besonders wichtig, weil es mit einem Wortschwall nicht fertig werden kann, indem es einfach unnötige Wörter ausläßt. Die Lehrerin kann, indem sie einen Strom von Erklärungen durch konkretes Material und praktische Beispiele ersetzt, den betreffenden Gegenstand isolieren und so die Auffassungsgabe des Kindes gegenüber neuen sprachlichen Konzeptionen testen. Wenn das Kind nicht in der Lage ist, das Wort richtig zu wiederholen oder den richtigen Buchstaben zu bezeichnen, so kann der Lehrer daraus sofort den Grund für die Schwierigkeit ableiten und auf eine frühere Lektionsstufe zurückgehen, bis das Problem zufriedenstellend gelöst ist. Das behinderte Kind kann dann seine Erfolgschance entdecken und anderen gegenüber in anschaulicher Weise demonstrieren.

Für das behinderte Kind sind Übungen zur Verbesserung der Muskelkoordination besonders wichtig; sie sollten daher täglich und regelmäßig ausgeführt werden. Das Gehen auf der Linie ist eine wichtige Übung. Wenn das Klassenzimmer groß genug ist, kann ein kleinerer ovaler Kreis innerhalb des ersten aufgezeichnet werden, so daß die Kinder mit schwacher Muskelkontrolle ihr eigenes, ungezwungenes Schrittempo anwenden können, ohne daß sie zum Hindernis für ihre geschickteren Klassenkameraden werden. Behinderte Kinder reagieren auf ruhige Begleitmelodien meist besser als auf stark rhythmische Musik. Sehbehinderte Kinder benützen gern eine Taschenlampe, mit der sie die Linie vor ihnen anstrahlen können.

Die therapeutischen Anstrengungen bei der Hilfe für das behinderte Kind sollten sich zu Anfang darauf konzentrieren, Selbstkontrolle über die Muskeln und die Körperbewegungen gewinnen zu helfen, aber die Umgebung muß ebenso darauf abgestellt sein, daß das Ruhigsein geübt wird, eine von sich aus positive Sinneserfahrung.

Übungen der Stille

Die Stille, die von innerem Frieden gefolgt wird, hat eine emotionale oder geistige Bedeutung für jeden von uns, besonders aber für das behinderte Kind, das oft inmitten eines Wirrwarrs von Konfusion oder bedeutungslosem Lärm lebt. Deshalb bedeutet das Schweigespiel für ein solches Kind nicht nur das Fehlen von Lärm, sondern eine Vorbedingung für innere Ruhe. Wenn es Hand in Hand geht mit den Übungen zur Muskelkontrolle, wird es für die Behandlung doppelt wertvoll. Die Stille, die man schafft, bevor man seinen Namen aufruft, hat eine ähnliche Funktion wie das leere Pult beim Unterricht, von dem man alle Gegenstände weggenommen hat, die so leicht ablenken können. Damit ermöglicht die Lehrerin dem Kind, sich ausschließlich auf die Tätigkeit zu konzentrieren, die gerade gewählt worden ist. Muskelkontrolle und das angenehme Bewußtwerden der Stille werden durch die Erfahrung selbst herbeigeführt, ohne daß man viel Worte verlieren muß.

Maria Montessori, die mit Hilfe von konkretem Material abstrakte Begriffe lehrte, wobei sie jeden erklärenden Wortschwall vermied, hat für das behinderte Kind ein Training angeboten, das auf seine Gebrechen Rücksicht nimmt, ohne daß es sich dessen bewußt wird. Die Übungen des praktischen Lebens und das Material der vorbereiteten Umgebung vermitteln ihm einen Begriff von der Welt und lehren es, diese Welt aus eigener Kraft zu meistern, wodurch es die Fähigkeit erwirbt, ein anerkanntes Mitglied der Gesellschaft zu werden. Es wird dadurch befähigt, ein ganzer Mensch zu werden, und zwar ohne den Konkurrenzdruck, der so leicht sein ohnehin schwaches Gefühl von Eigenwert und Würde zerstören kann. Mit einem ausgeprägteren Gefühl für seinen eigenen Wert als Individuum kann es besser mit seinen beschränkten Möglichkeiten zurechtkommen und ein erfülltes und zufriedenes Leben führen.

ALBERT M. JOOSTEN (Bangalore, Indien)

Die Ausbreitung der Montessori-Pädagogik in Indien und in den Nachbarstaaten

Der Einfluß von Maria MONTESSORIS Werk auf Indien und seine Nachbarstaaten ist ganz außerordentlich groß. Heutzutage wird in Indien der Name von Maria MONTESSORI gleichgesetzt mit Erziehungseinrichtungen, die dem Kind im Vorschulalter angeboten werden. Wenn man von Vorschulerziehung spricht, wenn Institutionen für Kinder dieser Entwicklungsstufe eingerichtet werden, ist es fast allgemeiner Brauch, den Namen »Montessori« zu verwenden. Wir können – und müssen – diesen undifferenzierten und oftmals sogar verantwortungslosen Gebrauch des Namens beklagen, der angewandt wird auf ein bestimmtes *Alter* und nicht auf eine bestimmte pädagogische Antwort, mit der auf die Bedürfnisse einer ganzen Entwicklungsperiode eingegangen wird, aber es ist sicherlich der beste Beweis für die enorme Auswirkung, die Maria MONTESSORIS Werk und ihr unermüdliches Apostolat gehabt hat und noch immer hat. Die Feier zu ihrem hundertsten Geburtstag, die sofortige, diskussionslose und einstimmige Annahme des Vorschlags zur Herausgabe einer Sondermarke seitens der Philatelistischen Kommission und der Regierung sind ein ebensolcher Beweis.

Der Einfluß der Montessori-Bewegung kann außerdem direkt an den Montessori-Einrichtungen in Indien, an den indischen Montessori-Ausbildungslehrgängen, die unter Aufsicht der »Association Montessori Internationale« durchgeführt werden, an den verschiedenen Vereinigungen von Montessorianern in den größeren Zentren des Landes und an der Jahreszeitschrift »Around the Child« abgelesen werden, die die Montessori-Vereinigung in Kalkutta herausgibt. Indirekt zeigt er sich noch in den verschiedenen »Ablegern« – Einrichtungen und Ausbildungszentren, die durch Dr. MONTESSORIS Arbeit inspiriert wurden, und in dem etwas diffusen, aber beträchtlichen Einfluß, den sie auf die Pädagogik insgesamt und auf allen Stufen hatte und noch hat. Alle Sachbücher über Erziehung erwähnen die Montessori-Methode und ihre Bedeutung für eine Erneuerung der Erziehungsintention und -praxis. Prüfungsvorschriften enthalten immer eine diesbezügliche Frage. Der Name »Montessori« findet sich in allen englischen und Dialektwörterbüchern und wurde in seiner Aussprache und Schreibweise sogar »indianisiert«. Ebenso bezeichnend ist es, daß eine dauernde und ständige Nachfrage nach Montessori-Lehrern herrscht, und zwar nicht nur von Montessori-Schulen, sondern auch von Institutionen (sogar Volksschulen), die nicht auf der Montessori-Methode basieren.

Geschichte der Montessori-Bewegung in Indien

Ist dies das Resultat einer langen Geschichte? Ja, und zwar einer Geschichte, die fast so alt ist wie die Bewegung selbst. Wir können und sollten drei Perioden unterscheiden: 1. Die Zeit vor Maria MONTESSORIS und Mario MONTESSORIS Ankunft in Indien im Jahre 1939. 2. Die Periode ihres beinahe zehnjährigen Aufenthalts und ihrer Arbeit unter schwierigsten Bedingungen, meist mit begrenzter Bewegungsfreiheit, denn sie galten im Zweiten Weltkrieg, als Indien noch unter britischer Herrschaft war, als feindliche Ausländer. 3. Die Zeit nach der endgültigen Rückkehr der MONTESSORIS nach Europa im Jahre 1949.

1913–1939

Wir haben gerade erwähnt, daß die Geschichte der Montessori-Bewegung in Indien fast so alt ist wie die Bewegung selbst. Und zwar hat ein offizieller Abgeordneter der fürstlichen Regierung des Staates von Mysore im Jahre 1913 den ersten Internationalen Montessori-Ausbildungskurs in Rom besucht. Seit 1919, als Dr. MONTESSORI ihre jedes zweite Jahr stattfindenden Internationalen Ausbildungskurse in London ins Leben rief, gab es keinen Kurs ohne einige indische Teilnehmer. Sie kamen auch zu den Kursen, die in Rom 1930 und 1931, in Barcelona 1933 und anderswo stattfanden. Zu Hause versuchten sie ihre neuen Ansichten und Erkenntnisse in die Praxis umzusetzen. Bald gab es Montessori-Kinderhäuser in Allahabad, Benares, Bombay, Kalkutta, Haiderabad und anderswo. Aus wirtschaftlichen und sozialen Gründen natürlich meist nur in den großen Städten; die ländliche Bevölkerung, eine erdrückende Mehrheit, die meist im Elend lebte, konnte zu diesem Zeitpunkt kaum erreicht werden. In Gujarat, wo Mrs. Saraladevi SARABHAI, langjährige Vizepräsidentin von A.M.I. und eine persönliche Freundin von Dr. MONTESSORI, einen Montessori-Experten, Mr. E. M. STANDING, zur Erziehung ihrer Kinder berief, breitete sich die Bewegung rasch aus, und zwar durch Gijubhai BHADEKA, der von Maria MONTESSORIS Arbeit sehr beeindruckt war. Bald griff die Bewegung auch auf das benachbarte Maharashtra über und bewirkte die erste Gujarati-Übersetzung von Maria MONTESSORIS erstem Buch über ihre Methode. Übersetzungen in andere Sprachen – Hindi, Marathi, Tamil etc. – und von anderen Büchern folgten.

Dieses erste Interesse war hauptsächlich festzustellen bei Hindus und Theosophen. Andere Gemeinschaften folgten erst später. Unter den frühesten Bewunderern und Förderern waren so herausragende Persönlichkeiten wie Mahatma GANDHI, der Dr. MONTESSORI kennenlernte und Montessori-Institutionen in London und Rom während der *Round-Table*-Konferenz von 1931 besuchte, dann Rabindranath TAGORE, der ihre Bekanntschaft in New York, während des Ersten Weltkriegs, machte und ebenfalls lebhaftes Interesse an ihrer Arbeit bekundete, die ihn inspirierte, als er seine Erziehungseinrichtung von Shanti Niketan ins Leben rief. Er förderte es auch in den Tagore-Montessori-Schulen. Pandit Jawahar Lal NEHRU, Mrs. Vijayalakshmi PANDIT, Sir C. P. RAMASWAMY AIYAR, die Präsidenten von Indien, Dr. S. RADHAKRISHNAN und Dr. Zakir HUSSAIN, und andere prominente Persönlichkeiten sollten später Ehrenmitgliedschaften von A.M.I. annehmen. Eine Anzahl von hauptsächlich österreichischen Montessorianern, die aus persönlichen Gründen oder als Flüchtlinge nach Indien kamen, förderten die Bewegung und errichteten oder arbeiteten in Montessori-Einrichtungen.

1939–1949

Im Oktober 1939, kurz nach Ausbruch des Zweiten Weltkriegs, kamen Maria und Mario MONTESSORI schließlich in Indien an und begannen eine beinahe zehnjährige fruchtbare Tätigkeit. Nur ein Jahr ungehinderter Arbeit war ihnen gewährt. Danach machten sich die Unwägbarkeiten des Krieges bemerkbar – so die beschränkte Bewegungsfreiheit –, die sie beeinträchtigten. Wie von Mario MONTESSORI in seinem Beitrag zur Jubiläumsausgabe von *Around the Child* bereits anschaulich beschrieben, erwiesen sich diese Behinderungen jedoch auch als konstruktiv und als Bereicherung. Sie gaben Maria MONTESSORI die Möglichkeit, zu studieren (sie schrieb zu dieser Zeit, daß sie wie ein junger Student lerne), die Anwendung ihrer Methode persönlich zu überwachen und ihre Wirksamkeit zu vergrößern und zu vertiefen, besonders in bezug auf eine umfassende Anwendung im Volksschulbereich. Sie hat selbst zwei Kurse in der Methode für Fortgeschrittene geleitet. In diese Zeit fällt auch die Entdeckung des »absorbierenden Geistes« und die Aufdeckung der geheimnisvollen Welt der frühkindlichen Entwicklung. Jeder ihrer Kurse, die sie zu Ende des Krieges in verschiedenen Städten abhielt, wurde von einer großen Anzahl von Studenten aus allen Schichten, Gemeinschaften, sozialen und kulturellen Bereichen besucht und wurde zum Beweis für die wunderbare Kraft des Kindes, die bewirkt, daß sonst unüberwindbare soziale und kulturelle Barrieren überwunden werden von denen, die die Liebe und das Interesse am Kind vereint. Im ganzen Land schossen Institutionen aus dem Boden, und Gruppen von Montessorianern bildeten sich insbesondere im Umkreis der »Association Montessori Internationale«. An einigen Orten wurden Modelleinrichtungen geschaffen, unter ihnen die in der Rajputana-Wüste, die den bis jetzt noch nicht erfüllten Teil der Prophezeiung von Jesajah erfüllen sollte, den Maria MONTESSORI zitierte, als sie im Jahre 1907 die erste »Casa dei Bambini« in San Lorenzo am Dreikönigstag einweihte: »Herden von Kamelen werden dich bedecken, und Dromedare von Midian und Ephah« – denn Kamele und Dromedare waren damals die einzige Möglichkeit, um dieses bestimmte Kinderhaus zu erreichen.

Ein Personenkult um Maria Montessori in Indien?

Überall wurde Maria MONTESSORI empfangen und geehrt, wie dies die Inder bei großen Persönlichkeiten und geistigen Führern so unnachahmlich tun. Fürsten und einfache Dorfbewohner, Tempel und Stätten des Geistes – alle wetteiferten, ihre Zuneigung zu bezeugen. Fast überall – und auch heute noch – wurde sie »Mutter Montessori« oder nur »Mutter« genannt. Wie engstirnig ist es, dies einem Persönlichkeitskult zuzuschreiben, wie unwahrhaftig, irgendeinen Ehrgeiz oder sogar Selbstzufriedenheit auf seiten von Maria MONTESSORI zu unterstellen! Es war – und bleibt – eine Anerkennung ihrer großen Geistes- und Herzensgaben, ihres Einsatzes für die Rechte des Menschen im Lauf seiner Entfaltung, ihres Kampfes für die Befreiung des Menschen im Kinde und für die Freisetzung jener geheimnisvollen, aber so dringend benötigten Kräfte menschlicher Regeneration, die in ihm schlummern. Und wer konnte das besser verstehen als ein Volk, das noch in Fesseln lag, noch eingeengt war in der Verwirklichung seiner menschlichen Möglichkeiten? Wer besser als ein Volk, das das erstemal in seiner Geschichte für seine Befreiung kämpfte mit der Waffe der »Gewaltlosigkeit?« Wahrlich schicksalhaft erscheint das Zusammentreffen dieser großen Kampagnen: des gewaltlosen Kampfes für politische Freiheit und des Kampfes um die »Befreiung der menschlichen Persönlichkeit von der Unterdrückung durch jahrhundertealte Vorurteile in der Erziehung«, wie Maria MONTESSORI selbst ihre Aufgabe in *Die Bildung des Menschen* beschrieben hat, ihrem geistigen Testament, das in Indien geschrieben wurde. Daher ist es eine Herausforderung, die wir annehmen und respektieren sollten. Dies ist wahrscheinlich die einzige Würdigung anläßlich ihres hundertsten Geburtstages, die sie selbst angenommen hätte.

Von 1949 bis heute

Wir können diesen kurzen historischen Überblick über die Ausdehnung der Montessori-Methode beenden, indem wir auf ihre unverminderte Kraft und Vitalität hinweisen. Nach der Rückkehr von Maria und Mario MON-

TESSORI nach Europa wurden die autorisierten indischen Montessori-Ausbildungskurse weiter durchgeführt und allmählich auf die Dauer eines vollen akademischen Jahres ausgedehnt. Eine große Anzahl von Teilnehmern nimmt noch immer daran teil, jedes Mal zwischen 150 und 200. Sie kommen aus allen Teilen des Landes und studieren manchmal unter unglaublichen finanziellen Opfern von seiten der Familie oder ihnen selbst. Die Kurse werden abwechselnd in verschiedenen Städten abgehalten, um dem ganzen riesigen Subkontinent eine Möglichkeit zu geben und um eine regionale Anhäufung von Menschen zu vermeiden, die dann Schwierigkeiten haben, eine Arbeit zu finden. Da ist – mehr zufällig als geplant – ein gewisser Zyklus, der sie alle sechs bis neun Jahre in die Hauptzentren zurückführt. Das Montessori-Material wird im Land und mit einheimischen Rohstoffen von einer Firma hergestellt, die dazu autorisiert ist und von A.M.I. überwacht wird. Die Darstellung der geschriebenen Sprache und der Grammatik ist für verschiedene indische Sprachen ausgearbeitet worden, mit allen ihren Eigenheiten. Der große Durchbruch kam mit einem Rundschreiben des Erziehungsministeriums der indischen Regierung, das 1952 allen Landesregierungen (die Jurisdiktion über das Erziehungswesen haben) empfahl, das Diplom der »Association Montessori Internationale« anzuerkennen, was denn auch beinahe überall geschah. Auffrischungskurse werden ebenfalls abgehalten.

Nachbarstaaten (Pakistan, Sri Lanka, Malaysia usw.)

Wenn wir kurz auf die Nachbarländer eingehen – hauptsächlich auf Pakistan und Sri Lanka –, so dürfen wir nicht vergessen, daß sie bis kurz vor ihrer Unabhängigkeit von Delhi aus regiert wurden. Der Einfluß von Maria MONTESSORIS Werk während der beiden Zeitabschnitte vor 1947 dehnte sich natürlich auch auf das Gebiet der jetzt unabhängigen Staaten von Pakistan und Sri Lanka aus. Maria MONTESSORI hat selbst zwei Lehrgänge in Karatschi geleitet, einen vor und einen nach der Selbständigkeitserklärung von Pakistan. Die Bewegung in Pakistan hat in den letzten Jahren große Fortschritte gemacht, und seit ein paar Jahren gibt es dort auch regelmäßige Ausbildungskurse.

Maria MONTESSORI hielt 1944 in Colombo einen Ausbildungskurs ab, auf Wunsch der Vereinigung der Schuldirektorinnen von Ceylon, der im »Konvent vom Guten Hirten« durchgeführt wurde. Sie besuchte die Insel einige Male; das letzte Mal war sie offiziell eingeladen, um an der Unabhängigkeitserklärung teilzunehmen. Viele Kinderhäuser wurden eingerichtet, und 1957 entstand das *Good-Shepherd*-Montessori-Ausbildungszentrum, das jedes Jahr mit jeweils zwei Jahre dauernden Kursen beginnt. Eine interessante Entwicklung ist die Errichtung einer Kinderkrippe für verlassene und uneheliche Kinder in der *Good-Shepherd's*-Ordensprovinz Nayakakande. Zwei Ordensschwestern wurden nach Rom geschickt, um für diesen Zweck einen Montessori-Ausbildungskurs für Säuglingsschwestern zu machen.

Die gleiche Kongregation startete das erste Montessori-Kinderhaus in Kuala Lumpur, der Hauptstadt von Malaysia, und baute und eröffnete ein zweites, um das hundertjährige Geburtstagsjubiläum zu feiern. Eine immer größere Anzahl von Studenten aus Malaysia (und Singapur) kommt nach Indien, um an den indischen Montessori-Ausbildungskursen teilzunehmen, die auf dem besten Wege sind, international zu werden, mit einheimischen Schülern und solchen aus den USA, Kanada, Sikkim, Australien und sogar aus europäischen Ländern. Und zweimal hatten wir sogar schon Gruppen von tibetanischen Flüchtlingen, die aus ihren Flüchtlingslagern kommen, in denen gerade Montessori-Kinderhäuser errichtet werden, die erfolgversprechend sind.

Die internen Verhältnisse in Burma verhindern leider die Entwicklung von ersten Versuchen zum Aufbau von Montessori-Einrichtungen, was durch Einreise- und Ausreiseschwierigkeiten noch mehr erschwert wird.

Sonderaktivitäten

In Indien wurde die Montessori-Methode auch benützt, um bei der Erziehung bestimmter Kategorien von Kindern zu helfen. Als erstes muß man hier die vielversprechende Vermehrung von Montessori-Kinderhäusern für »Adibasis« erwähnen. Glücklicherweise waren wir in der Lage, zwei Montessori-Ausbildungskurse im Zentrum eines Gebiets abzuhalten, das hauptsächlich von ihnen besiedelt ist, und zu einer Zeit, wo 100 Jahre hauptsächlich missionarischer Arbeit eine große Anzahl von Schulen bis hin zum Abitur und etliche Hochschulen hervorgebracht hatten. Die echte, ehrliche Anstrengung, die harte Arbeit und der glühende Eifer der Studenten dieser Kurse, die zu fast 75% aus Adibasis bestanden, sind unvergeßlich. Etwa 10 Kinderhäuser in diesem Gebiet und eine sehr aktive Vereinigung von Montessorianern waren das unmittelbare Resultat. Der Fortschritt und die Aufnahmebereitschaft, die wir bei Kindern hatten, die in primitivsten Verhältnissen wohnten, war höchst bemerkenswert. Sie »sprangen« – dank ihres absorbierenden Geistes – von einer Art des Lebens, wie es anderswo vor Jahrhunderten gelebt wurde, direkt in unser 20. Jahrhundert, eigneten sich Lesen und Schreiben und rechnerische Fähigkeiten mit großem Eifer und Erfolg an und setzten alle mit ihren guten Manieren in Erstaunen – nicht unbedingt uns: sondern ihre eigenen Angehörigen, die in Einklang waren mit ihrer eigenen Kultur. Ein neuer Ansporn wurde auch ihren ständig bedrohten Volksbräuchen zuteil, besonders den Gemeinschaftstänzen. Sie führten in ihren Familien hygienische Grundregeln ein und sind wertvolle Hilfskräfte geworden bei den »Grihini«-Kursen, die für Bräute und jung verheiratete Frauen gegeben werden, die ihrerseits wieder von der Montessori-Methode lernen und profitieren, die bei dieser Art von Erwachsenenbildung angewandt wird.

Montessori-Pädagogik in unterentwickelten Gegenden und Slums

Ebenso wurde damit begonnen, die Montessori-Methode bei der Erziehung kleiner Kinder aus bisher noch sehr unterentwickelten ländlichen Gegenden zu Hilfe zu nehmen. Wo immer das geschah, erwies sie sich durchweg als erfolgreich, und man sollte erwähnen, daß, je vollkommener und genauer die Methode angewandt wurde, der Nutzen um so größer und die Aufnahmebereitschaft um so höher war. Leider glaubt man noch immer in weiten Kreisen, daß »etwas besser ist als gar nichts« und »jedes gut genug ist« für diejenigen, die auf der untersten Sprosse der sozialen Leiter stehen. Das Gegenteil ist natürlich richtig, und wenn jemand Anspruch auf das Beste hat, dann diejenigen, die nichts besitzen.

Dies haben unsere Montessori-Kinderhäuser für die ländliche Bevölkerung und die wenigen Versuche in städtischen Armenvierteln hinreichend bewiesen. Einige besondere Aspekte der Methode sind besonders geeignet für die Arbeit in dieser Richtung, z. B. die Betonung, die darauf gelegt wird, daß schon *vor* dem Schulalter mit dem Unterricht begonnen wird. Kinder in ländlichen Gegenden oder aus Armenvierteln können gewöhnlich nicht entbehrt werden, auch nicht für die Zeit des Volksschulbesuches, auch dann nicht, wenn er schulgeldfrei ist. Ihre Eltern verlieren eine wertvolle Arbeitshilfe, wenn Kinder die sechs Jahre lang zur Schule gehen; sie haben keine Möglichkeit, diese Lücke durch Erwachsenenarbeit zu füllen, noch würde diese Arbeit einen Jugendlichen oder erwachsenen Arbeiter befriedigen. Die wollen nicht länger Kühe und Schafe hüten, Holz schleppen, Beeren sammeln usw. und wandern wegen Mangel an anderer Arbeit in die großen Städte ab, um dann deren Slums zu füllen. Da bietet die Montessori-Methode die Möglichkeit, nicht bloß rasch Lesen und Schreiben und ein paar mathematische Grundkenntnisse zu lernen – ganz zu schweigen von anderem kulturellem Wissen –, sondern sich in der sensitiven Periode »all dies zu eigen zu machen«, um es für das weitere Leben zu behalten. Das ist nirgendwo so wichtig wie in einer Umgebung, die keine Anreize und ein sehr beschränktes Maß an kontinuierlicher Übung bietet. Man muß hier auch das psycho-pädagogische Prinzip erwähnen, demzufolge Kinder von drei hintereinanderfolgenden Lebensaltern zusammen leben und lernen sollen – ein »Muß« in ländlichen Gegenden, wo nicht genügend gleich alte Kinder vorhanden sind, deren Unterricht sich lohnte. Die gewöhnliche Schule, die aus wirtschaftlichen Gründen gezwungen ist, sie zusammenzuhalten, gerät in dieser Hinsicht ins Hintertreffen. Ein Montessori-Kinderhaus *braucht* diese soziale Umgebung, um den menschlichen Bedürfnissen der Erziehung gerecht zu werden, und hat hier eine wunderbare Chance.

In einigen Städten wurde auch damit begonnen, Montessori-Kinderhäuser in Fabriken und Industrieanlagen zu errichten, wofür ein großes Bedürfnis besteht, das auch so intensiv wie möglich gefördert werden sollte.

Sehr erfolgreiche Arbeit wurde auch mit der Anwendung der Montessori-Methode bei blinden Kindern geleistet. Eine derartige Einrichtung in Delhi startete sehr eindrucksvoll und erfolgversprechend. Leider hat der unerwartete Tod der beiden Gründer innerhalb kurzer Zeit eine Weiterführung der Arbeit dieser privaten Einrichtung verhindert. Die Leiterin der Firma, die das Montessori-Material herstellt, hat einige Anpassungsvorschläge gemacht, die bestimmte Teilstücke des Materials den Blinden zugänglich machen, und diese werden, zusammen mit anderen Stücken, die nicht angepaßt werden müssen, bei Bedarf als Sonderprogramm hergestellt. Institutionen für die Rehabilitation und Erziehung von geistig behinderten Kindern zeigen ebenfalls Interesse an der Hilfe, die ihnen die Montessori-Methode geben könnte.

Wirtschaftliche Schwierigkeiten

Die Ausdehnung der Montessori-Methode nicht nur in die Breite, sondern auch in die Tiefe bringt viele und mannigfaltige Schwierigkeiten mit sich. In einem Entwicklungsland sind sie natürlich in erster Linie wirtschaftlicher Natur. Vorschulerziehung bleibt noch immer fast ausschließlich und zwangsläufig der privaten Initiative überlassen, und es gibt sehr wenig finanzielle Unterstützung in den wenigen Staaten, die sie überhaupt anbieten. Einige Körperschaften der Zentralregierung wie der Soziale Wohlfahrtsausschuß gewähren etwas Hilfe. Auch private Organisationen wie z. B. der indische Rat für Kinderwohlfahrt, die *Lions* und *Rotary Clubs* usw. geben die ihnen mögliche Unterstützung. Dadurch wird auf der anderen Seite oft die Vorschulerziehung und damit auch die Montessori-Erziehung zum Handelsobjekt, wobei die Methode, wenn überhaupt, nur noch zweitrangig ist; und auf der anderen Seite werden diejenigen, die es am nötigsten und die zweifellos auch das größte Anrecht darauf haben, für sich und die Gesellschaft benachteiligt. Diese Schwierigkeiten beeinflussen nicht nur den Aufbau und die Führung dieser Institutionen ungünstig, sondern auch die damit betrauten Erwachsenen, die sich ihrer Arbeit nicht so selbstlos widmen können, wie sie möchten. Sie müssen sich nach zusätzlichen Einkommensquellen umsehen und verlieren die nötige Unabhängigkeit und das Ansehen den Eltern und auch den Verwaltungsbehörden gegenüber, die oft nicht das nötige Verständnis und die Aufgeschlossenheit für die Prinzipien der Methode und ihrer integralen Anwendung aufbringen. Dasselbe Hindernis verhindert oft einen genügend häufigen und geplanten Kontakt mit Eltern, mit Kollegen untereinander und mit der »Heimarbeit« des Erwachsenen, der damit betraut ist (nicht mit den Kindern). Hier muß man auch die Schwierigkeit erwähnen, die sich aus der unendlichen Größe des Landes und aus der föderalistischen Struktur der einzelnen Unionsstaaten ergibt und die einen häufigen und gutorganisierten Kontakt zwischen den in Montessori-Institutionen Arbeitenden nicht eben fördert.

Soziologische Probleme

Ein anderes wichtiges Problem ist gesellschaftlicher Natur. In Indien sind Frauen nicht so »mobil«, und mehr als 90 % von denen, die eine Ausbildung erhalten und die einen Teil der Montessori-Bewegung ausmachen, sind Frauen. Sie können oft nicht umstandslos dahin gehen, wo sie gebraucht werden, weil sie nicht ganz allein leben können und entweder die Anwesenheit zumindest einer älteren Verwandten oder eine Hotelunterkunft brauchen, die oft nicht vorhanden ist.

Dann sind da die 14 offiziellen und über 200 Dialektsprachen, viele davon mit eigenen Schriftzeichen – ein Problem, das die Beweglichkeit und die Arbeitsmöglichkeiten einschränkt.

Dann ist da noch die tiefsitzende Neigung der Eltern, nur »schnelle, fast unmittelbare Resultate« anzuerkennen; sie bestehen darauf, »Zeit zu sparen«, damit ihre Kinder die Schule so bald wie möglich wieder verlassen können. Sie – und auch wir – werden mit dem Problem konfrontiert, daß ihre Kinder in eine reguläre Volksschule aufgenommen werden, nachdem sie ihre Vorschulerziehung beendet haben. Viele Volksschulen haben ebenfalls Vorschulabteilungen, und die Eltern nehmen daher ihre Kinder heraus – oft gegen deren eigenen Willen – und schicken sie in diese Vorschulklassen, damit sie sich einen Platz in der Volksschule sichern. Dadurch werden die Kinder und die Methode der Möglichkeit beraubt, die Früchte der grundlegenden und wichtigen Entwicklung und ihrer offensichtlichsten Ergebnisse zu ernten.

Kulturelle Probleme

Wie überall, so treffen wir auch hier auf das Vorurteil, daß eine Methode, die anderswo und in einem bestimmten kulturellen Bereich entstanden ist, *eo ipso* ungeeignet erscheint, wenn sie in eine andere Kultur verpflanzt werden soll. Bei neu entstandenen unabhängigen Nationen mit eigenem Kulturerbe – und wenige Länder haben ein reicheres, älteres und doch so lebendiges kulturelles Erbe als Indien – ist dieses Vorurteil oft am stärksten. Wir nennen es Vorurteil, weil es oft auf einem Urteil *a priori* beruht. Adaptation wird dann als erste Notwendigkeit aufgefaßt und häufig – wahrscheinlich meistens – ohne ausreichende, gutfundierte Kenntnis und (nicht nur theoretische und abstrakte, sondern auch praktische) Erforschung dessen durchgeführt, was in erster Linie angepaßt werden soll (in unserem Fall die Montessori-Methode) und an was es angepaßt werden soll (eine bestimmte Kultur hat sich immer bereits bestimmten weltweiten Strömungen und Erfordernissen anzupassen versucht). Dies führt zu sogenannten unglücklichen Experimenten, die der rigorosen Selbstbeschränkung und Geduld eines wirklich wissenschaftlichen Experiments in keiner Weise entsprechen. Sie erzeugen Verwirrung und haben doch eine sentimentale Note. Sie verschaffen denjenigen Spielraum, die mit solchen Mitteln versuchen, sich lediglich selbst einen Namen zu machen, obwohl sie dabei sehr darauf bedacht sind, den Namen »Montessori« wegen des damit verbundenen Prestiges und des guten Namens in den Vordergrund zu rücken. So sehen wir die wachsende Tendenz, sich eher selbst als der Methode zu dienen, von der nur der Name oder einige Teile, die man brauchbar oder attraktiv findet, beibehalten werden. Es ist schwer, so etwas als Bemühung um das Kind und seine autonomen und universellen Entwicklungsbedürfnisse anzuerkennen. Die Erziehungshilfen werden dann degradiert und auf die Rolle von didaktischem Material reduziert, und ihre psycho-pädagogische Funktion wird übersehen oder ignoriert. Fremden Kriterien wird Priorität eingeräumt.

Wir haben bereits erwähnt, daß nach unserer Erfahrung eine umfassende Anwendung der Methode (die unterscheidet zwischen dem absolut Notwendigen, das angeboten werden muß, und dem mehr Zufälligen, das der freien Initiative des Kindes überlassen bleibt) immer und ohne Ausnahme die besten Resultate zeitigte. Resultate nicht im Sinne von Geschicklichkeit, Wissen und Fertigkeit auf diesem oder jenem Gebiet, sondern im

Sinne der spontanen und wunderbaren ganzheitlichen Entfaltung der unbekannten und einmaligen Persönlichkeit des Menschen im Laufe seiner Entwicklung, einer echten und dauernden Normalisierung, im Sinne der Fleischwerdung des Menschen, in der er sich immer mehr seinem eigenen Ich nähert, uns offenbart, was wir sein können und sollen, und uns dabei hilft, uns innerhalb der Grenzen unseres Erwachsenseins selbst zu bessern und zu erneuern. »Menschlicher Wiederaufbau« war ein Lieblingsthema von Maria MONTESSORI, aber er wird nicht ausgelöst von dem, was *wir* tun, sondern von dem, was wir dem *Kind* helfen zu tun. In bezug auf das Kind haben wir das Privileg (und diejenigen, die es voll genießen, wissen, was für ein wundervolles Privileg das ist), ihm bei der Erfüllung seiner Aufgabe zu helfen, »den Menschen zu formen«. Doch dieser Dienst am Kind, der angeboten wird im Geist der Liebe und der totalen Selbstverleugnung, der angeregt, geleitet und ermöglicht wird durch zwei Tugenden des Dienens: Nächstenliebe und Bescheidenheit – dieser Dienst bedeutet auch eine bedrückende Verantwortung (und wie bedrückend, das wissen wir alle), eine Verantwortung, die uns auferlegt wurde und von der das Geheimnis der Menschwerdung abhängt. Dieser Dienst ist Teil des Entwicklungsplans, hauptsächlich in bezug auf das Kind-Erwachsenen-Verhältnis und darüber hinaus auch in bezug auf alle Lebewesen und die ganze Welt, in der wir leben, wobei wir eben diese kosmische Mission erfüllen müssen, von der unser Heil und das der ganzen Menschheit abhängt.

Wir versuchen unsere Arbeit in einem »armen« Teil der Welt zu leisten, aber wir haben auch das Glück, zu erleben, daß wahrhaft gesegnet die Armen sind, die in ihrer Armut alle Reichtümer besitzen, die wir entbehren, und daß wir von ihnen empfangen können. Sie werden wahrhaftig des Königreichs teilhaftig werden, sie tragen es schon in sich, und es drängt sie, es mit uns zu teilen und mit den Ärmsten unter ihnen; ihre Kinder sind dadurch reich und großmütig und stark, weil sie es mit uns teilen wollen.

In unseren Kursen versuchen wir, soweit uns das in unserer Armut möglich ist, Maria MONTESSORIS Warnung in *Kinder sind anders* zu befolgen, daß »es ein Fehler wäre, zu glauben, daß wir uns auf unsere Mission allein durch Aneignung von Wissen und Studium vorbereiten können. Die oberste Voraussetzung sind ganz bestimmte Veranlagungen moralischer Art.« Ich bin sicher, daß es das ist, was auf alle einen derart starken Eindruck ausübt, die mit unserer Bewegung in Indien in Berührung kommen, und daß es verantwortlich ist für unsere Ausbreitung, trotz aller großen Widerstände, bei so geringen Mitteln und so wenig Hilfe. Die Hingabe, Opferbereitschaft und wunderbare Ausdauer von allen, die sich unseren Bemühungen angeschlossen haben, entspringt dieser Quelle und einigt sie in ihrem heroischen Kampf für und »um das Kind«.

ZELMA LAZARUS (Bombay)

Die Anpassung des Montessori-Materials für Blinde

Es gibt gegenwärtig in der Welt nur zwei Hersteller des Montessori-Materials – der eine ist Mrs. Kira BANASINSKA, Gründerin der *Kaybee School Equipment Manufacturing Company,* Indien, und der andere ist Mrs. NIENHUIS in Holland. Zusätzlich zur Herstellung der Montessori-Standardausrüstung hat die Firma *Kaybee* die Herstellung von spezifisch angepaßtem Material übernommen, das gleichzeitig im Unterricht für Blinde verwendet werden kann.

Es ist sicherlich von Interesse, die Entwicklungsgeschichte der Montessori-Bewegung in Indien von ihren Anfängen an zu verfolgen, und zwar seit 1913, d. h. kurz vor dem Zweiten Weltkrieg, als Maria MONTESSORI und ihr Sohn Mario M. MONTESSORI Indien einen Besuch abstatteten.

Maria MONTESSORI hatte damals die ersten drei Ausbildungskurse in der Montessori-Erziehungsmethode in Adyar (in der Nähe von Madras) organisiert und durchgeführt, wo sie bis zum Kriegseintritt Italiens auch Wohnung nahm. Beide MONTESSORIS wurden anfänglich als feindliche Staatsbürger in Coimbatore (ebenfalls in Südindien) interniert. In Anerkennung ihrer großen Verdienste um das Erziehungswesen erlaubte ihnen dann die damalige indische Regierung, sich frei zu bewegen, so daß sie die Botschaft von ihrem neuen Erziehungssystem überall in Indien und Ceylon verkünden konnten. Im Laufe ihrer Reisen hielt sie dann Kurse in Karatschi, Poona und in Ahmedabad ab, wo sie in engen Kontakt mit der Familie Ambalal Sarabhai kam, die ihr – als alte Freunde der Montessori-Bewegung – Gastfreundschaft und enge Kooperation anboten. Zu Ende des Krieges und vor ihrer Rückkehr nach Europa ernannte Maria MONTESSORI Mr. A. M. JOOSTEN zu ihrem persönlichen Vertreter und dem Direktor, dem die A.M.I.- Ausbildungskurse in Indien unterstehen, von denen seither 32 abgehalten wurden.

Heilpädagogisches Montessori-Material

Ungefähr zur gleichen Zeit entschlossen sich Dr. E. BANASINSKI, der seit 1933 polnischer Generalkonsul in Indien war, und Mrs. Kira BANASINSKA, seine Frau, wegen der veränderten politischen Lage in Europa in Indien zu bleiben. Der Anfang bestand in einer noch sehr bescheidenen Herstellung von Spielzeug, an der Mrs. BANASINSKA, die während ihres Aufenthalts in Japan die japanische Malweise und anderes Kunstgewerbe studiert hatte, persönlich regen Anteil nahm. Im Zusammenhang mit dieser Spielzeugherstellung besuchten sie zufällig eine Vorschule und lernten das Montessori-Material kennen, das herzustellen ihre Firma gebeten wurde. Aus urheberrechtlichen Gründen mußte Mrs. BANASINSKA jedoch zunächst mit Mr. JOOSTEN zusammentreffen, und nachdem sie Dr. MONTESSORI geschrieben und von ihr die Herstellungserlaubnis erhalten hatte, wurde sie im Jahre 1953 die einzige autorisierte Herstellerin des Montessori-Materials in Indien. Die Firma hat sich in den letzten vierundzwanzig Jahren sehr gut entwickelt, wobei immer enge Zusammenarbeit mit Mr. JOOSTEN bestand, und wenn immer Änderungen und Modifizierungen vorgenommen wurden, geschah das mit Billigung von Mr. JOOSTEN.

Im Lauf der Jahre hat *Kaybee* fortwährend Neuerungen auf benachbarten Gebieten entworfen und eingeführt, und heute stellt die Firma nicht nur Montessori-Material her, sondern auch andere Erziehungshilfen wie Vorschulmaterial, Material für körperlich und geistig Behinderte, Material für Intelligenztests, Spezialmöbel für Kinder, die an Gehirnlähmung leiden, und jetzt auch Lehrmaterial für Blinde. Die Einführung der verschiedenen Neuerungen wurde immer in enger Zusammenarbeit mit den führenden Spezialisten auf dem betreffenden Erziehungsgebiet durchgeführt, so daß *Kaybee* in der Lage ist, eine Synthese anzubieten, die sowohl von der Erfindungsgabe des Herstellers als auch von der Erfahrung der Experten des jeweiligen Gebiets geprägt ist. Das Lehrmaterial, das von *Kaybee* hergestellt wird, ist in den USA, Kanada, Japan, Malaysia, Ceylon und Australien akzeptiert worden, und selbst UNICEF hat seit 1970 die Lehrkästchen von *Kaybee* gekauft, um die schulische Erziehung durch Errichtung von Kindergärten in indischen Dörfern zu fördern. Wegen der geringen Größe der Organisation handelt es sich jedoch bei der Förderung des Materials um ein Unterfangen in kleinem Maßstab.

In diesem Stadium, vor etwa zwei Jahren, hat *Voltas Limited*, eines der größten Unternehmen im Lande, *Kaybee* sein umfangreiches Fachwissen angeboten, um bei der Förderung dieses Lehrmaterials zu helfen – sowohl bei der Förderung des Verkaufs, was *Kaybee* helfen würde, als auch bei den Bestrebungen, diese Erziehungsmethode Kindern in der ganzen Welt zugänglich zu machen. Über das Hilfsangebot auf dem Verkaufs- und Vertriebssektor hinaus hat *Voltas* auch noch unentgeltlich einen Personalstab von Experten und Technikern delegiert, die die Produktion und die täglichen Aktivitäten der Fabrik überwachen, damit der bestmögliche Service für alle sichergestellt wird.

Lehrhilfen für Blinde

Kaybee hat jetzt in sein Herstellungsprogramm traditionelle Lehrhilfen für Blinde aufgenommen. Die Firma hat einen kompletten Mustersatz entworfen, der folgendes enthält:

1. Braille-Zwischenzeilenrahmen;
2. Zwischenzeilenrahmenkästchen;
3. Stylus (Griffel);
4. Abacus;
5. Sporenrad;
6. Gummimatte;
7. Lineal;
8. Maßband.

Ich möchte bei dieser Gelegenheit im einzelnen die speziellen Neuerungen beschreiben, die für die Montessori-Ausrüstung geschaffen und für den Gebrauch von sehgestörten Kindern adaptiert wurden.

Übungen des praktischen Lebens

22/B *Tablett mit Zubehör zum Üben des Gießens*
Ein Tablett, auf dem sich ein Krug und drei kleine Tassen befinden. Die Tassen haben eine rauhe Linie ungefähr 1 cm unterhalb des oberen Randes. Die Kinder gießen Sand oder Körner aus dem Krug in die Gläser bis zur Höhe der rauhen Linie.

Sensorische Übungen

31/B *Die Geräuschbüchsen*
Sechs Paar Zylinder mit unterschiedlichen Geräuschen. Statt der roten und blauen Farben, die zur Unterscheidung bei normal sehenden Kindern benützt werden, ist ein Satz von sechs mit einem besonderen Kennzeichen auf einer Seite markiert. Zeichen zum selbstkorrigierenden Lernen sind auf der anderen Seite einer jeden Büchse angebracht.

32/B *Konstruktive Dreiecke*
Vier Schachteln mit verschiedenen Formen von Dreiecken, mit deren Hilfe das Kind jede beliebige geometrische Figur bilden kann, indem

es Dreiecke, die in der gleichen Farbe bemalt sind, mittels einer schwarzen Randlinie zusammensetzt. Für das blinde Kind wird die Farbe durch eine Anzahl von runden Nägelköpfen auf jedem Dreieck angedeutet, und die Randlinien haben eine rauhe Oberfläche.

38/B *Wärmfläschchen*
Ein Satz mit vier Paar Aluminiumflaschen, die man mit heißem, warmem, lauwarmem und kaltem Wasser füllen kann, die die Kinder befühlen und je nach Temperatur zusammenstellen können. Je ein Satz von vier Flaschen hat eingeprägte Markierungen zur Unterscheidung.

39/B *Probierflaschen*
Der zusammengehörige Satz von vier Flaschen hat rauhe Unterscheidungsmerkmale. Die kleinen Flaschen werden gefüllt mit süßen, sauren, salzigen und neutralen Substanzen – fest oder flüssig – und mit einem Augentropfer oder Löffelchen auf die Zunge gelegt. Zum Zusammenstellen je nach Geschmack.

40/B *Riechbüchsen*
Derselbe Vorgang zur Unterscheidung der verschiedenen Gerüche. Der zusammengehörige Satz hat Markierungen zum Zusammenstellen. Die Büchsen haben unten Kontrollmarken in Blindenschrift.

Rechnen

41/B *Rechenstangen*
10 rote und gelbe Stangen. Die Farbe wechselt alle 10 cm. Die ersten Schritte zum Zählen und Erklären von Zahlen. Für die blinden Kinder mit abwechselnden Streifen unterbrochen.

42/B *Nummernkarten für Nummernstangen*
Karten mit Sandpapierzahlen und schwarzen Markierungen in Blindenschrift. Die Nummern sollen gegen die entsprechenden Stangen gestellt werden.

43/B *Sandpapier-Nummern 0–9*
Mit Blindenschrift markierte Sandpapiernummern, die aufgereiht werden. Zum Verständnis der Zahlen und zum Wiederholen durch Schreiben.

44/B *Spindelkästen*
Zwei Kästen mit Unterteilungen, von 0 bis 9 numeriert und mit Blindenschrift markiert, 55 Spindeln. Das Kind zeigt sein Zahlenverständnis, indem es die richtige Anzahl von Spindeln in das entsprechende Fach legt.

45/B *Chips und Karten*
10 Karten, von 1 bis 10 markiert mit Blindenschrift, und 55 Chips für den Unterricht mit geraden und ungeraden Nummern. Kleine Tabletts mit Vertiefungen gehören dazu, damit das blinde Kind die Chips besser ablegen kann.

47/B *Nummernkarten 1 bis 1000*
Karten derselben Größe wie für sehende Kinder, aber mit schwarzen Sandpapiernummern. Rechts unten ist auf jeder Karte eine Blindenschriftmarkierung mit der vollständigen Ziffer; 1 oder 10 oder 20 oder 100 oder 1000 usw. Auf jeder Zahlenkolonne ist oben die entsprechende Blindenschriftmarkierung. So können die Karten genauso benützt werden wie von sehenden Kindern.

49/B *Nummernkarten 1 bis 9000*
Ebenso angepaßt wie 47/B, aber mit Karten bis zu 9000.

51/B *Drei Sätze mit kleinen Nummernkarten von 1 bis 3000 in Blindenschrift*
Zahlen mit rauher Oberfläche auf weißem Grund. Blindenschriftmarkierungen in der unteren rechten Ecke geben die Gesamtzahl an. Blindenschriftzahlen über jeder Zahlenkolonne sind markiert.

52/B *Ein Satz mit zwei Seguin-Tafeln (10) in Blindenschrift*
Schwarze Sandpapierziffern auf weißem Untergrund. Blindenschriftmarkierung an jeder Zahlenkolonne und auf jeder Karte.

53/B *Ein Satz mit zwei Seguin-Tafeln (10 bis 90) in Blindenschrift*
Die gleiche Adaption wie 52/B.

58/B *Streifenspiel zur Addition in Blindenschrift*
Streifen mit Blindenschrift. Die Linien auf dem Brett sind erhaben, damit man sie ertasten kann. Zahlen in Blindenschrift.

59/B *Streifenspiel zur Subtraktion in Blindenschrift*
Dieselbe Adaption wie 58/B.

60/B *Rechenbrett zum Dividieren mit Perlen, Knöpfen und Chips*
Anstelle von Vertiefungen für Perlen sind Löcher eingelassen, in die das Kind Knöpfe stecken kann. Alle Nummern in Blindenschrift.

61/B *Rechenrahmen mit vier Perlenreihen*
Genauso wie für sehende Kinder zum Rechnen bis 10 000 in Blindenschrift.

62/B *Rechenrahmen mit sieben Perlenreihen*
Genauso wie für sehende Kinder, nur in Blindenschrift. Der Rahmen ist jedoch etwas breiter, um die Nullen in Blindenschrift unterzubringen.

63/B *Einmaleinsbrett mit Knöpfen und Karten in Blindenschrift*
Genauso angelegt wie zum Dividieren mit 100 Löchern und Knöpfen und Ziffern in Blindenschrift.

Sprache

65/B *Sandpapierbuchstaben in Blindenschrift in Englisch*
Sandpapierbuchstaben – Druckbuchstaben oder Normalschrift –, auf Pappkarten befestigt mit Blindenschriftmarkierung seitlich rechts.

66/B *Flächenberechnung: zwei Kästen*
(a) *Dreiecke* – (b) *Vierecke und Sechsecke*
Zur Flächenberechnung. Zwei Schachteln mit verschiedenartigen Dreiecken und Polygonen mit Duplikaten, die so geschnitten sind, daß sie beim Zusammensetzen ein Rechteck ergeben. Jedes markiert mit einem Netz von eingeritzten Quadraten, so daß die Fläche berechnet werden kann, indem man Länge und Breite des Vierecks multipliziert. In verschiedenen Farben bemalt. Die gleichen Farben sind auf identischen kleinen Knöpfen.

SYLVIA G. LAZO (Quezon City, Philippinen)

Die Montessori-Pädagogik auf den Philippinen

Die Montessori-Pädagogik wurde auf den Philippinen 1952 von Schwester Gaudia BURGEMANS, einer holländischen Nonne, eingeführt, die ein holländisches Montessori-Diplom besaß und dem *St. Joseph's College*-Kindergarten in Quezon City zugeteilt wurde. Wegen des Mangels an Material konnte die Montessori-Technik jedoch nicht systematisch ausgebaut werden. Statt dessen wurde sie, gemeinsam mit anderen Richtungen, als eine Art wahlweise Alternativ-Methode der Kindergartenerziehung angewandt. Und zwar so lange, wie diese holländische Schwester den Kindergarten leitete. Aber dank ihrer Bemühungen kam es so weit, daß ihr Kindergarten-Ausbildungsprogramm für Vorschullehrer allmählich zu einem Fortgeschrittenen-Kursus mit *Bachelor of Science*-Diplom in Kindergartenerziehung wurde, der nur von diesem bestimmten *College* angeboten wird.

1957 kam eine zweite holländische Schwester mit Montessori-Ausbildung, Schwester ACCURSIA, an, und sie wurde der privaten Sonderschule für geistig behinderte Kinder zugeteilt, wo sie die Montessori-Methode anwandte, die sich als recht erfolgreich erwies.

Mit ihrer Versetzung an einen anderen Ort im Jahre 1969 endete jedoch diese erfolgreiche Begegnung von behinderten Kindern mit der Montessori-Pädagogik.

1964 begann eine Philippinin, Frau Preciosa SOLIVEN, mit Hilfe einer britischen Montessori-Lehrerin eine Experimentierklasse in einem exklusiven Vorort von Manila aufzubauen. Fast gleichzeitig führte sie die Montessori-Prinzipien, besonders die Übungen des praktischen Lebens, in einer öffentlichen Schule für Kinder von vertriebenen Flüchtlingsfamilien ein, die außerhalb der Stadt angesiedelt worden waren. Beide Unternehmungen erwiesen sich als erfolgreich, und Mrs. SOLIVEN ging daraufhin, durch ein Ausbildungsstipendium unterstützt, nach Italien, um die Montessori-Methode zu studieren.

Ein Jahr später, 1965, konnte die erste eingeborene Besitzerin eines in Deutschland erworbenen Internationalen Montessori-Diploms, die Vortragende, das Montessori-Kinderhaus mit einer kleinen Gruppe von Filipino-Kindern und einem holländischen Mädchen einweihen. Im folgenden Jahr, 1966, wurde das *Operations Brotherhood*-Montessori-Zentrum von Mrs. SOLIVEN aufgebaut. Darauf folgte die Gründung des philippinischen

Montessori-Zentrums unter Mrs. Iluminada GOMEZ WOELLHAF, die in Washington, USA, ausgebildet worden war. Die Ausbildung in verschiedenen Ländern – nämlich Deutschland, Italien und den USA – verlieh dem ersten Häuflein von Montessori-Lehrern auf den Philippinen einen ganz internationalen Anstrich.

Die Montessori-Prinzipien mit ihrer vielseitigen Anwendbarkeit stoßen in immer weiteren Teilen der Welt auf Interesse.

Die Ausbreitung der Montessori-Schulen

Heute, 14 Jahre nach der Gründung der ersten Montessori-Schule auf den Philippinen, verfügt mein Land über die stolze Zahl von 12 bis 15 Montessori-Vorschulen mit 100 bis 200 Kindern in jeder Schule und vier Montessori-Volksschulen. Von den vier Volksschulen werden zwei vom O.B.-Montessori-Zentrum geführt. Übrigens trifft das O.B.-Montessori-Zentrum gerade jetzt Vorbereitungen für die Errichtung einer Montessori-Forschungsgesellschaft für Asien, die folgende Ebenen umfassen würde: die Kinderhäuser, die Volksschule, die höhere Schule, die Herstellung von Lehrmaterial und Möbeln, einen Buchverlag und ein Lehrerbildungszentrum für Asien.

Von all den eben erwähnten Montessori-Schulen sind nur das Montessori-Kinderhaus unter meiner und die Montessori-Schulen unter der Leitung von Mrs. SOLIVEN in der Lage, behinderte Kinder aufzunehmen und auf ihre Bedürfnisse einzugehen. An dieser Stelle füge ich mit Vergnügen hinzu, daß das höchste Lehrinstitut auf den Philippinen, die Staatsuniversität, einen Einführungskurs in die Montessori-Methode anbietet, der zu den Vorbedingungen für das *Master of Arts*-Examen für Sonderschulerziehung gehört. Dieser Montessori-Kurs dient den Studenten der Sonderschulerziehung als Orientierungshilfe in bezug auf die grundlegenden Prinzipien und Ansichten der Montessori-Pädagogik.

Hilfe für behinderte Kinder

Das Montessori-Kinderhaus begann 1968 mit einem mongoloiden Kind und wurde allmählich erweitert, so daß es emotional gestörte, neurologisch beeinträchtigte und sprachlich behinderte Kinder mit aufnehmen konnte. Diese behinderten Kinder arbeiten in der Gruppe mit normalen Kindern zusammen. Da die Schule auf den Status einer Vorschule beschränkt ist, wurde, um die älteren behinderten Kinder unterzubringen, eine gesonderte

Klasse für sie eingerichtet mit dem Ziel, die Erziehbaren später doch noch zu integrieren, entweder in Montessori-Volksschulen oder in Sonderschulen. Für diejenigen, die nicht in das allgemeine Erziehungssystem eingegliedert werden können, richtet das Montessori-Kinderhaus gerade eine Art erzieherisches *Curriculum* ein, das die behinderten Kinder so weit vorbereiten soll, daß sie beim Verlassen der Schule sozial und wirtschaftlich ohne fremde Hilfe auskommen. Ein solcher Plan erfordert unbedingt eine multi-disziplinäre Behandlung, wenn dem behinderten Kind in seiner sozialen, emotionalen, physischen und geistigen Entwicklung geholfen werden soll.

Andererseits begann das O.B.-Montessori-Zentrum fast gleichzeitig mit der Aufnahme von behinderten Kindern. 1968 hatte die Schule fünf davon. Im Augenblick hat das O.B.-Montessori-Zentrum 15 behinderte Kinder bei einer Gesamtschülerzahl von 1100 Schülern. Seit die Schule begann, behinderte Kinder aufzunehmen, werden in jedem neuen Schuljahr 12 bis 20 behinderte Kinder betreut. Ungefähr 80% dieser Sondergruppe können beim Verlassen des Zentrums eine normale, traditionelle Schule besuchen, während die anderen 20% auf Sonderschulen gehen.

Wir hoffen, den Einfluß und die Verbreitung der Montessori-Pädagogik auf den Philippinen noch weiter zu fördern, und zwar durch die Gründung und Organisation einer Vereinigung, die alle Montessori-Schulen in Metro Manila umfaßt. Diese Vereinigung kann dann als Medium des Gedankenaustauschs und zur Verbesserung des Standards der Montessori-Erziehung auf den Philippinen dienen.

KLAUS LUHMER, S. J. (Tokio)

Die Montessori-Bewegung in Japan

Erste Anfänge (1912–1917)

In Japan wurde die Montessori-Pädagogik zum ersten Mal erwähnt in einem Leitartikel der Zeitung *Manchōhō* vom 11. Januar 1912. Das Interesse an Maria MONTESSORI erwachte in Japan etwa zur gleichen Zeit wie in Europa und Amerika. In der Folgezeit – in der Hauptsache bis zum Jahre 1917 – erschienen zahlreiche Aufsätze und einige Bücher über MONTESSORI. Nach einer Aufstellung von Prof. Tsuyoshi YOSHIOKA [1] erschienen 14 Aufsätze im Jahre 1912, 16 im Jahre 1913, 10 im Jahre 1914, 7 im Jahre 1915 und 4 im Jahre 1917. Im gleichen Zeitraum wurden fünf Bücher über die Montessori-Methode veröffentlicht, das bekannteste von Prof. Kiyomaru KONO, der an der (protestantischen) *Nihon Joshi Daigaku* lehrte.

YOSHIOKA konnte auch nachweisen, daß in diesem Zeitraum elf Vorlesungsveranstaltungen stattfanden und sechs Ausbildungskurse abgehalten wurden. Nach einer Nachricht in der Sonntagsbeilage zur *Osaka Mainichi Shimbun* vom 1. Dezember 1913 und vom 17. Mai 1914 sollen im Jahre 1913 in Tokio ein und im Jahre 1914 in Kioto zwei, in Kobe zwei, in Akita, Hiroshima, Mihara und Yonago je ein Kindergarten bestanden haben, in dem die Montessori-Methode angewandt wurde. Einer Aufstellung des japanischen Kultusministeriums aus dem Jahre 1921 zufolge soll es vier öffentliche und sechs private Kindergärten gegeben haben, die ausschließlich nach der Montessori-Methode unterrichteten, und 130 öffentliche und 121 private, die die Fröbel-Methode und die Montessori-Methode nebeneinander verwendeten [2]. Es finden sich auch Berichte aus dieser Zeit, die bezeugen, daß Montessori-Material bei pädagogischen Tagungen ausgestellt war.

Abklingen der Montessori-Bewegung (1918–1962)

Nach 1912 erschienen in Japan genau wie in Amerika kaum mehr nennenswerte Veröffentlichungen über die Montessori-Pädagogik. Heute gibt es keine einzige Montessori-Einrichtung, deren Gründung in die Zeit der ersten Blüte zurückdatiert. In Gesamtdarstellungen der pädagogischen Theorie und Didaktik widmete man der Montessori-Pädagogik nur wenige Zeilen. Sie galt als interessante, aber inzwischen überholte Episode in der Geschichte der westlichen Pädagogik.

Die Gründe, die zu dieser Entwicklung führten, lassen ich nur vermuten. Wahrscheinlich haben die gleichen Faktoren, die in Amerika zu ähnlichen Folgen führten – vor allem der zeitweilige Sieg des Pragmatismus und das mangelnde Verständnis der damals führenden Pädagogen wie J. DEWEY und W. KILPATRIK – auch in Japan zu einem Versiegen des Interesses beigetragen. Zudem war die japanische Pädagogik schon seit dem Ende des 19. Jahrhunderts stark an der deutschen orientiert. Kindergartenpädagogik in Japan hatte in den siebziger Jahren des 19. Jahrhunderts überhaupt erst mit der Einführung der Fröbel-Pädagogik begonnen. Eine deutsche Fröbel-Schülerin, Clara MATSUNO, richtete den ersten Kindergarten in Japan ein. Bekanntlich waren auch die deutsche Fröbel-Pädagogik der zwanziger Jahre und führende deutsche Pädagogen wie SPRANGER der Montessori-Pädagogik gegenüber kritisch eingestellt. Das dürfte in Japan Rückwirkungen gehabt haben.

Wie in Europa, so gingen auch in Japan in den dreißiger Jahren die Wogen des Nationalismus und Militarismus hoch. Die Betonung der individuellen Freiheit, die internationale Weite und die Betonung des Wertes der Einzelpersönlichkeit waren Grundgedanken der Anthropologie MONTESSORIS, die mit der totalitären Ideologie, die von 1925 bis 1945 in Japan vorherrschte, unvereinbar waren. Das dürfte eine weitere Ursache für die Verdrängung der Montessori-Pädagogik gewesen sein; zu einer eigentlichen Verfolgung oder gewaltsamen Unterdrückung der Montessori-Bewegung kam es anscheinend in Japan nicht.

Eine Ausnahme bildete zu dieser Zeit Masunori HIRATSUKA, der in den zwanziger Jahren als Student in der Pädagogischen Abteilung der Graduiertenstufe der Staatlichen (damals Kaiserlichen) Universität in Tokio sich für MONTESSORI erwärmte, mehrere Aufsätze schrieb und schließlich von dem renommierten Verlag Iwanami eingeladen wurde, im Rahmen einer Serie von Monographien über große Pädagogen einen Band über MONTESSORI zu schreiben (1931). Zwar war HIRATSUKA in manchen Punkten der Montessori-Methode gegenüber kritisch eingestellt, aber er beurteilte die grundlegenden Ansätze MONTESSORIS – ihr Eintreten für spontane Selbstentfaltung des Kindes in einer vorbereiteten Umgebung, ihre Verbindung von Sinnestätigkeit mit intellektueller Erziehung usw. – durchaus positiv.

Der zweite Frühling der Montessori-Methode

Erst in den sechziger Jahren erlebte die Montessori-Methode in ihrer einzigartigen Verbindung von pädagogischer Praxis und Theorie auch in Japan eine neue Blüte. Im Jahre 1962 bildete sich in Tokio eine Gruppe von katholischen Kindergartenlehrerinnen und Pädagogen, darunter auch der Verfasser. Japanische Schwestern, die Kardinal FRINGS nach Köln gerufen hatte, hatten dort das Material und die Methode kennengelernt. Zwei Kindergärtnerinnen, die zu diesem Kreis gehörten, Keiko AKABANE und Hisako MATSUMOTO, entschlossen sich, die Methode in Deutschland bzw. in Italien zu studieren, und kamen wenige Jahre später mit einem Montessori-Diplom ausgerüstet nach Japan zurück. Das erste auch behördlich anerkannte japanische Kinderhaus wurde im Adachi-Distrikt in Tokio unter der Leitung von AKABANE eingerichtet und im Jahre 1965 eröffnet *(Umeda Kodomo-no-Ie)*. Kurz darauf, im Jahre 1967, konnte auch Hisako MATSUMOTO, und zwar im Wohndistrikt Nerimaku, ein Kinderhaus *(Sempukuji Kodomo-no-Ie)* eröffnen.

Inzwischen hatte die Montessori-Pädagogik auch auf einem anderen Weg erneuten Zugang nach Japan gefunden. Ein emeritierter Germanistikprofessor der Städtischen Osaka-Universität, Tsuneyoshi TSUTSUMI, mußte in den fünfziger Jahren mit seiner Frau einen Kinderhort übernehmen und stieß auf die deutsche Übersetzung von MONTESSORIS *Il Metodo (Kinder sind anders)*. Nach manchen Irrwegen und einer ausgedehnten Studienreise nach Deutschland war er in der Lage, im Jahre 1964 einen der drei Räume seines Kinderhorts mit Montessori-Material auszustatten und darin MONTESSORI in die Praxis zu übertragen[3]. AKABANE, die damals schon nach Japan zurückgekehrt war, aber noch auf die Fertigstellung des Kinderhauses in Tokio wartete, stand ihm mit Rat und Tat zur Seite. Da es außer AKABANE damals noch keine ausgebildeten Montessori-Lehrerinnen gab, schickte Prof. TSUTSUMI eine Lehrerin, Frl. YŌKŌ TAKAHASHI (Frau IWATA) nach Indien, um dort das Diplom zu erwerben.

Unabhängig von diesen Einrichtungen, in denen Lehrkräfte mit einem A.M.I.-Diplom tätig wurden, hatte sich inzwischen von Amerika aus eine von A.M.I. unabhängige Montessori-Pädagogik in der Frauenhochschule *Notre Dame Seishin* in Okayama (Mitteljapan) angesiedelt. Dort unterrichtete eine amerikanische Ordensschwester, Sr. CHRISTINA, nach der Montessori-Methode, nicht nur an der Universität, sondern darüber hinaus auch in kürzeren oder längeren Ausbildungskursen und Schulungswochen.

Die Montessori-Pädagogik hatte, in ihrer auf die Heilpädagogik angewandten Form, auf einem wiederum ganz verschiedenen Weg Eingang in Japan gefunden. In Japan baut sie, außer auf Montessori-Methoden, auch direkt auf ITARD und SEGUIN auf. Das Material, das der Nervenarzt Teijiro KAWATA und, vermutlich in Anlehnung an ihn sowie an SEGUIN und MONTESSORI, der Gehirn- und Nervenspezialist Dr. Junjirō NISHIMOTO in Hiroshima entwickelten, ist nicht beschränkt auf das traditionelle Montessori-Material. Bekanntlich begann MONTESSORI selbst mit Heilpädagogik; sie selbst hat aber leider diese äußerst vielversprechende Seite ihrer Forschung später fallengelassen und sich ausschließlich auf Kleinkinderziehung und (mit Abstand und bruchstückhaft) auf Schulpädagogik beschränkt[4].

Ausbildungskurse und Organisationen

Heute bestehen etwa 30 Kinderhäuser in Japan, z. T. von den Behörden anerkannte Kindertagesstätten oder Kindergärten, z. T. auch von Privatpersonen mit behördlicher Duldung unterhaltene Einrichtungen, in denen die Montessori-Methode exklusiv angewandt wird. Weitere Kindergärten verwenden die Montessori-Methode im Verein mit anderen Methoden. In dem Maße, wie sich die Zahl der Kinderhäuser mehrte, wuchs auch die Nachfrage nach ausgebildeten Kräften. Nur wenige konnten die Mittel für eine Auslandsreise und einen längeren Auslandsaufenthalt aufbringen. Man mußte in Japan selbst Gelegenheiten für die Ausbildung von Montessori-Lehrerinnen schaffen.

Im Juli 1965 fand der erste einwöchige Ausbildungskurs unter der Leitung von AKABANE im Kinderhaus in Tokio statt. Kürzere oder längere Kurse wurden und werden auch heute noch in verschiedenen Städten Japans unter Mitwirkung von zahlreichen Pädagogen und Montessori-Lehrkräften mit Diplom abgehalten. An Einführungskursen beteiligen sich bis zu 700 Hörer. AKABANE-SHINOHARA arbeitete einen langfristigen Plan aus, nach dem in jeweils viertägigen Kursen über einen Zeitraum von mehreren Jahren hinweg die Einführung in die Methode in mehrere Stufen aufgeteilt ist.

Bald wurde es offenkundig, daß diese Tagungen nicht genügten. Hauptsächlich mit dem Ziel einer besseren und gründlicheren Schulung wurde im Jahre 1967 an der *Sophia*-Universität eine »Arbeitsgemeinschaft für Montessori-Pädagogik« gegründet, aus der im Jahre 1968 die »Japanische Montessori-Gesellschaft« *(Japan Montessori Association* – J.A.M.) hervorging. Der erste Präsident der im Jahre 1968 offiziell konstituierten Gesellschaft wurde Prof. TSUTSUMI, der Verfasser dieses Beitrags wurde zum Vizepräsidenten gewählt. Einen Markstein in der Entwicklung der Japanischen Montessori-Gesellschaft setzte die Feier des hundertjährigen Geburtstages von MONTESSORI in Kioto im Jahre 1970. Die Mitgliederzahl der Japanischen Montessori-Gesellschaft wuchs bald auf 1500. Das Amt des Präsidenten übernahm im Jahre 1970 Prof. Dr. HIRATSUKA, der Direktor des Staatlichen Pädagogischen Forschungsinstitutes in Tokio. Als er im Sommer 1977 wegen Überlastung zurücktrat, wählte die Hauptversammlung den Vizepräsidenten zu seinem Nachfolger.

Ihre Hauptaufgabe erblickt die Japanische Montessori-Gesellschaft darin, für die Ausbildung von Montessori-Lehrerinnen Sorge zu tragen. So entstand im April 1970 ein Ausbildungskurs an der *Sophia*-Universität. Direktor des Lehrstabs dieses Kursus ist der Verfasser; die Ausbildung in der Montessori-Praxis (Material; Album; Hospitieren) liegt in den Händen von Hisako MATSUMOTO.

AKABANE-SHINOHARA gründete im Jahre 1973 einen zweiten Ausbildungskurs in Kioto. Da beide Kurse teilzeitlich veranstaltet werden – der Kurs in Tokio als Abendschule, der Kurs in Kioto an Wochenenden –, konnte A.M.I. sich bisher nicht entschließen, den Kursen das Recht zu erteilen, A.M.I.-Diplome auszustellen.

Im Jahre 1975 distanzierte sich AKABANE-SHINOHARA von der Japanischen Montessori-Gesellschaft und gründete einen neuen Verein, den sie *Kodomo-no-Ie-Yūkōkai* (Freunde der Kinderhäuser) nannte. Hiroshi SUGO, emeritierter Professor der staatlichen *Ochanomizu*-Frauenhochschule, übernahm den Vorsitz dieser Vereinigung. Die Kurse in Kioto, die ursprünglich von der Japanischen Montessori-Gesellschaft autorisiert waren, unterstellte AKABANE-SHINOHARA 1975 der neuen, von ihr gegründeten Vereinigung.

A.M.I.-Kurse

Prof. FUJIWARA von der Technischen Universität *Kyūshū* bereitet z. Z. einen Kurs vor, an dem sich Teilnehmer aus dem Einzugsgebiet der Bevölkerungsballung an der Nordspitze der Insel Kyūshū beteiligen können.

Inzwischen hatte Frl. Shizuko MATSUMOTO, die ihre erste Begegnung mit MONTESSORI im Kinderhaus in Tokio *(Umeda Kodomo-no-Ie)* erlebte, in Italien und Amerika nicht nur die Lehrbefähigung als Kindergartenlehrerin und das fortgeschrittene Diplom erworben, sondern erhielt von A.M.I. auch die Genehmigung, einen Volltagskurs von jeweils einjähriger Dauer zu eröffnen. Der erste Kurs begann im Oktober 1975 und zählte im ersten Jahr 10, im zweiten Jahr 20 und im dritten Jahr über 30 Teilnehmer. Bald nach Beginn der neuen Blütezeit der Montessori-Pädagogik in Japan äußerten zahlreiche Mitglieder der Japanischen Montessori-Gesellschaft den Wunsch, die Methode auf dem Wege über einen Fernkurs zu studieren. Die

Japanische Montessori-Gesellschaft gab im Jahre 1975 grünes Licht. Die japanische Lehrmittelfirma *Gakken* stellte Räumlichkeiten und Anfangskapital zur Verfügung, und im April 1976 konnte der erste Fernkurs mit etwa 180 eingeschriebenen Teilnehmern beginnen. Da A.M.I. prinzipiell, wie die Leitung von A.M.I. dem Verfasser auch brieflich mitteilte, Korrespondenzkurse nicht anerkennt, kann auch dieser Kurs kein A.M.I.-Diplom verleihen.

Die Japanische Montessori-Gesellschaft erteilte im Jahre 1977 Dr. NISHIMOTO die Genehmigung für einen Ausbildungskurs in Hiroshima. Da NISHIMOTO langjährige Erfahrung in Heilpädagogik besitzt, ist sein Kurs nicht nur auf die Ausbildung von Kindergartenlehrerinnen beschränkt, sondern wendet sich auch an Interessenten, die im Bereich der Heilpädagogik die Montessori-Pädagogik anwenden möchten.

Für im weiteren Sinne der Montessori-Pädagogik zugeordnete Heilpädagogik ist auch in Tokio eine neue Forschungs- und Betreuungsstätte entstanden. In einem geräumigen vierstöckigen Betonhaus richtete Hiroshi MIKAMI in Zusammenarbeit mit P. Peter HEIDRICH und unter der Leitung des Vermögensträgers *Karashidane* eine Stätte ein, die er *Akebono Gakuen* (Haus Morgenrot) nannte und wo mit Einsatz der modernsten Forschungsmittel besonders die frühzeitige Diagnose und Behandlung von geistig behinderten Kleinkindern betrieben wird.

Die Montessori-Pädagogik erlebt so in Japan eine neue Blüte, die sich vergleichen läßt mit der Entwicklung der Montessori-Bewegung in anderen Ländern der freien Welt. Japanische Pädagogen, Eltern und Kulturpolitiker setzen große Hoffnungen auf die Montessori-Pädagogik, weil sich in Japan wie in anderen fortgeschrittenen Industrienationen herausstellte, daß in diesen technischen Kulturen für das Kind wenig Raum bleibt. Die Beschäftigung mit MONTESSORI wird zum Ansporn, Erziehung neu zu überdenken und mehr als die Forderungen der Gesellschaft die Eigenart und die Bedürfnisse des Kindes in den Mittelpunkt zu stellen. Zudem spricht MONTESSORI japanische Pädagogen an wegen der Einbeziehung geistiger Werte in die anthropologische Grundlegung. Die sozusagen »östliche« geistige Tiefe, die, im Verein mit einer wissenschaftlichen Grundhaltung, die Methode kennzeichnet und die sie in Indien heimisch werden ließ, spricht auch die Japaner an. Sie sehen in MONTESSORI eine Prophetin, die ihnen die Erlösung des Kindes – und damit des Erwachsenen – aus den Fesseln einer mechanisierten, automatisierten und technisierten Welt verheißt.

Anmerkungen

1 Tsuyoshi YOSHIOKA: »Waga Kuni ni okeru Montessori Method no Inyū – l« (Die Einführung der Montessori-Methode in Japan – 1). Kioto. *Hikaku Kyōikugaku Kenkyū*. Nr. 1. Dezember 1971.
2 MOMBUSHO (Japanisches Kultusministerium). *Yōchien Kyōiku 9onen Shi* (90 Jahre Kindergartenerziehung in Japan). Tokio 1969, S. 113.
3 Tsuneyoshi TSUTSUMI: »Umarederu Yorokobi« (Die Freude geboren zu werden). *Montessori Kyōiku* (Montessori-Erziehung). Nr. 1. Tokio. Nihon Montessori Kyōkai (Japanische Montessori-Gesellschaft). 1968. S. 35–42
4 Mitori TOKISADA: »Chiryō Kyōiku ni okeru Seirigakuteki Kunren no Keifu« (Genealogie der physiologischen Übungen in der Heilpädagogik). *Kyōiku Igaku Kenkyū* (Heilpädagogische Studien) Nr. 13. Hiroshima. Kyōiku Igaku Kenkyūjo. 1973.

MURIEL I. DWYER (London)

Bericht über die Montessori-Pädagogik in Afrika (1968–1976)

Da dies der erste offizielle Bericht über Afrika ist, der der A.M.I. gegenüber abgegeben wird, haben wir uns entschlossen, zeitlich etwas weiter zurückzugehen, und zwar bis zum Beginn der neuen Initiative im Jahre 1968.
  Die Arbeit begann in Tansania auf Wunsch der Moslem-Gemeinschaft, und es wurden zwischen 1968 und 1971 vier vollständige internationale Montessori-Diplomkurse durchgeführt, wobei über 50 Studenten ihr A.M.I.-Diplom erwarben.
  Aus den Erfahrungen dieser Kurse und Besuchen in anderen afrikanischen Ländern ergab sich, daß eine andere Art von Hilfe benötigt wurde. So wurde nach Beratung mit Dr. Mario M. MONTESSORI das A.M.I.-HILF-DEN-KINDERN-AFRIKAS-Projekt ins Leben gerufen. Das Projekt hat zwei Hauptziele:

a) den Regierungen der entsprechenden Länder zu helfen, sich der fundamentalen Bedürfnisse der Kinder nach integraler Entwicklung bewußt zu werden, damit diese Bedürfnisse die Grundlage für die neue Erziehungspolitik und Kinderfürsorge eines jeden Landes bilden;
b) Kinderentwicklungszentren einzurichten, um einigen Kindern direkt zu helfen – aber auch als Alternative für Vorschule und Tagesstättenarbeit, indem man zeigt, daß und wie so etwas möglich wird, und indem man den Entwicklungsbedürfnissen der Kinder selbst in den ärmsten Gebieten Rechnung trägt.

Mit diesem Ziel vor Augen, wurde zwischen 1972 und 1976 folgende Arbeit geleistet:

Tansania

Es gab sechs Montessori-HILF-DEN-KINDERN-Kurse für Leiter und Assistenten des Kinderentwicklungszentrums.
  109 Studenten wurden ausgebildet und eine große Anzahl von Zentren wurde in verschiedenen Landesteilen eröffnet. Wegen der Größe des Landes und aufgrund der schlechten Transportbedingungen war es nicht möglich, die notwendige weiterführende Arbeit außerhalb des Gebietes von Dar-es-Salam durchzuführen, obwohl dies für die Zukunft geplant ist.
  Zwei Studenten aus Tansania gingen zur Weiterausbildung nach London

und sind jetzt in der Lage, unter Aufsicht Kurse zu halten. Zwei weitere Studenten aus Tansania beendeten ein Jahr ihres Studienprogramms in London und arbeiten jetzt in der Abteilung für Kinder im Ministerium für Sozialwesen. Wir hoffen, daß wir genügend Geld aufbringen, damit sie nach London zurückkehren und ihre Montessori-Ausbildung beenden können.

Es gab eine beachtliche Zusammenarbeit zwischen dem Sozialministerium und UNICEF, die auch die Teilnahme an dem *Iringa*-Arbeitskreis für Tagesstätten im Jahre 1975 einschloß, bei dem Miss DWYER einen Vortrag hielt über »Das Programm für Tagesstätten und die Führungsrolle in bezug auf die kindliche Entwicklung und die speziellen Bedürfnisse des Kindes«.

Die Arbeit wird weitergeführt; man denkt an Ausdehnung und plant die Errichtung eines ständigen Zentrums in Dar-es-Salam.

Kenia

Die Arbeit in Kenia begann 1974 auf Bitten einer Mission in Nairobi. Seither sind zwei Montessori-HILF-DEN-KINDERN-Kurse abgehalten und 37 Studenten ausgebildet worden.

Die Ausbildung dauert hier fast zwei Jahre: ein Jahr stationäre Ausbildung und ein Jahr Arbeit unter Aufsicht. Es wurde mit 14 Gruppen begonnen, und 700–800 Kinder in größeren Städten können jetzt am Kinderentwicklungszentrum teilnehmen.

Obwohl wir unabhängig sind, arbeiten wir eng mit SOS-Kinderdorf, dem kenianischen Erziehungsinstitut, dem Erziehungsministerium, UNICEF, C.E.B.E.M.O., *Misereor* und den *Maryknoll Fathers* zusammen.

Ein Student aus Kenia studiert zur Zeit in London und wird 1978 zurückkehren und das Ausbildungsprogramm unterstützen.

Die Arbeit geht weiter. Zukunftspläne schließen die Arbeit in ländlichen Gegenden, ein ständiges Zentrum in Nairobi und Ausbildungsprogramme für Volksschulabgänger und unverheiratete Mütter ein.

Äthiopien

Nach langer und schwieriger Vorbereitungszeit konnte ein Montessori-Zweijahresprogramm von HILF-DEN-KINDERN im Jahre 1975 begonnen werden; auf derselben Grundlage wie in Kenia – ein Jahr Ausbildung und ein Jahr Arbeit unter Aufsicht.

19 Studenten wurden ausgebildet und ungefähr 18 Zentren eröffnet; dies

in ganz Äthiopien und in den ärmsten Gegenden. Diese Zentren sind zweimal besucht worden und arbeiten bis jetzt außerordentlich gut. – Die Arbeit geht weiter.

Uganda

Eine Reihe von Montessori-Klassen wurde 1969 und 1970 in Uganda eingerichtet, doch war es nicht möglich, diese Arbeit weiterzuführen.

Andere Länder

Auf den *Seychellen* wurde kürzlich die Zusammenarbeit mit dem örtlichen Tagesstätten-Ausbildungsprogramm angeregt.
 Mauretanien hat um Zusammenarbeit mit dem Tagesstätten-Forschungsprogramm gebeten.
 Der *Sudan* bat um Hilfe, und ein Aufklärungsbesuch wird bald abgestattet werden.
 Somalia hat ebenfalls um Hilfe gebeten, und *Sambia* und *Botswana* zeigen lebhaftes Interesse.
 Nigeria und *Ghana* baten um Hilfe, und bis heute ist eine Anzahl Schüler aus diesen Ländern in London ausgebildet worden.
 Diese letzten Jahre waren nicht leicht, und wir mußten viele Enttäuschungen hinnehmen, konnten aber auch manchen Erfolg verbuchen. Maria MONTESSORI ist jetzt in Afrika bekannt, und bei panafrikanischen Diskussionen über die Behandlung des Kleinkindes werden wir häufig um Teilnahme gebeten.
 Vieles ist jedoch noch zu tun. Ein ganzer Kontinent wartet; in dieser Zeit ist die beste Hilfe jedoch die, Einheimische als Lehrer und Führer auszubilden, nationale Programme zu unterstützen, die Zusammenarbeit mit anderen internationalen Behörden zu suchen und vor allem – immer wieder und ständig, vor allem den Behörden gegenüber – zu wiederholen, wie wichtig die erzieherischen Bedürfnisse des Kindes als des Schöpfers des zukünftigen Menschen und der Neuen Nation sind.

Berichte der nationalen Montessori-Gesellschaften über die Jahre 1975 und 1976

Dänemark

Die dänische Montessori-Gesellschaft stößt auf eine ständig wachsende Aufgeschlossenheit der Öffentlichkeit. Früher waren es hauptsächlich Kindergartenerzieherinnen und Eltern kleiner Kinder, die Interesse zeigten. Jetzt findet man ein ständig wachsendes Interesse auch und gerade bei Schullehrern. Es gelang uns, Verbindungen mit einigen Privatschulen herzustellen, und die Programme von *Nordisk Montessori-Kursus* tragen ein gut Teil dazu bei, unsere Reichweite zu vergrößern. Wir haben die Leute eingeladen, uns und unsere Montessori-Schule in Roskilde (die einzige in Dänemark) zu besuchen. Unsere größte Genugtuung war wohl die Genehmigung, unsere Arbeit trotz der dänischen Gesetze, die private Unternehmungen *nicht* fördern, fortsetzen zu dürfen.

Der wertvollste Aspekt unserer Arbeit ist der, Mut zuzusprechen und (endlose) Erklärungen zu geben, oft in unserer Freizeit. Doch mit viel Erfolg.

Nordisk Montessori-Kursus bietet einen A-Kurs mit 40 Stunden und einen B-Kurs mit 30 Stunden an. Die Kurse umfassen Montessori-Psychologie, Montessori-Pädagogik und die Anwendungsmöglichkeiten eines großen Teils des Montessori-Materials. Eine bestimmte Anzahl von Studenten kann für einige Zeit unsere Kindergärten besuchen.

Die Kurse sind erschwinglich, weil sie gefördert werden. Der Unterricht findet nachmittags und abends statt. Die Sprache ist Dänisch. Die Kurse beginnen im August bis September und wieder im Januar.

Deutschland

I. »Montessori-Vereinigung«, Sitz Aachen.

Die Gesellschaft hat 593 Mitglieder. Daneben hat ihre Zeitschrift *Werkbrief* 101 Abonnenten; sie wird – unentgeltlich – an Pädagogische Hochschulen und andere Gesellschaften und Zentren verschickt. Bis jetzt sind 46 Ausgaben erschienen.

Die Zahl der Montessori-Schulen für Drei- bis Sechsjährige: 58; die Anzahl der Montessori-Volksschulen: 24

Aktivitäten:
A. Monatliche Arbeitsgruppe für Mitarbeiter der Kinderhäuser und Montessori-Volksschulen;
B. Konferenzen fünf- bis sechsmal jährlich für Ausbilder von Lehrern;
C. in folgenden Städten in Westdeutschland werden regelmäßige Kurse veranstaltet*: Münster, Köln (2), Xanten, Opladen, Koblenz, Merzig (Saar), Aachen, Mönchengladbach, Düsseldorf (2).
D. Die letzte Generalversammlung wurde im Juli 1976 in Düsseldorf in Verbindung mit den Arbeitsseminaren über »Kosmische Erziehung« abgehalten. Ein anderes Treffen über dieses Thema fand in Maria Laach statt. In Paderborn wurde eine Konferenz über »Musikalische Erziehung« abgehalten, während in verschiedenen Städten kleine örtliche Treffen über Mathematik stattfanden.

II. »Deutsche Montessori-Gesellschaft« (D.M.G.), Frankfurt/Main.

Die wichtigste Veranstaltung 1975 war die Jahreskonferenz, die mit einem Montessori-Seminar über »Die Montessori-Pädagogik in der Modernen Gesellschaft« verbunden war. Dieses Seminar wurde veranstaltet zusammen mit der *World Education Fellowship* und ihrem Präsidenten, Prof. Dr. Hermann Röhrs, Universität Heidelberg.

Folgende Themen wurden besprochen:

1907 gründete Maria Montessori ihr Kinderhaus in San Lorenzo, Rom, 1952 wurde sie in Noordwijk begraben. In dieser Zeit, der ersten Hälfte des »Jahrhunderts des Kindes« (von Victor Emanuel proklamiert), war die Dottoressa eine der berühmtesten und interessantesten Frauen Europas; sie enthüllte uns völlig neue Aspekte des Kindes und seiner Entwicklung.

Aber seit 1952 sind mehr als 20 Jahre vergangen. In diesen beiden Dekaden haben sich die Psychologie des Lernens, die Lehrstofforschung, die Medienentwicklung, die Friedensforschung usw. rasch weiterentwickelt.

Wir fragen: Wie modern ist Maria Montessori heute?

Diese Frage wurde in vielen Vorträgen diskutiert und beantwortet. Hier ein paar Redner und ihre Themen**:

Professor Dr. Paul Scheid: »Hat Montessori heute noch etwas zu sagen?«
Professor Dr. Hermann Röhrs sprach über: »Fröbel und Montessori und ihr Beitrag zur Erziehung des Kindes.«

---

* Die Kurse werden von A.M.I. anerkannt, es wird aber nur ein nationales deutsches Diplom verliehen.
** Vorträge und Berichte können bei der »Deutschen Montessori-Gesellschaft«, Gärtnerweg 29, D 6000 Frankfurt/Main, angefordert werden.

Professor Dr. Theodor HELLBRÜGGE berichtete über seine Arbeit bei der »Aktion Sonnenschein« in München.

In den beiden Jahren, die der Bericht behandelt, 1975–1976, fanden Besuche und Seminare von deutschen und ausländischen Besuchern, hauptsächlich aus USA und Japan, im Kinderhaus in Frankfurt statt. Wir möchten den prominentesten westdeutschen Besucher nennen, den Vizepräsidenten des Bundestags der Bundesrepublik, Dr. SCHMITT-VOCKENHAUSEN.

Wie in den vergangenen Jahren, so waren die Kurse des Montessori-Ausbildungszentrums in Frankfurt 1975 und 1976 stark besucht. Die Abschlußprüfung wurde 1975 von 59 und 1976 von 41 Teilnehmern bestanden.

Das Montessori-Ausbildungszentrum in Frankfurt hat einen außerordentlichen Vorteil für seine Kurse: es ist gleichzeitig Lehrzentrum für das Lehrerbildungsinstitut des Staates von Hessen. Das bedeutet nicht, daß es ein staatlicher Kurs ist. Es bleibt ein privates Unternehmen von D.M.G.

Dementsprechend betrifft die Abschlußprüfung des Montessori-Kurses in Frankfurt ausschließlich die D.M.G., wie zwischen dem Staat und D.M.G. verabredet.

III. »Aktion Sonnenschein – Hilfe für das mehrfachbehinderte Kind« in München.

Die »Aktion Sonnenschein« ist Mitglied der A.M.I. Mit ihrer Hilfe wurde das Kinderzentrum München aufgebaut (siehe die entsprechenden Kapitel dieses Buches).

Mit Hilfe der »Aktion Sonnenschein« erhielt die internationale Montessori-Pädagogik systematisch eine heilpädagogische Komponente. In den Kindergärten und Schulen der Aktion Sonnenschein wurde erstmalig integrierte Erziehung gesunder mit mehrfach und verschiedenartig behinderten Kindern praktiziert.

Die »Aktion Sonnenschein« hält regelmäßig internationale Lehrgänge in Montessori-Heilpädagogik ab. Sie beginnen jeweils am 1. Oktober, haben drei Trimester und enden im Juli des nächsten Jahres mit einer Prüfung. Nach erfolgreich abgelegter Prüfung wird ein international anerkanntes Diplom in Montessori-Heilpädagogik erteilt, das den Inhaber berechtigt, im In- und Ausland mehrfach und verschiedenartig behinderte Kinder gemeinsam mit gesunden Kindern nach den Prinzipien der Montessori-Pädagogik zu unterrichten und ihnen therapeutisch zu helfen.

Die Adresse der »Aktion Sonnenschein« ist:
8000 München 2, Lindwurmstraße 131.

England

Die Aktivitäten der Montessori-Gesellschaft in den Jahren 1975 und 1976 fallen in mehrere Kategorien. Zur ersten und vielleicht wichtigsten gehören die *Offenen Veranstaltungen,* mit der Intention, die Menschen für die verschiedenen Aspekte der Montessori-Pädagogik zu interessieren. Eine Reihe solcher Veranstaltungen wurden in London und in unseren Grafschaften organisiert.

Im Februar 1975 sprach Ann UDALE anläßlich einer Veranstaltung an der Montessori-Schule in Ealing über »Die Bedürfnisse des Vorschulkindes«. Eine Podiumsgruppe von Montessorianern, die die Schulleiterin, Mrs. JAFFER, miteinschloß, beantwortete nach dem Vortrag verschiedene Fragen. Einige davon enthüllten die Besorgnis der Eltern in bezug auf die künftige Erziehung ihrer Kinder. Die Forderung nach einer Schule für über sechs Jahre alte Kinder wurde gestellt.

Im gleichen Jahr hielt Robin KEEFE, Leiter der Montessori-Schule in Camberley, Surrey, einen Vortrag mit dem Titel »Wie läßt sich der Fortschritt eines Kindes in einer Montessori-Schule beurteilen«. Er unterstrich, daß der Test der Lesefähigkeit dafür nicht unbedingt der beste Weg ist. Diejenigen, die ihm in Woking, Sy., zuhörten, gewannen ein tieferes Verständnis für die Bemühungen der Schulleiterinnen, den Kindern in einer umfassenderen Weise zu helfen. Eine Fotoausstellung, die Kinder bei der Arbeit in einer Montessori-Umgebung zeigen, war angeschlossen.

Im Juni 1975 schloß sich an unsere Jahresversammlung eine Ausstellung mit Arbeiten von Studenten und Kindern an der M.M.T.O. an. Das Lehrmaterial wurde ausgestellt, und das Ausbildungspersonal und andere Montessorianer standen den Besuchern für Erklärungen zur Verfügung. Das Klassenzimmer war ebenso offen, und die Besucher waren erstaunt, als sie sahen, wie schnell sich ihre Kinder spontan in die Tätigkeiten vertieften, die für sie vorbereitet waren.

Wochenendseminare

Die erste jährliche Frühjahrswochenendkonferenz wurde im Februar 1976 in einem großen Hotel in Brighton, an der Südküste von Sussex, abgehalten. Da dies seit längerer Zeit der erste Versuch dieser Art war, waren wir befriedigt und sehr erleichtert, daß sie nach Inhalt und Besucherzahl als Erfolg bewertet wurde. Das Thema lautete »Montessori zu Hause«. Den 35 Konferenzteilnehmern wurde eine Anzahl von Themen zur Diskussion in kleinen Gruppen gegeben. Unabhängigkeit ... Freiheit und Disziplin ...

Sauberkeitserziehung... Ernährung und Schlaf... die Rolle der Eltern und Großeltern... Wie man Kinder auf eine Montessori-Schule vorbereitet... Spielzeug als Erziehungshilfe... das geistige Leben und Wohlbefinden von Kindern... Hilfe für Spracherziehung. Eine kurze Zusammenfassung der Schlußfolgerungen wurde den versammelten Teilnehmern als Schlußbeitrag am Sonntag gegeben.

Dr. Frederick LEBOYERs Film »Die Geburt eines Kindes« wurde gezeigt, und Mrs. FOST, die Erziehungssekretärin des *Natural Childbirth Trust*, stellte eine Verbindung her zwischen modernem Gedankengut und MONTESSORIS Lehre von der Behandlung des neugeborenen Kindes. Sie brachte erschreckendes Beweismaterial über den Schaden, der bei künstlich eingeleiteter Geburt angerichtet wird, über Drogen, die bei der Geburt eingesetzt werden, und andere moderne Neuerungen, die der Bequemlichkeit von Ärzten und Schwestern schmeicheln und dabei das wichtigste Element, nämlich das Baby, ignorieren.

Jede Minute unserer verfügbaren Zeit wurde ausgenützt, und am Samstag wurde ein Arbeitskreis abgehalten, den ich leitete. Vorschläge für die Betätigung kleiner Kinder zu Hause wurden gemacht und Beispiele gezeigt. Auch wurde diskutiert, wie das Material aufbewahrt werden soll und wie man die Kinder einführt.

Robin KEEFE hielt einen allgemeinen Vortrag über MONTESSORI, wobei er hauptsächlich über das Kind bis zum Alter von sechs Jahren sprach.

Im Mai 1976 gab Betty GOODALL, Leiterin der *Dell*-Schule in Woking, eine Zusammenfassung der Wochenendkonferenz bei einer offenen Veranstaltung der Montessori-Schule in Battersea. Man war der Meinung, daß viele, die nicht das ganze Wochenende opfern konnten, daran interessiert wären, welche Themen in Brighton besprochen wurden. Die Ausstellung des Arbeitskreises wurde wiederholt. Gedruckte Zusammenfassungen der einzelnen Vorträge konnten käuflich erworben werden.

Filme über Montessori-Pädagogik

Die letzte Konferenz der beiden Berichtsjahre wurde ebenfalls in Battersea abgehalten. Ein Film, der an Robin KEEFES Schule gemacht wurde – ein 16-mm-Farbfilm mit Ton –, wurde im Dezember gezeigt. Im November hat Phyllis WALLBANK das *Gatehouse*-Studienzentrum für uns eröffnet, und sie machte einen Rundgang mit einer großen Gruppe von Besuchern. Die Aktivitäten jeder Abteilung wurden von den betroffenen Lehrern erläutert.

Die Räumlichkeiten, die für solche offenen Veranstaltungen gewählt wurden, waren meist Säle, die untertags von den Montessori-Schulen benützt wurden. Die Leiterinnen legten freundlicherweise das Material aus, damit die Besucher sich ein Bild von der Tätigkeit der Kinder machen konnten. Die Gesellschaft ist sowohl den Rednern wie auch den Schuleignern, die sich unentgeltlich zur Verfügung stellten, zu tiefem Dank verpflichtet. Aus diesem Grund ist es uns auch möglich, nur ein kleines Eintrittsgeld zu nehmen, mit dem wir unsere Auslagen wie Reklame, Druckkosten für Bekanntmachungen, Postgebühren usw. bestreiten.

Die zweite Art von Veranstaltungen waren solche, die während der beiden Jahre von Cilla TOLLEMACHE und Lynne IRWIN für A.M.I.-Diplomierte organisiert wurden. Die Themen waren z. B. das Lesen, das von Muriel DWYER behandelt wurde. Viele Schulleiterinnen waren vor der Revision des »Leseschemas« von Miss DWYER ausgebildet worden; so war dies eine große Hilfe für die Schulen, um sich auf dem laufenden zu halten. Ann UDALE sprach anhand von Erfahrungen in ihrer eigenen Schule über »Handarbeit für kleine Kinder«, wobei sie eine Menge hilfreicher Hinweise gab.

John GUYON, der Leiter einer Elternberatungsstelle, die eine Montessori-Schule in Bracknell, Berkshire, errichtet hat, erklärte einer Gruppe von Schulleiterinnen und M.M.T.O.-Studenten, die eigens eingeladen worden waren, wie so etwas gemacht wird. Die Gesellschaft wird dieses Informationsmaterial Anfang 1978 in Buchform veröffentlichen.

Stephanie SHIMMIN sprach über »Praktisches Leben« an ihrer neuen Montessori-Schule in Ealing, die sie im September 1976 eröffnet hat. Man war der Meinung, daß nur dann, wenn die Eltern den Wert dieser Tätigkeiten ganz verstehen und zu Hause und in den Jahren vor der Montessori-Schule nachhelfen, Unsicherheit und Zweifel am schulischen Fortschritt des Kindes vermieden werden können.

Im Dezember 1976 las Mrs. HOOD ihre Anmerkungen über »Ein Gespräch über Montessori« mit Ann UDALES Kurzfilm, der Kinder bei der Arbeit in ihrer Schule zeigt. Eine Liste von Sprechern, die gewillt sind, in die Montessori-Methode einzuführen, wurde zusammengestellt. Namen können vom Beauftragten für die diesjährigen Konferenzen für ausgebildete Montessorianer, Lynne IRWIN, über die Gesellschaft angefordert werden.

Organisationsfragen

Die Gesellschaft wird geleitet von einem kleinen Komitee für Allgemeinfragen, das aus Vertretern der verschiedenen Bereiche zusammengesetzt ist und die Montessori-Ausbildungsorganisation einschließt.

Mrs. McCormack ist Generalsekretärin, die mit einigen freiwilligen Helfern für die Mitglieder verantwortlich ist. Es ist natürlich Aufgabe jeden Mitglieds, neue Mitglieder anzuwerben, und es freut mich, mitteilen zu können, daß die Mitgliederzahl in dem in Rede stehenden Zeitraum langsam, aber stetig gewachsen ist.

John Guyon ist ehrenamtlicher Schatzmeister. Der Verkauf von Büchern und Broschüren ist wesentlicher Teil des Einkommens der Gesellschaft, und so ist das Spezialarrangement, das er mit dem Theosophischen Bücherladen in London getroffen hat, der unsere Buchbestellungen erledigt, sehr wertvoll. Er hat auch Freiwillige für andere Tätigkeiten abgestellt. *Das Kind in der Familie* von Maria Montessori ist in unserem Land als Taschenbuchausgabe herausgekommen und hat schon die zweite Auflage erreicht. Die Gesellschaft hat die kleine Broschüre *Was ist Montessori-Erziehung?* revidiert, was in Zusammenhang mit dem Verkauf von Literatur auch erwähnt werden muß. Dies hat sich für die Schulen als sehr nützliche Ergänzung erwiesen, um Leuten, die sich für Montessori interessieren, eine Einführung zu geben.

Der Elternvertreter im Komitee ist Howard Cohen, der in kleineren Komitees sehr aktiv bei der Organisation von Versammlungen etc. war und als Informationsquelle für diejenigen diente, die nicht direkt zur Montessori-Bewegung gehören. Er war der Vorsitzende der oben erwähnten Wochenendkonferenz im Frühjahr.

Die Redakteurin des Informationsbriefes, Diana Reddaway, ist das letzte Mitglied des Allgemeinen Komitees. Bei der Hauptversammlung der Gesellschaft im Juni 1976 bat sie um ihren Rücktritt, was mit Bedauern angenommen wurde. Sie hatte einen reizenden Informationsbrief an die Mitglieder geschrieben, in dem sie Lokalnachrichten und kommende Ereignisse mitteilte.

Philippa Romig wurde als Nachfolgerin von Mrs. Reddaway gewählt, und sie hat vorgeschlagen, Inhalt und Form des Informationsbriefes neu zu überdenken. Sie und Wayne Flindall, der später Schatzmeister des Blattes werden sollte, schlugen vor, daß es in *Montessori Quarterly* umbenannt werden und viermal im Jahr erscheinen sollte. Es sollte die Gestalt einer Zeitung annehmen und Artikel bringen, die für Montessorianer und alle, die mit Kindererziehung betraut sind, von Interesse sind. Es sollte Buchbesprechungen und Berichte aus verschiedenen Bereichen der Gesellschaft bringen.

Es sollte der Allgemeinheit als »Propaganda« zugänglich gemacht werden und das erneute Interesse an den Montessori-Idealen im ganzen Land wachrufen. Das Allgemeine Komitee hat diese Vorschläge mit Enthusiasmus aufgenommen. Christine Laubin wurde für das Unterkomitee als Sekretärin gewonnen, und so konnte die schwierige Arbeit beginnen. Im September 1976 wurden die ersten 1000 Stück des neuen *Montessori Quarterly* gedruckt, die innerhalb von zwei Monaten komplett verkauft waren. Wegen dieses ermutigenden Erfolgs wurde die nächste Ausgabe auf acht Seiten erweitert und die Stückzahl verdoppelt. Wir hatten ein gutes Echo von unseren Lesern, die die Gelegenheit schätzen, dadurch mehr über MONTESSORI zu erfahren.

Wir stehen mitten in der Planung für das nächste Jahr und hoffen, daß wir bei der nächsten A.M.I.-Konferenz über ebenso viele Erfolge berichten können.

Frankreich

Während dieser beiden Jahre hat die französische Montessori-Gesellschaft ihre Arbeit ohne große Änderungen weitergeführt.

Unser Gesuch um öffentliche Anerkennung hatte noch nicht den gewünschten Erfolg. Wir wissen jedoch, daß solche Dinge Zeit brauchen.

Die Hauptversammlungen finden jedes Jahr im Juni statt, und man hat den Eindruck, daß das Interesse für MONTESSORI in Frankreich ständig zunimmt, besonders bei den Studenten der Universitäten und Pädagogischen Hochschulen.

Im Mai 1975 fungierte Dr. BERGE als Präsident des internationalen Kongresses der Internationalen Föderation zur Elternerziehung mit dem Thema »Elternsein heute«. Dieser Kongreß wurde in Menton abgehalten, und Mme. RIEDEL, Sekretärin der Montessori-Gesellschaft von Frankreich, vertrat unsere Gesellschaft und hatte das Vergnügen, Mrs. HANRATH, die offizielle Vertreterin von A.M.I. in Mexiko, zu treffen.

Die beiden Montessori-Zentren in Paris geben weiterhin Kurse für Vorschullehrer (Dauer zwei Jahre). Ein Kurs wird von A.M.I. anerkannt und führt zum Erwerb des internationalen A.M.I.-Diploms, der andere, nicht von A.M.I. anerkannte zum nationalen französischem Diplom*.

Drei neue Montessori-Schulen haben ihre Tore geöffnet, eine in Paris, eine in einem Pariser Vorort und die dritte in der Nähe von Cannes.

Die französische Montessori-Gesellschaft wurde zur Teilnahme an einer Ausstellung in Paris mit dem Thema »Natur und Fortschritt« eingeladen, die von einer Vereinigung durchgeführt wird, die sich für neue Energiequellen interessiert, wozu unsere Gesellschaft viel beitragen kann.

---

* Neben diesen beiden Kursen gab es in Paris 1975 und 1976 noch einen Kurs für Montessori-Vorschullehrer, dessen Studenten das internationale A.M.I.-Diplom erhielten. Im Juli 1976 wurde dieses Zentrum vorübergehend aufgelöst.

Holland

Die Arbeit der Gesellschaft wurde mit der beinahe konstanten Mitgliederzahl von 3000 fortgeführt.

Das Sonderkomitee, das die Schulen der 3–6jährigen und der 6–12jährigen Kinder überwacht, erhält regelmäßig Anträge wegen einer Kontrolle.

Das Ausbildungskomitee versucht, die Montessori-Ausbildung in Holland zu koordinieren*

Die Anzahl der Vorschulen und Volksschulen nimmt zu, und die holländische Gesellschaft erteilt Ratschläge, was die Gründung einer neuen Montessori-Schule betrifft.

Das »Materialbuch«** (in holländischer Sprache) wurde gut verkauft, eine zweite Auflage muß gedruckt werden. Eine Arbeitsgruppe beschäftigt sich jetzt mit einem »Materialbuch« für die Volksschule (6–12).

Da die Zusammenarbeit mit NIENHUIS bei der Herausgabe der Zeitschrift *Samenscholen* aufgehört hat, arbeitet die holländische Gesellschaft jetzt an der Veröffentlichung einer eigenen Montessori-Zeitschrift, die unter dem Titel *Montessori Magazine* erscheinen wird. Die Zusammenarbeit mit A.M.I. wie auch mit dem Montessori-Zentrum geht weiter. Vorstandsmitglieder der holländischen Gesellschaft nehmen an Vorstandssitzungen dieser Gesellschaften teil.

Man hofft, daß die sieben Schulen für höhere Montessori-Erziehung ihre Kräfte vereinen werden.

Alle diese Aktivitäten machen es schwierig, genügend Mitglieder für Vorstands- und Komiteefunktionen zu finden. Alle, die für die holländische Gesellschaft arbeiten, tun dies nebenberuflich und freiwillig, und ihre Zeit ist beschränkt. Doch bis jetzt war die Gesellschaft in der Lage, offene Stellen zu besetzen.

Um die Arbeit zu zentralisieren, wurden Regionen gebildet. Die Regionalgruppe von Südwestholland war sehr aktiv. Aufgrund dieser Veränderungen mußten die Statuten revidiert werden. 1977 wurden sie den Mitgliedern zur Annahme vorgelegt.

Die Teilnehmerzahl an den jährlichen »Eintagskonferenzen«, bei denen ein bestimmtes Thema diskutiert wird, wächst ständig; 200 bis 300 Personen nehmen gewöhnlich daran teil.

Wenn das Interesse an MONTESSORI in Holland weiter so anhält wie bis-

---

* In Holland liegt die gesamte Ausbildung entweder in den Händen der Gemeinde oder wird als gesonderter Abendkurs angeboten. Sie werden von A.M.I. nicht anerkannt, ähnlich wie die meisten Kurse in Italien.
** Obwohl A.M.I. die Autoren dieser Bücher beraten hat, handelt es sich um eine rein holländische Veröffentlichung, die von A.M.I. nicht anerkannt wird.

her, muß die holländische Gesellschaft Schritte unternehmen, um sich eine professionellere Organisationsstruktur zu geben. Man hofft, daß ein Büro mit einer bezahlten Sekretärin eingerichtet werden kann. Dieses Büro könnte dann alle Dinge abwickeln, die in der gegenwärtigen Lage nicht behandelt werden können.

Die Zusammenarbeit mit dem pädagogisch-didaktischen Koordinator des Allgemeinen Pädagogischen Studienzentrums (eine staatlich unterstützte Funktion) ist gut. Dieser Koordinator tut eine Menge, um den Montessori-Prinzipien mit Hilfe von Kursen, Vorträgen, Publikationen und Forschungsarbeiten Geltung zu verschaffen.

Irland

In den letzten beiden Jahren sind wir langsam, aber stetig gewachsen. Wir haben ungefähr 300 Mitglieder in der Gesellschaft. Diese Zahl schließt nicht nur Anhänger aus Dublin, sondern aus den verschiedensten Teilen des Landes ein.

Jedes Jahr werden von der Gesellschaft sechs Zusammenkünfte im *Hibernian Hotel* veranstaltet. Das erste Treffen hat jetzt eine besondere Gestalt angenommen und läuft jeden September in der gleichen Form ab.

Der ganze große Raum wird mit einzelnen Tischen ausgestattet, auf denen das Material zu einem bestimmten Thema aufgestellt ist – z. B. Tisch a): Übungen des praktischen Lebens; b) Sinnesmaterial usw. bis hin zu Vorgeschichte und Biologie. Dies scheint das Interesse der Eltern jedes Jahr von neuem zu wecken. Wir nahmen zuerst an, daß es nur neuen Eltern helfen würde; aber im Gegenteil: wir sehen jedes Jahr bekannte Gesichter, die Fragen stellen, die natürlich um so relevanter werden, je weiter sich das Kind entwickelt.

Wir haben auch den Inhalt unserer Vorträge geändert. Da jetzt sehr gute Elternabende in jeder Schule durchgeführt werden, veranstalten wir abwechselnd Vorträge mit einem Experten über ein kulturelles Thema oder mit einem die Eltern wirklich interessierenden Thema – etwa ein Gespräch mit einem Ernährungswissenschaftler, einem Psychiater, Künstler oder Musiker. Dies hält das Interesse wach und die Gruppe zusammen.

Bemerkenswert ist auch, wie sich die Schulen außerhalb Dublins ausbreiten. Es gibt zwei in Cork, drei in Galway, zwei in Wicklow, eine in Carlow, eine in Athlone. Jahre haben wir darauf gewartet; jetzt trifft es endlich ein.

Soweit die Vorgänge der letzten beiden Jahre in Irland. Psychologen und

Psychiater werden sich mehr und mehr der Hilfe bewußt, die wir ihnen geben können, und wir wurden eingeladen, verschiedenen Gesellschaften beizutreten, deren Ziel die Hilfe für das Kind und seine Familie ist.

Italien

Seiner Aufgabe entsprechend versucht *Opera Montessori* die Ideen von MONTESSORI auf dem Wege über Schulen, Veranstaltungen, Publikationen und andere Aktivitäten zu verbreiten.

Nationale Montessori-Kurse
für Vorschullehrer: Perugia – Bari – Neapel – Ascoli Piceno;
für Vorschullehrer und Volksschullehrer: Mailand.

Auffrischungskurse in Foggia

Internationale Montessori-Kurse
a) Rom: Hochsprache und Dialekt in den Schulen (Mai 1975);
b) Rom: *Vita dell' Infanzia* und die Anwendung des neuen Schulgesetzes (Dezember 75);
c) Rom: Studie und Podiumsgespräch über die Organisation von E.N.T.E. und ihrer Aktivitäten einschließlich der Kurse und der Zeitschrift (Juni 76);
d) Bologna: Fortsetzung der Aktivitäten von E.N.T.E.

Im Augenblick befindet sich die Italienische Montessori-Gesellschaft im Zustand der Reorganisation. Nach dem plötzlichen Tod ihrer Präsidentin Maria JERVOLINO sandte das italienische Erziehungsministerium einen Kommissar mit dem Ziel, die *Opera* zu organisieren, die neuen Satzungen vorzubereiten und dann Wahlen durchzuführen. Im Augenblick ist kein technisches Komitee, kein Beirat offiziell in Funktion, aber der Betrieb bei *Opera* ist sehr aktiv, und das Interesse an MONTESSORIS Gedankengut ist lebhafter denn je. Dr. LOSAVIO, unser Kommissar (oder amtierender Präsident), hat die Arbeit von *Opera Montessori* als Mitglied des italienischen Erziehungsministeriums über Jahre verfolgt und will *Opera* helfen, neue Kräfte zu sammeln, um die Ideen von Dr. MONTESSORI in Italien zu verbreiten.

Schweden

Seit unserem letzten Bericht anläßlich der A.M.I.-Hauptversammlung in Amsterdam im September 1975 können wir auf folgende Ereignisse hinweisen:

Im Herbst 1975 wandte sich die schwedische Montessori-Gesellschaft an die schwedische Regierung mit einer schriftlichen Bitte, in der die Gesellschaft um ein Gutachten hinsichtlich der Möglichkeiten bat, ein Erziehungsprogramm für die Ausbildung von Montessori-Lehrern in Schweden in Angriff zu nehmen. Die Gesellschaft wies mit Recht darauf hin, wie kostspielig und unerfreulich der Aufenthalt an einem ausländischen Lehrerkolleg für einen Studenten sein muß. Der Student hat die Möglichkeit, ein schwedisches Stipendium zu bekommen, aber ein solches Stipendium deckt nicht alle im Ausland entstehenden Kosten. Außerdem wird der schwedische Student oder Lehrer für seine Abwesenheit vom Arbeitsplatz nicht entschädigt. Das Gesuch wurde jedoch vom Parlament abgelehnt.

1976 hat die Gesellschaft – mit Rücksicht auf den Regierungswechsel und in der Hoffnung auf eine positivere Haltung – erneut das Erziehungsministerium angesprochen und einen Schnellkurs für die Ausbildung von Montessori-Lehrern vorgeschlagen, der aus ungefähr 120–140 Stunden bestehen sollte. Es wurde erwartet, daß dieser Kurs schon 1977/78 beginnen könne. Den neuesten Informationen zufolge muß dieser Plan jedoch revidiert werden. Nicht wegen der negativen Haltung des Erziehungsministeriums, sondern aus praktischen Erwägungen, z. B. der Tatsache, daß das Erziehungssystem auf Universitätsebene in Schweden dezentralisiert wird und daß Fragen ähnlicher Natur jetzt von Regionalbehörden behandelt werden. Die Gesellschaft ist deshalb gerade dabei, neue Pläne auszuarbeiten, um mit den örtlichen Erziehungsbehörden in Kontakt zu treten.

Die schwedische Gesellschaft hat im Augenblick ungefähr 400 zahlende Mitglieder. Es gibt heute in Schweden mehr als 40 Montessori-Schulen, die auf der Volksschulebene arbeiten. Die Anzahl der Schulen ist in Schweden sprunghaft gestiegen, was seinerseits das Problem aufwirft, wie sie mit genügend ausgebildeten Montessori-Lehrern versorgt werden können.

Die schwedische Montessori-Gesellschaft hat große Schwierigkeiten, wenn sie versucht, Eltern und Lehrer, die an der Montessori-Methode interessiert sind, mit guter Literatur und Filmen in schwedischer Sprache zu versorgen. Die Gesellschaft besitzt zwei Kopien des Films »Hilf mir, es selbst zu tun«, wurde aber stark kritisiert, daß sie solch veraltetes Material verteilt. Auch wurde angemerkt, daß der Film die Montessori-Erziehung in Holland behandelt, aber keine direkte Beziehung zur schwedischen Gesellschaft deutlich macht. Die Gesellschaft benötigt deshalb einen modernen, technisch einwandfreien Film, der für ein internationales Publikum geeignet ist, und stellt deshalb die dringende Bitte an den Vorstand von A.M.I., die Möglichkeit der Produktion eines neuen Films zu durchdenken, von dem die nationalen Gesellschaften gesonderte Kopien kaufen könnten.

Anmerkung:
Die A.M.I. drückt den Wunsch aus, daß zu dem Zeitpunkt, an dem ein Kurs stattfinden kann, Vorkehrungen getroffen werden können, einen A.M.I.-Ausbildungslehrer anzustellen, was ein von A.M.I. anerkanntes Diplom garantieren würde.

Autorenverzeichnis

ANDERLIK, LORE, Montessori-Erzieherin, Kinderzentrum München, Lindwurmstr. 131, D-8000 München 2

AURIN, MARGARETE, Referentin der Montessori-Kindergärten der »Aktion Sonnenschein«, Kinderzentrum München, Lindwurmstr. 131, D-8000 München 2

BAUER, HARTMUT, Dr. med., Kinderarzt, Kinderzentrum München, Lindwurmstr. 131, D-8000 München 2

BRACK, UDO, Dr. phil., Dipl.-Psychologe, Leiter der Verhaltenstherapeutischen Abteilung des Kinderzentrums München, Blutenburgstr. 71, D-8000 München 19

COULIN, SONJA, Dr. phil, Dipl.-Psychologin, Kinderzentrum München, Lindwurmstr. 131, D-8000 München 2

DESCHLE, MARIA, Montessori-Erzieherin, Kinderzentrum München, Lindwurmstr. 131, D-8000 München 2

DWYER, MURIEL I., 5, Halegroce Garden, London NW73LR, England

GITTER, LENA, The Colonnade 415, Washington D. C. 20007, USA

GRAZZINI, CAMILLO, Piazza Cittadella 4, I-Bergamo

GROSSO, AUGUSTA, Dr., Präsidentin der Sektion Turin der Opera Nazionale Montessori, Via Lecce 57, I-Torino

GUFLER, WOLFGANG, Sonderpädagoge, Kinderzentrum München, Sonderschule, Willi-Gebhardt-Ufer 32, D-8000 München 40

HAUSER, JOHANNES, Feigstraße 32, D-8000 München 50, Blindenlehrer im Kinderzentrum München, Lindwurmstr. 131, D-8000 München 2

HEIJENK, ANS, Postbus 40662, NL-Amsterdam

HEISS-BEGEMANN, EVA, Dipl.-Psychologin, Dülferstraße, D-8000 München 50

HELLBRÜGGE, THEODOR, Prof. Dr. med., Direktor des Kinderzentrums München, Vorstand des Instituts für Soziale Pädiatrie und Jugendmedizin der Universität München, Lindwurmstr. 131, D-8000 München 2

JOOSTEN, ALBERT M., 300, Arundel Street, 217, St. Paul, Minnesota 55103, USA bzw. 2, Edward Road, Bangalore-560 052, Indien

JORDAN, NANCY, 3 Greenfield Park, Donnybrook, Dublin 4, Irland

LAZARUS, ZELMA, c/o Voltas Ltd., Kaybee Cell 19, J. N. Heredia Margl., Ballard Estate, Bombay 400 038, Indien

LAZO, SYLVIA G., Montessori Children's House, 114 Panay Avenue, Quezon City, Philippinen

LUHMER, PATER KLAUS, Professor, Sophia University, S. J. House, 7 Kioicho, Chiyoda-Ku, Tokyo, 102, Japan

MONTESSORI, MARIO M. JR., Drs., Psychologe, Prins Hendriklaan 2b, NL-Amsterdam

NEISE, KARL, Prof. Dr., Prangenheimstraße 4, D-5000 Köln 41

OCKEL, BRIGITTE, Leiterin der Modell-Schule der »Aktion Sonnenschein« nach Maria Montessori, Reutbergerstr. 10, D-8000 München 2

OSTERKORN, JON R., ACSW, Ph. D., Midwest Montessori Institute, 5411 West Lisbon Avenue, Milwaukee, Wisconsin 53210, USA
OSWALD, PAUL, Prof. Dr., Sentruper Höhe 51, D-4400 Münster
PALOCCI, MARSILIA, Piazza Fonteiana 8, I-Rom
PECHSTEIN, JOHANNES, Prof. Dr. med., Leiter des Kinderneurologischen Zentrums Mainz, Hartmühlenweg 2/4, D-6500 Mainz
RÖNISCH, PETER, Dr., Regional Officer for Maternal and Child Health, World Health Organization, 8 Scherfigsvej, 2100 Copenhagen/Dänemark
SALZMANN, R., Horseshoe Hill, Pound Ridge, N. Y. 10576, USA
SCHAMBERGER, REGLINDIS, Dr. phil., Dipl.-Psychologin, Leiterin der Entwicklungspsychologischen Abteilung des Kinderzentrums München, Lindwurmstr. 131, D-8000 München 2
SCHULZ-BENESCH, GÜNTER, Prof. Dr. med., Schwalbenstr. 16, D-4401 Altenberge
SCHUMANN, BRIGITTE, Montessori-Erzieherin, Kinderzentrum München, Güllstr. 3, D-8000 München 2
SEUS-SEBERICH, ELFRIEDE, Dipl.-Psychologin, Kinderzentrum München, Lindwurmstr. 131, D-8000 München 2
SOLZBACHER, HILDEGARD, 5411 West Lisbon Avenue, Milwaukee, Wisconsin 53210, USA
SPELTEN, CLARA, Beethovenstraße 5, D-4000 Düsseldorf
STEPHENSON, MARGARET E., 2219 »S« Street, N. W., Washington, D. C. 20008, USA
VOSS-RAUTER, HELGA, Leiterin der Sonderschulen der »Aktion Sonnenschein« nach Maria Montessori, Willi-Gebhardt-Ufer 32, D-8000 München 40
WALTUCH, MARGOT R., 519 East 86th Street, New York, N. Y. 10028, USA
WEIKERT, ANNA, Dr. med., Kinderärztin, Leiterin der Sprachabteilung im Kinderzentrum München, Lindwurmstr. 131, D-8000 München 2

Herausgeber und Verlag danken dem Ferdinand Enke Verlag, Stuttgart, für die freundliche Genehmigung zur Reproduktion der Abbildungen auf Seite 242–248 (nach VÁCLAV VOJTA: »Die cerebralen Bewegungsstörungen im Säuglingsalter«, ^{2}1976).

Personenregister

Aab, J. 321
Abé, I. 171
Akabane, K. 379
Akabane-Shinohara 380f.
Anderlik, L. 236
Antor, G. 158
Argy, W. P. 118, 162, 167
Aurin, M. 49, 237

Bacelli, G. 39
Ball, Th. 117
Banasinska, K. 368f.
Banasinski, E. 368
Bandura 162
Barkey, P. 280
Bauer, H. 233
Becker, C. H. 21
Becker-Freyseng 224
Begemann, E. 157, 159f., 172
Beinroth 219
Berge 395
Bernard, C. 38
Bernard, G. J. J. 203
Bernstein 52
Bettelheim, B. 132
Bhadeka, G. 358
Blatt, B. 132
Bobath-König 233
Böhm, W. 206, 209, 213
Bollnow 209f.
Bovet, P. 21
Bowlby, J. 44, 91, 113
Brack, U. 236
Bracken, von 282
Braille, L. 301
Brown 129
Brunet 46
Bryan, E. 341
Buchholz, W. 286
Bühler 126
Bühler-Hetzer 46
Burgemans, G. 374

Camerarius 38
Cazden 128
Chaparede, E. 21
Chomsky 129
Chrichton 38
Cohen, H. 394
Collis 245
Correll, W. 209
Coulin, S. 233

Damborská 46
Decroly, O. 21, 23
Deschle, M. 237

Dewey, J. 210, 378
Dickens, Ch. 140
Dwyer, M. 393

Eisert, H. G. 280
Eliot, T. S. 141
Elsner, H. 213
Escalona 126
Esche, J. 213
Esquirol, D. 38
d'Estaing, G. 346
Eugenia, I. 341

Farb 129
Feldmann, E. 207
Ferrière, A. 21
Fischer-Buck, A. 208
Flindall, W. 394
Fost 392
Freud, A. 212
Freud, S. 44
Frings 379
Fujiwara 381

Gandhi, M. 358
Gareis, B. 91
Geheeb, P. 21
Gehlen, A. 109
Gehrecke, S. 172
Gesell 46, 241
Gibson 126
Glüder 12
Glueck, S. 91
Gobbin 49, 315
Goethe 133, 138
Gomez Woellhaf, I. 375
Goodall, B. 392
Grossmann, K. E. 89
Gufler, W. 237
Gutfried, U. 117
Guyon, J. 393f.

Hagenmaier, Th. 209
Hanrath 395
Hänsel, D. 36, 39
Harlow 114
Harman, W. W. 347
Harmsen, H. 93
Hassenstein, B. 89
Haurath 341
Hauser, J. 238
Hawkins, R. O. 281
Heber, R. 160
Heckhausen, H. 165, 170f.
Heidrich, P. P. 382
Heiss-Begemann, E. 233

Hellbrügge, Th. 18, 89, 114, 117f., 154, 193, 212f., 280, 289, 294, 301, 389
Helming, H. 202, 207
Hentig, H. 321
Hess, E. 51
Hetherington, F. M. 282
Hiratsuka, M. 378, 381
Hofmann 156
Holst 52
Holtstiege, H. 211
Homfeld, H. G. 321
Hood 393
Hoppe, F. 170
Hughes, N. 341
Hussain, Z. 359

Ibsen, H. 139
Illingworth 126
Ingenkamp, K. 321
Ingram 241
Innerhofer, P. 281, 283
Irwin, L. 393
Itard, J. M. G. 9, 17, 23, 36, 38f., 42, 117, 146, 150, 161, 238, 380

Jaffer 391
James, W. 142
Jervolino, M. 397
Joosten, A. M. 368f.
Jung, C. G. 133, 135, 141

Kanter, G. 157ff.
Kaufmann, I. 171
Kawata, T. 380
Keefe, R. 391f.
Keyes, D. 132
Kilpatrick, W. H. 22, 340, 378
Klauer 164
Klein, G. 158, 172
Koch, M. 109
Kohlberg, L. 162ff., 167
Kolzowa 331
Kono, K. 377
Kramer, R. 212f.

Lacan, J. 135
Lajosi, F. 219
Langmeier, J. 91
Laubin, Ch. 394
Leary, K. D. 281
Leboyer, F. 117, 392
Lenze-Oehlschläger, Ch. 12
Lersch, Ph. 108
Lewin, K. 21

402

Lezine 46
Lindsay 126
Lipton, R. C. 114
Lombardo-Radice, G. 21
Lorenz, K. 51, 230
Losario, Dr. 397
Ludwig 219
Lusso, G. B. 145
Lynch, A. J. 22
Lynn 98 f.

Mahler, H. 26
Mahler, M. 110 f., 128
Mandler, G. 321
Mannoni, M. 135
Mannschatz, E. 94
Martin, M. 136, 282
Matějček, Z. 91
Matsumoto, H. 379, 381
Matsumoto, Sh. 381
Matsuno, C. 378
McCleary, R. 127
McClure 339
McCormack 394
Menara 224
Mikami, H. 382
Mittelstaedt 52
Montessori, M. (jun.) 125
Montessori, M. (sen.) 33, 126
Moore 128
Müller, G. F. 281
Murphy, L. B. 115
Myklebust 125

Nehru, P. 359
Neill, A. 22
Neise, K. 162
Nienhuis 368, 390
Nietzsche, F. 346
Nimnicht, G. 163
Nishimoto 380, 382
Nureder 219

Ockel, B. 49, 237
Oehlschläger, R. 12
Orem, R. C. 118
Orff, G. 11
Oswald, P. 200, 203 ff., 213

Pandit, V. 359
Papoušek, H. 52 f.
Parkhurst, H. 21 f.
Patterson, G. R. 281, 283
Pechstein, J. 46, 91, 93, 219, 280

Peiper 44
Penfield, W. 127
Pereire, J. R. 38 f.
Pestalozzi 208
Petersen 210
Pfaundler, M. von 230
Piaget, J. 21, 53, 165, 324
Piccablotto Ferraris, R. 153
Pinel, Ph. 36, 38
Portmann 108 f.
Provence, S. 114

Quay, H. C. 282

Radin 164
Radhakrishnan, S. 359
Radonis, M. J. 341
Ramaswamy Aiyar, C. P. 359
Rambusch, N. 340, 342
Reddaway, D. 394
Reich, W. 138
Reiser, H. 321
Riedel 395
Röhrs, H. 213, 388
Romig, Ph. 394
Rosenthal, M. J. 282
Ross 162

Saint-Exupéry, A. de 140
Sarabhai, S. 358
Sarason, A. 321
Sarnoff, Ch. 113
Sartre, J. P. 136
Satzger, M. 281
Schamberger, R. 224, 232
Scheid, P. 213, 388
Scherer, J. 168, 170
Schirm 219
Schliep, M. 168, 170
Schmitt-Vockenhausen, Dr. 389
Schmitz, E. 281, 283 ff.
Schneider-Henn 12
Schreiber, F. R. 134
Schulz-Benesch, G. 200, 204 ff.
Schulze, B. 281
Schumann, B. 236
Seguin, E. 9 f., 17, 23, 36, 39, 42, 144, 146, 150, 161, 171, 236, 238, 355, 380
Selg, H. 171
Seurat, G. 127
Seus-Seberich, E. 236
Shimmin, St. 393
Sokrates 139

Soliven, P. 374 f.
Speck 158
Spelten 49
Spitz, R. 110, 112, 114
Spranger, E. 210, 334, 378
Standford 164
Standing, E. M. 33, 39 f., 208, 358
Stephenson, B. 341
Suffenplan, W. 165
Sugo, H. 381

Tagore, R. 359
Takahashi, Y. (Frau Iwata) 379
Tarjan, G. 353
Tharp, R. G. 280 f.
Thayer 347
Thomae, H. 108
Tocqueville, A. de 348, 350
Tollemache, C. 393
Tsutsumi, T. 379 f.

Udale, A. 393

van Veen-Bosse, B. 209
Victor E. 388
Vojta, V. 233, 241, 244 f.
Voss-Rauter, H. 237
de Vries, H. 50

Wahler, R. G. 281
Wallbank, Ph. 392
Walsh 99
Walters 162
Wasna, M. 165, 169 f.
Weidlich, H. 213
Weikart, D. P. 164
Weikert, A. 236
Wellendorf, F. 321
Werry, J. S. 282
Wetzel, R. J. 280 f.
White 126
Wiesnet 91
Wikramaratne, L. 341
Wilbur, C. 134
Wilhelm, Th. 334
Williams, T. 139
Willis 38
Wolff 126

Yoshioka, T. 377

Zeilberger, J. 281
Zielniok, J. 167

Theodor Hellbrügge
Unser Montessori-Modell
Erfahrungen mit einem neuen Kindergarten und einer neuen Schule
276 Seiten mit 8 Bildseiten, Paperback

Theodor Hellbrügge
Das sollten Eltern heute wissen
Über den Umgang mit unseren Kindern
288 Seiten, Paperback

Mario M. Montessori
Erziehung zum Menschen
Montessori-Pädagogik heute
160 Seiten, farbig bedruckter Einband

Rita Kramer
Maria Montessori
Leben und Werk einer großen Frau
Mit einem Vorwort von Anna Freud
372 Seiten mit 8 Bildseiten, Leinen

Kindler Verlag München